대중문화의 겉과 속 3

대중문화의 겉과 속 3

ⓒ 2006, 강준만

초판인쇄	2006. 1. 20.
초판발행	2006. 1. 23.
초판12쇄	2012. 12. 14.

지 은 이	강준만
편 집	홍석봉 · 정지희 · 안명희 · 박승범
마 케 팅	이태준
펴 낸 이	강준우
관 리	김수연
디 자 인	김정현
펴 낸 곳	인물과사상사

등 록	1998. 3. 11(가제17-204호)
주 소	서울시 강동구 성내동 533-1 영우빌딩 3층
전 화	02)471-4439
팩 스	02)474-1413
우 편	134 - 600 서울 강동우체국 사서함 164호

E-mail	insa@inmul.co.kr
홈페이지	http://www.inmul.co.kr

값 10,000원

ISBN 89-5906-021-6 04300
ISBN 89-88410-80-7 (세트)

파손된 책은 교환하여 드립니다.

대중문화의

결과 속

3

강순만 지음

숨이 가쁘다. 대중문화의 변화 속도가 말이다. 새삼 30여 년 전 미국의 한 사회학자가 쓴 논문 한 편이 생각난다. 1972년 미국 콜롬비아 대학의 사회학자 허버트 갠스(Hebert Gans)는 「미국 매스커뮤니케이션 연구의 기근(The Famine in American Mass Communication Research)」이라는 논문에서 왜 사회학자들이 매스미디어 연구에 기근을 초래할 정도로 무관심한가에 대한 이유를 제시했다. 갠스가 제시한 여러 이유 중 가장 내 눈길을 끈 것이 있다.

"매스미디어 연구는 시간적 제약이 크기 때문에(즉, 매스미디어는 그 어떤 사회제도보다도 빠르게 변한다) 비교적 반영구적인 사회 현상을 연구해 자신의 명성을 오래 남기고 싶어하는 사회학자들에게 인기가 없다."

신문방송학과 교수로서 시간이 흐를수록 절감하는 게 바로 이 점이

다. 명성은 바라지도 않지만, 내가 쓴 책의 수명이 오래 가기를 바라는 건 당연한 게 아닌가? 그러나 그런 헛된 꿈은 버리는 게 좋다. 특히 디지털 시대엔 더욱 그렇다. 미디어 현상을 다룬 글은 불과 몇 개월 사이에 역사가 되고 만다. 말 그대로 하루가 무섭게 급변하고 있기 때문이다.

특히 인터넷의 변화 속도는 너무도 빨라 그 변화 속도에 대처해야 할 정보기술(IT) 산업의 기업가들마저 한숨을 토해내게 만든다. 세계 경제계 명사들의 클럽인 다보스 세계경제 포럼 2000년 총회에 참석했던 소니아메리카의 CEO 하워드 스트링거(Howard Stringer: 현 소니 본사 회장)는 그 속도가 어지럽다며, "차라리 지구에서 내리고 싶습니다"라고 하소연했다.

대중문화 연구자는 지구에서 내리고 싶을 정도는 아니지만, 허망해지는 건 피할 길이 없다. 대중문화의 핵이 인터넷과 휴대전화로 이동하면서 그런 허망함은 더욱 커졌다. 그러나 대중문화 연구를 평생 작업으로 하고자 하는 내겐 그렇기 때문에 더욱 그 변화 과정을 세세하게 기록해야 할 필요성이 중요하게 여겨졌다. 역설 같지만, 변화의 속도가 성찰의 시간을 전혀 주지 않기에 기록의 필요성은 더욱 커졌다고 볼 수 있다.

독자들의 과분한 사랑을 받은 『대중문화의 겉과 속』을 개정판 대신 속편 형식으로 1 · 2권에 이어 제3권을 내기로 한 이유도 바로 여기에 있다. 대중문화 변화의 역사를 살펴보는 것도 아주 좋은 공부일 수 있다는 것이다. 나는 앞으로 『대중문화의 겉과 속』을 시리즈 형식으로 계속 내겠지만, 제1권을 비롯하여 앞서 나온 책들이 훗날에도 대중문화의 역사서로서 계속 읽히길 바란다.

저자로서의 과욕일까? 결코 그렇진 않다고 생각한다. 그럴 만한 타당한 근거가 있기 때문이다. 예를 들어, 최근의 한류 담론을 보자. 대부분의 담론이 주로 '오늘 이 시점'에만 주목할 뿐 역사성을 배제하고 있다. 조금 묵은 대중문화 관련 책을 읽다보면 '드라마 망국론'이 나올 정도로 TV 드라마에 대한 비판이 많았다는 걸 알 수 있다. 하지만, 요즘은 그 '드라마 망국론'과 '한류'의 관계를 외면하고 있다. 그걸 외면하고서 심도 있는 한류 분석이 가능할까?

독자들의 가독성에 방해가 되는 줄 알면서도 이 책에서 어떤 대중문화 현상이 발생한 시점을 연월일까지 가급적 정확히 표기를 하려고 애를 쓴 것도 바로 그런 이유 때문이다. 대중문화의 흐름과 전개 과정의 추이에 주목해 보자는 것이다.

'역사로서의 대중문화론'에 관심을 갖다 보면 대중문화의 영역과 주도권에도 큰 변화가 발생했다는 걸 절감할 수 있다. 대중문화의 산업적 규모가 커지면서, 아니 대중의 일상적 삶의 '대중문화화'가 이뤄지면서, 이제 대중문화는 몇 가지 대중문화 매체에만 국한되지 않을 뿐만 아니라 대중문화 생산 영역도 전통적인 대중문화 종사자들의 손을 벗어났다.

바로 그런 이유 때문에 대중문화를 넓게 봐야 할 필요성은 더욱 커졌다고 할 수 있다. 특히 디지털 혁명이 일어나면서 대중문화 연구는 이전과는 달리 그 범위를 한정하기가 어렵게 되었으며, 사회의 전 국면이 엔터테인먼트 코드로 무장해 감에 따라 대중의 쇼핑 행위도 대중문화의 주요 영역에 편입하지 않을 수 없게 되었다.

이 책은 전통적인 의미의 대중문화는 물론 디지털 문화와 일상 문화까지 껴안고 있다. 문화 현상의 총체적 이해를 위해서는 그렇게 넓게 다루지 않을 수 없다. 대중문화와 마케팅의 합일화 현상이 나타나면서 그래야 할 필요성이 더욱 커졌기 때문이다.

이 책에서는 특히 디지털 문화를 많이 다루고 있다. '아날로그'로 '디지털'을 기록한다는 게 우스운가? 그렇지 않다. 꼭 필요한 일이다. 디지털 문화의 성찰을 위해서도 필요한 일이다. 디지털 기술은 성찰성이 약하다. 길게 이야기할 것 없이 우리 인간의 두뇌가 아날로그 '기술'이라는 점을 주목해 보면 좋을 것이다. 아날로그 기술과 기록에는 디지털 기술과 기록만으로 파악할 수 없는 다른 차원의 큰 역량이 있다.

이 책은 「제1장 방송 문화」, 「제2장 영화·연예 문화」, 「제3장 인터넷 문화」, 「제4장 디지털 기술·산업」, 「제5장 휴대전화 문화」, 「제6장 생활·소비·일상 문화」 등 6개의 장으로 구성돼 있으며, 모두 32개의 주제를 다루고 있다.

흔히 언론학 이론에서 말하는 대중매체의 기능 중 이른바 '상관조정(Correlation)'의 역기능이라는 게 있다. 어떤 사안에 대해 뉴스나 칼럼 등이 제공하는 전문가의 자상한 분석과 해석이 수용자의 독자적인 판단능력을 저하시킨다는 것이다.

대중문화 평론도 마찬가지다. 그렇기 때문에 수용자는 평론을 참고하되 스스로 생각하는 훈련을 해야 한다. 꼭 그런 이유 때문만은 아니지만, 그런 관점에서 이 책은 적극적 해석을 자제했다. 이 책은 기본적인 사실을 가능한 한 많이 제공하면서 문제제기를 하는 데에 역점을 두고 있다. 적극적인 분석과 해석은 독자들 스스로가 능동적으로 해보는 게 좋을 것이다.

이제 대중문화는 서양 이론만으로 다루기엔 벅찬 주제가 되었다.

대중의 일상적 삶의 모든 국면에 자리 잡았기 때문이다. 이 책에서 신문 등과 같은 최신 정기간행물들에 크게 의존하여 문화적 현상의 이면에 숨은 정치경제적인 정보와 지식을 많이 제공하려고 애를 쓴 것도 바로 그런 현실 때문이다. 관련 산업계의 동향과 각종 이해관계 등을 소상히 이해하지 않은 채 이론 위주의 문화주의의 함정에 빠지는 걸 경계하자는 뜻이기도 하다.

한국은 디지털 문화에서 세계 최첨단을 달리고 있다. 대학교수들이 미국이나 유럽의 사례를 제시해 학생들을 주눅 들게 만들 수 없는 거의 유일한 분야가 바로 이 디지털 문화일 것이다. 또 책보다는 정기간행물이 더 유용한 텍스트가 될 수 있는 분야도 바로 이 디지털 문화일 것이다. 디지털 문화의 변화 속도가 워낙 빠르기 때문이다. 그러니 한국에 살고 있는 커뮤니케이션 학도로서 가장 빠르다는 디지털 커뮤니케이션과 디지털 산업의 변화를 포함하여 모든 대중문화의 변화 과정을 기록하는 건 유쾌한 의무가 아니겠는가?

2005년 11월
강준만

차 례

제1장 방송 문화

사람들은 왜 《내 이름은 김삼순》에 열광했나

시청률 50%를 넘긴 삼순이 신드롬

일개 TV 드라마 하나가 수많은 사람들을 동시에 열광케 한다는 건 놀라운 일이 아닐 수 없다. 인터넷과 휴대전화의 등장으로 TV 드라마의 전성시대는 지나갔다는 말이 무성했지만, MBC 수목드라마 《내 이름은 김삼순》은 '삼순이 신드롬' 까지 낳으면서 TV 드라마의 건재함을 확인시켜 주었다.[1]

2005년 7월 21일 《내 이름은 김삼순》은 16회를 마지막으로 대단원의 막을 내릴 때 시청률 50%를 넘어서는 대기록을 세웠다. 2000년 이후 시청률 50%를 넘긴 드라마는 지금까지 《내 이름은 김삼순》을 포함

---

1) 『한국일보』는 "부산지방법원이 '삼순이' 특수를 타고 있다. 부산지법 가정지원이 이미 행복추구권 차원에서 개명(改名)에 대해 적극적 허가 방침을 밝힌 데다, 주인공이 개명하려는 내용을 다룬 MBC 드라마 《내 이름은 김삼순》의 바람까지 겹쳐 방학을 맞은 학생은 물론 일반 시민의 개명 신청이 줄을 잇고 있다"고 보도했다. 김종한, 「법원 '문턱 닳을 판' : 드라마 '김삼순' 후폭풍 … 부산 개명(改名) 열풍」, 『한국일보』, 2005년 8월 10일, 10면.

해 7개에 불과하다. 왜 사람들은 이 드라마에 열광했던가? 이 물음에 대한 답을 찾는 과정에서 우리는 일개 드라마에 대한 이야기가 한국 사회를 심층적으로 이해하는 심오한 사회학적 탐구가 될 수 있다는 사실을 알 수 있을 것이다.

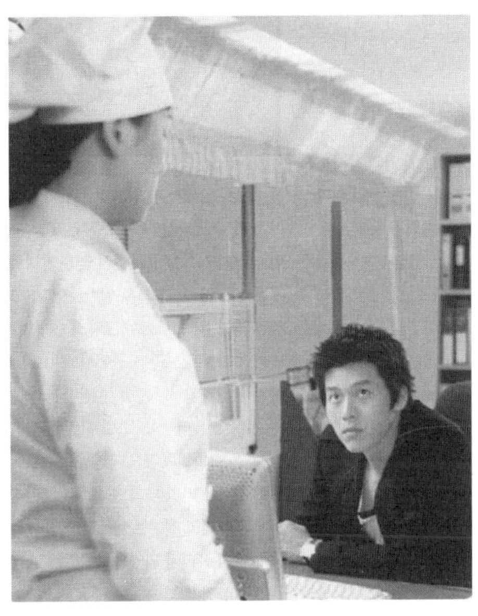

드라마 '김삼순' 에 대한 이야기는 한국 사회를 심층적으로 이해하는 사회학적 탐구가 될 수 있다.

《내 이름은 김삼순》의 작가는 김도우, 연출은 김윤철이었고, 책임프로듀서(CP)는 《옥탑방 고양이》를 연출한 바 있는 김사현이었으며, 김삼순 역은 김선아가 맡았다. 우선 이 드라마는 기획과 연출이 탁월했다. 영화 연출을 따로 공부한 김윤철은 기존의 관습적인 카메라워킹을 거부하고 "배우가 대본보다 더 중요하다"는 지론대로 배우의 연기가 살아나도록 찍는 새로운 시도를 했다.[2]

《내 이름은 김삼순》이 인기를 누린 이유 중의 하나로 삼순이라고 하는 캐릭터의 독특성과 더불어 그걸 소화할 수 있었던 김선아의 연기력을 빼놓을 수 없다. 《내 이름은 김삼순》은 김선아를 위해 기획된 드라마라고 해도 좋을 정도로 김선아의 미처 발휘되지 못했던 잠재력을 유감없이 드러나게 만든 드라마였다.

---

2) 김진철, 「삼순이를 뒤따를 또 다른 삼순이를 기다린다」, 『MBC 가이드』, 2005년 8월, 35쪽.

김삼순의 '명대사'가 '삼순이 어록'으로까지 만들어져 유행했을 정도로 작가의 언어구사 능력이 뛰어났다는 것도 빼놓을 수 없다. 예컨대, 삼순의 막말에 대해 남자친구가 '반지성적 행동'이라고 하자, 삼순이는 "내 수준에 맞춰 쉽게 말해! 엿 같은 소리 집어치워"라고 큰소리치는가 하면, "백수라고? 그게 내 잘못이야? 경제 죽인 놈들 다 나오라고 해!"라고 하면서 전투성을 유감없이 구사했다.

물론 전투적인 대사만 있는 건 아니었다. "심장이 딱딱해졌으면 좋겠어"라는 대사는 일부 시청자들의 눈물을 자아내게 했으며, "사랑하라, 한 번도 상처받지 않은 것처럼. 살아가라, 단 한 번도 넘어지지 않은 것처럼" 같은 대목에선 시청자들은 모처럼 철학적 사색과 성찰의 기회를 갖기도 했다.[3]

적나라한 일상 · 건강한 모계사회

《내 이름은 김삼순》이 누린 인기는 어느 정도였던가?

한국언론재단 책임연구원 유선영은 "삼순이 얘기를 안 하면 포털 운영이 안 될 정도로 사람들의 모든 관심이 드라마에 쏠려 있는 게 느껴진다. 한국 사람들이 드라마를 좋아하는 것은 다 알려진 사실이지만, 이번에는 상당히 비정상적인 국면이라는 생각이 든다"고 했다. 김사현은 "삼순이가 왜 인기인지 나도 물어보고 싶다. 제작진은 신경 안 쓰는데, 오히려 시청자들이 시청률이 안 나올까 봐 전전긍긍한다. 사람들이 '삼순이가 재미있어야 하는데, 나라도 재미있게 봐야 하는데'

---

3) 김진철, 「삼순이를 뒤따를 또 다른 삼순이를 기다린다」, 『MBC 가이드』, 2005년 8월, 35쪽.

라고 말하는 묘한 지점까지 왔다"고 말했다.

유선영은 《내 이름은 김삼순》이 누린 인기의 이유를 설명하면서, TV는 가장 일상적이면서도 가장 보수적인 매체라는 점에 주목했다. 사회가 변할 때 가장 늦게 변하는 것이 교과서고 그 다음이 TV라는 것이다. 드라마에서는 집에서 식사를 할 때도 격식을 차리고 잠잘 때도 침대에서 반듯하게 자고 아이를 꾸짖을 때도 아주 근엄하게 다루는 등 지켜야 할 규칙이 존재한다는 것이다. 유선영은 《내 이름은 김삼순》이 그런 규칙을 넘나들면서 일상을 적나라하게 보여주었으며 이런 특징은 부계사회의 경계선을 초월하는 선으로까지 연장되었다고 평가했다.

"삼순이가 방귀를 뀌거나 입을 벌리고 자거나 엄마와 머리 잡고 싸우는 것들은 보수적인 TV에서 보여주지 않았던 것이다. …… 삼순이의 특징 중 하나는 모계사회의 자유로움과 건강함이다. 호주제 폐지와 연관이 있는 변화일 수도 있는데, 아버지가 없고 아들이나 오빠도 없다. 어머니들이 양쪽 가정에 존재하면서 여성적인 방식으로 가정을 끌어간다. 건강하고 상식적이다. 아버지가 한 사람이라도 있었다면 이렇게 발랄하게 끌고 가기 어렵다. …… 같은 연구실에서 연구하는 30대 중반의 동료들에게 왜 김삼순을 좋아하냐고 했더니 대리만족이라고 하더라. 한 사람은 삼순이처럼 뚱뚱한 타입인데, 그런 사람도 사랑받을 수 있다는 게 좋다는 거다. 또 다른 사람은 욕설에 대해 대리만족을 느낀다고 했다. …… 혼전 섹스도 마찬가지다. 사랑을 하기 전에 데이트하면서 잠부터 자는 일이 일상에서 자주 일어나는 것 아닌가?"[4]

개척정신 · 성실 · 권위존중

'미디어세상열린사람들'은 모니터 보고서에서 "대리만족의 판타지를 차용하면서도 그 과정을 건강하고 당당하게 이끌었다"는 긍정적인 평가를 내렸다. 이 보고서는 "이제까지의 드라마는 돈 많고 잘생긴 남성과 결혼하고 싶다는 여성의 욕망을 주축으로 삼아, 왕자들 사이를 맥없이 오가며 고민하는 척하는 가짜 요조숙녀나 불성실하고 부도덕한 여성을 미화시켰다"면서, "그러나 《내 이름은 김삼순》은 이러한 갈망을 드러내면서도 스스로 삶을 개척하는 모습을 보여줬다"고 말했다. 또 이 보고서는 "기존의 멜로드라마에는 청순가련형의 여주인공과 그의 대치점에 있는 여성이 등장해 서로를 헐뜯었"지만, 이 드라마에 "등장하는 여성들은 악역이 없으며 관계를 통해 서로 성장하는 모습을 보여주고 있다"고 호평했다.[5]

'삼순이'의 '삼'이라고 하는 평범성에 의미를 두는 분석도 있었다. 영산대 언론광고영상학부 교수 배병삼은 몇 년 전 '삼순이'만큼 큰 인기를 얻었던 드라마 《아줌마》의 주인공도 '삼숙이', 《전원일기》의 한 캐릭터도 '응삼이', 바보 연기로 한 시대를 풍미했던 원로 코미디언의 이름도 '삼룡', 더 거슬러 올라가면 나도향의 작품 『벙어리 삼룡이』가 있다고 지적하면서 '삼'자 이름에 깔린 어떤 대중적 이미지에 대해 이렇게 말했다.

---

4) 김상만, 「특별대담-'내 이름은 김삼순' 성공요인은?: "건강한 삼순이네의 유쾌한 모습이 통쾌"」, 『미디어오늘』, 2005년 7월 27일, 9면.
5) 황지희, 「"김삼순, 딸들에 희망을 주다"」, 『PD연합회보』, 2005년 7월 27일, 6면.

"3이란 동서양을 막론하고 완전함을 뜻하는 숫자다. '삼위일체' 나 천지인(天地人) 삼재사상이니 하는 것에 그런 뜻이 숨어 있다. 아마 완전함을 향해 달리는 미숙한 뜀박질이 인간의 숙명일 것이다. 여기서 '삼' 자는 척박한 환경 속에서도 자아의 성취를 향해 달리는 역동성을 표상하는 이름으로 승화한다. '삼' 자에는 평범함과 미숙함을 딛고 비범함을 이뤄내는 귀한 뜻이 깃들어 있다는 해석이다. 그러니 힘내라! 겉은 좀 어벙하고 '거시기' 하지만 속은 꽉 찬, 이 세상의 모든 삼순이와 삼숙이 그리고 삼식이들."[6]

또 어떤 이들은 《내 이름은 김삼순》이 권위를 존중하는 점에 높은 점수를 주기도 했다. 조선일보 논설위원 신효섭은 "올해 나이 서른인 삼순 양은 아직도 어머니의 매를 맞는다. 아프니까 도망 다니기는 하지만 어머니한테 대들거나 막 가지 않는다. 두 달 동안 미국에 가서 소식 끊고 여행 다니다 돌아온 애인을 다시 받아들이기 전에 먼저 어머니의 허락을 받는다. 정당한 권위는 인정하고 충실히 따르는 것이다"라고 말했다. 그는 그밖에도 "솔직하고 정직하다", "적을 아끼고 배려한다"는 점들을 지적하면서 "정치하는 사람들이 삼순이 반만 닮으면 얼마나 좋을까" 하는 생각을 지울 수 없다고 주장했다.[7]

도발성 · 컬트성 · 위장 몸짱

그러나 '삼순이 신드롬'을 좀 달리 보는 시각도 있었다.

---

6) 배병삼, 「이 땅의 모든 '삼순이' 에게」, 『경향신문』, 2005년 8월 3일, 27면.
7) 신효섭, 「'삼순이' 같은 정치인 없나요?」, 『조선일보』, 2005년 7월 26일, 31면.

동아일보 기자 허엽은 "호텔집 아들이 삼순이 때문에 이리저리 치이는 모습을 보면서 시청자들은 통쾌했을 것"이라거나 "재미는 있지만 삼순이처럼 되고 싶진 않다" 등과 같은 네티즌들의 반응을 소개하면서, "삼순이는 집안·학력·몸에 대한 '못난이 콤플렉스'를 강요하는 현실에 대한 도발로 시청자를 대리만족시키는 데는 성공했으나 변화의 동력이 되기에는 역부족이었다. 특히 계층의 양극화나 경제 하락에 좌절하는 이들이 늘어남에 따라 삼순이는 다시 등장할 것이다. 그때 삼순이는 이번보다 더 도발적인 '전사'로 나오지 않을까"라고 말했다.[8]

《내 이름은 김삼순》을 '컬트 현상'으로 본 시사저널 기자 고재열은 컬트 현상을 촉발한 코드는 '엽기'라고 주장했다. 오래 전부터 사이버 공간에서는 똥과 같은 지저분한 소재가 엽기적인 취향으로 애용되어 왔는데, 《내 이름은 김삼순》에서는 똥을 비롯해 오줌 혹은 토사물이 애용되었다는 것이다.

> "수시로 화장실 장면이 등장했고, 노상 방뇨하거나 토하는 장면이 적나라하게 등장했다. 표현 방식에서도 컬트적 요소가 많았다. 《내 이름은 김삼순》은 완결성에 대한 강박증을 벗어났다. 드라마 예고도 완결성이 미비한 상태로 엉성하게 만들어졌다. 드라마의 결론도 맺지 않은 채 끝이 났다. '오천만원'이라는 특이한 이름의 개 표정을 생뚱맞게 중간중간에 비추고 거울 속의 자신과 대화하는 모습을 보여주는 장면도 컬트적이다."[9]

---

8) 허엽, 「삼순이와 못난이 콤플렉스」, 『동아일보』, 2005년 8월 5일, A26면.

문화평론가 남재일은 "사실 삼순이의 인기는 몸짱의 몸으로 몸짱을 자처한 김선아의 '발언권'에 크게 기대고 있다. 이슬람교도의 눈에 이라크로 망명한 미군이 얼마나 갸륵하겠는가? 무슨 말을 씨부렁거린들 귀엽지 아니하겠는가? 하지만 보라. 이제 김선아는 넉넉한 시간과 고비용을 요구하는 체중 감량 시스템을 통과하며 다시 몸짱으로 씻은 듯 복귀할 것이고, 남겨진 몸짱의 시선은 다시 몸짱에 조준될 것이다"라고 말했다.[10]

삼순이를 보며 공감하고 즐거워하는 것도 잠시이다. 우리는 금방 현실로 돌아와 살을 빼려고 애쓰며 다이어트에 성공한 연예인들을 부러워하는 '이중적 태도'를 보인다. 드라마는 드라마일 뿐 현실에서는 아직도 외모지상주의가 지속되고 있기 때문이다.

요컨대, 삼순이는 '몸짱'이 아니라 '몸짱'이 자신을 속인 '위장 몸짱'이었던 셈이다. 한겨레 경제부 기자 권태호도 "얼마 전 온 나라가 '삼순이' 증후군에 푹 빠져 있을 때 도무지 이해할 수 없는 게 하나 있었다"며 다음과 같이 말했다.

"'평범한 여자들에게 용기를 심어줬다', '뚱뚱하고 못생기고, 바로

---

9) 고재열, 「'컬트' 살려내고 한류 새길 뚫고 … '내 이름은 김삼순'이 남긴 세가지 메시지」, 『시사저널』, 2005년 8월 9일, 84~85면.
10) 남재일, 「삼순이가 남기고 간 상흔」, 『한겨레』, 2005년 8월 5일, 책·지성섹션, 25면.

내 이야기다.' 비록 김선아가 서른 줄이고 일부러 살을 찌웠다고 하나, 자기랑 비슷하다니 ……. 제정신인가? 나는 아내를 포함해 '삼순이'보다 더 예쁜 여자를 본 적이 없다. 내 주변만 그런지는 모르겠지만, 거대한 집단최면이요, 어마어마하게 올라간 눈높이다. '삼순이' 정도 되지 않으면 '평범' 축에도 못 끼는 이상한 세상이다."[11]

하긴 그렇다. 김선아의 미모가 아닌, 정말 평범한 용모를 가진 배우가 삼순이 역을 연기했어도 '삼순이' 증후군이 일어났을지는 의문이다. 현실 세계와 드라마 세계 사이에 존재하는 괴리는 삼순이에 대한 기업 인사담당자들의 평가에서도 나타났다. 채용전문기업 코리아리크루트가 기업체 인사담당자 210명을 대상으로《내 이름은 김삼순》의 주인공이 지원할 경우의 채용 여부를 조사한 결과, 56.2%가 "채용하지 않겠다"는 응답을 한 것으로 나타났다. 그 이유로는 "눈치가 없고 성격이 직무에 맞지 않을 것 같다"는 답변이 45.8%로 가장 많았고, "유학생활을 도중하차했기 때문"이라는 응답(28.8%)이 그 뒤를 이었다.[12]

소통에 굶주린 사람들

삼순이에 대한 다양한 '읽기'가 이루어지는 가운데 삼순이에 대한 오해도 만만치 않았던 것 같다. 추석특집으로 방영된《2005 삼순이 선

---

11) 권태호, 「삼순이는 예쁘다」, 『한겨레』, 2005년 8월 12일, 26면.
12) 채용 의사를 밝힌 43.8%의 응답자는 "업무관련 전문성"(60.9%)을 가장 큰 이유로 들었고, "적극적이고 솔직한 성격"(34.8%)에도 호감을 표시했다. 신재연, 「기업 인사담당자 56% "삼순이 안 뽑겠다"」, 『한국일보』, 2005년 8월 3일, 14면.

발대회》라는 프로그램은 삼순이 캐릭터를 희화화하고 왜곡시켰다는 비판을 받았는데, 한 네티즌은 "우리가 삼순이를 사랑한 것은 그가 당당하고 자신을 사랑하는 인간이어서지 단순히 뚱뚱하고 욕을 잘해서는 아니었습니다"라고 항변했다. 미디어몹 에디터 박현정은 삼순이가 사람들 마음을 움직일 수 있었던 이유로 현실성·당당함·솔직함 등은 어딘가 부족하다고 말하면서, "삼순이는 한국 드라마(특히 트렌드 장르) 최초로 소통능력이 있는 여자 캐릭터였다"고 주장했다.

"그것은 기존 캐릭터들처럼 소통을 포기했던 희진(정려원)과 뚜렷한 대조를 이뤘다. 삼순이의 특성이 가장 잘 드러난 장면은 삼식이가 삼순이에게 못생겨서 이상형이 아니라며 '이게 손이야 족발이야' 따위 대사를 할 때다. 울거나 따귀를 칠, 이미 소통이 파탄 난 상황에서도 삼순이는 '너도 내 이상형 아니야. 왜? 너는 솔직하지 못하니까' 라며 맘 없으면 흘리고 다니지 말라고 통쾌한 언어적 싸대기를 날린다. 내 남자 내놓으라는 연적에게 삼순이는 '무슨 물건도 아니고, 스스로 결정하게 두자고요 네? 라면서 조목조목 반박한다. 비련의 여주인공이 되어 떠나는 게 아니라. 삼순이는 그만큼 합리적 언어를 사용하는 캐릭터였다. 삼순이의 욕설은 오히려 그녀의 합리성을 방증하는 도구다. 삼순이가 쌍욕을 하는 경우는 대부분 상대가 합리적 대화를 거부하거나 배려가 없거나 협상 자체를 불가능하게 만들 때였다."[13]

소통능력이라는 평가가 가슴에 와 닿는다. 아닌 게 아니라 여태까

---

13) 박현정, 「삼순이의 '쌍욕' 을 욕되게 하지 말라」, 『한겨레』, 2005년 9월 22일, 34면.

지 드라마의 여자 주인공들 중에서 삼순이만큼 소통능력이 뛰어난 인물도 없었던 것 같다. 그러나 시청자들은 아무래도 '쌍욕'을 통한 카타르시스 효과에 더 높은 점수를 주었을지도 모르겠다. '욕 전문가' 인 김열규는 "커뮤니케이션의 포기 혹은 파괴로 인해 마지막으로 나오는 게 욕"이라면서 "자위권의 발동이라고 보면 된다"고 말했다.[14] 삼순이의 자위권 발동은 평소 수많은 사람들이 꿈꾸면서도 막상 실행엔 옮길 수 없는 성격의 것이었다고 보는 게 옳을 것이다.

그렇다면 삼순이가 누린 높은 인기는 현대인들이 그만큼 소통장애에 시달리고 있다는 걸 의미하는 건가? 최근 들어 부쩍 '소통'이라는 단어가 많이 사용되고 있는 건 우연이 아닌지도 모르겠다. 첨단 디지털 기기는 소통의 양은 폭증시켰지만, 대면(對面) 커뮤니케이션의 양은 감소시켰다. 특히 인터넷 소통은 도저히 소통이라 부를 수 없을 만큼 수많은 소음을 양산했다. 소통의 인터페이스에 큰 변화가 일어난 것이다.[15]

대면 커뮤니케이션에선 외모가 큰 몫을 차지한다. 유감스럽지만 그게 현실이다. 사실 바로 이 점 때문에 디지털 기기를 통한 소통을 축복으로 여기는 사람들도 많다. 그러나 궁극적으론 대면을 해야만 한다. 대면 시 인터넷에서 그랬던 것처럼 당당해질 수 있는가? 인터넷 시대의 사람들은 늘 이런 의문을 품고 살아간다. 스스로 자각하진 못할망정 그런 의문은 잠재돼 있다. 바로 이때에 《내 이름은 김삼순》은 '위풍당당'으로 대처할 것을 보여준 것이다. 평범한 시청자들의 입장에

14) 김종면, 「욕, 난세의 '문화코드'로 … TV · 문학 '점령'」, 『서울신문』, 2004년 11월 26일, 5면.
15) 인터페이스(Interface)란 좁게는 컴퓨터 및 소프트웨어 조작방식을 말하며, 넓게는 서로 다른 두 물체 사이에서 상호간 대화하는 방법을 의미한다.

선 시원한 카타르시스를 느끼는 게 당연하다. 비록 김선아가 '위장 몸
꽝' 일망정 말이다.

물론 이는 과도한 해석일 수 있다. 그러나 모든 사람들에게 적용되
는 모범답안은 어차피 없다. 시청자들은 각자 자신이 처해 있는 상황
에 비추어 각기 다른 코드와 이유로 그 드라마를 읽었을 테니까 말이
다. 별 재미도 못 느꼈는데 언론매체에서 호들갑을 떠는 바람에 괜히
덩달아 시청한 사람들도 있었을 것이다. 나는 왜《내 이름은 김삼순》
을 즐겼었는지 각자 한번 생각해 보자.

《왕꽃선녀님》 논란

TV 드라마는 자주 논란을 낳는다.

2004년 8월 18일에 방영된 MBC 일일드라마 《왕꽃선녀님》(작가 임성한)은 "개구멍받이를 내 며느리로 맞았으면 어쩔 뻔했느냐", "친자식이 아닌 걸 숨겼으니 천벌을 받을 것" 등등의 대사를 내보내 논란을 빚었다. 또 이 드라마는 결혼에 있어서 집안과 신분을 따지는 걸 그대로 적나라하게 보여줌으로써, 사람들의 편견에 면죄부를 주고 약자를 철저히 차별해 모든 사람들이 마음껏 돌을 던지고 비웃을 수 있게 하는 전략을 구사했다는 이유로 비판받았다.

홀트아동복지회·대한사회복지회 등 5개 입양단체들은 2004년 8월 26일 서울 여의도 MBC 앞에서 "입양에 대한 인격권 침해"라며 항의집회를 열고 방송중단을 요구했다. 네티즌들도 두 갈래로 나뉘었다. "입양아에 대해 부정적으로 표현했다고 난리 치는데 우리 현실이

그런 것"이라는 의견과 "드라마
가 편견과 왜곡의 현실을 만들어
갈 수 있다"는 의견이 바로 그것
이었다.[16]

MBC 앞에서 항의 시위하는 입양 가족과 입양 단체.

이런 논란은 오랜 전통을 갖
고 있다. 원론 수준에서 생각해
보자. 드라마가 어떤 잘못된 현
실을 고발하고 싶어한다. 고발하
기 위해선 그런 현실을 실감나고 적나라하게 보여줘야 할 것이다. 그
런데 그렇게 보여주는 것 자체가 문제라고 아우성친다. 편견을 조장할
수 있다는 이유 때문이다. 그렇다면 현실 반영은 어떻게 해야 하는가?

여성의 수동성과 혈통주의

이번엔 다른 경우를 살펴보자. 터키 유학생으로 서울대 국문과 박
사과정에서 공부하고 있는 술탄 훼라 아크프나르는 한국의 TV 드라마
와 관련하여, "드라마는 으레 그래야 한다는 듯 가난한 사람은 언제나
여자이며 그들은 남자에 의해 구원된다"고 지적했다.

"이것은 너무나 달콤한 사탕이어서 여자의 이를 상하게 한다는 것
을 잊게 만드는 것은 아닐까? 너무 강한 여자는 사랑받지 못 한다는
메시지가 드라마에 은밀히 담겨 있다면 드라마에서 펼쳐지는 그 사랑

---

16) 강명석, 「9시 뉴스 앞의 '비극적 코미디' : MBC 일일드라마 《왕꽃선녀님》」, 『한국일보』, 2004년 8월
31일, A25면; 이지영, 「현실 반영인가, 편견 조장인가」, 『중앙일보』, 2004년 8월 30일, 21면.

은 진정으로 여자를 위한 달콤함은 아닐 것이다. 나는 아름다운 영상의 한국 드라마를 보면서 때로는 남자를 바라보며 눈물짓는 여자가 좀더 밝은 웃음을 짓고 인생에 사랑만큼 중요한 다른 일도 많다고 말하는 모습을 보고 싶다."[17]

물론 요즘엔 그런 모습을 보여주는 드라마들도 많지만, 남자를 바라보며 눈물짓는 여자가 주류라는 건 분명하다. 그것이 리얼리즘에 더 가깝기 때문일 것이다. 시청자들은 계몽(啓蒙)보다는 실감(實感)을 좋아한다.

또 다른 사례를 보자. 언론학자 임종수는 한국 TV 드라마가 '혈통주의'를 무슨 신줏단지 모시듯 끌어안고 있으며 일명 '재벌 드라마'에서 극단의 예를 보여준다고 지적했다. 《발리에서 생긴 일》, 《황태자의 첫사랑》, 《파리의 연인》, 《남자가 사랑할 때》, 《오! 필승 봉순영》 등은 재벌가의 지위 계승 문제에서 하나같이 혈통주의적 사고를 드러내고 있다는 것이다.[18]

혈통주의는 칭찬받기 어렵다. 그러나 그것이 비판받아 마땅한 것인지에 대해선 자신 있게 말할 사람들이 드물 것이다. 한국 재벌들은 한결같이 혈통주의에 미쳐 있는 게 현실일 뿐만 아니라 한국의 보통사람들까지 똑같기 때문이다. 다만 재벌의 경우엔 사회적 책임과 기업 지배구조의 문제를 들어 혈통주의를 비판할 순 있겠지만, 그것이 혈통주의 자체에 대한 비판은 아닐 것이다.

---

17) 술탄 훼라 아크프나르, 「한국에 살면서: 드라마 여주인공 씩씩했으면」, 『한국일보』, 2004년 9월 20일, 34면.
18) 임종수, 「한국 드라마의 봉건성, 혈통주의 문제에 대해」, 『PD연합회보』, 2004년 10월 13일, 기고면.

반영을 넘어선 교정이 필요하다

정부는 최근 사회문제화되고 있는 출산율 저하 문제를 해결하기 위해 방송국의 드라마 · 교양 프로그램 작가들을 초청, 육아의 보람과 결혼생활의 즐거움 등을 적극 전파해 줄 것을 요청하기로 했다. 국무조정실은 "최근 몇 년 사이 드라마나 방송 프로그램에 독신남과 독신녀 등 '나홀로족'의 긍정적인 묘사나 출산과 육아로 인한 이혼 등 가정불화, 사회생활에서 여성들의 불이익 등의 묘사가 부쩍 늘었다"며, "이런 내용이 젊은이들의 결혼이나 출산 기피에도 적지 않은 영향을 준다고 판단해 대책을 마련하게 됐다"고 설명했다.[19]

작가들은 그런 요청에 따라야 할까? 리얼리즘을 희생하고서라도?

이상 소개한 여러 사례들은 모두 딜레마가 아닐 수 없다. 이런 딜레마에 대해 이론적으로 제기된 해법이 바로 '교정적 리얼리즘(Corrective realism)'이다. 현실 반영에만 머무르지 말고 그런 현실을 '교정'하기 위한 노력을 보여야 한다는 것이다. 즉, '반영'이 아니라 '고발'이 될 수 있게끔 해야 한다는 것이다.

그러나 그런 식의 '교정'을 한다 하더라도 시간이 필요할 것이다. 드라마의 경우 극의 자연스러운 흐름과 이야기의 실감을 해치지 않는 선에서 천천히 '교정'을 시도할 수밖에 없다는 것이다. 그러니 시청자들은 일단 기다려 줘야 한다. 물론 현실은 그렇지 못하다. 또 반대로 '교정'이라고 하는 작위적 노력에 대해 거부감을 갖는 사람들도 있다. 그래서 교정적 리얼리즘도 쉽지 않다. 일방적인 비판보다는 이런 문제까지

---

19) 손병호, 「방송작가들에 '저출산 SOS' : 정부 "결혼 · 육아 미화 부탁해요"」, 『국민일보』, 2005년 3월 24일, 1면.

토론과 논쟁의 도마 위에 올려놓고 중지를 모아보는 것이 좋을 것이다.

《올드미스 다이어리》 논란

교정적 리얼리즘에 대해 논의할 수 있는 좋은 사례가 《올드미스 다이어리》 논란이었다. 2005년 7월 27일 KBS2TV의 《올드미스 다이어리》란 시트콤에서 며느리가 손자를 제대로 돌보지 못했다며 시어머니의 뺨을 때리고 아들 역시 "어머니가 맞을 짓을 했다"고 맞장구를 치는 장면을 내보내 큰 논란이 빚어졌다. KBS는 사과문 게재에 이어 프로그램 제재·책임자 징계조치(제작 PD 견책) 등을 취했다.

그러나 이 '사건'은 KBS에 적대적인 일부 신문들의 과도한 선정적 보도로 인해 여론재판으로 흐른 감이 있다. 예컨대, 『조선일보』는 「며느리가 시어머니 뺨 때리게 한 KBS의 패륜」이란 제목의 사설을 통해, "KBS가 온가족을 TV 앞에 모아놓고 패륜 패러디를 드라마라고 포장해 국민 얼굴에 내던진 것이다"라면서, "KBS는 사장에서부터 실무자에 이르기까지 KBS가 어떤 방송이어야 하는가 하는 생각조차 없다. 마음대로 만들고 내키는 대로 틀어대는 것 밖에 없다. 정권홍보만 빼놓고는 일종의 '무뇌(無腦) 상태'라고 할 수밖에 없다"고 비난했다.

이 프로그램에 등장하는 세 할머니 역할을 맡은 탤런트 김영옥·한영숙·김혜옥 등도 그런 식의 여론재판에 유감을 표했다. 이들은 "이런 말 하기는 그렇지만 솔직히 주변에서 시어머니한테 칼을 던졌다는 며느리 얘기도 들었다"면서, 전체적인 맥락이 사장된 채 문제의 장면만이 부각된 것을 안타까워했다. 김영옥은 "이번 사건으로 인해 드라마에서 노인을 주인공으로 내세우는 시도 자체가 아예 사라질까 걱정

"드라마는 스틸 사진 아니다"

"패륜 프로" 비난 속에 회사로부터 징계받은 〈올드미스 다이어리〉의 김석윤 PD
"신문기자들은 프로 제대로 보지도 않고 비난… 본 사람은 결말이 좋다 하더라"

'음란 MBC' 와 '패륜 KBS'.

음악 프로그램에서 가수가 바지를 내렸던 '사건' 과 시트콤에서 며느리가 시어머니 뺨을 때리는 장면이 나왔던 '사건' 을 두고 나온 말이다. 'TV가 더위 먹었나' 라는 비아냥에서부터 '지상파 TV 끄고 싶다' 는 노골적인 적대감까지 드러내 보인 신문들은 두 방송사를 한참 동안 잘도 두들겼다. 음란과 패륜 가운데 패륜의 혐의를 받은 시트콤 〈올드미스 다이어리〉의 김석윤(41) 총괄PD를 8월18일 오후 서울 여의도 한국방송 본관에서 만났다. 김 PD는 인터뷰 바로 전날인 17일 방송사로부터 '견책' 징계를 받은 상태였다. 김 PD는 여론의 일방적인 비난에 이은 방송위원회와 방송사의 징계 결정에도 불구하고 비교적 차분하고 소상히 자신의 견해를 밝혔다. 김 PD는 "사건 이후 제작 의도를 비롯해 내 생각을 제대로 밝힐 기회가 없어서 못내 아쉬웠다"면서 "〈한겨레21〉의 인터뷰 제안이 반가웠다"고 말했다.

실제 있었던 실화… 밀첬다면 괜찮았을 것

어제 견책 징계를 받았는데 온당하다고 생각하나.

견책으로 월급에도 지장이 있고, 인사에도 불이익이 있다. 팀장과 심의위원은 경고를 받았다. 프로그램을 총괄하는 선임 PD로서 책임져야 할 상황이다. 징계 결정을 수용한다. 그러나 원래 의도가 이런 식으로 왜곡돼서 받아들여지는 부분은 납득하기 힘들다. 논리에 관련된 부분은 수긍할 수 없다.

납득하는 부분과 납득할 수 없는 부분을 나눠달라.

방송의 파급력이 커서 결과적으로 빚어진 일에 대해 책임을 진다는 것이다. 징계의 이유와 내용은 받아들일 수 없다.

"지상파 TV 끄고 싶다", "모럴 해방구 KBS"(『동아일보』)·"KBS '시어머니 뺨 때리는 며느리' 방송에 시청자 분노", "며느리가 시어머니 뺨때리게 한 KBS의 패륜"(『조선일보』)·"인륜도 팽개치는 TV 드라마"(『서울신문』)·"시어머니 뺨은 KBS가 때렸다"(『중앙일보』) 등 대부분의 언론은 이 드라마의 문제 장면에 대해 다른 해석의 여지없이 무차별 공격했다. 하지만, 이 문제에 다른 시각으로 접근한 매체도 있었다. " '올드미스 다이어리' 에 건전한 비판을 '허' 하라"(박혜란, 『오마이뉴스』 2005년 7월 31일(인터넷) 참고). 『한겨레21』 2005년 8월 30일.

된다"고 말했다.[20]

2005년 8월 10일 장대비가 억수같이 쏟아지던 밤 서울 여의도 KBS 정문 앞에는 20~30대 여성 40여 명이 촛불 시위를 벌였다. 이들은 '올미다(올드미스 다이어리) 사랑방' 이라는 팬카페 소속 회원들이었다. 이들은 방송위원회가 《올드미스 다이어리》에 내린 사상 초유의 중징계(시청자 사과+해당 방송분 방영 중지+제작진 징계)가 과도하다고 항의했다. 며느리가 시어머니 뺨을 때린 문제의 장면은 노인 문제의 심각성을 전달하고자 한 전체 맥락에서 판단해야 한다는 것이었다. PD

---

20) 김은남, 「 "나무만 보지 말고 숲 봤으면…" : 《올드미스 다이어리》 세 할머니 배우의 '패륜 파동에 대한 변명」, 『시사저널』, 2005년 8월 23일, 42~43면.

연합회보 기자 황지희는 "실제로 방송위는 이번 결정을 위한 회의석상에서 앞뒤 맥락에 대한 판단 없이 문제의 장면만 모니터했다고 밝혀 충격을 주었다. 따지자면 심의가 이처럼 달은 보지 않고 달을 가리키는 손끝만 보고 이루어진 역사는 깊다"고 논평했다.[21]

《올드미스 다이어리》의 총괄 PD 김석윤도 『한겨레 21』과의 인터뷰에서 "방송위 관련자든 신문기자든 이 프로그램을 제대로 보지 않았다"며 불만을 토로했다.

> "예를 들어 소설이라면 기승전결이 있고 스토리가 있지 않나? 이건 스틸 사진이 아니다. 작품이고 스토리가 있다. 맥락을 얘기하지 않고 어떻게 토론을 할 수 있나? 애초 잘잘못을 가릴 판이 벌어지지도 않았다. 작품을 만든 사람의 의도를 놓고 이런저런 얘기가 나와야 하는데 그 얘기가 본격적으로 시작되기도 전에 다른 쪽으로 호도했다. 기사화하려는 곳이나 여론몰이를 하려는 집단에서 제대로 된 논점으로 가는 움직임을 차단했다."

> 한겨레 21: "노인 문제를 본격적으로 다룬 첫 시트콤이라는 평가도 있었고, 특히 여성·노인 문제를 다뤄서 칭찬까지 받았던 프로그램인데, 왜 이번 에피소드에서는 그런 과격한 표현을 했나?"
>
> 김석윤: "그렇게 잘못되고 과격한 방법이었다고 생각하지는 않는다. 실제 서울 자양동에서 있었던 실화다. 대사 내용도 똑같다. 인터넷을 찾아보면 종종 있는 일이다. 있어서는 안 되는데 자꾸 일어나고

---

21) 황지희, 「방송위 심의를 심의해야 하나」, 『시사저널』, 2005년 8월 23일, 43면.

더한 일들도 있다. 표현 방법이 세련되지 않았다고 지적하는 분들도 있는데 (나는) 좀 생각이 다르다. 그 장면에서 사람들이 기분 나빴던 것은 따귀를 때렸기 때문일 것이다. 아마 밀치거나 다른 방식으로 했다면 비난이 덜했을 것이다. 제작 과정에서도 토론이 많았다. 결국 그대로 가기로 한 것은 그냥 말로 표현했다면 그 문제에 수용자들이 집중하지 않았을 것이기 때문이다. 지금까지의 제작 방향이나 맥락과 어긋나는 것은 아니었다."[22]

제작 PD 중징계에 대해 KBS 노조는 "KBS 인사위원회의 이 같은 조치는 수구 언론의 여론몰이에 부화뇌동한 것에 불과하다. KBS 경영진은 제작진에 대한 중징계를 결정하기 전에 이 프로그램의 취지를 시청자들에게 적극적으로 설명하고 해명해야 했으며 지금이라도 수구 언론의 KBS에 대한 모독에 당당히 맞서 민·형사상 책임을 물어야 한다"고 주장했다.[23] 방송위원회도 일부 신문들이 주도한 여론재판에 굴복했다고 보는 것이 옳을 것이다. 이런 식의 여론재판 풍토에선 '교정적 리얼리즘'을 실현하긴 매우 어려울 것이다. 인터넷은 그런 여론재판을 상례화시켜 '교정적 리얼리즘'을 실현하는 데에 최대 장애가 되고 있다.

TV 드라마는 과연 어느 수준까지 현실을 있는 그대로 반영할 수 있으며 반영해야 하는지 논의해 보도록 하자. 물론 '교정적 리얼리즘'에 대해서도 이의를 제기할 수 있을 것이다. TV는 '가족 매체'라고 하는 점이 그간 TV를 규제하는 주요 이유였으나, 다른 새로운 매체들이 많

---

22) 김창석, 「"드라마는 스틸 사진 아니다": 김창석의 도전 인터뷰」, 『한겨레 21』, 2005년 8월 30일, 24~26면.
23) 「올드미스 다이어리 중징계 철회해야」, 『KBS 노보』, 2005년 8월 30일, 5면.

이 나오면서 과연 그런 규제 이유가 타당한지에 대해서도 의문을 제기해 볼 수 있을 것이다. 역설 같지만, 지상파 방송의 위기가 심화돼 대중의 관심이 쏠리는 현상이 약화될 때에야 비로소 TV 드라마는 좀더 자유로워질 수 있을 것이다.

TV 드라마 제작, 왜 말이 많나

대한민국은 드라마 왕국

TV 프로그램 가운데 TV 드라마의 인기는 압도적으로 높다. 시청률 조사 기관인 TNS미디어가 2004년 1월 1일부터 12월 12일까지 시청률 자료를 분석해 발표한 자료에 따르면, 평균 시청률 순위 상위 10위까지 모두 드라마가 휩쓴 것으로 나타났다.

① 《대장금》(MBC 47.8%), ② 《파리의 연인》(SBS 41.5%), ③ 《천국의 계단》(SBS 38.4%), ④ 《특집 대장금 스페셜》(MBC 32.9%), ⑤ 《풀하우스》(KBS2 31.9%), ⑥ 《백만 송이 장미》(KBS1 30.6%), ⑦ 《두 번째 프로포즈》(KBS2 27.1%), ⑧ 《애정의 조건》(KBS2 26.9%), ⑨ 《금 쪽 같은 내 새끼》(KBS1 26.8%), ⑩ 《발리에서 생긴 일》(SBS 25.6%)

『세계일보』 2005년 1월 10일자는 "대한민국은 현재 드라마 왕국이다. 한국 드라마는 밖에서는 한류 열풍의 동인이 되고 있으며 안에서는 온갖 신드롬과 '폐인' 을 양산하고 있다. 최근 들어 각 방송사가 드라마 제작에 부쩍 공들이면서 드라마는 가장 대중적인 매체인 TV를 통해 그 어느 때보다도 언론과 대중의 큰 관심을 받으며 전성기를 누리고 있다. 지상파 채널에서 드라마가 끝나는 심야시간이 되면 케이블·위성 채널에서도 드라마의 향연이 이어진다"고 보도했다.[24]

텔레비전 드라마는 한류 열풍을 타고 해외 시장에서도 호황을 누렸다. 2003년 드라마 수출액은 4,300만 달러로 같은 해 영화 총수출액 3,098만 달러를 앞섰으며, 이 격차는 더욱 커지기 시작했다. 《파리의 연인》은 니혼TV에 7억 원에 팔려 드라마 수출 최고가를 기록했으며, 《슬픈 연가》는 완성 전에 48억 원에 일본 시장에 입도선매되었다.[25]

문화관광부가 발표한 통계에 따르면, 2004년 국내 TV 프로그램 수출액은 모두 7,146만 달러이며, 이 가운데 91.8%인 5,771만 달러가 드라마 수출분이었다. 2005년 TV 드라마 수출액은 1억 달러를 돌파할 것으로 전망했다.[26]

한류 붐을 타고 드라마 외주제작사들이 크게 늘면서 투자 유치를 위한 드라마 기획안에 유명 작가의 이름을 도용하는 사태까지 벌어졌다. MBC의 《상도》와 《허준》, SBS의 《올인》 등을 집필한 드라마 작가 최완규는 그런 일을 여러 번 겪었다고 한다. 그는 "이렇게 드라마를 만들겠다는 사람들은 오직 돈이 목적일 뿐, 드라마에 대한 이해나 애정은 전무하다는 것이 가장 큰 문제"라며, "날림으로 만드는 일부 때문에 열심히 드라마 제작에 임하는 이들이 피해를 입을까 걱정된다"고 말했다.[27]

24) 김지희, 「'드라마 왕국' 대한민국」, 『세계일보』, 2005년 1월 10일, 29면.
25) 김남중, 「올해도 드라마 독주」, 『국민일보』, 2004년 12월 16일, 22면.
26) 이용원, 「TV 드라마 수출 1억 달러 시대」, 『서울신문』, 2005년 3월 8일, 31면.

드라마의 90%는 멜로물

『PD연합회보』가 2004년 9월 1일부터 2005년 8월 31일까지 방송된 KBS·MBC·SBS 3개 방송사 드라마(단막극과 특집극 제외)를 장르별로 분석한 결과, 모두 76개 드라마 가운데 90%에 이르는 드라마가 멜로물인 것으로 밝혀졌다.

이에 대해 MBC 드라마국장 이은규는 "국내 시청자들은 멜로를 선호하는 경향이 강하기 때문에 사랑 드라마를 주로 만드는 것이 사실이다. 그러나 그 비율은 현재 지나치게 높다. 소재의 한계로 인해 멜로드라마들은 갈수록 우연이 남발돼 완성도가 떨어지고 극단적인 소재들이 나오고 있다"고 말했다.

이은규는 "이런 제작 양태는 작가층을 엷게 할 뿐만 아니라 일정 형태의 멜로드라마에 어울리는 젊은 연기자들만 반복 출연시키게 한다. 다양한 장르의 드라마들이 나와야 할 때"라면서, "이를 위한 유일한 방법은 제작 시스템을 선진국형화하는 것이다. 현재처럼 70분 편성에 16부 이상의 긴 드라마를 만들어 내는 상황은 PD도, 작가도 창의성을 발휘하기 힘들다"고 말했다.[28]

미니시리즈 한 편의 방영시간은 통상 60분이 기준이었지만, 시나브로 방영시간이 늘어나더니 지금은 지상파 방송 3사의 미니시리즈가 70분물로 바뀌었다. 김용습은 그 이유가 시청률 싸움과 광고 수입 때문이라며 다음과 같이 말했다.

---

27) 최효안, 「'사이비' 드라마 외주제작사들」, 『스포츠서울』, 2005년 8월 18일, 22면.
28) 황지희, 「드라마 사랑타령 "이젠 지겹지 않니?": '점검' 멜로드라마 과잉공급 시대」, 『PD연합회보』, 2005년 8월 31일, 5면.

"같은 시간대에 방송하는 경쟁작보다 앞뒤로 1~2분을 더 늘려 방송하게 되면 평균 시청률이 다소 올라가기 마련이다. 채널 선택의 선점과 여운 효과(?)를 노린 '꼼수'인 것이다. …… 60분 편성과 70분 편성은 광고 수입에서 차이가 난다. 한국방송광고공사 영업정책국의 한 관계자는 '60분물에서는 드라마 앞뒤로 24개의 광고가 들어갈 수 있지만, 70분물에서는 28개까지 광고가 방송될 수 있다'고 말했다."[29]

외주제작사의 파워

2005년 1월 17일 방송위원회는 2005년도 방송 프로그램 등의 편성 비율 개정고시를 확정했는데, 외주제작 의무비율은 KBS1TV가 24% 이상, KBS2TV는 40%이상, MBC와 SBS는 35% 이상, EBS는 20% 이상 등이었다.

바로 이 외주제작이 드라마의 제작 방식에 일대 파란을 일으킨 최대 이유다. 물론 여기엔 명암이 있다. 드라마는 외주제작사에 의해 만들어진다. 그 유명한 《겨울연가》도 외주제작사인 팬엔터테인먼트의 작품이다. 방송사와 외주제작사의 힘은 비슷해졌지만, 아직은 방송사가 우월한 입지를 갖고 있다.

미니시리즈 한 편의 제작비가 보통 1억 5,000만 원에서 2억 원 정도인데, 현재 방송 3사가 지급하는 제작비는 7,000만 원에서 1억 원 선이다. 그래서 외주제작사들은 무리하게 간접광고에 의존한다. 드라마 해외판권 비율은 방송사가 40%, 외주제작사가 40%, 판매대행 프로덕

---

29) 김용습, 「드라마 방영시간 늘리기 경쟁 시청률: 광고 수입 싸움이 원인」, 『스포츠서울』, 2005년 8월 2일, 21면.

션(대부분 방송사 자회사)이 20%를 먹는 구조다.[30]

대중문화 평론가 변희재는 "현 단계에서 약간의 손해를 보면서도 외주사들이 왜들 그렇게 거액의 제작비용을 투입하면서까지 드라마를 제작하겠는가?"라는 질문을 던진 뒤, "그들은 드라마에 대한 통제권을 방송사로부터 넘겨받겠다는 의도를 갖고 있다. 그렇게 해서 방송사가 내부 제작 능력을 완전히 상실했을 때 얼마든지 큰 배팅을 할 수 있는 기회를 얻게 된다"고 말했다.[31]

그런 통제권은 이미 현실로 나타나고 있다. 시청률이 떨어지면 중간에 외주제작사가 방송사 소속 PD를 교체하는 일까지 벌어지고 있다. 『한겨레』 2005년 2월 3일자는 스타 PD들이 만든 드라마들이 잇단 참패를 한 것과 관련, 현재의 드라마 제작 시스템이 스타 PD의 발목을 잡고 있다는 주장도 있다고 보도했다. 요즘은 외주사와 연기자 소속사의 주도로 드라마가 기획·제작되면서 PD가 제 색깔을 낼 수 있는 여지가 좁아졌다는 것이다. 한 방송 관계자는 "요즘 공장 기술자와 다를 바 없는 PD에게 드라마의 완성도와 흥행 결과의 모든 책임을 묻는 것은 적절치 않아 보인다"며, "시청률만을 잣대로 작품의 성패를 논하는 방송사 구조가 드라마 발전에 큰 장애가 되고 있는 것은 말할 것도 없다"고 말했다.[32]

『중앙일보』 2005년 3월 24일자 기사 「시청률 저조해도 장사는 짭짤: 드라마 주도권, 제작사로 넘어가나」는 드라마 제작의 헤게모니가 방송사에서 외주제작사로 상당부분 옮겨갔다고 보도했다. 2005년 3

---

30) 김용습, 「스타 - 탄탄한 대본 '무기' 입김 커졌다: 외주제작사 - 방송사 권력을 재편한다」, 『스포츠서울』, 2004년 12월 24일, 23면.
31) 변희재, 「연예자본의 팽창에 위협받는 KBS」, 『KBS 노보』, 2004년 12월 21일, 14면.
32) 김진철, 「스타 PD 잇단 참패, 왜?」, 『한겨레』, 2005년 2월 3일, 33면.

월 17일에 막을 내린 《슬픈연가》(MBC)의 경우 평균 시청률 15.5%로 기대 이하의 성적을 거뒀지만, 제작사는 드라마 수출액 중 70%를 갖기로 MBC와 계약하는 등 수익배분 계약이 유리해지고 수입원도 다양해져 흐뭇해 하고 있다는 것이다.

2005년 3월 24일 방송 3사 제작본부장들은 드라마 제작의 3대 주체인 방송사·외주제작사·연예 기획사 간에 '견제와 균형의 원리'가 자리 잡아야 한다고 주장하고 나섰다. KBS 제작본부장 장윤택은 "'한류 열풍' 이후 출연료의 고공 행진으로 드라마 출연료가 KBS 전체 프로그램 제작비의 50%를 넘어서 드라마 방영 편 수를 줄여야 하는 한계에 이르렀다"고 밝혔다. MBC 제작본부장 고석만은 "제작과 스타 매니지먼트에 동시 투자한 거대자본이 방송사를 위협할 정도"라고 말했다. SBS 제작본부장 지석원은 "드라마를 통해 스타가 발굴되는 게 아니라 드라마가 기존 톱스타의 이미지 관리를 위해 이용되는 측면이 있다"고 말했다.[33]

외주제작사들의 빈부격차

그러나 모든 외주제작사가 다 큰 힘을 발휘할 수 있는 건 아니다. 외주제작사들에게도 빈부격차가 있으며, 이에 따른 '힘의 논리'가 작동한다.

SBS의 《사랑한다 웬수야》, 《해변으로 가요》, 《돌아온 싱글》과 MBC의 《사랑찬가》 등은 모두 외주제작사가 제작했다가 조기에 종영됐다

---

33) 김정섭, 「"프로덕션 캐스팅권 침해 곤란": 방송3사 제작본부장 합리적 관계 재설정 촉구」, 『경향신문』, 2005년 3월 25일, 25면.

는 공통점이 있다. 이와 관련, 국회 문화관광위 소속 열린우리당 의원 노웅래는 방송위원회에 대한 국정감사에서 SBS와 MBC의 외주제작 표준계약서에는 시청률이 떨어질 경우 방송사가 외주제작사에게 프로그램 제작 중지를 요청할 수 있는 조항이 명시돼 있다고 밝혔다. 노웅래는 "방송협회가 외주제작과 관련한 표준계약서를 만들어 공정거래위원회의 심사를 받아 확정하고, 이를 이행할 수 있도록 해야 한다"고 촉구했다.[34]

또 드라마 이외에 다른 프로그램을 포함한 전반적인 외주제작 시스템은 위기 상황에 처해 있다는 비판의 목소리가 높다. 방송의 외주제작 업체는 1998년 100여 개에서 2005년 400여 개로 늘었지만, 이 가운데 절반 가까이는 방송사에 납품 실적을 전혀 올리지 못하고 있으며 상위 5개 사가 전체 외주제작 물량의 3분의 2 이상을 차지하고 있다. 이들 5개 사를 제외한 나머지 대다수 제작사들은 방송사의 횡포에 시달리고 있다는 것이다.

독립 제작사 146개 사가 가입한 한국독립제작사협회 회장 고장석은 방송사들이 40%의 시간을 외주제작에 할당하게 되어 있는 방송법을 어기고 있는데도 방송위원회는 이를 외면하면서 방송사의 이익을 위한 활동만 한다고 비난했다. 그는 이제껏 모든 방법을 다 써봤는데도 개선이 되지 않았으며, 따라서 외주제작 채널 도입만이 답이라고 말했다.[35]

『경향신문』 2005년 10월 20일자 사설은 공정거래위원회의 보고서 내용에 근거해 "방송사들이 우월적 지위를 이용해 하도급 관계에 있

---

34) 백민정, 「드라마 이유 있는 조기종영」, 『국민일보』, 2005년 9월 27일, 20면.
35) 조태성, 「"방송사 '40%룰' 안 지켜 외주전문채널 도입해야": 고장석 독립 제작사협회장」, 『서울신문』, 2005년 5월 3일, 26면; 이영표 · 홍지민, 「방송 외주제작 비뚤어진 성장」, 『서울신문』, 2005년 5월 3일, 26면.

는 외주제작사들의 숨통을 쥐고 흔드는 것이다. 차라리 착취구조의 일상화라고 하는 것이 적절할 듯싶다"며, "외주제작사는 제작비를 벌충하기 위해 간접광고에 더욱더 의존하게 되고 선정적이고 자극적인 프로그램을 만드는 데 매달릴 수밖에 없다"고 했다. 그리고 이 사설은 "실효성 있는 표준계약서를 만들어 방송사에 강제할 필요가 있다. 그 일을 맡을 공정위의 역할이 어느 때보다 중요하다"고 밝혔다.[36]

시청층의 변화와 시청률 보도

MBC가 2005년 하반기 아침드라마 편성 전략을 짜기 위해 시청률 조사 기관인 TNS코리아의 통계를 토대로 분석한 결과에 따르면, 그간 아침드라마는 30~40대 주부들을 위한 드라마라는 인식이 팽배했지만, 최근 2~3년 동안 아침드라마의 주요 시청층은 50~60대 중년층 이상의 남녀라는 게 밝혀졌다.

이는 매체 환경 변화로 젊은 주부들이 오전에 지상파 방송보다는 케이블 TV를 시청하는 경향이 늘어났고, 경제가 어려워져 전업주부층이 줄어드는 대신 상대적으로 오전에 TV를 시청하는 연령층이 높아졌기 때문인 것으로 분석되었다. 또 지상파 방송의 저녁 프로그램 중에 50대 이상이 주인공이거나 50대 이상의 취향에 맞는 드라마가 절대적으로 부족한 것도 한 이유로 지목되었다.

MBC 편성국 변윤신은 "최근 몇 년 새 아침드라마 시청층이 고령화되고 있으며 특히 50대 남성들이 늘어났다. 이는 아침드라마 시청률

---

36) 「외주제작 관행 확 뜯어고쳐야 한다」, 『경향신문』, 2005년 10월 20일, 31면.

이 남녀 구분에 따른 게 아니라 연령층에 따라 움직이고 있음을 보여주는 것"이라며, "이들은 과거를 배경으로 향수를 자극하는 줄거리나 경제적으로 성공하는 내용들을 선호한다. 이혼이나 불륜, 삼각관계 등의 소재에서 벗어나 50대 이상의 취향에 맞는 다양한 소재를 개발해야 변화된 시청층을 잡을 수 있다"고 말했다.[37]

문화일보 기자 양성희는 최근 시청률 보도와 관련해 눈에 띄는 현상은 새 드라마가 시작되면 1회 시청률 자료들이 인터넷 뉴스와 포털들의 주도로 미디어, 특히 인터넷을 뒤덮는 것이라고 지적하면서 다음과 같이 말했다.

"2~3회만 지나면 경쟁 드라마 간에 승패가 난 듯 단정적 어조의 보도들이 잇따른다. 이어 판세 굳히기라도 하듯 승자 쪽 드라마 보도가 집중적으로 쏟아져 나오면서 그에 더 많은 사회적 관심이 쏠리고, 그 결과 시청률도 따라 오르는 식이다."

이어 양성희는 선거철 정치보도에 흔히 등장하는 경마보도를 떠올리게 하는 이런 식의 보도로 인해, 초반 승부수가 아닌 장기적인 승부수를 노리는 드라마들은 제대로 평가받는 기회를 애초에 박탈당한다는 우려의 목소리가 있다고 말했다.

"지난해 시청률 40%를 돌파하며 인기돌풍을 일으켰던 《파리의 연인》이나 《내 이름은 김삼순》 같은 대박 드라마의 신화 뒤에도 이런 즉

---

37) 황지희, 「아침드라마 주 시청층 이젠 50~60대: 이혼·불륜 등 관심은 '옛말' … "중년층 소재 찾아야"」, 『PD연합회보』, 2005년 7월 20일, 7면.

시청률 '경마보도' 첫회부터 호들갑

▧ 최근 시청률보도와 관련해 눈에 띄는 현상은 새 드라마가 시작되면 1회 시청률부터 보도하는 것이다. 예전같으면 현업PD들을 '쪼기' 위한 방송사 내부 회람 자료에 불과했던 드라마 1회 시청률 자료들이 곧바로 미디어, 특히 인터넷을 뒤덮는다. 특히 이런 경향은 즉각적인 여론형성에 민감한 인터넷뉴스와 포털들이 주도하고 있는데, 최근에는 아예 TV 드라마 보도의 지배적 관행으로 굳어진 것으로 보일 정도다. 드라마가 새로 시작하자마자 1회 시청률이 즉각 보도되고 2~3회만 지나면 경쟁드라마간에 승패가 난듯 단정적 어조의 보도들이 잇따른다. 이어 관세굳히기라도 하듯 승자쪽 드라마 보도가 집중적으로 쏟아져 나오면서 그에 더 많은 사회적 관심이 쏠리고 그 결과 시청률도 따라 오르는 식이다. 인기드라마 생산에 인터넷미디어의 강력한 영향력을 보여주는 최근의 이런 경향은, 선거철 정치보도에 흔히 등장하는 경마보도를 떠올리게 한다. 철저히 경쟁구도로 문제에 접근하고 승자에게 주목해 잦은 노출로 승자에게 유리한 방향으로 여론몰이를 해주며, 결과적으로 미디어가 킹메이커를 자임하는 선정적 보도태도 말이다.

지난주 동시에 시작한 SBS '루루공주'와 MBC '이별에 대처하는 우리의 자세' 등 새 수목드라마의 보도도 이런 패턴을 따랐다. 방송1주차에 불과한데도 인터넷뉴스와 포털엔 '루루공주'의 시청률 우세 보도가 넘쳐났다. "'루루공주' 2회만에 20% 넘어" "포스트 삼순이 확실" "수목드라마 지존굳힌다" 등의 제목이 인터넷을 달궜고, '제2의 파리의 연인' '포스트 김삼순' 등의 수식도 당연스레 따라붙고 있다.

지난해 시청률 40%를 돌파하며 인기돌풍을 일으켰던 '파리의 연인'이나 '내 이름은 김삼순' 같은 대박드라마의 신화 뒤에도 이런 즉각적인 시청률 보도와 지배적 관심사를 무한·확대재생산하는 인터넷 언론의 특성이 작용했음은 부정하기 힘들다(물론 두 드라마의 완성도를 부정하는 것은 절대 아니다). 방영 1~2회 만에 인기드라마와 비인기드라마가 확

드라마 전체 완성도 무시 '여론몰이'
인터넷 뉴스·포털서 경쟁적 뉴스화
선거철 정치 보도 선정성 연상시켜

드라마 전체의 향방을 가늠하기엔 아직 절대적으로 미약한 1회 시청률 자료만으로 전체 성패의 윤곽을 짓는 듯한 이런 보도는 전형적인 과장 추측성의 무책임한 보도지만, 시청자에게 강력하고 유의미한 사전정보로 작용해 여론몰이의 혐의가 짙다. 또 초반 승부수가 아닌 장기적인 승부수를 노리는 드라마들은 제대로 평가받는 기회를 애초에 박탈당해 공정경쟁의 기회를 잃고, 양적 평가에 불과한 '시청률'에 미디어 스스로가 과도한 의미를 부여하는 이중성을 보여준다는 지적도 있다.

연히 구분되고 인기드라마에 대한 화제를 집중적으로 생산해 인터넷을 켜기만 하면 사회적 관심이 일사불란하게 포박된 상황. 그래서 '워낙 인기라니까' '남들이 재미있다고 하니까' 왕따 되기 싫어서라도 절로 '국민드라마'의 시청자로 편입되는 상황. 뜨면 트렌드, 신드롬이고 안뜨면 철저하게 묻혀버리는 시청률 경쟁의 양극화가 가속화되는 상황. 과연 이 상황은 시청자에게 득인가, 실인가 냉정하게 따져볼 때다.

양성희기자 cooly@munhwa.com

드라마 1회 시청률에 대한 즉각적인 보도가 드라마의 공정한 질적 경쟁을 방해한다는 지적이 있다. 최근 방송중인 3편의 수목드라마. 위에서부터 MBC '이별에 대처하는 우리의 자세', SBS '루루공주', KBS '부활'.

드리마 1회 시청률에 대한 즉각적인 보도가 드라마의 공정한 질적 경쟁을 방해한다. 『문화일보』 2005년 8월 3일.

각적인 시청률 보도와 지배적 관심사를 무한 확대재생산하는 인터넷 언론의 특성이 작용했음은 부정하기 힘들다(물론 두 드라마의 완성도를 부정하는 것은 절대 아니다). 방영 1, 2회 만에 인기 드라마와 비인기 드라마가 확연히 구분되고 인기 드라마에 대한 화제를 집중적으로 생산해 인터넷을 켜기만 하면 사회적 관심이 일사불란하게 포박된 상황. 그래서 '워낙 인기라니까', '남들이 재미있다고 하니까' 왕따 되기 싫어서라도 절로 '국민 드라마'의 시청률로 편입되는 상황. 뜨면 트렌드·신드롬이고 안 뜨면 철저하게 묻혀버리는 시청률 경쟁의 양

극화가 가속화되는 상황. 과연 이 상황은 시청자에게 득인가 실인가 를 냉정하게 따져볼 때다."[38]

시청자들도 자문자답해 볼 필요가 있겠다. 남들이 다 보니까 남들 과의 대화를 위해서라도 안 보면 안 되겠다는 이유 때문에 TV 드라마 를 본 적은 없는가? 그밖에도 생각해 볼 점은 많다. 왜 한국인은 TV 드 라마에 열광하는가? 한국인에게 드라마적 기질이 있는 건 아닌가? 또 왜 멜로물이 압도적으로 많은가? 방송사와 외주제작사와의 관계는 어 떻게 정립되어야 할 것인가? 시청층의 변화는 드라마에 어떤 영향을 미치며, 다른 매체들의 드라마 관련 보도가 시청 행태에 미치는 영향 은 무엇인가? TV 드라마 보기도 바쁜데 그런 생각까지 할 필요가 있 는가?

---

38) 양성희, 「시청률 '경마보도' 첫 회부터 호들갑」, 『문화일보』, 2005년 8월 3일, 22면.

한류의 비밀

한국 대중문화가 1997년부터 중국에 진출해 성공을 거두기 시작하자 중국 언론은 1999년경 한국 대중문화에 대해 '한류(韓流)'라는 말을 본격적으로 쓰기 시작했다. "다른 문화가 매섭게 파고든다"는 의미의 '한류(寒流)'라는 말을 변용한 것이다.[40] 이제 한류 열풍은 아시아를 넘어 다른 대륙으로까지 흐르고 있다.

한국무역협회 무역연구소가 내놓은 「한류의 경제적 효과 분석」이라는 보고서에 따르면, 2004년 한류 효과로 인해 벌어들인 외화는 18억 7,000만 달러(약 2조 1,440억 원)이며, 같은 기간 국내에서 거둬들인 경제적 효과는 1조 4,339억 원에 이르는 것으로 조사됐다. 삼성경제연구소는 "한류 정신을 아시아의 정신문화와 접목시켜 '필 코리아(Feel

---

39) 강준만, 「한류」, 『세계문화사전』, 인물과사상사, 2005년, 451~473쪽도 참고할 것.
40) 「한류(韓流)의 어원」, 『경향신문』, 2005년 10월 6일, 47면.

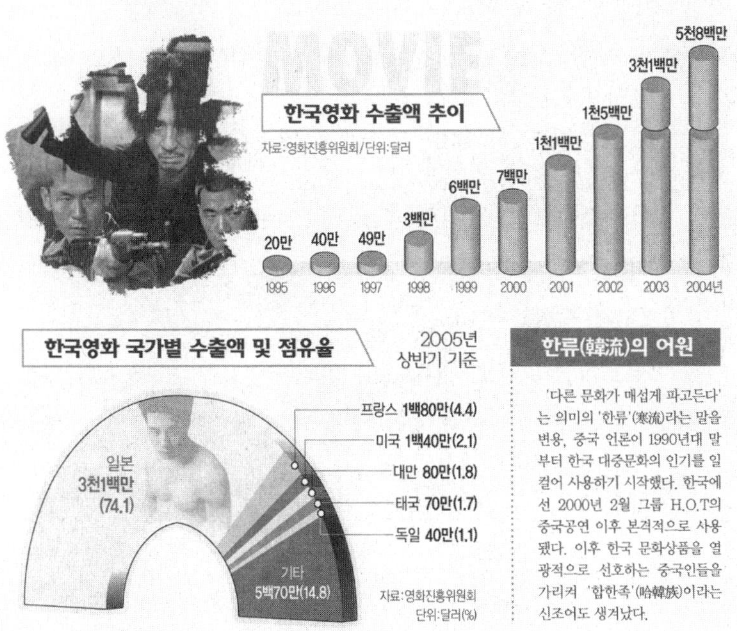

한류는 막대한 경제적 파급 효과뿐만 아니라 한국인에게 엄청난 문화적 자긍심을 심어주었다. 『경향신문』 2005년 10월 6일.

Korea)'를 구축, 세계를 향한 문화 실크로드를 만들어 가야 할 때"라고 주장했다.[41]

한류는 그런 경제적 효과를 떠나 많은 한국인들에게 엄청난 문화적 자긍심을 심어주었다.

중앙대 한류아카데미원장 강철근은 "한류는 광복 후 60년 동안 만들어 낸 한국의 최대 걸작이다"고 주장했다. 그는 한류를 일시적인 현상으로 치부하는 시각에 대해, "한류는 1000년 전 중국에 끌려간 한국

---

41) 오광수, 「'한류 실크로드' 대장정 GO!」, 『경향신문』, 2005년 10월 6일, 51면.

여인들이 '신라방'·'고려향' 등을 만들며 문화를 전파한 것에서부터 시작됐다"며, "한류는 5000년 역사의 내공을 지니고 있기 때문에 쉽게 끝날 성질의 것이 아니다"라고 말했다. 또 그는 한류는 기존 질서에 대한 통쾌한 복수라고 말했다. '딴따라'로 천대받던 대중문화 종사자들이 '한류 열풍'을 일으키며 세계 각국에서 찬사를 받고 있고, 기존의 문화 강국이던 일본과 중국을 누르고 한국이 마침내 세계에 문화 발신국으로 등장했다는 것이다.[42]

시인 김지하는 "한(恨)이 많은 우리 민족이 흥을 발휘할 때 그것이 한류를 일으킨다"고 보았다. 인간 깊숙이 자리한 한을 흥으로 끌어올려 눈물을 나게 하는 우리의 문화적 역량이 곧 한류의 동력이라는 것이다.[43]

『한류의 비밀』이란 책은 한류의 성공 원인을 "우리도 미처 몰랐던 한국인 특유의 기질, 이른바 '한류 DNA'"에서 찾았다. 전문가들의 말을 종합해 보면, 이야기를 좋아하고 남의 일에 사사건건 참견하며 '빨리빨리'를 외치는 성질 급한 한국인의 민족성이 소프트 산업이 화두로 떠오른 21세기에 단점 아닌 장점으로 통했다는 것이다.[44]

일본에서 한류 붐을 일으킨 드라마 《겨울연가》를 연출한 PD 윤석호도 한류 성공의 가장 큰 이유로 한국인 고유의 기질을 꼽았다. 그는 "희로애락의 감정 표현이 뚜렷한 우리 민족의 특성은 문화 콘텐츠 제작에 적격"이라며, "이런 기질이 사회수준의 발달과 맞물려 '한류'라

------

42) 우상규, 「"한류는 광복 이후 한국의 최대 걸작": 한류아카데미 강철근 원장 인터뷰」, 『세계일보』, 2005년 8월 13일, 9면.
43) 김지하·송종호, 「동아시아 생명·평화의 길 "붉은 악마"에게 달렸다: 한국예술종합학교 김지하 석좌교수」, 『(고대) 대학원신문』, 2005년 4월 5일, 1면.
44) 유상철 외, 『한류의 비밀』, 생각의나무, 2005년, 70쪽.

는 히트상품을 만들어 냈다"고 분석했다. 또 그는 그간 비난의 표적이 됐던 방송사 간 드라마 시청률 경쟁도 한국 드라마의 수준을 높이는 데 일조했다고 평가했다.[45]

성공회대 교수 백원담은 "일본에서의 한류는 세련된 향수(노스탤지어)의 소비"인 반면, "홍콩과 대만을 제외한 중국과 동남아시아에서의 한류는 가까운 미래에 대한 선험"으로 분석했다.[46] 문화인류학계에서도 일본과 중국·동남아 사이에서 근대화의 중간 단계를 겪고 있는 한국의 상황이 드라마에 반영돼 각각 다른 차원에서 반향을 불러일으키고 있다는 분석을 내놓고 있다. 한류가 일본에선 일본 드라마가 놓치고 있는 가족과 순정을 재발견하는 복고 열기의 대상으로 소비되고 있는 반면, 중국과 동남아에선 소비자본주의의 휘황찬란한 배경과 개방적인 연애담 등이 대리만족과 동일시의 대상으로 소비되고 있다는 것이다.[47]

일본에서의 한류

한국인들은 특히 일본에서의 한류를 더욱 흐뭇하게 바라보고 있다.

일본 『요미우리신문(讀賣新聞)』 2005년 7월 27일자는 일본 내 주요 일간지에 매일 나오는 주간·월간잡지 광고에는 탤런트 이병헌·배용준·권상우·원빈·이영애·최지우·송윤아·윤손하 등이 큰 사진과 함께 장문의 기사가 실리고 있으며, 이 같은 '한류 붐'에 힘입어

---

45) 김동은, 「'한국연가'는 계속된다: 《겨울연가》 연출 윤석호 PD」, 『경향신문』, 2005년 10월 6일, 51면.
46) 백원담, 『동아시아의 문화 선택 한류』, 펜타그램, 2005년, 332쪽.
47) 손원제, 「'드라마' 가진 자, 한류를 얻는다」, 『한겨레 21』, 2004년 12월 30일, 44~46면.

지난해 일본 내 엔터테인먼트 상품이 사상 최고의 매출을 기록했다고 보도했다.

이 신문은 경제산업성이 발표한 '2004년 특정 서비스 산업 실태 조사 속보'를 인용해, 한국 드라마의 비디오와 DVD의 매출 급증으로 비디오 등의 판매 수입이 과거 최고를 기록했던 2001년 대비 5.5% 증가한 3,040억 엔을 기록했다고 보도했다. 또 영화관의 매출도 2001년 대비 11.3% 증가한 2,274억 엔을 기록했으며, 영화관 입장자 수도 2001년 대비 6.2% 증가한 1억 4,257만 명으로 집계돼 과거 최고였던 1975년의 1억 5,879만 명에 육박한 것으로 나타났다.[48]

한류는 재일교포들에게도 큰 영향을 미쳤다. 성공회대 교수 백원담은 "일본의 한류는 문화적 주변으로 밀려난 사람들이 일본 사회라는 폐쇄회로 속, 자기실현의 고지에서 뒤돌아보고 싶은 과거의 재현욕망을 충족하는 기제"라면서 재일교포와 관련해 다음과 같이 말했다.

> "'일식 한류'의 긍정적 작용이라면 일본에서의 자이니찌, 재일교포들의 구부러질 대로 구부러진 사회적 위상이 조금 펴진 것이다. 재일한국인임을 떳떳하게 밝히고 오히려 자부심을 가질 정도라면 확실히 고무적일 수 있다. 그러나 그것이 자이니찌들의 어두운 역사의 그늘을 전면 밝히고 올바른 관계 형성을 고민해 가는 계기로 전화되는 것이 아니라 그것을 덮어두는 식의 일종의 봉합이라고 한다면 그것은 자기기만일 수밖에 없다."[49]

---

48) 정승욱, 「일(日) 연예오락 산업 최대 호황」, 『세계일보』, 2005년 8월 3일, 7면.
49) 백원담, 「동아시아에서 문화적 지역주의의 가능성」, 『황해문화』, 2005년 가을, 303쪽.

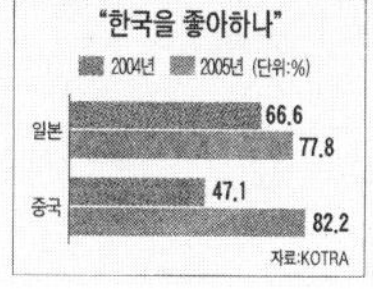

일본의 '혐(嫌)한류'	중국의 '항(抗)한류'
"한국 월드컵 축구 오심 덕에 4강" 만화 30만부 팔려	"대장금 찬양하면 우리는 문화 노예" 유명 배우가 나서

한국과 한국인을 폄하하거나 왜곡하는 내용으로 가득 찬 일본 만화책 '혐한류'.

한류 뜨자 이런 역풍도

▶ 관계기사 5면

20일 오후 일본 도쿄(東京) 신주쿠(新宿)의 기노쿠니야(紀ノ國屋) 서점. 도쿄 최대 서점 중의 하나인 이곳 1층 한가운데 코너엔 늘 화제의 서적이 진열된다. 그 절반은 한류 관련 책이다. 『권상우의 비밀』『한국드라마 완

"한국을 좋아하나"

	2004년	2009년 (단위:%)
일본	66.6	77.8
중국	47.1	82.2

자료:KOTRA

터 한국 드라마의 나쁜 점을 찾아 정면 공격을 펼치면 두려울 게 없다"며 한류와의 투쟁을 선언했다. 드라마 제작자들도 한류 폄하에 동조하고 있다. 중국영화드라마제작센터의 옌젠강(閻建鋼) 주임은 "한류는 얼마 못 간다. 한국 드라마는 대부분 방송사에서 제작되기 때문에 깊이가 없고 완전하

한류에 대한 반발도 거세다. 일본에서는 혐한류, 중국에서는 항한류. 『중앙일보』 2005년 10월 21일.

그러나 한류에 대한 일본 내 반발도 만만치 않다. 극우 보수적인 내용의 만화책 『혐한류(嫌韓流: 한류를 혐오하다)』는 2005년 8월 아마존재팬 베스트셀러 1위를 기록했고, 발행 두 달 만에 30만 부가 넘게 팔렸다.[50] 2005년 9월 대만을 방문한 도쿄도지사이며 극우 인사인 이시하라 신타로는 "일본의 중년층과 노년층이 한국 영화를 보기 좋아하는 이유는 1940년대와 1950년대의 일본 풍경을 담고 있기 때문"이라며, "대만 영화가 당연히 한국 영화에 비해 좋고 내용도 풍부하다"고 주장했다.[51]

---

50) 이경선, 「'혐한류' 만화 일 베스트셀러 1위」, 『국민일보』, 2005년 8월 3일, 8면; 김현기·최형규, 「한류 뜨자 이런 역풍도」, 『중앙일보』, 2005년 10월 21일, 1면.
51) 「이시하라, 이번엔 한국영화 비하 망언」, 『한국일보』, 2005년 9월 10일, 12면.

중국에서의 한류

중국에서도 한류에 대한 반감이 분출되고 있다. 중국 언론은 '한류, 이대로 좋은가' 라는 논쟁을 벌이고 있으며, 한 여론조사에서는 응답자의 70%가 "한류를 더 이상 방치해선 안 된다"고 답하기도 했다.[52]

중국은 정부 차원에서 규제에 나섰다. 2005년 8월 중국 문화부와 광파전신전영총국·신문출판총서·상무부·세관총서 등 5개 부서가 공동으로 마련한 '문화상품 수입관리 강화 관련 방침'은 특별허가를 받은 업체만이 문화상품을 수입할 수 있도록 했으며, 수입업체 허가증은 해당 행정부서에서만 발급하며 허가증에 근거해 각급 세관은 문화상품 통관수속을 강화했다. 베이징의 한 업계 관계자는 "이번 조치는 대중문화에 대한 자국 산업의 토대를 강화하려는 움직임 속에서 나온 것"이라면서, "중국에 대량 수출되고 있는 한국산 드라마와 게임 등이 타격받을 것으로 보인다"고 말했다.[53]

중국의 '항한류(抗韓流)'는 일부 TV 프로그램 제작업자들과 배우들이 부추기고 있다는 분석도 있다. 2003~2004년 중국에서 방영된 한국 드라마는 모두 359편으로 중국 규정에 따라 오후 10시 이후에 방영되는데도 시청률은 평균 12%나 돼, 그들이 자기들의 '밥그릇'에 대한 위기감을 느꼈다는 것이다.[54] 유명 배우인 장궈리(張國立)는 2005년 9월 28일 "중국은 지금까지 많은 외침을 당했지만 문화적으로 노예가 된 적은 없다"며, "중국 방송이 한국 드라마를 방송·찬양한다면

52) 윤재식, 「한류 이것이 문제다」, 『방송문화』, 2005년 9월, 40~43쪽.
53) 유광종, 「중국에 한류 수출 어려워진다」, 『중앙일보』, 2005년 8월 17일, 11면.
54) 유광종·김현기, 「'혐한류', '항한류' 왜 생기나」, 『중앙일보』, 2005년 10월 21일, 5면.

그것은 중국을 문화 노예로 만드는 것"이라고 주장하기도 했다.[55]

그러나 한류에 대한 반감은 그만큼 한류의 위력이 막강하다는 걸 반증해 주고 있다. 아직까진 목숨 걸고 한국 TV 드라마를 보겠다는 사람들도 있다. 2005년 9월 중국에서 방영을 시작하자마자 선풍적 인기를 끌었던《대장금》의 시청을 놓고 난징시 사오저우항에 사는 신혼부부가 TV 채널을 다투다 부인이 홧김에 강물에 투신한 사건이 일어났다. 부인은 구조됐으며 결국《대장금》도 볼 수 있게 되었다.[56]

대중가요계 한류의 선두 주자인 SM엔터테인먼트 이사 이수만은 중국 시장에 대해 낙관적인 전망을 내놓았다.

"해적판 시장이 줄고 정품 시장이 커지고 있다. 2000년에 H.O.T 음반이 5만 장 정도 팔렸는데 올해 강타 앨범이 50만 장 정도 나갔다. 2000년 당시 최고 히트 앨범이 30만 장 나갔는데 지금은 300만 장이 나간다. 5년 동안 대략 10배가 컸다. 디지털 음원 매출도 가파르게 상승하고 있다. 2008년 베이징 올림픽 때까지는 지속적으로 성장할 것이다. …… 2010년쯤에는 중국 시장이 일본 시장을 능가할 것이다. SM엔터테인먼트는 이미 일본에서 중국으로 유턴했다. SM재팬보다 SM차이나의 규모가 더 커졌다."

이수만은 중국의 문화 중심지인 상하이 대신 베이징을 공략한 이유에 대해, "그동안 중국은 홍콩과 타이완에서 발원한 문화를 상하이를 통해서 받아들였다. 늘 문화가 북상했는데 한류를 통해서 처음으로

---

55) 김현기 · 최형규, 「한류 뜨자 이런 역풍도」, 『중앙일보』, 2005년 10월 21일, 1면.
56) 강호원, 「"대장금 못 볼 바엔…" 중(中) 주부 강물 투신」, 『세계일보』, 2005년 9월 27일, 8면.

문화가 남하했다. …… 북방민족과 북쪽의 한족은 남방의 한족에게 문화적 열등의식이 있었는데 한류가 그것을 극복시켜 주었다. 그동안 남풍만 불었는데 한류에 힘입어 북풍을 일으킬 수 있어서 신이 난 것이다"라고 말했다.

이수만은 동남아와 미국으론 진출할 필요가 없다고 말했다. 그는 그 이유에 대해, "홍콩이나 타이완은 중국에 영향을 주는 곳이었기 때문에 문화 채널로 활용하기 위해 가지만 동남아는 시장으로서 가치가 없다. …… 중국이 곧 미국이 되는데 왜 미국에 가서 헛고생을 하는가? 백인·흑인·히스패닉 다음에 동양인이다. 가서도 마이너리그 시장을 벗어나기 힘들다. 힘을 낭비할 필요가 없다. …… 가장 큰 시장에서 가장 큰 스타가 나온다. 중국에서 1등 하면 세계에서 1등 하는 날이 온다. 우리 옆에 가장 큰 시장이 생기고 있는데 왜 나가서 에너지를 낭비하나"라고 말했다.

이수만은 "정부가 한류를 지원하겠다고 공언했는데 정부가 잘하고 있다고 보는가?"라는 질문에 대해, "자꾸 무엇을 만들어 내려고 하지 말고 현장의 목소리를 들어주었으면 좋겠다. 현장을 모르기 때문에 쓸데없는 정책만 만들어 낸다. 며칠 전에도 국회에 가서 한 유력 정치인과 다투었다. …… 앞으로 중국과의 계약 문제가 대두할 것이다. 그때 우리의 이익을 지켜주었으면 좋겠다. 계약이 제대로 지켜지지 않을까 봐 겁이 난다"고 답했다.[57]

이수만은 "초등학교 5학년생이었던 보아에게 가장 먼저 가르친 것이 외국어였어요. 자신이 활동할 나라의 언어를 모르고서는 성공할

---

57) 고재열, 「"아시아 스타들의 세계 매니지먼트 맡겠다": SM 이수만 이사 / "정부는 현장 목소리부터 들어라"」, 『시사저널』, 2005년 8월 30일, 74~75면.

수 없죠"라며, 보아는 "한국인이지만 한국인답지 않게, 일본인이 아니지만 일본인답게"라는 전략에 충실했다고 밝혔다. 그는 한류 전략 제1조로 '현지화 전략'을 꼽으면서, "한류가 한 방향으로만 흘러서는 곤란합니다. 언젠가는 역풍을 맞게 되거든요"라고 말했다.[58]

욘사마 신드롬의 의미

배용준은 영화 《외출》(일본 제목 《4월의 눈》)의 개봉을 앞두고 2005년 9월 1일 일본 도쿄에서 열린 기자회견에서 '보도진을 가장 많이 끌어 모은 영화배우'라는 기록을 세웠다. 이날 모인 보도진은 일반기자 700여 명, 사진기자 300여 명, 방송카메라 기자 100여 명 등 1,100여 명에 달했다. 이는 2005년 1월 《오션스12》 홍보를 위한 조지 클루니와 브래드 피트의 합동회견 때 모인 850여 명, 2005년 6월 《우주전쟁》 홍보를 위한 톰 크루즈의 기자회견 때 모인 700여 명의 보도진을 능가하는 숫자로, 일본 언론은 한마디로 "한류의 힘"이라는 평가를 내렸다.[59]

일본 도쿄대에서 나온 한 보고서에 따르면, 드라마 《겨울연가》 팬의 평균 연령은 47세이며 93%가 여성이었다.[60] 이 통계가 말해주듯이 '욘사마 신드롬'은 일본 여성에게 한국 남성의 인기를 높이는 데에 크게 기여하는 동시에, "한국 남성은 과연 누구인가?" 하는 탐색을 해볼 수 있는 기회를 제공했다. 이런 탐색은 일본 내 한류 현상을 이해하는 데에도 도움이 될 것이다.

---

58) 이승형, 「"이익 주고받는 '현지화'가 살길"」, 『문화일보』, 2005년 10월 14일, 26면.
59) 선우정, 「욘사마의 힘!」, 『조선일보』, 2005년 9월 3일, A8면.
60) 문학수, 「아시아와 통했다, 세계와 접속하라」, 『경향신문』, 2005년 10월 17일, 5면.

《겨울연가》의 강준상은 남성 젠더를 파괴하는 전복적인 캐릭터였다. 강준상은 여성만이 짊어졌던 감정 노동을 기꺼이 부담했다. 한발 나가 《외출》의 인수는 사랑의 새로운 양식을 만들어 갔다.

1999년 미국의 동부 '일류' 대학에서 연구차 1년을 지낸 국문학자 최혜실은 그곳에 머물고 있을 때 가장 곤혹스러웠던 일이 "너희 나라 남성들은 권위적이고 가부장적이지?"라는 질문을 받는 것이었다고 말했다. "평소 그렇게 생각하지 않은 바는 아니지만 그래도 미국인 앞에서 내 나라 남성들을 모욕하고 싶지는 않았다. 더구나 그 질문을 할 때마다 내게 쏟아지던 동정 어린 시선들……"[61]

그러나 욘사마에 매료된 일본 여성은 한국 남성을 달리 보았다. 2004년 11월 일본 연예지들은 '욘사마 신드롬'과 관련, "한국의 남성 배우들은 일본인에게 없는 러브파워를 갖고 있다"며, 예의바르면서도 여성을 즐겁게 하는 테크닉이 뛰어나다고 분석했다.[62]

---

61) 최혜실, 『디지털 시대의 문화읽기』, 소명출판, 2001년, 59~60쪽.
62) 박용채, 「일(日) 한류 왜? '열풍' 넘어 '광풍'」, 『경향신문』, 2004년 11월 19일, 3면.

여성학자 정희진은 대부분의 남성들은 여성의 사랑과 보살핌을 갈망하면서도 여성에게 집착하지 말아야 한다고 배웠기 때문에, 남자의 인생 중 여자와 소통하기 위해 자아를 조절하는(Modify) 기간은 연애할 때 몇 개월이 유일하다고 지적하면서, 《겨울연가》의 강준상이 이 법칙을 깼다는 점에 주목했다.

> "준상은 드라마가 방송되는 20회 내내 여성을 이해하기 위해 자신을 버리며 여성으로 인해 행복해 하고 아파한다. 이제까지 여성들만이 해왔던 관계 유지에 필요한 노동을 기꺼이 분담하는, 여성과 대화할 능력이 있는 새로운 남성이다! 이를테면, 여성들에게 강준상은 스스로 노동자가 된 자본가, 흑인 노예가 된 백인인 것이다. 전후 50년 동안 '회사 인간' 만을 겪어온 일본 여성들은 말한다. '일본 드라마에서는 남자의 눈물을 본 적이 없어요.' "[63]

반면 대만의 여성 시청자들이 한국 드라마를 좋아하는 이유 중의 하나는 드라마 속의 여자 주인공들이 스스럼없이 사랑하고 자기의 운명을 개척하는 모습이 그들에게 감명과 동경을 불러일으키기 때문이라고 한다. 남성들은 한국 드라마에서 나타나는 여성들의 남자에 대한 존중과 정절이 남성우월주의에 부합하기 때문에 한국 드라마를 좋아한다는 게 흥미롭다. 중화문화권에서 억압당하고 좌절을 겪고 있는 남성들이 한국 드라마를 통해 일종의 보상 심리를 만끽한다는 것이다.[64]

---

63) 정희진, 「사랑한다면, 배용준처럼!」, 『한겨레 21』, 2005년 9월 27일, 62~64면.

욘사마와 결혼한다면

'한국 남성 예찬론'은 드라마 주인공에만 국한되지 않고 현실 세계로까지 이어졌다. 한국 남자와 결혼한 한 일본 여성은 한국 남자의 매력으로 직설적임·낭만적임·강인함·세심함·모성애를 자극하는 어리광 등 5가지를 들었다.[65]

그러나 전혀 다른 주장도 제기됐다. 친일적이며 한국과 한국인을 비하하는 언행으로 '일본 우익의 애완견'이라는 별명이 붙은 일본 다쿠쇼쿠대 교수 오선화는 일본 월간지 『분게이슌주(文藝春秋)』 2005년 7월호에 기고한 「욘사마와 결혼한다면: 한류 결혼의 현실」이라는 제목의 글에서, "한국 남성을 '정열적인 로맨티스트'라며 좋아하는 일본 여성이 늘어나는 현실을 보고 걱정스런 마음으로 글을 썼다"고 밝히면서, 한국 남성을 결혼 전과 후가 다른 이중인격자로 묘사했다.

오선화는 "한국 남성은 연애할 때는 온갖 미사여구를 다 써가며 여자를 유혹하려 애쓰지만 일단 결혼에 성공하면 '남존여비'의 남자로 표변하고 만다"면서, "결혼 후에는 바람기와 폭력·남아선호사상·고부간의 갈등 등을 통해 여성들을 견딜 수 없이 괴롭힌다"고 주장했다. 그는 이 때문에 2003년 한국의 이혼자 수는 인구 1,000명당 3.5명으로 일본의 2.25명을 훨씬 웃돌고 있다고 말했다.

오선화는 특히 "대부분의 한국 남성들은 일단 마음에 드는 여성이 생기면 무슨 수를 쓰더라도 자기 여자로 만들려고 노력한다"면서, "이

---

64) 전성홍, 「대만에서의 한류: 현황과 전망」, 서강대학교 동아연구소, 2002년, 8~9쪽; 윤재식, 「국가별 한류 현황과 전망」, 『방송문화』, 2005년 8월, 25쪽에서 재인용.
65) 김상온, 「'두 얼굴의 사나이'」, 『국민일보』, 2005년 10월 19일, 27면.

런 면이 일본 여성에게는 '남성다운' 모습으로 비쳐 오해를 낳을 수 있다"고 진단했다. 그는 "연애시절 한국 남성들이 지나치게 완벽한 것에 대해 처음부터 이상하다고 생각하지 않으면 안 된다"고 충고하면서, 이는 자신의 체험을 바탕으로 나온 것이라고 주장했다.[66]

한류에 대한 논의와 더불어 오선화의 주장도 한국 남성의 성찰을 위해 한번쯤 음미해 볼 가치는 있겠다. 2003년 한국 남성과 결혼한 외국인 여성은 총 1만 9,214명이었는데 이 중 일본인 여성은 1,242명이었다. 한일(韓日) 결혼에 대해선 이렇다 할 보도가 나오지 않았지만, 중국 동포나 다른 아시아 여성들과 결혼한 한국 남성들의 폭력이 심각하다는 보도가 끊이지 않고 있다.[67]

한류에 대해 생각해 볼 점

한국 대중문화 연구에서 반드시 고려해야 할 한 가지 필수 사항은 '수출 경제'가 대중문화에 미치는 영향이다. 1970년대와 1980년대에 걸쳐 세계에서 가장 빨랐던 한국의 텔레비전 보급 속도는 당시 전자 산업의 주요 수출 품목이 텔레비전 수상기였다는 사실과 깊은 관련이 있다. 이는 텔레비전이 대중문화이기에 앞서 먹고사는 문제였다는 사실을 시사하는 것이다.

제작 능력이 미처 따르지 못하던 상황에서 전 국민의 눈과 귀를 상대로 승부를 벌여야 했던 드라마 제작자들은 스스로를 '노가다'라고

---

66) 김철훈, 「"일(日) 여성, 한국 남성에 환상깨라"」, 『한국일보』, 2005년 6월 13일, A10면.
67) 김권, 「외국인 이주 여성 36% "한국인 남편 폭력 경험"」, 『동아일보』, 2004년 12월 31일, A24면; 신윤 동욱, 「학대하려고 결혼했나요?」, 『한겨레 21』, 2004년 12월 23일, 52면.

부르면서 피 말리는 군사작전식 제작에 임하지 않을 수 없었다. 드라마의 편집을 방영 직전에야 끝내 겨우 방송시간을 맞추는 일도 허다했다. 신문들과 평론가들은 그걸 '날림공사' 라는 식으로 비판하곤 했다. 드라마가 너무 많고 내용은 저질이며 죽기살기식의 시청률 경쟁에 매달린다는 '드라마 망국론' 이 적잖이 제기되기도 했다.

그런 식으로 핍박을 받으며 내공을 쌓아온 한국 드라마가 온 아시아 지역을 떠들썩하게 만든 '한류' 의 전위대가 될 줄 누가 알았으랴. 군사작전식 제작 과정을 거치면서 그 누구도 넘볼 수 없는 순발력이 길러진 걸까? 전문가들은 '사전 제작제' 가 필요하다고 아우성쳤지만, 그때그때 시청자들의 반응에 따라 내용이 달라지는 제작 시스템이야말로 시대를 앞서간 '프로슈머 정신' 의 실천은 아니었을까?

그런 점에서 한류에 대한 국내 대응방식도 성찰의 대상으로 삼아야 할 것이다. 심지어 "내부의 적이 '혐한류' 보다 더 무섭다"는 말까지 나오고 있다. 『시사저널』이 '한류의 최전선에서 뛰고 있는 한류 야전사령관과 작전참모들' 을 대상으로 조사한 바에 따르면, 정부와 언론에 가장 문제가 많은 것으로 나타났다.

정부는 나서야 할 때와 나서지 말아야 할 때를 거꾸로 하고 있으며, 언론은 과장 · 왜곡 보도를 자주 하고 있다는 것이다. 중국 최고의 한류 스타인 장나라의 아버지 주호성은 "때로는 우리 언론이 현지 언론보다 더 무섭다. 현지 언론보다 더 가학적인 경우가 있다"고 말했다. 그는 학계에 대해서도 "국내 연예계 현실도 모르는 사람들이 한류를 논한다. 이들의 왜곡된 한류 인식이 학술적인 것으로 둔갑해서 한류를 오독하게 만든다"고 비판했다.

한류라는 말은 상대 국가에서 거부감을 가질 수 있어서 우리는 되

도록 쓰지 말아야 하는 말인데, 학계가 이런 말을 쓰는 것은 문제이며 학계의 움직임은 한류에 편승하려는 대학의 마케팅 전략이 아니냐는 지적도 나왔다. 삼성경제연구소 수석연구원 고정민은 "대중문화와 관련된 다른 학과가 있는데 한류학과를 따로 두는 것은 난센스다. '최신 유행학과'를 두는 것과 마찬가지다"라고 비판했다.[68]

이건 한류 전문가들의 깊은 고찰이 필요한 대목임에 틀림없다 하겠다. 한류는 한국인에게도 뿌듯한 긍지와 더불어 여러 가지 성찰의 기회를 제공하고 있다. 몇 가지 생각할 점을 지적해 보기로 하자.

첫째, 역지사지(易地思之)의 문제다. 한국인들이 한류에 대해 자랑스럽게 생각하는 건 당연하지만, 그 이전 다른 나라의 문화가 한국을 휩쓸었을 때 어떤 반응을 보였었던가에 대해 성찰해 보는 것도 좋을 것이다. 즉, 한국이 문화 수출국으로 부상하는 것엔 박수를 보내면서 문화 수입에 대해선 전혀 다른 자세를 취하는 것엔 문제가 있지 않느냐는 것이다.

둘째, 국가주의·민족주의의 문제다. 언론의 한류 관련 보도엔 국가주의·민족주의 정서가 배어 있다. 역지사지가 어려운 것도 바로 이런 이유 때문일 것이다. 그러나 한류를 국가주의·민족주의를 기조로 바라볼 경우엔 오히려 그 수명을 단축시킬 수도 있다는 점에 유념해 보는 건 어떨까?

셋째, 과도한 경제주의와 문화주의의 문제다. 국내의 한류 담론은 두 가지 극단적인 흐름이 존재한다. 하나는 오직 경제적 관점에서 한류로 얼마나 많은 돈을 벌어들이느냐 하는 데 관심을 쏟는 시각과 또

---

68) 고재열, 「"내부의 적이 '혐한류' 보다 더 무섭다"」, 『시사저널』, 2005년 11월 8일, 88~91면.

다른 하나는 정반대로 반(反)자본주의 성격을 보이면서 순수한 문화적 교류만을 강조하는 시각이다. 전자는 오히려 소탐대실(小貪大失)로 흐를 가능성이 높고, 후자는 글로벌 자본주의 체제라고 하는 현실을 부정하는 이상주의로서 자기폄하를 하게 되는 결과를 초래할 수 있다. 그 어느 중간 지점을 모색해 보는 건 어떨까?

넷째, 한류 열풍 이전에 한류 콘텐츠에 대한 국내 평가의 타당성에 관한 문제다. 그간 비난의 표적이 됐던 방송사 간 드라마 시청률 경쟁이 한국 드라마의 수준을 높이는 데 일조했다는 윤석호 PD의 평가엔 일리가 있다. 그간 언론은 드라마를 비롯해 국내 오락문화 상품에 대해 지극히 부정적인 자세를 취해왔다. 그러다가 그 상품이 외국에서 큰 인기를 얻게 되자 돌변하는 태도를 보였다. 한류를 언론의 대중문화 관련 보도에 대한 성찰의 계기로 삼는 게 온당하지 않을까?

다섯째, 문화제국주의론에 대한 재평가다. 한류는 한동안 국내 학계 일각에 팽배해 있던 문화종속·문화제국주의론에 마지막 일격을 가하는 사건이 되었다. 그냥 슬쩍 넘어갈 것이 아니라 기존의 문화종속·문화제국주의론에 무슨 문제가 있었던 건지 그걸 진지하게 논의해 보는 게 필요할 것이다.

TV 생방송 사고

1970년대 영국 펑크 문화의 이단아였던 '섹스 피스톨즈'는 전미 순회공연을 떠나기 위해 들렀던 히스로공항에서 생방송으로 나가는 BBC와의 인터뷰 도중 카메라에 침을 뱉고 가운데 손가락을 추켜올림으로써 영국 사회를 발칵 뒤집어 놓았다.[69] 스타일의 반란을 통해 주류 사회의 안정된 틀을 흔들어 놓으려는 무정부주의적인 펑크 문화의 한 표현이었다.[70]

2004년 2월 1일 미국 프로풋볼(NFL) 슈퍼보울 하프타임 공연 시 팝가수 재닛 잭슨이 노래를 부르는 동안 함께 무대에 오른 저스틴 팀버레이크가 잭슨의 상의를 잡아당겨 유두가 2초간 노출되는 사건이 벌어졌는데, 미연방통신위원회(FCC)는 이 장면을 여과 없이 방송한 CBS

---

69) 이동연, 「펑크난 펑크, 남겨진 미스터리」, 『한겨레 21』, 2005년 8월 16일, 66~67면.
70) 이동연, 『문화부족의 사회: 히피에서 폐인까지』, 책세상, 2005년, 112쪽.

에 대해 55만 달러(약 5억 5,000만 원)의 벌금을 부과했다. 이때 혼쭐난 CBS는 그래미 시상식을 중계하면서 실제 시간보다 방영을 5분 늦춰 돌발화면을 걸러낼 수 있는 '방송시간 지연제'를 실시했다.[71]

2005년 6월 23일 영국 BBC도 "정확성이 속보성보다 중요하다"는 내용을 편집 가이드라인에 처음으로 삽입하는 동시에 9·11 테러나 러시아 베슬란학교 인질극 같은 참사를 생방송할 때 잔혹한 장면을 삭제하기 위해 방송시간 지연(Time delay) 제도를 도입하기로 했다고 밝혔다. BBC를 비롯한 대부분의 TV는 2004년 9월 330여 명이 목숨을 잃은 베슬란학교 인질사건을 보도할 때 유혈참극을 고스란히 생방송으로 내보내 시청자의 혐오감을 자극했다는 논란을 빚은 바 있다. 지연

2004년 슈퍼보울 하프타임 공연 당시의 재닛 잭슨과 저스틴 팀버레이크.

---

71) 이 노출 사건은 미리 치밀하게 준비된 이벤트였다는 증거가 나왔다. 김형진, 「미국의 방송 프로그램 선정성 규제 제도」, 『미디어경제와 문화』, 2005년 여름, 12~15쪽.

생방송제가 도입되면 시청자는 실제 상황보다 몇 초가량 늦게 생방송을 보게 되며, 그 사이 편집자가 잔인한 장면을 지우거나 가릴 수 있게 된다.[72]

그러나 늘 '방송시간 지연제'를 실시할 수는 없기 때문에 생방송 사고를 완전히 차단하기는 어렵다. 2005년 초 미국에서는 프로풋볼 경기 도중 미네소타 바이킹스의 선수 랜디 모스가 터치다운을 성공시킨 뒤 상대편 응원단을 향해 엉덩이를 드러내는 저속한 행위를 했다는 이유로 수만 달러의 벌금을 낸 적이 있었다. 2005년 7월 초 팝 가수 마돈나가 공연 도중 욕설을 하는 등 물의를 일으켜 이를 생방송으로 내보낸 영국 BBC는 공식 사과문을 발표하는 등 곤욕을 치렀다.[73]

음악캠프 사건

한국에선 1988년 MBC 《뉴스데스크》 방송 도중 한 남자가 갑자기 스튜디오에 들어와 "내 귀에 도청장치가 달렸다"고 외친 게 그대로 방송된 바 있다. 1997년엔 록밴드 삐삐롱스타킹이 MBC 《인기가요 베스트 50》에서 카메라를 향해 가운데 손가락을 치켜들고 침을 뱉는 등 돌출행동을 해 MBC는 사과명령과 연출자 경고 등의 징계를 받았고, 삐삐롱스타킹도 출연정지 처분을 받았다. 1999년엔 MBC 《PD수첩》의 보도 내용에 불만을 품은 만민중앙교회 신도들이 주조정실에 난입해 방송이 일시 중단되는 사태가 발생했다.

2005년 7월 30일 MBC의 주말프로그램인 생방송 《음악캠프》에서

---

72) 한현우, 「BBC NEWS '방송시간 지연제' 도입」, 『조선일보』, 2005년 6월 28일, A19면.
73) 최민우 외, 「CBS '가슴 2초간 노출' 방송에 55만 달러 벌금」, 『중앙일보』, 2005년 8월 1일, 10면.

문제의 《음악캠프》 생방송 장면. 그 무대에 선 누군가가 욱일승천기가 그려진 티셔츠를 입었다고 해서 또 다른 논란을 빚었다.

초대형 사고가 터졌다. 오후 4시 15분쯤 펑크그룹 '럭스'의 공연 도중 함께 무대에 오른 퍼포먼스팀 '카우치'의 멤버 두 명이 갑자기 바지를 벗어 내리고 춤을 추면서 의도적으로 성기를 5초 정도 노출시킨 장면이 방송되는 사고가 발생했다. MBC는 공식 사과하고 출연자 고발과 함께 프로 중단 결정을 내렸다.[74] 경찰은 알몸을 드러낸 두 명을 공연음란 및 업무방해 혐의로 불구속 입건했다.

《음악캠프》 홈페이지의 '시청자 의견' 코너에는 하루 만에 1만 건이 넘는 비난 댓글이 쇄도해 한때 서버가 다운되기까지 했지만, 그와 동시에 "방송 장면을 캡처했으니 보러오라"는 유혹성 댓글도 쏟아졌다. 한 포털사이트에 올려진 캡처 사진은 5,000명이 넘는 네티즌이 내려받기도 했다. 자신의 미니홈피 조회 수를 높이려는 거짓 홍보 메시지를 담은 댓글도 난무했는데, 한 네티즌은 자신의 미니홈피 주소를 댓글에 수십 차례 도배해 다른 네티즌들에게서 항의를 받기도 했다.[75]

---

74) 《음악캠프》는 가을 개편에서 《쇼! 음악중심》으로 재탄생했는데, 사고를 막기 위해 현장과 방송의 시차를 3분간 두는 '3분 딜레이' 형식으로 진행하기로 했다.

75) 김범석, 「기자의 눈: 방송사고 욕하면서 동영상은 왜 퍼나르나」, 『동아일보』, 2005년 8월 1일, A26면.

경찰 수사 결과, 이들은 방송 며칠 전부터 '화끈한 신고식'을 준비했으며 "바지를 까고 난장을 치겠다"고 말했던 것으로 알려졌다. 경찰은 2005년 8월 4일 두 사람에 대해 사전구속영장을 신청했으며 이들은 구속되었다. 이들은 각각 징역 2년과 1년 6월을 구형받았으나, 2005년 9월 27일 서울남부지법은 카우치 멤버 2명에게 각각 징역 10월과 8월에 집행유예 2년을 선고했다.

재판부는 판결문에서 "방송 출연 전에 복장과 분장 및 눈짓을 주고받고 그 전날 했던 발언 등을 감안하면 범행을 사전에 모의할 의사가 있었다고 판단돼 업무방해가 성립한다"며, "시청자를 충격에 빠뜨리고 방송 관계자들에게 현실적, 재산적 피해를 입힌 점을 고려하면 처벌이 불가피하다"고 밝혔다. 재판부는 그러나 "젊은 나이의 혈기에 범행을 저지른 점, 상당 기간 구금돼 반성할 기회가 있었고 업무방해를 해야겠다는 구체적 목적이 있지는 않아 보인다는 점, 범죄전력이 없다는 점 등을 감안해 집행유예를 선고한다"고 밝혔다.[76]

인디 문화 논쟁

MBC《음악캠프》 '성기 노출' 사건은 '인디 문화' 논쟁으로 이어졌다.

인디하면 무엇이 떠오르는가? 한봄시내는 홍대 앞 · 3인조 펑크 밴드 · 금요일 밤 지하 클럽의 열기 · 싸가지 없는 애송이들 · 유쾌한 해방감 · 낯선 레이블에서 발매된 멋진 싸구려 음반 · 얼터너티브 · 하위

---

76) 김정필, 「풀려난 '알몸 노출'」, 『세계일보』, 2005년 9월 28일, 9면.

문화·비주류·게릴라식의 '깨는' 공연·실험적인 퍼포먼스·서투르고 진지한 한마디로 아마추어적인 시도들 등을 열거하면서, 가장 중요한 건 인디가 프리랜서들의 정체성이며 소호(SOHO: Small Office Home Office, 자기 집이나 작은 공간을 사무실로 삼는 사업 형태)들의 이념이라고 주장했다.

인디(Indie)는 Independent의 약어이자 애칭이다. '인디펜던트' 는 너무 무겁고 길고, '독립' 은 너무 엄숙하고 고리타분하게 들리고, '홀로서기' 는 뜻이 너무 선명해 재미없고, '인디' 는 짧고 가볍고 편하다. 이처럼 뜻은 있지만 분명치 않아 해석과 개입의 여지가 많으면서도 너저분하게 들러붙지 않는 것, 여기저기 갖다 쓸 수 있고 부담이 없이 간편한 것을 일러 '쿨' 하다고 한다. '인디' 는 핸드폰과 MP3 플레이어, 캠코더와 TV가 하나로 집약된 물건, 즉 '스마트폰' 과 동시대적인 문화 현상이다.

'인디' 를 그렇게 정의한 한봄시내는 '인디' 에서 '인디펜던트' 와 '독립' 만을 보는 사람은 스마트폰을 전화기로만 사용하는 사람이라고 했다. 그는 거대하고 위선적인 힘에 대한 작고 위악적인 것들의 공격이라는 점에서 테러는 정치 사회의 인디 현상이며, 싱글들은 애정 사회의 인디라고 규정했다.[77]

문화평론가이자 인디 밴드 3호선 버터플라이의 리더인 성기완은 '인디' 를 독립적이고 주변적인 자장을 지닌 문화예술활동으로 보면서 인디 문화를 "공룡 틈에서 노는 쥐"로 정의했다. 거대한 공룡의 알

---

77) 한봄시내, 「 '인디' 가 뭐냐고 묻는 당신에게…」, 『연세대학원신문』, 2004년 9월 10일, 5면.

'상업성 올가미 싫어, 판박이 음악도 싫어!' 홍대 앞 라이브클럽 롤링스톤즈에서 관객과 어우러져 연주하고 있는 인디 밴드 '오! 브라더스'.

을 깨먹던 쥐가 파충류의 전성기를 무너뜨리고 포유류의 시대를 열었 듯이, 인디 문화가 메이저 상업 문화의 주변부에서 기민하게 움직이면서 결국에는 새로운 문화적 장을 열어젖히고 말리라는 것이다.[78]

한국 인디 문화 중 인디 밴드의 총본산은 서울 홍익대 앞이다. 인디

---

78) 성기완, 「인디 문화를 다시 생각해 본다」, 『연세대학원신문』, 2004년 9월 10일, 5면.

밴드들은 2000년부터 홍대 주변으로 몰려들어 현재 30여 개의 라이브 클럽과 500여 개의 밴드들이 활동하고 있다. MBC《음악캠프》'성기 노출' 사건은 사회적 분노를 촉발시켜 인디 밴드 이미지에 부정적인 영향을 미쳤다.

홍대 앞 인디 밴드의 위기

2005년 8월 2일 인디 음악인들로 구성된 홍익대 음악인 비상대책위원회는 홍익대 앞 이리카페에서 기자회견을 열고 "인디 음악계에 애정과 지지를 보내준 국민과 동료 음악인에게 머리 숙여 사과드린다"고 밝히면서, "하지만 이번 사태로 인디 음악 문화 전체를 매도하지는 말아야 한다"고 호소했다. 이들은 또 "MBC《음악캠프》는 인디 음악이 가진 문화적 다양성을 대중에게 선보여 문화적 지평을 확장해 왔기 때문에 제작 의도가 훼손돼서는 안 된다"고 주장했다. 이들은 사후 유사한 사건이 재발하지 않도록 자체 캠페인을 벌이고 MBC《음악캠프》의 프로그램 재개를 위한 서명운동을 전개했다.[79]

『한겨레』 2005년 8월 3일자 사설 「'인디 밴드'에 오히려 사랑과 관심을」은 인디 음악인들의 기자회견을 거론하면서, "10년 전 바로 그 홍대 앞에선 인디 밴드의 본격적인 등장을 알리는 '커트 코베인 1주기 추모공연'이 열린 바 있다"는 걸 상기시키면서 다음과 같이 주장했다.

"음악성만으로 승부를 걸겠다는 이들의 태도는 수준 높은 음악팬

---

79) 안형영, 「"국민에 사과 … 전체 매도 말기를": 인디 음악인들 '알몸 노출 파문' 기자회견」, 『한국일보』, 2005년 8월 3일, 8면.

들의 사랑과 기대를 받았다. 국민가수로 도약한 윤도현, '말 달리자'
의 크라잉넛, '헤이헤이헤이'의 자우림과 삐삐밴드, 체리필터 등은
고여 있던 대중음악계 풍토를 뒤집는 해일 구실을 했다. 문화콘텐츠
진흥원이 2003년부터 인디 레이블을 내는 밴드들에게 100만 원씩 지
원한 것은 이런 가능성을 고려한 탓이었다. 그런 인디 밴드가 탄생 10
돌을 자축하며 도약을 다짐하던 중 날벼락을 맞았다. 카우치 멤버들
의 알몸 노출 사고는 인디 밴드를 퇴폐 밴드로 비난받게 했다. ……
카우치는 홍대 앞을 무대로 활동하는 580여 밴드 가운데 하나일 뿐이
다. 대부분의 밴드는 몸이 아니라 지금도 오로지 음악성으로 승부를
걸고 있다. 이들을 매도해선 안 된다."

서울시장 이명박이 퇴폐적인 공연팀을 대상으로 블랙리스트를 만
드는 등 단속 강화를 지시한 것과 관련, 동국대 교수 구승회는 "만약
홍익대 앞 카페 등에서 이런 식의 공연이 벌어진다면 그것은 예술의
이름으로 보호할 대상이 아니라 심각한 문화 전복(顚覆)이라는 점에서
마땅히 제한돼야 한다"며 찬성의 뜻을 밝혔다.[80]

반면 음악평론가 강헌은 "자로 잰 듯한 효율성의 시대에 예술가가
옷을 벗는다는 것은 숨막힐 듯한 합리성에 대한 근원적인 거부이자 자
연 그 자체의 본능적인 회귀를 표출하려는 극한적인 표현 방식 중의
하나일 뿐이다. 이 청년들의 '객기'도 그런 차원에서 조금 여유를 가
지고 보면 안 되는 것일까"라고 물으면서 다음과 같이 주장했다.

"특히 젊은 누리꾼들의 댓글이 이들에 대한 일방적인 비난으로 도

---

80) 구승회, 「토론마당 / 퇴폐 공연팀 블랙리스트 작성: 예술 아닌 외설은 처벌해야」, 『동아일보』, 2005년 8
월 4일, A25면.

배되는 것은 가장 가슴 아픈 현상이다. 벌써부터 인디 밴드들의 음악 행사 초청이 줄줄이 취소되고 있다는 소식이 들린다. 그렇지 않아도 빈사 상태에서 허우적거리는 인디 진영 자체가 받게 될 현실적인 타격은 매우 심각할 것이다. 정작 실망한 것은 경찰서로 끌려간 뒤 이 청년들이 보여주었던 '약한' 모습이다."[81]

한국의 커트 코베인은 가능한가

한국예술종합학교 교수 이동연은 "카우치의 성기 노출은 표면적으로는 탈정치적인 음란 행위지만, 정작 이들의 정치적 무의식이 기도한 심층의 공격 지점은 우리 사회의 주류라는 것들의 왜곡된 표상들이다"라면서 다음과 같이 주장했다.

"나는 이들이 펑크의 저항의식을 겸비하지 않고 한국 사회의 주류를 비난하는 정치적인 의도를 가지고 있지 않은 속칭 '생양아치'라 해도, 이들 행위의 무의식 안에는 그러한 정서적 교감이 들어 있다고 보고 싶다. 또한 이들의 자발적 진술 이면에는 주류 사회의 과잉된 비난에 따른 자기 검열이 어느 정도 작용했다고 생각한다. 문제는 펑크에 대한, 혹은 일탈적인 비주류 문화에 대한 주류 사회의 일상적인 편견이다. 욱일승천기가 그려진 티셔츠에 대한 대중들의 비난 역시 펑크 문화에 대한 문화적 이해 부족에서 비롯된 것이다. 1970년대 펑크족들은 나치의 십자상인 '스와스티카(Swastika)'를 가슴에 패용하고

----

81) 강헌, 「토론마당 / 퇴폐 공연팀 블랙리스트 작성: 감정적 언어폭력 더 위험」, 『동아일보』, 2005년 8월 4일, A25면.

다녔는데, 이는 펑크족들이 나치즘을 신봉해서가 아니라, 나치를 혐오하는 부르주아 기성 부모세대들을 혐오했기 때문이다."[82]

인디는 권력과 자본에 저항하는 것으로 알려져 있지만, 그런 인디도 있고 그렇지 않은 인디도 있고 그렇게 하는 척 하는 인디도 있다. 인디 밴드가 메이저 음반사에서 음반을 내는 건 변절로 간주된다. 성공이 가져다 준 정체성 갈등을 견디지 못하고 27세에 자살한 커트 코베인의 전기에는 이런 대목이 나온다.

"메이저 레이블과 계약한 것은 펑크의 가치관과는 전혀 다른 것임을 커트는 잘 알고 있었다. 그의 옛 펑크 친구들은 벌써 그를 가리켜 변절자로 부르고 있었고, 커트는 발작적으로 죄책감이 밀려올 때마다 마약에 취하는 일이 더 많아지는 듯했다."[83]

한국에선 그런 고뇌를 할 필요가 없을 정도로 인디 음악이 외면받고 있다. 그렇게 된 주된 이유는 홍보 부족인데, 인디 음악 관계자들은 영미권의 예를 들어 비주류 음악이 편성에서 50% 이상 확보되는 음악 전문 FM 라디오 방송국의 설립을 대안으로 제시하고 있다. 유통 측면에서는 '통합 인디 레이블' 마케팅 회사의 설립이 절실하다는 의견도 있다.[84]

---

82) 이동연, 「펑크난 펑크, 남겨진 미스터리」, 『한겨레 21』, 2005년 8월 16일, 66~67면.
83) 이안 핼퍼린 · 맥스 월레스, 이수영 옮김, 『커트 코베인: 지워지지 않는 너바나의 전설』, 미다스북스, 2002년, 74쪽.
84) 이영표, 「인디가 살아야 음반 시장 '파이' 커진다: 산업으로 본 인디 음악 10년」, 『서울신문』, 2005년 8월 9일, 11면.

'음악캠프 사건'은 인디 밴드가 너무 외면받고 있는 현실과 관련이 있었던 건 아닐까? 그리고 그런 현실에 지상파 TV가 큰 책임이 있다고 본 건 아니었을까? 적어도 '행위의 무의식'엔 TV에 대한 그 어떤 반감이 숨어 있지 않았겠느냐는 것이다. 너무 성공해 죄책감으로 괴로워하는 커트 코베인 같은 인디 밴드 멤버는 한국에선 영영 나오기 어려운 걸까?

인디 문화의 저항은 현실적으론 막강 유통 권력에 대한 저항의 뜻이 강하다. 우리는 문화 콘텐츠가 가장 중요하다고 말하지만, 사실 그것보다 더 중요한 것은 유통이다. 대중을 만날 길이 없다면 아무리 좋은 콘텐츠라도 대중의 심판조차 받을 길이 없기 때문이다. 콘텐츠를 중요하게 여기는 인디 정신이 콘텐츠를 압도하고 그것을 비교적 사소하게 만들어 버리는 유통 권력, 즉 지상파 방송 등과 같은 거대 제도권 미디어에 대한 애증의 감정을 느끼면서 거부감과 더 나아가 증오감마저 표출한다고 해서 놀랄 일은 아닐 것이다.

제2장 영화·연예 문화

4~5억 원으로 치솟은 스타 개런티

2005년 한국 대중문화계 최대 논쟁 중의 하나는 '스타파워' 논쟁이 었다.

영화계에서는 톱스타를 캐스팅하려면 4~5억 원의 개런티는 물론 이고 제작사 수익의 최고 50% 지분까지 요구받는 상황이 벌어졌다.[1] 2005년 6월부터 '스타파워'에 대한 본격적인 비판이 쏟아져 나왔다.

영화평론가 김영진은 충무로에선 스타가 없으면 신작 영화에 대한 투자가 여간해서 성사되지 않는다고 말하면서, "스타가 없으면 투자 하지 않겠다는 투자배급사의 인식, 스타가 없으면 다루지 않겠다는 언 론의 관행, 스타가 없으면 재미가 없을 것이라고 여기는 관객의 습관 이 합해져 지금 스타들의 몸값은 유례 없이 치솟고 있다"며, "영화계

---

1) 양성희, 「높아진 스타파워 쩔쩔매는 제작사」, 『문화일보』, 2005년 6월 8일, 25면.

내에서 새로운 스타를 발굴해야 한다는 도전정신과 이윤의 분배를 둘러싼 합리적인 기준이 새로 마련되지 않으면 한국 영화계는 산업이 공동화되는 절대적인 위기를 맞게 될 것이다"라고 경고했다.[2]

영화평론가 조희문은, 2000년의 영화 관객 수는 5,000여만 명 수준이었던 데 비해 지금은 1억 2,000여만 명 정도로 2.4배 늘어난 반면 제작비는 5배 정도로 급상승했고, 멀티플렉스 극장의 증가는 시장을 키운 측면도 있지만 개봉 1~2주 만에 승부를 내야 하는 위험 부담도 함께 키웠으며, 몇몇 스타가 영화 시장의 이익을 싹쓸이하고 있는 양상이라고 지적하면서 다음과 같이 주장했다.

"이 같은 구조 속에서 영화 제작자는 투자자에게 매달리고 배우의 기분을 맞춰주며 홍보에다 돈을 쏟아붓는 처지의 제작 하청업자 신세나 다름없다. …… 기본 출연료를 낮추고 이익이 나면 조건에 따라 나누는 '흥행연동제'를 고려할 수도 있다. 이익은 막무가내로 챙기고 손해는 제작자에게 떠넘기는 지금의 구조는 '한국 영화의 사막화'의 전조가 될 수도 있다."[3]

영화 제작사와 매니지먼트사의 갈등

영화 제작자이자 감독인 강우석은 최근 들어 개봉한 한국 영화의 70~80%가 흥행에 실패하고 있고 소위 대박이란 것은 한두 편에 불과하다며, "이런 위기 상황에도 속속 전해지는 것은 경마 중계를 방불케

---

2) 김영진, 「스타만 배불리는 한국 영화」, 『세계일보』, 2005년 6월 7일, 34면.
3) 조희문, 「한국 영화 성장의 새로운 과제」, 『문화일보』, 2005년 6월 18일, 23면.

"스타 독식 시스템은 영화산업의 적"

'힘의 균형' 깨진 충무로… 스타파워 vs 제작사 '충돌'

지난 23일 강우석 감독 발언, 28일 한국영화제작가협회(제협·회장 김형준) 결의문 발표 등으로 스타, 매니지먼트사와 영화제작자들의 갈등이 수면 위로 떠오르고 있다. '한국배우들이 돈을 너무 밝힌다'며 이례적으로 실명까지 거론한 강우석 감독은 "제협차원의 대응이 약하다 싶으면 나라도 연기자학교를 만들어 직접 대응하는 등 나 스스로 공공의 적이 되겠다"며 발언 수위를 높였다.

스타파워의 급등으로 매니지먼트사의 입김에 연출자, 감독이 휘둘리는 것은 최근 충무로뿐만 아니라 여의도까지 골머리를 썩게 하고 있는 최대현안. 홍보가 한창이던 비, 고소영 주연의 드라마 '못된 사랑'이 매니지먼트사의 일방적 요구에 좌우될 수 없다는 MBC의 강력대응 때문에 결국 방송취소된 것이 대표적인 예다. 한 드라마 작가는 "이제는 누구나 제작자가 된다. 배우 하나만 잡으면 돈도 작가도 감독도 시나리오도 다 따라온다. 그러나 누구나 제작자가 될 수는 있어도 아무나 제작자가 될 수는 없는 일 아닌가. 힘의 균형이 깨져도 너무 깨졌다"고 말했다.

이런 갈등상황에 해법은 없는 것일까. 얼핏 스타와 제작사간 힘겨루기 양상으로 보이기도 하는 최근 상황의 핵심에는 점차 공고화되고 있는 한국의 스타시스템이 있다. 영화산업의 경우 잇따른 대자본 유입, '한류'로 상징되는 월드마케팅의 본격화, 매니지먼트의 대형화 등으로 산업화 제2단계에 접어들면서 충무로 토착자본, 순수제작사들에 대한 압박이 심해지고 있다. 지상파 방송 또한 시청률경쟁을 견인하는 외주제작 드라마 의존도의 증가로 문제가 확대되고 있다. 그리고 그 핵심에는 할리우드식 스타시스템의 본격화가 있다는 것이다.

'작품이 나쁘니 캐스팅이 안될 뿐, 개런티나 스타시스템을 탓하지 말라'는 류의 반론도 나오고 있다.

실제 스타가 제작에 참여하거나 1인 제작사를 차리는 것은 할리우드 등에서 새롭지 않은 형태. 예컨대 오프라 윈프리가 자신의 프로덕션을 차려 토크쇼를 직접 제작하고 친분있는 스타들을 게스트로 초청해 신작홍보를 해주거나 방청객들에게 각종 상품을 선물로 안겨주면서 특정상품이나 기업을 홍보하는 식의 구조가 국내에도 연전가 상륙하리라는 것이다.

그러나 스타 1인의 이미지에 크게 기대 기획되는 1인영화들이 결과적으로 우리영화의 경쟁력 약화, 질 저하를 가져올 것이라는 경고에는 귀기울여야 한다는 지적이 많다. 철저한 스타시스템에 의해 움직이는 할리우드 영화가 세계 최강의 자리에는 앉았으나 연일 콘텐츠 부족으로 해외영화의 리메이크에 열중하는 등 매너리즘에 빠져 있는 것이 단적인 예. 또 당장은 1인영화·드라마들이 한류 붐을 타고 해외시장에서 인기를 끌어도 그것만으로 한류 붐을 이어가기에는 역부족이라는 지적도 설득력을 얻고 있다(국내 최대 연예기획사 싸이더스HQ는 아예 배우별로 팀을 만들어 전담 작가와 스태프를 붙여 배우의 이미지에 맞는 1인영화들을 집중 개발하고 있다).

◆해법은=결국 문제는 영화산업 대형화와 한류, 차세대 모바일 등 새로운 미디어의 등장 등 안팎으로 변화의 급물살을 타는 한국영화계가 보다 큰 눈으로 스타 시스템을 비롯해 합리적인 방향의 제작 시스템을 마련해야 한다는 것이다(위성DMB의 등장은 새로운 영화유통 시스템과 미학의 등장을 예고하고 있다). 장윤현 감독은 '이제는 영화의 새로운 제작시스템이 필

영화산업의 성장, 한류 등으로 폭발적 인기를 누리고 있는 스타들, 이들은 '높은 개런티와 스타시스템을 단죄시 말라'고 입을 모은다.

출연료 몇년새 천정부지… 할리우드식 시스템 본격화
스타는 '부익부', 제작사·스태프는 '빈익빈' 불만 폭발
영화제작가協 "부당한 요구 더 이상 수용 못해" 성명

파이를 두고 서로 큰 몫을 갖기 위해 맞붙은 스타·매니지먼트사와 제작사·스태프. 영화제작가협회는 거액의 수익분배 요구와 스타 시스템이 스크린쿼터보다 더 심각한 문제라고 지적, 스타들과 매니지먼트사는 높은 개런티와 스타 시스템을 단죄하지 말라고 항변했다. 그들은 밥그릇 싸움이 아닌 공생을 위해 나아갈 수 있을 것인가? 어떻게 가능할 것인가? 『문화일보』 2005년 6월 28일.

하는 출연료 인상 소식"이라고 개탄했다.

"엊그제 무명배우가 흥행작에 출연했었다는 이유만으로 갑자기 수억 원의 출연료를 요구하고, 영화에서 검증되지 않은 신인 여배우가 TV 드라마에서의 인기를 이유로 영화 제작비의 10%에 해당하는 출연료를 요구한다. 매니저에게 시나리오를 건네면 '저희가 OK 하면 수익 지분 있는 거 아시죠?' 라는 대답이 돌아온다. 스타의 소속사는 영화사에 공동제작 타이틀을 요구한다. 공동제작이란 수익 발생 시

수익금의 절반을 달라는 요구다. 기획이나 시나리오에 기여한 바 없이 소속 배우를 출연시킨다는 이유만으로 제작 지분을 요구하는 건 뭐가 잘못돼도 한참 잘못된 것이다."[4]

2005년 6월 23일 강우석은 싸이더스HQ를 비롯한 여러 매니지먼트사들이 자금력과 스타파워를 동원해 충무로를 쥐락펴락한다며 그런 현실에 대한 불만을 토로했다.[5]

"대한민국 배우들, 돈 너무 밝혀요. 이건 영화계 전체가 돈 벌어서 몇몇 스타들에게 갖다 바치는 꼴입니다. 이러다가는 영화계 전체가 공멸할 겁니다. 내가 배우들의 '공공의 적'이 되더라도, 내가 2~3년 영화 못 만드는 한이 있더라도 이건 고쳐야 합니다."[6]

"감독이 배우 한번 만나려고 3개월을 기다린다. 프로듀서는 '제발 배우에게 책(시나리오)을 전해달라'며 로드매니저에게 돈을 찔러줘야 할 때도 있다. 개런티로도 모자라 제작사 지분의 50%를 떼어주지 않으면 출연하지 않겠다는 배우도 있다."[7]

"최근 SKT가 싸이더스HQ의 지분을 인수했고 CJ와 동양도 매니지먼트 사업에 손을 대고 있습니다. 이제 우리는 전직 영화인이라는 타이틀로 남을지도 모릅니다. 정통 영화인들이 뒷전으로 밀려나고 후배

---

4) 강우석, 「'돈의 논리'에 휘둘리는 영화계」, 『조선일보』, 2005년 6월 9일, 31면.
5) 라제기, 「스타 출연료의 '치명적 거품'」, 『한국일보』, 2005년 6월 25일, 24면.
6) 어수웅, 「"스타들, 돈 너무 밝혀요"」, 『조선일보』, 2005년 6월 25일, A2면.
7) 이승재, 「'충무로 대전(大戰)'」, 『동아일보』, 2005년 6월 25일, A19면.

영화인들은 잘해야 대기업의 이익을 대변하는 월급쟁이로 전락하는 것이지요."[8]

2005년 6월 24일엔 한국영화제작가협회(회원사 60개) 소속 제작사 대표 31명이 모여 "배우 및 매니지먼트사의 공동제작과 지분 요구 그리고 끼워 팔기(스타를 기용하려면 소속사의 다른 배우들을 조연으로 써 달라고 요구하는 것) 요구를 앞으로는 받아들이지 않겠다"고 결의했다.

매니지먼트사와 스타의 항변

이와 관련, 2005년 6월 25일 『동아일보』는 「충무로 대전(大戰)」이라는 기사에서 "제작자들의 이런 움직임의 근저에는 국내 최대 연예 매니지먼트 회사인 싸이더스HQ가 최근 자회사인 아이필름을 만들어 영화 제작에 본격적으로 뛰어드는 등 매니지먼트사의 잇따른 제작 참여에 대한 불만이 깔려 있다"고 말했다. 이 기사는 국내 굴지의 매니지먼트사 대표의 반론을 다음과 같이 소개했다.

"설탕(매니지먼트) 만들던 기업이 사탕(제작)까지 만들어 보겠다는데 뭐가 잘못된 거냐? …… 제작사들이 시나리오를 들고 와서 배우에게 '지분을 줄 테니 출연해 달라'고 먼저 지분 배분을 제안하는 경우도 많다. …… 기존 영화 제작자들이 매니지먼트사들의 제작 참여를 제도적으로 금지할 방법이 없으니까 출연료 상승이나 배우들의 지

---

8) 한승주, 「"영화배우 · 기획사 돈 너무 밝혀"」, 『국민일보』, 2005년 6월 25일, 22면.

분 요구를 이슈화해 기득권을 지키려 하는 것이다. 그분들은 자본주의 시장경제를 다시 배워야 할 것이다."[9]

국내 최대의 기업형 매니지먼트 회사 싸이더스HQ의 매니지먼트 본부장 박성혜는 그 이전의 관계를 생각해 보면 "이제 겨우 공평해진 정도"라고 주장했다. "매니지먼트 회사가 스타들의 영화 개런티를 턱없이 높인다는 주장도 맞지 않아요. 스타들에게 개런티는 돈이라기보단 자존심에 대한 확인이에요. 그런데 다른 데서 누가 얼마 받았다더라 하면 마냥 초연할 수가 없거든요."[10]

영화제작가협회 이사장 김형준은 『중앙일보』 인터뷰에서 "스타파워는 대세가 아니냐"는 질문에 대해, "그러나 정도가 심하다. 시장이 훨씬 큰 일본 스타들의 출연료도 대개 1억 원 미만이다"고 주장했다. 그는 "영화사 책임도 크다"는 질문에 대해선, "인정한다. 스타 잡기에 연연했으니 스스로 발목을 잡은 면도 있다. 이번 결의도 기획사와 한판 싸우자는 게 아니다. 충무로 내부의 자정이 목표다. 제작 환경을 굳게 다지겠다는 뜻이다. 영화는 망해도 스타는 살아남는 구조로는 미래가 없다"고 주장했다.[11]

2005년 6월 29일 강우석의 '스타들 돈 너무 밝힌다'는 발언과 관련, 실명으로 거론된 배우 최민식과 송강호는 반박 기자회견을 갖고 "강우석 감독은 사과하라"고 요구했다. 최민식은 "얼마 전 사인을 요청하던 학생 중 한 명으로부터 '돈 너무 밝히지 마세요'라는 말을 들

---

9) 이승재, 「충무로 대전(大戰)」, 『동아일보』, 2005년 6월 25일, A19면.
10) 최보은, 「"연예인 누가 누구랑 잤냐" 지질한 질문은 이제 그만!: 연예인 매니저 박성혜씨」, 『한겨레』, 책·지성 섹션, 2005년 6월 24일, 8~9면.
11) 박정호, 「"연예기획사와 공동제작 거부": 영화제작가협회」, 『중앙일보』, 2005년 6월 28일, 23면.

었다"고 전했고, 송강호 역시 "관객들 눈에 내 연기가 보이겠나? 입장료 중 송강호 몫은 얼마가 될까? 2000원? 3000원? 이런 생각 할 것 아니냐"고 울분을 토했다. 최민식은 "항상 출연할 때마다 유작이라는 생각으로 온몸이 부서져라 연기해 왔다"면서, "(내 개런티는) 응분의 대가"라고 말했다. 송강호는 "요즘 찍고 있는 영화 '괴물'의 총제작비가 120억 원인데 내 개런티는 5억 원"이라면서, "25억 원짜리 영화에서 5억 원을 받는 것은 말이 안 되겠지만, 120억 원짜리 영화에서 주연배우가 5억 원을 받는 것이 그렇게 지탄받아야 하느냐"고 반문했다.[12]

2005년 6월 29일 밤 강우석은 최민식과 송강호에게 사과했고, 다음 날 최민식과 송강호가 그 사과를 수용함으로써 이 문제는 일단락되었다. 그러나 '스타 권력'에 대한 문제제기는 백 번 옳았지만, 그 방식엔 포퓰리즘의 성격이 있었다. 정작 문제 삼아야 할, 투자자와 극장 체인을 가진 대기업 자본의 '스타 선호'와 부율(수익분배비율) 문제 등 핵심은 비켜간 채 스타의 '인간성' 문제가 부각되었기 때문이다. 최민식이 토로했듯이 최민식을 향해 "돈 너무 밝히지 마세요"라고 면전에서 충고했다는 어느 젊은이의 행태는 포퓰리즘이 위험한 이유를 잘 말해주고 있다 하겠다.

극장 체인과 투자자의 압력

영화평론가 김영진은 영화판이 스타에 휘둘리는 악순환 고리의 맨 위에는 극장 체인을 갖고 있는 대기업 자본이 있다고 지적했다.

---

12) 어수웅, 「"강우석 감독은 사과하라": 최민식·송강호 반박 회견」, 『조선일보』, 2005년 6월 30일, A2면.

"그들은 자기 회사의 극장 체인에 걸 상품성 있는 영화의 기준을 지명도가 있는 스타의 출연 여부에 우선 중점을 둔다. 스타와 장르 호감도라는 밋밋한 팩트에 기초해 투자를 결정하는 이들 대기업 자본의 기준에 맞추기 위해 제작사들은 무리해서라도 스타를 모시기 위해 안달이다. 그러다 보면 스타들의 몸값은 자연스레 올라간다."[13]

영화진흥위원회 정책연구팀장 김미현은 "극장 업체의 수익률은 매년 상승, 2004년에는 평균 20% 가까운 수익률을 올리고 있다. 특히 멀티플렉스 체인 극장의 수익률은 놀라울 정도다. 서울시내 극장 중 돈 못 버는 곳이 없다는 말이 나올 정도다"라고 지적하면서, "투자·제작 부문의 수익성 악화 원인으로 지목되는 극장과의 수익분배비율(부율) 조정 논의가 이루어져야 한다"고 주장했다.[14]

투자자들이 스타를 선호하는 것도 스타파워를 키우는 주요 원인이다. 투자자들은 리스크를 최소화하기 위해 제작사에 최소한 '아무개' 급 이상의 스타를 캐스팅해야 투자하겠다는 조건을 내건다. 『주간동아』에 따르면, "스타가 출연하지 않는 영화는 투자 단계에서부터 해외 판매까지 '눈물 젖은 빵'을 먹어야 한다. 얼마 전 스타 없이 개봉한 한 영화의 경우 인터뷰를 약속한 영화 관련 TV 프로조차 '시청률 떨어진다' 며 촬영을 취소했다."[15]

2005년 7월 26일 한국영화제작가협회와 국내 스타 배우들이 소속된 30여 개 매니지먼트사의 모임인 매니지먼트협회준비위원회는 공

---

13) 김영진, 「돈 논리에 멍드는 영화계」, 『조선일보』, 2005년 7월 1일, A35면.
14) 김미현, 「영화 산업 수익 분배 구조 개선을」, 『경향신문』, 2005년 7월 2일, 23면.
15) 김민경, 「"한국 영화, 너 잘하고 있니"」, 『주간동아』, 2005년 7월 19일, 100~102면.

동결의문을 발표하고 "양측은 공정한 제작 시스템의 원칙을 확인하고 투자·배급·유통 등 외부 환경의 합리화를 위해 공동 대처할 것에 합의했다"고 밝혔다. 이들은 이와 함께 ① 매니지먼트협회는 공동제작 크레디트나 지분 요구를 대신해 배우나 스태프의 합리적인 인센티브 제도 정착을 위해 노력하고, ② 제작가협회는 표준 제작 규약 작성 및 조수·스태프의 처우 개선을 위한 전문 인력풀 제도를 마련하며, ③ 양측은 외화와 한국 영화에 대한 배급사와 극장의 수익배분비율의 불평등을 시정하고, ④ 부가판권 시장 활성화, ⑤ 불법복제 문제 해소 등에 함께 대처한다는 등 5개 합의사항을 발표했다.[16]

TV의 스타파워

'스타파워' 논쟁은 영화계에만 국한된 게 아니라 TV에서도 똑같이 벌어졌다.

1998년 국제통화기금(IMF) 외환위기 직후 회당 200만 원 선이던 TV 드라마 주연급의 개런티는 최고 10배 뛰어 회당 2,000만 원을 경신했으며, 심지어 회당 1억 원을 요구한 한류 스타까지 나타났다.[17]

이벤트 업계도 '스타파워' 때문에 몸살을 앓았다. "한류 때문에 못해 먹겠다"는 말까지 나왔다. 1일 행사의 출연료로 10억 원을 요구하는 한류 스타가 있는가 하면, 1시간짜리 팬 미팅을 하는 데에 출연료가 2~3억 원 수준이라는 것이다.[18]

16) 민동용, 「영화계 사태 일단락」, 『동아일보』, 2005년 7월 27일, A19면.
17) 양성희, 「높아진 스타파워 쩔쩔매는 제작사」, 『문화일보』, 2005년 6월 8일, 25면.
18) 양성희, 「한류 열풍에 소외된 한국팬」, 『문화일보』, 2005년 9월 6일, 22면.

한류가 스타들을 버려놓는다는 말도 나왔다. 2005년 봄 홍콩 교민 사회에서 한류 스타를 한 명 초청해 행사를 하려고 했다가 무산된 일이 벌어졌다. 억대의 출연료 요구는 차치하고 "배용준 수준으로 공항 환영인파와 호텔 방을 준비해 달라", "홍콩에서 가장 높은 행정수반과의 만찬을 주선해 달라" 등의 추가 요구사항을 내세워 기겁을 했다는 것이다.[19]

당연히 스타파워 때문에 방송연예계의 기존 권력관계에도 큰 변화가 일어났다. 『중앙일보』 2005년 2월 5일자 기사 「드라마 PD "좋은 시절 다 갔네"」는 "드라마 PD의 전성시대가 있었다. 대부분의 연기자들에게 드라마 PD는 거의 절대적인 존재였다. 다음 작품에 또 얼굴을 내밀려면 PD의 눈도장을 받아야 했다"며 다음과 같이 말했다.

"요즘도 그럴까. 천만의 말씀이다. 방송사들은 아예 '드라마 PD 수난시대'라고 입을 모은다. '스타파워'가 엄청나게 커졌기 때문이

"드라마주연 3명 출연료가 제작비 절반"

'스타권력' 논란 TV로 번지나

PD연합회 토론회서 발표

"최근 방송된 20부작 드라마의 주연배우 3명 출연료는 회당 4,400만원으로, 제작비(회당 9,700만원)의 45.4%에 달했다. 나머지로 다른 배우 출연료와 스태프 인건비 등을 지급하고 나면 촬영과 편집에 드는 핵심 제작비는 쥐꼬리만해진다. 이런 상황에서 프로그램의 질을 운운하는 것은 '무에서 유를 창조하라'고 요구하는 것과 다를 바 없다."

14일 한국방송프로듀서연합회가 '스타권력화와 한국 드라마의 미래'를 주제로 연 긴급토론회에서 양문석 EBS 정책위원이 발표한 내용이다. 문제는 이 사례가 '특수' 케이스가 아니라는 점이다. 영화계에서 논란이 된 스타의 권력화 현상이 드라마에서도 이미 심각한 수준이며 총체적인 제작시스템 붕괴로 이어지고 있다는 것이 양 위원의 진단이다.

미니시리즈에 비해 주연배우 출연료가 상대적으로 낮은 주말연속극의 경우도 예외가 아니다. 한 방송사의 주말연속극 제작비는 2000년 회당 3,650만원에서 2005년 6,450만원으로 77% 상승에 그쳤으나, 주연 2명의 출연료는 같은 기간 360만원에서 1,300만원으로 261%나 올랐다. 반면 FD 인건비는 회당 33만원에서 38만원으로 15% 올랐고, 단역 하위 10명의 평균 출연료는 21만원에서 14만3,000원으로 오히려 32%나 깎였다.

몇몇 스타급 연기자의 '독식' 구조는 드라마의 배역 수 줄이기, 조연 가운데 상대적으로 출연료가 높은 중견 배우 기피로 이어지고 있다. 요즘 드라마에 편부·모 가정이 빈번이 등장하는 것도 바로 그 때문이다. 또 제작사가 '대박' 드라마를 만들고도 적자를 보는 기현상이 벌어지고, 이를 만회하기 위해 간접광고(PPL)에 더욱 매달리는 악순환이 계속되고 있다.

양 위원은 시청률에 목숨 건 방송사들의 출혈 경쟁과 외주정책의 파행 운영에 1차적 책임이 있다고 지적하고, 개선책으로 ▲샐러리 캡(출연료 총액 제한) 제도 도입 ▲신인 연기자 발굴·양성을 위한 단막극 강화 ▲외주 의무비율 재조정 ▲PPL의 제한적 허용 등을 제안했다. 스타와 연예기획사들의 자성도 촉구했다. 그는 "결국 스타들의 자각을 촉구하는 것이 용두사미 같아 안타깝다"면서 "그러나 당사자인 스타들에게 읍소할 수밖에 없는 현실, 그리고 시청자들에게 고자질해서라도 사회적 합의를 도출하는 무언의 압력을 주요 수단으로 삼을 수밖에 없는 것이 오늘날 한국 드라마가 안고 있는 난제"라고 말했다.

이희정기자 jaylee@hk.co.kr

스타파워 문제는 영화 · TV 영역을 엄어 연예 관련 산업에서 큰 쟁점이다. 『한국일보』 2005년 7월 15일.

---

19) 이양수, 「한류 맥 짚어보기」, 『중앙일보』, 2005년 10월 28일, 35면.

다. '스타만 캐스팅하면 기본 시청률 15%는 깔고 간다' 는 게 방송가에 떠도는 정설이다. 그러나 캐스팅부터 호락호락하지 않다. PD의 '삼고초려' 는 필수가 됐다. 스타 연예인들의 집안 대소사를 챙기는 것은 기본이다. 결혼식은 물론이고 초상집을 찾아가 평소에도 꾸준히 '눈도장' 을 찍어야 한다."

이 기사는 이어 "그래도 역부족이다. 스타를 보유한 연예기획사의 덩치가 너무 커졌기 때문이다. …… 최근에는 대형 연예기획사가 직접 드라마 제작사로 나서는 추세다. 소속 스타 연예인을 주역에 포진하고 비싼 원고료로 유명 작가까지 확보하면 아쉬운 쪽은 방송사다. 그때는 연예기획사나 독립프로덕션에서 오히려 마음에 드는 방송사 PD를 캐스팅하는 식이다"라고 말했다.[20]

2005년 7월 14일 한국방송프로듀서연합회가 '스타권력화와 한국 드라마의 미래' 를 주제로 연 토론회에서 언론개혁시민연대 정책위원 양문석은 "최근 방송된 20부작 드라마의 주연배우 3명의 출연료는 회당 4,400만 원으로, 제작비(회당 9,700만 원)의 45.4%에 달했다. 나머지로 다른 배우 출연료와 스태프 인건비 등을 지급하고 나면 촬영과 편집에 드는 핵심 제작비는 쥐꼬리만 해진다. 이런 상황에서 프로그램의 질을 운운하는 것은 '무에서 유를 창조하라' 고 요구하는 것과 다를 바 없다"고 말했다.

미니시리즈에 비해 주연배우 출연료가 상대적으로 낮은 주말연속극도 마찬가지다. 한 방송사의 주말연속극 제작비는 2000년 회당

---

20) 백성호, 「드라마 PD "좋은 시절 다 갔네"」, 『중앙일보』, 2005년 2월 5일, 24면

3,650만 원에서 2005년 6,450만 원으로 77% 상승에 그쳤으나, 주연 2명의 출연료는 같은 기간 360만 원에서 1,300만 원으로 261% 오른 반면, FD 인건비는 회당 33만 원에서 38만 원으로 15% 올랐고, 단역 하위 10명의 평균 출연료는 21만 원에서 14만 3,000원으로 오히려 32%나 깎였다.

양문석은 시청률에 목숨을 건 방송사들의 출혈 경쟁과 외주정책의 파행 운영에 1차적 책임이 있다고 지적하고, 개선책으로 샐러리 캡(출연료 총액 제한) 제도 도입·신인 연기자 발굴과 양성을 위한 단막극 강화·외주 의무비율 재조정·PPL(간접광고)의 제한적 허용 등을 제안했다. 그는 "결국 스타들의 자각을 촉구하는 것이 용두사미 같아 안타깝다"면서, "그러나 당사자인 스타들에게 읍소할 수밖에 없는 현실, 그리고 시청자들에게 고자질해서라도 사회적 합의를 도출하는 무언의 압력을 주요 수단으로 삼을 수밖에 없는 것이 오늘날 한국 드라마가 안고 있는 난제"라고 말했다.[21]

2005년 8월 2일 KBS·MBC·SBS 드라마국장은 모임을 갖고 탤런트 충원 시스템을 '공동선발·공동관리' 형태로 전면 개혁하기로 합의했다. MBC 드라마국장 이은규는 "각 사의 탤런트 공채제도가 유명무실해지면서 연기자 공급 등 드라마 제작 전반에 걸쳐 지나치게 매니지먼트사에 의존하는 상황이 됐다"며, "연기학교를 공동으로 설립 운영하게 되면 연기력이 부족한 배우들이 드라마에 범람하고 있는 문제도 해결할 수 있다"고 말했다. 이 같은 연기학교 설립 방안은 최근 영화계에서도 '스타 권력화'에 따른 부작용을 해소하는 방안으로 제시

---

21) 이희정, 「'스타권력' 논란 TV로 번지나」, 『한국일보』, 2005년 7월 15일, A25면.

된 바 있어 실현될 경우 연예기획사가 스타파워를 앞세워 드라마 및 영화 제작에까지 나서고 있는 현실에 상당한 변화를 가져올 것으로 전망했다.[22]

우리는 브랜드 시대에 살고 있다

스타파워는 우리 시대가 '브랜드 시대'임을 말해준다. 최근 스타들이 본격적으로 자신의 '스타 브랜드'를 내세워 기업 경영에 뛰어드는 것도 브랜드라고 하는 상징 소비의 시대가 무르익었음을 말해주는 것이다. 기업계에서 브랜드 상징의 중앙집중화가 일어나는 것과 스타파워 현상은 매우 비슷하다. 스타에게 매니저가 있듯이 브랜드를 관리하는 브랜드 매니저가 있는 것도 같다. 둘은 모든 면에서 놀라울 정도로 유사하다.

교육운동가 김진경은 「나이키와 나이스」라는 글에서 1993년 자신의 집에서 일어난 일을 소개했다. 중학교에 들어간 딸이 엄마가 사다 준 나이스 운동화를 내던지며 "요새 누가 나이스 같은 가짜 상표 신발을 신고 다녀?"라고 항변하면서 닭똥 같은 눈물을 뚝뚝 흘리더라는 이야기다. 결국 엄마는 이른 아침에 나이키 대리점을 찾아 딸에게 나이키 운동화를 사 신긴 후에야 딸을 겨우 학교에 보낼 수 있었다는 것이다. 김진경은 타이어표 검정색 통고무신을 신던 시절을 회상하면서, 요즘의 아이들은 자기 정체성을 머릿속에 들어 있는 정신이 아니라 몸을 통해서 내세우고자 하며 몸의 정체성은 어떤 브랜드를 소비하는가

---

22) 김대성, 「지상파 3사 "탤런트 공동선발": 고액출연료·캐스팅 난 해결 위해」, 『한국일보』, 2005년 8월 3일, 2면.

에 따라 결정된다고 말했다.[23]

　나오미 클라인(Naomi Klein)은 브랜드는 '집단적 환상'이라고 주장했지만,[24] 대중이 환상을 원하는 걸 어찌 하겠는가? 우리 시대에 환상에 빠지는 걸 누가 두려워하랴? 좀더 거시적으로 보자면 스타파워를 어떻게 볼 것인가 하는 문제는 의외로 이념성이 강한 문제다. 그건 자본주의체제에서 일어나기 마련인 양극화 현상을 어떻게 볼 것인가 하는 문제와 직결돼 있기 때문이다.

---

23) 김진경, 『미래로부터의 반란: 김진경 교육에세이』, 푸른숲, 2005년, 12~14, 43쪽.
24) 더그 헨우드, 이강국 옮김, 『신경제 이후』, 필맥, 2004년, 35쪽.

연예부 기자의 애환

스타파워는 연예 저널리즘의 인기를 더욱 높여주었다. 『신동아』 2005년 1월호에 실린 기사는 연예부 기자의 애환을 다루었다. 연예부 기자는 유명 연예인들의 리스트를 뽑아서 수시로 호적을 떼보는 것은 물론 연예인 집 앞에서 잠복근무를 할 때도 많다고 한다. 어느 8년 차 연예부 기자의 말이다.

"은퇴한 여배우 집 앞에서 잠복할 때였어요. 집 뒤에 작은 언덕이 있는데 그곳에 올라가면 방안이 보이거든요. 수시로 올라가서 동태를 파악하는데 도대체 이렇게까지 해야 하나 회의가 들더라고요. 연예인 집 앞에서 밤을 꼬박 새우며 기다리다가 당사자나 가족, 이웃에게 심한 욕을 먹을 때면 화가 나기도 하죠. 물론 그들의 심정은 이해하지만. 그래도 '독자가 좋아하고 궁금해 하는 스타니까' 하고 스스로 위

안해요."

2004년 어느 온라인 매체의 편집장의 발언이 문제가 된 적이 있었다. 그 편집장은 연예 산업의 권력화를 비판하면서 "연예인을 취재하기 위해 여기자가 매니저에게 뒷돈을 주고 몸을 파는 일까지 벌어지고 있다"고 말해 파문이 일었던 것이다. 결국 사과문을 게재해 수습되긴 했지만 한 연예담당 여기자는 이 파문을 조금 다른 시각에서 보았다.

"연예인 취재가 어려워진 것은 사실입니다. 연예인 취재를 제대로 하려면 매니저들과 좋은 관계를 유지하는 것이 중요해졌어요. 이들은 대부분 남자이기 때문에 남자기자는 같이 술도 마시면서 친구처럼 지내죠. 하지만 여기자들은 사정이 좀 다르죠. 그래서 '여성성'을 이용하는 경우가 왕왕 있어요. 몸을 판다는 건 허무맹랑한 얘기지만 웃음을 팔고 애교를 팔고 아양을 파는 거죠. 연예권력이 그처럼 비대해진 것은 분명 비판받아야 하고, B편집장은 그것을 강조하려다 무리수를 둔 것 같은데, 그 부분에 대해서는 아무도 심각하게 생각하는 것 같지 않아 아쉬웠어요."[25]

포털의 위력과 횡포

모든 게 연예 뉴스의 호황 때문이다. 연예 뉴스의 취재경쟁은 오랜 역사를 자랑하지만 인터넷 시대에 이르러 과거와는 차원을 달리할 정

---

25) 이지은, 「사체부검 후 내장탕 점심, '취업' 미끼로 포주 취재: '제3의 성(性)' 여기자의 세계」, 『신동아』, 2005년 1월, 320~330쪽.

도로 더욱 치열해졌다.

포털사이트들과 스포츠신문과의 관계는 그런 변화의 한 단면을 보여주었다. 기존 포털사이트들이 자기네 기사로 더 많은 재미를 보자 이를 지켜본 스포츠지들이 기존 포털사이트에 대한 기사 제공을 중단하고 신생 포털인 파란닷컴에 더 비싼 가격으로 기사를 제공하는 일이 벌어졌다. 2004년 7월 KT 계열의 파란닷컴이 5대 스포츠신문의 연예·스포츠 콘텐츠를 월 1억 원에 독식한 사건이 바로 그것이다. 그러나 포털사이트들은 스포츠지 대신 노컷뉴스를 비롯해 우후죽순으로 생겨나는 연예 관련 사이트들에서 이전과 다름없이 기사를 제공받음으로써 건재를 과시했다.

2004년 12월 현재 스포츠신문 기자들을 영입해 연예 뉴스를 강화한 연합뉴스와 CBS의 노컷뉴스를 비롯한 고뉴스·와우이티·팝뉴스·리뷰스타·조이뉴스24 등 최근 신설된 연예 뉴스 전문 인터넷 매체만 10개가 넘었다. 연예 뉴스의 수요가 늘고 있는 것인가, 아니면 스포츠

연예 정보가 대중들의 마음을 사로잡는 '킬러 콘텐츠'로 떠오르면서 연예 뉴스를 생산하는 매체의 수가 급증했다. 『미디어오늘』 2004년 11월 3일.

신문들의 빈자리를 인터넷 매체들이 비집고 들어가는 것인가 하는 논쟁까지 일었다.

오프라인 신문들도 속속 연예 뉴스를 전담하는 인터넷뉴스팀을 꾸리는 등 연예 정보 관련 콘텐츠 생산에 적극적으로 나섰다. 국민일보 인터넷뉴스팀장 김경호는 네티즌들이 연예 기사를 선호해 콘텐츠의 25% 정도를 차지하고 있다고 말했다.[26] 2004년 12월 10일엔 24시간 연예 전문 케이블 채널 'YTN STAR'가 탄생했다.

헤럴드경제 대중문화 전문기자 서병기는 "매체들이 포털사이트의 하청 업체로 전락하고 있다. 연예 관련 매체들은 특히 그렇다. 편집권도 점점 포털로 넘어가고 있는 상태다. 편집간부들이 머리를 맞대고 의논해 자사의 매체에 톱기사로 올린 것이 포털 뉴스로 가면 단신급으로 처리되기도 하고, 단신으로 쓴 기사가 포털로 가면 '대문'에 걸리기도 한다. 그래서 연예기자들은 포털 뉴스의 '대문'에 올리기 위해 자신의 기사를 꽃단장해야 하는 자조적 상황에 처해 있다"고 개탄했다.

또 서병기는 "언제부턴가 연예 기사는 리얼타임으로 생산된다. 송승헌이 신체검사를 받던 날 무려 120여 명의 기자들이 모였다. '송승헌 현역'(1보), '송승헌 고혈압'(2보), '한재석 공익근무'(3보) 기사가 나가고 종합 기사를 다시 쓰는 기사분할 방식이 유행이다. 재빨리 써봐야 3시간짜리 시한부 '톱'이다. 토씨만 약간 다른 기사가 무려 20개씩 올라온다. 이 좁은 땅덩어리에서 이런 보도방식은 국력낭비다. 빨리 써야 판매가 되니 허위 기사 양산의 위험을 안고 있다"고 지적했다.

---

26) 손봉석, 「기존 언론도 연예 뉴스 경쟁」, 『기자협회보』, 2004년 11월 17일, 2면; 정재영, 「온·오프라인 '연예 뉴스 대란'」, 『세계일보』, 2004년 12월 7일, 31면.

　서병기는 "매체와 포털 간에 기사 꼭지수로 계약된다는 점도 포털 뉴스 체제의 심각한 문제점이다. 심층 해설·비평 기사나 완성도 높은 화제 기사보다는 짧고 제목이 강한 '사실 나열형' 기사 위주로 공급될 수밖에 없다"며, "이런 상황에서 이미 공룡이 된 포털에 대립각을 세우겠다는 매체는 단 한 곳도 없다. 괜히 미운 털이 박힐 수도 있다"고 말했다.[27]

　2005년 7월 19일 언론개혁시민연대 등이 주관한 '올바른 포털 저널리즘 어떻게 만들 것인가'란 주제의 토론회에서 인천대 강사 송경재는 "지난 5월 9일부터 6월 17일까지 네이버·다음·네이트 등 3개 포털사이트의 메인 뉴스 제목을 분석한 결과 총 4,659건 중 연예·오락 관련 기사는 2,106건으로 전체 뉴스의 45.2%를 차지한다"고 밝혔다.[28]

　2005년 10월 CBS 노컷뉴스 방송연예팀장은 백해무익(百害無益)한 연예 기사들이 넘쳐나고 있다고 개탄했다.

　　"15년 동안 수없이 많은 일들이 일어났지만 요즘처럼 자괴감에 시달린 적이 없다. 연예인과 방송국 그리고 방송국에서 일하는 사람들에 대해 공격적인 일부 시청자들의 시각과 주장들이 연일 기사화되고 있다. 일부의 주장임에도 불구하고 인터넷 언론 시스템에 의해 공론화되고 아젠다를 설정할 정도다. …… 더욱 얄밉게도 '인터넷을 뜨겁게 달구고 있다'거나 '시청자들의 지적이다'라는 식으로 빠져나가고 있다."[29]

---

27) 서병기, 「'포털 저널리즘'의 서글픈 현실」, 『기자협회보』, 2004년 12월 15일.
28) 이인표, 「포털사이트 뉴스, 연예·오락이 절반」, 『문화일보』, 2005년 7월 20일, 25면.
29) 김대오, 「'딴따라 기자'의 죄악: 성추행 보도 등 무책임한 연예 기사는 백해무익」, 『문화일보』, 2005년 10월 5일, 25면.

경마식 연예 저널리즘

" '하버드', '미사' 와의 격차 좁히며 맹추격", "월요일 밤의 대 역전! '하버드' 가 '미사' 눌렀다". KBS2와 SBS에서 각각 방영한 《미안하다 사랑한다(미사)》와 《러브스토리 인 하버드(하버드)》의 시청률 경쟁에 관한 인터넷 연예 매체의 기사들이다. 이와 같은 기사들은 각 포털사이트에서 높은 조회수를 기록하며 첫 페이지를 장식하곤 했는데, 그러나 정작 기사 내용을 살펴보면 '하버드' 와 '미사' 의 시청률 차이는 불과 0.7%로 별 의미도 없는 수치였다.

『경향신문』 2004년 12월 14일자는 위 사례를 지적하면서 '경마식 연예 저널리즘' 이 문제가 되고 있다고 보도했다. 드라마에 대한 관심이 높아지면서 드라마 시청률을 시시각각 중계하는 보도 양태가 늘어나고 있다는 것이다. 목적지를 향해 달리는 말의 순위를 중계하듯이 전날 방영된 드라마 시청률이 다음날 아침이면 각 포털사이트에 오르는데, 시청률 싸움에 제작자뿐만 아니라 언론과 시청자들까지 가세하고 있다는 것이다.

"인터넷 연예 매체가 늘면서 치열한 기사 공급 전쟁이 벌어지고 있는 것이 현재의 상황. '싸움 구경' 좋아하는 대중의 속성을 부추기는 동시에 속보성 기사를 쏟아내야 한다는 두 가지 목적 때문에 '경마식 연예 저널리즘' 이 대두하고 있다는 것이 대체적인 분석이다. '싸움 구경' 하다가 싸움에 말려든 시청자들은 한층 공격적인 성향을 보이고 있다. 좋아하는 드라마를 시청하는 데 그치지 않고 경쟁작을 비방하기에 이르렀다." [30]

연예 저널리즘의 호황에 부응하여 연예인 중심의 텔레비전 토크쇼도 늘어났다. 『한겨레』 2005년 2월 1일자에 따르면, "일주일 내내 밤마다 '공공재'인 전파는 연예인들끼리의 수다를 안방으로 실어 나른다. …… 이젠 일주일에 7개, 평균 하루에 한 프로로 늘어났다. 상업방송이라는 SBS는 3개, 나머지 두 공영방송은 2개씩이다. …… 토크쇼는 인지도 있는 진행자만 섭외되면 기본 시청률은 확보할 수 있다는 것이 방송가의 판단이며, 지금까지 증명된 바다. '좁은 길'로 가지 않으려는 안이한 판단에 토크쇼가 넘쳐난다."[31]

왜 우리는 연예인들끼리의 수다와 연예인들에 관한 이야기에 그토록 크고 많은 관심을 기울이는 걸까? 혹 '동어반복(Tautology)' 현상은 아닐까? 스타는 유명인인데, 유명인은 유명하기 때문에 유명인일 뿐, 다른 큰 의미는 없는 게 아니냐는 것이다. 나의 관심조차 나의 내부에서 비롯됐다기보다는, 남들이 관심을 가지니까 나도 관심을 갖고 내가 관심을 갖기 때문에 다른 사람들도 관심을 갖는 그런 반복과 순환의 게임은 아닌가 하는 것이다.

아리스토텔레스는 호기심이야말로 인간을 인간이게 하는 특성이라고 주장했지만,[32] 인터넷 시대에 스타에 대한 강한 호기심은 자주 스타에 대한 폭력으로 변질되곤 한다. 이른바 '얼짱'과 '몸짱' 열풍으로 대변되는 '연예 문화의 대중화'는, "나도 할 수 있다"는 평등주의 정신만큼은 가상하지만, 나를 남의 시선에 종속시키는 결과를 초래할 수 있다는 점에서 성찰을 필요로 한다고 볼 수 있겠다.

---

30) 백승찬, 「0.7%의 호들갑: 연예 보도 시청률만 경마식 중계」, 『경향신문』, 2004년 12월 14일, M11면.
31) 김진철, 「연예인 수다 토크쇼 범람 왜?」, 『한겨레』, 2005년 2월 1일, 34면.
32) 리처드 니스벳, 최인철 옮김, 『생각의 지도』, 김영사, 2004년, 29쪽.

CJ와 오리온의 대결

멀티플렉스 CJ CGV가 발표한 '2005 상반기 영화 산업 분석'은 "1996년 이후 상반기 극장 관객은 매년 평균 31%씩 늘어왔지만, 지난해 6,904만 명에서 올해 6,284만 명으로 9%(약 600만 명) 감소했다"고 밝혔다. 상반기 한국 영화 점유율은 55.8%로 지난해 68.1%보다 줄었지만, 흥행 순위 1~5위를 모두 한국 영화가 차지했다. 주요 흥행작의 전국 관객 수는 ①《말아톤》 518만, ②《공공의 적2》 391만, ③《마파도》 303만, ④《혈의누》 227만, ⑤《댄서의 순정》 220만 등이었다.

배급사별 점유율(전국 기준)에서는 《마파도》와 《연애의 목적》을 배급한 CJ엔터테인먼트가 19.0%로 1위를 차지했으며, 《말아톤》, 《잠복근무》의 쇼박스(17.9%)와 《공공의 적2》, 《혈의 누》의 시네마서비스

---

33) 강준만, 「한국영화」, 『세계문화사전』, 인물과사상사, 2005년, 439~450쪽도 참고할 것.

(17.5%)가 근소한 차로 2위와 3위에 올랐다.[34]

2005년 하반기 영화계에서는 개봉 20일 만에(2005년 8월 24일 현재) 470만 명의 관객을 불러들인 오리온 쇼박스의 《웰컴 투 동막골》과 이보다 1주일 앞서 개봉해 355만 명의 관객을 기록한 CJ그룹의 《친절한 금자씨》의 경쟁으로 흥행 기류가 되살아났다.

엔터테인먼트 부문에서 경쟁관계에 있는 두 그룹은 오너 일가가 총괄하는 영화 사업이 맞붙자 계열사인 CJ뚜레쥬르(CJ)와 베니건스(오리온) 등을 동원해 음식 메뉴까지 만들며 치열한 홍보전을 펼쳤으며, 오리온은 CJ엔터테인먼트가 투자를 포기한 《웰컴 투 동막골》에 투자해 성공했다는 데 더 고무되었다. 오리온의 쇼박스는 CJ엔터테인먼트보다 5년이나 늦은 2002년에 영화 사업에 뛰어들었고 직원도 CJ의 4분의 1에 불과한 30명이지만, 국내 영화사상 최고 흥행기록을 세운 《태극기 휘날리며》(약 1,170만 명)를 투자·배급한 바 있다.[35]

《웰컴 투 동막골》

2005년 8월 28일 쇼박스는 "《웰컴 투 동막골》이 지난 주말까지 총 526만여 명의 관객을 동원, 518만 명을 동원했던 《말아톤》의 기록을 넘어섰다"고 밝혔다.

『경향신문』은 "이 각박한 편가름과 소통단절의 세계에 살고 있는 이들은 동막골의 세상을 꿈꾼다. '아이들처럼 막 살아라' 라는 함의의

---

34) 어수웅, 「극장관객 10년 만에 '마이너스' 로」, 『조선일보』, 2005년 7월 6일, A25면; 배장수, 「충무로 10년 만에 '찬바람'」, 『경향신문』, 2005년 7월 8일, M5면.
35) 허진석, 「오리온, 라이벌 CJ 눌렀다」, 『동아일보』, 2005년 8월 26일, B3면.

'동막골'의 민족주의는 오늘의 진보와 내일의 위험을 동시에 품고 있다. 그래서 '동막골'의 판타지는 달콤하지만 위험하다.

동막골에 들어가 잊어버린 순수를 희구한다. 기존의 영화문법에 비춰 보면 일견 예상외인 《말아톤》과 《마파도》 그리고 《웰컴 투 동막골》 등이 일군 대박은 어쩌면 지금 우리의 살림살이가 그만큼 애옥하고 폭폭하다는 증거일 터이다. 나라의 정치와 경제 그리고 추레한 일상을 막론하고 어느 하나 희망이 아득하기에 우리는 '동막골에 가고 싶다'"고 말했다.[36]

　　반면 한겨레21 기자 신윤동욱은 "관객 500만 명을 넘어 1,000만 명을 향해 질주하는 '동막골'의 흥행몰이는 남북화해에 대한 국민적 승인을 상징한다"면서, "하지만 '동막골'은 속죄양의 정치학을 버리지 못한다"고 평했다.

　　"인민군을 용서했으니 또 다른 속죄양이 필요하다. 그리하여 민족 내부에 대한 온정 어린 묘사는 민족 외부에 대한 냉정한 평가로 이어진다. 한반도의 비극이 한민족의 잘못이 아니라는 것을 증명할 속죄양이 필요하다. 이제 미군은 제2의 일본군이다. …… '동막골'의 판타지에는 동족상잔의 비극의 원인을 외세로 돌리고 싶어하는 민족주의가 숨어 있다. …… '동막골'의 민족주의는 오늘의 진보와 내일의 위험을 동시에 품고 있다. 그래서 '동막골'의 판타지는 달콤하지만 위험하다. 지금 여기는 조용한 아침의 나라, 순결한 백의민족의 나라가 아니기 때문이다. 민족주의는 피해의식을 먹고 자란다. 《웰컴 투 동막골》을 '웰컴' 할 수만은 없는 이유다."[37]

　　《친절한 금자씨》, 《웰컴 투 동막골》, 《박수칠 때 떠나라》 등 한국 영화 삼총사 덕분에 2005년 8월 한 달 동안 한국 영화 관객은 서울 상영관 기준으로 71.9%로 역대 최고의 점유율을 기록했다. 역대 8월 한국 영화 점유율은 2001년 41.7%·2002년 29.0%·2003년 43.1% 등이었다.[38]

36) 「《웰컴 투 동막골》을 보셨습니까」, 『경향신문』, 2005년 8월 29일, 27면.
37) 신윤동욱, 「동막골의 덫, 미국을 잡다」, 『한겨레 21』, 2005년 9월 13일, 60~61면.

쇼박스 대표 김우택의 영화철학

쇼박스는 2004년에 투자배급한 《태극기 휘날리며》가 1,000만 관객을 넘어 역대 국내 최다관객 기록을 세운 데 이어, 2005년에는 《말아톤》(관객 518만 명)으로 상반기 최고 흥행을 기록했고, 《웰컴 투 동막골》(개봉 89일 만인 2005년 10월 31일 800만 명 돌파)로 하반기 최고 흥행 영화의 자리를 굳혔다. 《가문의 위기》도 2005년 10월 11일까지 540만 명을 기록해 흥행 1~3위를 석권했으며, 역대 한국 영화 흥행에서도 4·7·9위를 꿰찼다. 배급 역시 이런 기세를 등에 업고 정상자리(3,500만 명 예상)를 굳혔다.[39]

쇼박스의 대표 김우택은 『동아일보』 인터뷰에서 "멀티플렉스인 메가박스를 맡은 뒤 개봉일을 금요일로 당기고, 극장마다 관람료를 차등화해서 논란을 불러일으켰다. 업계에선 '물을 흐린다'는 비판도 있다"는 질문에 대해 이렇게 답했다.

"내 답은 '그렇지만 할 수 없다'는 거다. 그런 시도들이 성공했다고 본다. 왜냐하면 시장의 파이 자체를 키웠으니까. 한국 영화 시장 규모가 연간 8,000억 원 남짓이다. 삼성전자의 한 분기 순익은 1조 원이다. (웃음) 작은 파이 나눠 먹어봐야 갑갑할 뿐이다. 모두가 다 잘 먹고 잘 사는 시장은 존재하지 않는다."

---

38) 고제규, 「8월 한국 영화 점유율 71.9%」, 『시사저널』, 2005년 9월 13일, 12면.
39) 이대현, 「"재미란 뇌관 있으면 대박은 꼭 터진다": 영화 투자 '미다스의 손' 김우택 쇼박스 대표」, 『한국일보』, 2005년 10월 12일, 26면.

서울대 경영학과를 졸업한 뒤 삼성물산에 들어가 일하다가 현재의 오리온 사장 이화경을 만나 자리를 옮긴 김우택은 "기업인의 시각이 영화 사업에 어떤 도움이 되는지"라는 질문에 대해선 다음과 같이 답했다.

"여기 와보니 투자배급사들은 돈만 대고 개봉 2주 전쯤 프린트가 올 때까지 팔짱 끼고만 있더라. 프린트를 보고 나서야 '아, 큰일 났다' 아니면 '아, 좋다' 며 부산하더라. (웃음) 궁금했다. 투자배급사는 왜 가만히 있어야 하는지. 영화의 목표를 분명히 하고 영화 시작부터 끝까지 제작사와 긴밀히 협의하는 적극적인 역할로 투자배급사를 변모시켰다. 하지만 요즘 들어 '물' 이 좀 든 것 같다. (웃음) 예전엔 편집에서 잘려나간 부분을 감독들이 아까워하는 걸 이해하지 못했는데, 이젠 내 슬픔처럼 받아들여지더라."

김우택은 투자배급을 결정할 때의 '노하우' 에 대해 "철저히 관객 중심으로 볼 때 대중 영화는 두 종류다. 재미있는 영화와 재미없는 영화. 내가 늘 궁금해 하는 건 이거다. 재미있나, 재미없나. 《말아톤》 때도 직원들이 별별 분석을 다하더라. 자폐아란 소재가 어떻고, 신인감독이 어떻고, 극의 전반적인 흐름이 어떻고 ……. 그래서 물어봤다. '근데 재밌니, 재미없니?' 모두들 '재밌다' 고 하더라. 그럼 난 그냥 간다." [40]

---

40) 이승재, 「내 영화 사전엔 '재미' 밖에 없다: 영화계 '미다스의 손' 쇼박스의 김우택 대표」, 『동아일보』, 2005년 9월 1일, A21면.

영화 부율 논란

한국영상자료원 영화사연구팀의 조준형은 계간 『영화언어』 2005년 여름호에 기고한 「주주자본주의와 재정의 윤리화: 한국 영화 산업의 새로운 가치」라는 논문에 따르면, 2004~2005년 한국 영화 산업의 큰 특징은 본격적인 주식시장 진출이었다. 2001과 2002년 시네마서비스와 CJ엔터테인먼트의 코스닥 등록에 이어 2004~2005년에는 상대적으로 코스닥 진출이 어려웠던 영화 제작사들이 잇따라 우회 상장했다.

조준형은 이런 현상이 영화 기업 측의 주식시장을 통한 자본 조달의 안정성 요구와 기존 상장사(등록사)들의 신업종 전환 필요성이 맞아떨어져 날로 확산되고 있다고 말했다. 이제 영화 개봉은 경제적 이벤트가 돼 애널리스트들이 개봉 영화의 향배를 점치며 흥행 결과에 따라 관련 기업의 주가가 출렁거리는 등 머니게임이 본격화됐다는 것이다. 그는 특히 소액주주의 이익보장이라는 대의명분이, 제작사들이 거리낌 없이 상업적인 기획을 진행할 수 있도록 만들어 주는 위안의 기제가 된다는 점에 주목했다.[41]

2004년 제작된 한국 영화는 편당 5억 5,000만 원의 적자를 낸 반면, 삼성동 메가박스는 150억 순익, CGV 체인점 전체는 400억 원의 순익을 보았다.[42] 이런 통계 수치는 '영화 부율'의 문제를 제기하게 만들었다.

---

41) 양성희, 「"영화 제작·배급사 잇단 상장 흥행의식 창조성 저하 우려"」, 『문화일보』, 2005년 7월 13일, 25면.

42) 하재봉, 「매니지먼트사에 선전포고한 한국영화제작가협회 김형준 이사장」, 『주간동아』, 2005년 7월 12일, 56면.

2005년 6월 13일 한국영화제작자협회는 영화 부율 조정 문제를 대형 극장 체인 쪽과 논의할 예정이라고 밝혔다. 현행 부율을 보면, 한국 영화의 경우 세금을 제외한 영화관람료 가운데 50%씩을 양쪽이 각각 가져가고, 외국 영화의 경우에는 60%를 수입·배급사가, 나머지 40%를 극장이 가져가도록 돼 있다. 반면 할리우드에서는 처음에는 제작자가 80%, 극장이 20%를 가져가고, 상영기간이 길어질수록 극장 몫을 점차 늘려가는 방식을 택하고 있다. 영화제작자협회는 외국 영화 부율인 6 대 4 수준으로의 조정을 원하고 있다. 반면 극장 측은 스크린쿼터제를 통한 의무 상영일 수 보장, 관람료를 2,000원이나 깎아주는 이동통신사 카드 할인 가운데 절반 가까이 부담, 복합상영관의 높은 수준의 시설 투자 등을 이유로 들어 부율 조정에 반대하고 있다.[43]

영화진흥위원회 정책연구팀장 김미현은 "부율은 영화계의 해묵은 논쟁으로 한국 영화의 부율이 외화와 달리 5 대 5로 조정된 것은 1990년대 초 한국 영화 점유율이 15%를 형성하고 있을 때의 일이다. 그러나 최근 한국 영화 점유율은 50%를 넘고 있고 할리우드 영화에 비하여 스크린당 좌석 점유율도 높아 극장주에게 더 많은 수익을 제공함에도 불구하고 오히려 더 낮은 수익률을 분배받고 있다"고 말했다.[44]

영화진흥위원회는 최근 3년간 영화 투자·제작 부문의 수익률은 2001년 29.3%에서 2003년 -8.8%로 크게 떨어진 반면, 극장 부문 수익률은 2001년 14.9%·2002년 18.1%·2003년 18%로 계속 안정적인 수익을 올린 것으로 나타났다고 지적하면서, "한국 영화 부율을 외국 영화와 같은 수준으로 맞춰 투자·제작사가 표값의 60%를 가져갈 경우

---

43) 서정민, 「"관람료 분배 이번엔 고치자"」, 『한겨레』, 2005년 5월 14일, 23면.
44) 김미현, 「영화 산업 수익분배구조 개선을」, 『경향신문』, 2005년 7월 2일, 23면.

이들의 수익률이 흑자로 돌아설 것"이라고 분석했다.[45]

영화 관람료 문제

'영화 관람료' 문제도 영화계의 쟁점이었다.

영화평론가 강한섭은 "요즘 7,000원 입장료를 다 주고 영화 보는 관객은 아줌마나 아저씨들뿐이다. 신용카드사와 이동통신사들이 멤버십 서비스라는 명목으로 1,500~3,000원의 관람료를 할인해 주고 있다. 여기에 멀티플렉스 극장들은 2개의 카드 중복 할인을 인정하고, 자사 회원카드를 사용하면 10%를 추가로 적립해 준다"고 지적하면서, 한국의 영화 산업계는 결정적으로 중요한 가격 시스템을 신용카드사와 이동통신사들에게 헐값으로 헌납해 버렸다고 개탄했다. 그는 "영화 요금의 덤핑이 더 이상 현재와 같은 파행적인 형태로 계속될 수는 없는 것이다. 극장 요금의 할인이 사라지면, 현재 3,000원으로 영화를 보는 청년들이 7,000원 입장료를 다 내고 영화관을 찾을 것인가? 극장 관객의 수가 급격하게 감소하는 것은 필연적이다"라고 주장했다. 그는 비디오 시장 몰락의 가장 큰 이유도 극장 요금의 덤핑에서 찾아야 한다고 주장했다.[46]

영화인회의의 최근 조사에 따르면, SK텔레콤 카드와 KTF 카드로 할인을 받은 관객들은 각각 26.5%와 10%를 차지해 3명 가운데 1명이 할인된 값으로 영화를 본 것으로 나타났다. 이동통신사들은 처음에는 할인에 따른 손실 전액을 부담했지만, 할인 관객이 늘어나면서 점차

45) 서정민, 「제작사 · 매니지먼트 논란 극장도 책임감 느껴야」, 『한겨레』, 2005년 7월 7일, 33면.
46) 강한섭, 『한국의 영화학을 만들어라: 문화진화론자가 다시 쓰는 영화담론』, 삼우반, 2004년, 213~214쪽.

극장 쪽에 부담을 떠넘기기 시작해 지금은 절반 가까이를 극장이 부담하도록 하고 있다.

그런데 SK텔레콤은 2005년 7월부터 메가박스와 프리머스 등 일부 극장에 대한 할인제도를 폐지하겠다고 밝혀 극장가에 비상이 걸렸다. 이렇게 되면 상당수 관객들이 할인제도가 계속 유지되는 CGV와 롯데시네마로 몰릴 것으로 예상돼 2004년 말 기준으로 각각 23%와 11%의 관객 점유율로 1·2위를 기록한 이들 극장 체인의 독주가 더욱 심화될 것으로 우려되었다. 이에 대해 서정민은 "이동통신사 스스로 보유하고 있는 고객 수의 힘을 이용해 다른 업계의 지형도까지 좌지우지하는 상황은 그리 반길 일만은 아니다"라고 꼬집었다.[47]

한국영상산업정책연구소 수석연구원 김도학은 「SK텔레콤의 회원 카드 할인서비스 계약 해지가 영화 산업에 미치는 영향」이라는 논문에서 "2004년 기준으로 이동통신사 카드 사용 관람객 수는 전체의 47.24%에 달한다. 이 중 53.57%가 SKT 카드 이용자다. SKT가 1·2위 업체인 CJ CGV와 롯데시네마에만 할인 서비스를 할 경우 고객 중 22.4%가 극장 선택에 즉각적 영향을 받게 될 것"이라고 전망했다. 그는 아울러 "SKT 카드 할인 서비스의 선택적 적용은 결국 시장 왜곡으로 이어질 것"이라고 주장했다.[48]

이경은은 "'신용카드·이동통신카드·멤버십카드' 3총사로 무장하고 아침 일찍 영화관에 간다면 '돈 받고 영화 본다'는 말도 농담이 아니게 됩니다. 조조 영화표(4000원)의 경우, 신용카드와 이동통신카드로 각각 2,000원 할인받으면 관람료는 0원이 되죠. 그런데 여기에다

---

47) 서정민, 「영화관의 소리 없는 실력자 이동통신사 입김에 극장 '들썩'」, 『한겨레』, 2005년 6월 16일, 33면.
48) 이나리, 「관람료 할인은 당연 … 통신사 카드 사용 고객 47.24%」, 『주간동아』, 2005년 8월 9일, 42면.

멤버십카드로 4,000원의 10%인 400원을 적립받으면, 결국 '400원'을 벌면서 영화를 보게 되는 셈이니까요"라고 말했다.[49]

나르시시즘의 문화

할리우드 영화를 막아내고 국내 시장을 잘 지킨 국산 영화의 대활약에 대해 박수를 보내도 좋겠지만, 모든 게 다 아름다운 것만은 아니다. 이제 영화 산업은 영화 산업만으로 머무르지 않는다. 이른바 '원 소스 멀티 유스(One source multi use)' 원리에 따라 영화는 인터넷에서부터 이동통신에 이르기까지 모든 매체의 콘텐츠로 각광을 받게 되면서 모든 미디어 관련 산업을 융합시키는 역할을 하게 되었다. 이는 그만큼 자본 논리의 관철이 투철해지게 되었다는 점에서 마냥 반길 일만은 아니다.

영화평론가 김경욱은 2002년에 출간한 『블록버스터의 환상, 한국 영화의 나르시시즘』이란 책에서 "한국 영화는 싸우면서 할리우드를 닮아가고 있다"며, "제작비만큼이나 마케팅 비용 또한 수직 상승하고 있다"고 지적했다.

"스크린 독점에 의한 부익부 빈익빈 현상, 전체 제작비의 가파른 증가 등은 한국 영화의 성공에 드리워진 불안한 그늘이다. 그러나 더욱 걱정스러운 것은 성공의 수치 아래 모든 문제가 쉽게 감춰지고 있다는 사실이다. 성공은 양으로 환산되고, 흥행 순위만이 중요한 덕목

---

49) 이경은, 「"카드 잘 쓰면 영화, 돈 받고도 봐요": 이경은 기자의 쏙쏙 재테크」, 『조선일보』, 2005년 7월 20일, B4면.

이 되고 있다." [50]

미국의 역사학자이자 사회문화비평가인 크리스토퍼 래시(Christopher Lasch)는 『나르시시즘의 문화』라는 책에서 과거엔 'Goodbye' 라고 인사했으며 그건 'God be with you' 를 의미했지만, 오늘날엔 'Have a nice day' 와 'Enjoy' 로 바뀌었다고 지적했다. [51] 'Nice day' 하고 'Enjoy' 하는 데에 영화 이상 좋은 건 없을 것이다.

우리 시대의 대중이 쾌락을 원하고 있다면 세상은 그렇게 흘러갈 수밖에 없는 게 아닌가 싶다. 엔터테인먼트 코드에 의존하는 나르시시즘은 한국 영화를 넘어서 한국 사회, 아니 21세기의 세계를 지배하는 그 어떤 강력한 흐름일 수 있다는 것이다.

---

50) 김경욱, 『블록버스터의 환상, 한국 영화의 나르시시즘』, 책세상, 2002년, 171~172쪽.
51) R. Z. 셰퍼드, 「The Pursuit of Happiness」, 『Time』, January 8, 1979, pp. 76~77.

점점 광고가 되어가는 영화

대중문화와 광고가 한동안 뜨겁게 연애하더니 이제 드디어 결혼을 하기에 이르렀다. 그걸 잘 보여주는 게 바로 PPL이다. PPL(Product Placement)은 돈을 받고 영화나 TV 드라마 속에서 특정 상품과 협찬업체의 이미지·명칭·장소 등을 드라마의 일부로 자연스럽게 소화시켜 홍보해 주는 간접광고 기법을 말한다. PPL은 원래 영화 제작 시 필요한 소품을 확보하기 위해서 기업으로부터 협찬을 요청한 데서 유래되었는데, 1945년 영화《밀드리드 피어스》에 등장한 버번 위스키가 그 시초이나 1950년대《이유 없는 반항》에서 제임스 딘이 사용한 빗이 젊은이들의 필수품이 되면서 PPL에 대한 관심이 생기기 시작했다.[52]

영화《ET》에 등장한 초코볼,《쥬라기 공원》에 등장한 포드사의 지

---

52) 김상훈, 「통합마케팅 커뮤니케이션 전략(IMC)에서 더욱 중요한 PPL」, 『MBC ADCOM』, 2005년 7·8월, 45쪽.

영화 《스파이더맨》에
등장하는 PPL.

프형 자동차, 《포레스트 검프》에 등장한 애플컴퓨터와 나이키 운동화, 《캐스트 어웨이》의 페덱스, 《미션 임파서블》의 레이밴 선글라스 등이 대표적인 사례들이다. 2003년 전 세계에서 동시 개봉된 영화 《매트릭스2 리로디드》에 등장하는 삼성전자의 휴대전화도 빼놓을 수 없겠다. 국내 영화에선 《쉬리》를 비롯하여 《주유소 습격 사건》의 현대오일뱅크, 《약속》의 마티즈 등이 대표적인 사례들이다.

미국에서 1억 달러, 전 세계적으로 2억 달러의 수익을 올린 《007 골든 아이》의 경우 추가 마케팅 비용 5,000만 달러는 BMW · 오메가 시계 · 입생로랑 등이 부담했는데, 영화가 TV나 잡지 광고란에 소개될 때 이들 브랜드의 제품도 빠지지 않고 함께 등장했다. 영화사들은 엄청난 마케팅 비용을 감당하기 위해 PPL을 적극 활용하는 바람에 영화는 점점 광고가 되어 가고 있다.[53]

---

53) 앨 리버만 · 패트리샤 에스게이트, 조윤장 옮김, 『엔터테인먼트 마케팅 혁명』, 아침이슬, 2003년, 120쪽.

TV의 PPL 논란

TV 광고의 영향력이 감소하면서 광고주들이 TV 프로그램 속에 자사 제품을 내보내는 PPL을 선호해 드라마들도 PPL로 몸살을 앓고 있다. 2004년 1년 동안 미국의 6대 지상파 방송에 등장한 PPL은 10만여 건으로 전년에 비해 28% 증가했으며 광고액은 18억 8,000만 달러에 이르렀다. 또 2005년 1분기 미국 시청률 상위 10개 프로그램에 등장한 PPL은 1만 2,800여 건으로 이미 2004년 총 PPL 건수(2만 3,500여 건)의 절반을 넘어섰다. 2005년 9월 27일 광고 대상 시상식이 열린 뉴욕에서는 TV 프로그램 작가들이 "지나친 PPL로 프로그램의 질이 위협받고 있다"고 시위를 벌이기도 했다.[54]

PPL이 허용된 미국과는 달리 유럽 대부분의 국가들은 PPL을 금지하고 있지만 교묘하게 PPL이 이루어지고 있다. 세계적 권위지인 스위스『노이에 취리히 차이퉁』은 2005년 9월 30일 "유럽에서 PPL이라는 바이러스가 확산되고 있다"며, "이는 시청자들의 신뢰성을 근본적으로 갉아먹는 행위"라고 비판했다. 독일에선 공영방송인 ARD와 ZDF의 간부가 금품을 받고 PPL을 해 구속되기도 했으며, 영국에선『선데이 타임스』가 "공영방송 BBC가 규정을 어기고 PPL을 하고 있다"고 폭로하기도 했다.[55]

국내 방송심의 규정은 원칙적으론 PPL을 금지하고 있지만 편법으로 사실상 PPL이 활발하게 이뤄지고 있다. 2005년 6월 지상파 방송사

---

54) 장미경, 「미(美) TV 광고 '울상': 인터넷 뜨고 젊은 시청자 떠나고…」, 『동아일보』, 2005년 6월 16일, A2면; 김재영, 「미·유럽도 TV 간접광고 몸살」, 『동아일보』, 2005년 10월 5일, A21면.
55) 「"막아도 막아도 바이러스처럼 번져": 미국·유럽 방송 간접광고 파문 확산」, 『중앙일보』, 2005년 10월 8일, 27면.

연합체인 한국방송협회는 방송위원회와 문화관광부에 PPL을 공식 허용해 달라는 건의문을 제출했다. 시청에 방해를 주지 않는 범위 내에서 상품 노출이 가능토록 규정을 바꾸고 '방송은 상품 등과 관련된 명칭이나 상표 등을 일부 변경해 부각시키는 방법으로 광고효과를 줘서는 안 된다'는 심의 조항을 삭제해 줄 것을 요구한 것이다. 그러나 방송위원회 관계자는 "PPL 광고가 전면 허용될 경우 시청자의 시청 흐름을 방해할 뿐 아니라 방송에 대한 광고주의 영향력이 커져 프로그램이 왜곡될 우려가 있다"고 말했다.[56]

2005년 7월 4일 서울중앙지법 민사합의22부는 2004년에 방영된 SBS 드라마 《폭풍 속으로》의 외주제작을 맡았던 JS픽쳐스가 "PPL 광고 및 자막광고 대금 4억 1,000만여 원을 갚으라"며 게임 업체 위버인터랙티브를 상대로 낸 소송에서 "PPL 광고를 제외한 자막광고 대금 8,200만 원만 지급하라"고 판결했다. 재판부는 "드라마에서 피고 회사의 이미지와 게임 관련 사항이 단편적으로 노출되긴 했지만, 드라마의 중심축을 형성하지 못한 점, 노출 시간 및 빈도 등을 종합해 볼 때 피고 회사의 이미지 제고를 위한 PPL 광고의 목적을 달성하지 못한 것으로 보이는 만큼 대금을 지급할 의무가 없다"고 밝혔다.[57]

SBS 수목드라마 《루루공주》는 PPL이 지나쳐 주연배우 김정은이 2005년 9월 11일 더 이상 출연하기 힘들다는 하소연을 하는 파동을 낳았다. 김정은이 지적한 건 이야기 진행을 방해할 정도의 PPL과 방송 날짜를 코앞에 두고 현장에 전달되는 쪽대본이었다. 2005년 9월 21일

---

56) 김정섭, 「광고 시간 늘려 경영 위기 타개?」, 『경향신문』, 2005년 7월 5일, 21면; 김지성, 「"빛 못 본 PPL 광고 대금 안 줘도 돼"」, 『한국일보』, 2005년 7월 5일, 9면.
57) 김지성, 「"빛 못 본 PPL 광고 대금 안 줘도 돼"」, 『한국일보』, 2005년 7월 5일, 9면.

방송위원회는 《루루공주》에 대해 방송심의에 관한 규정 47조(간접광고)를 적용해 '시청자에 대한 사과'를 의결했다. 방송위원회에 따르면 《루루공주》는 협찬사인 웅진코웨이와 팬택앤큐리텔·동일하이빌·BMW 등의 로고와 제품 등을 연상할 수 있는 장면들을 반복적으로 방송했다.

SBS의 《프라하의 연인》도 과도한 PPL로 비판을 받았다. CBS 노컷뉴스 방송연예팀장 김대오는 "PPL의 한계점인 리얼리티와도 한참이나 거리가 먼 장면이 연출됐다. 극중 전도연이 직접 요리를 해서 김주혁과 동료 형사들에게 음식을 나눠줄 때 등장하는 플라스틱 용기는 그나마 귀엽게 봐줄 수 있다. 하지만 전도연이 느닷없이 선물을 사야겠다며 화장품 코너를 찾는 장면은 간접 홍보가 아닌 전면 홍보나 다름없다. 화장품의 특징과 장점을 장시간 설명하는 장면에선 배꼽을 잡고 웃을 수밖에 없었다. 그나마 전도연이 '화장품 홍보'를 다 듣고 나서 '이 아가씨, 정말 재미있네' 하는 대사가 실제로 대본에 있었는지 없었는지는 모르겠지만 필자의 생각을 대변해 줘 다행스럽다"고 꼬집었다.[58]

온라인 게임 PPL

PPL은 온라인 게임에까지 침투해 들어갔다.

2005년 5월 PPL이 국내 최초로 온라인 게임 〈카트라이더〉에 등장했다. 2004년 6월에 출시된 〈카트라이더〉는 캐릭터가 귀엽고 깜찍해

---

58) 김대오, 「드라마 속 간접광고 한계 위험 수위」, 『문화일보』, 2005년 10월 19일, 25면.

온라인 게임에도 PPL 등장

카트라이더 등 게임 배경 광고판에 기업 로고 노출
넥슨사 PPL 신청 쇄도, 광고매출 작년 4배로 껑충

김재곤 주간조선 기자(truman@chosun.com)

※ 본 기사 작성에는 손기은 인턴기자 (choori@empal.com)가 참여했습니다.

게임 속에도 PPL이 등장했다. 본래 PPL(Product Placement)은 간접광고의 한 방법으로 드라마나 영화 속에서 특정 제품이나 브랜드를 등장시키는 기법을 말한다. 영화 '공동경비구역JSA'에서 병사들이 먹던 초코파이, 드라마 '파리의 연인' 주인공의 일터였던 GM대우, 영화 '매트릭스'에 등장한 삼성 휴대폰 등이 모두 PPL의 예다. 최근 들어 온라인게임이 인기를 끌면서 컴퓨터게임 이용자 수가 급격히 증가하고 게임 사용시간이 늘어나자 게임 속 PPL이 각광을 받고 있다.

회원 수 1000만명을 돌파하며 '국민 게임'으로 급부상한 자동차 레이싱 게임 '카

넥슨사의 카트라이더

온라인 게임에도 등장한 PPL. PPL은 광고와 엔터테인먼트의 합일화 현상을 웅변한다. 『주간조선』 2005년 8월 1일.

10대는 물론 여성과 20~30대의 큰 인기를 얻고 있으며, 2005년 5월 현재 가입한 이용자가 1,200만 명에 달한다. 미국과 일본에서는 이미 축구 게임인 〈피파〉나 레이싱 게임인 〈그란 투리스모〉 등에서 PPL이 도입됐지만 국내 게임에는 이것이 처음이다. 〈카트라이더〉에는 레이싱 게임의 특성을 살려 경주 중에 사용하는 카트(자동차)에 코카콜라 로고를 새겨넣고, 도로 옆에 설치된 광고판에는 로고와 함께 광고 문구 등을 새겨넣었다. 그 대신 코카콜라 측은 〈카트라이더〉의 대중화를 위해 게임 대회를 여는 등 마케팅 지원을 하기로 했다.[59]

〈카트라이더〉 제작업체 넥슨 광고사업팀은 "〈카트라이더〉는 매일

200만 명에게 개인당 평균 80분씩 노출되고 있어 상당한 영향력을 갖는 미디어"라며, "이제 게임도 광고 매체가 될 수 있다"고 말했다. 넥슨엔 월 50건 이상의 PPL 제의가 들어오고 있지만, 광고하려는 제품의 주 소비자가 게임 이용자와 연령 및 성향이 비슷한지, 제품이 게임의 이미지와 어울리는지 등을 고려해 광고주를 선정한다.[60]

PPL은 지상파 방송과 이동통신의 매개 역할마저 맡게 되었다. 2005년 9월 MBC는 SKT와 공동기획으로 드라마를 제작하는 한편, SKT 서비스를 이 극중에 등장시키는 PPL을 추진하고 있다.[61]

PPL은 광고와 엔터테인먼트의 합일화 현상을 웅변한다. 광고를 광고로 의식하지 말고 엔터테인먼트의 일부로 즐기면서 받아들여 달라는 주문인 셈이다. '광고의 대중문화화' 또는 '대중문화의 광고화' 현상이라고 말할 수 있겠다.

---

59) 장정훈, 「카트라이더 안에 코카콜라 광고가: 국내 게임 최초 PPL 광고」, 『중앙일보』, 2005년 5월 30일, E8면.
60) 김재곤, 「온라인 게임에도 PPL 등장」, 『주간조선』, 2005년 8월 1일, 34~35면.
61) 선호, 「MBC·SKT, 드라마 공동기획 추진」, 『미디어오늘』, 2005년 9월 21일, 1면.

오프라인 음악을 압살하는 온라인 음악

한국 음악 산업의 변화 속도는 숨이 가쁠 정도다. 온라인 음악이 오 프라인 음악을 압도하는 수준을 넘어 압살하고 있는 형국이다. 1998 년 1만 개에 이르던 레코드 가게는 이제 500여 개도 남지 않았다. 오프 라인 음반 시장 규모는 1997년 4,800억 원에서 2005년 1,000억 원 정 도로 주저앉을 것으로 예상됐다. 한국음악산업협회에 따르면, 한국 음반 시장 규모는 2000년 4,104억 원 · 2001년 3,733억 원 · 2002년 2,861억 원 · 2003년 1,833억 원 · 2004년 1,099억 원(추정) 등으로 계 속 감소 추세를 보여왔다.

반면 온라인 음악 서비스의 시장 규모는 2004년 5,000억 원을 넘어 섰으며, 2005년 6,000억 원대를 예상하고 있다. 온라인 음악 시장은 2007년까지 세계 음반 판매량의 약 11%인 14억 달러 수준, 2008년에 는 33%를 차지할 것이라는 전망도 있다.[62]

2005년 3월 21일 온라인 음악 회사인 뮤직시티의 모회사 블루코드가, 김건모 · 조성모 등 유명 가수의 음반을 제작한 국내 메이저 음반 업체인 도레미미디어의 지분 52%를 인수했다. 온라인 음악 업체가 음반사를 인수한 건 처음이다. 이에 앞서 대표적인 온라인 음악 사이트인 벅스가 음반사에 넘어갔다. 해외에선 휴대전화 단말기 업체와 음반 업계의 제휴가 잇따르고 있다. 이처럼 융합이 가속화되면서 머잖아 휴대전화가 '휴대용 주크박스' 가 될 가능성이 높으며, 2006년경엔 휴대전화 다운로드 시장이 전체 음악 매출의 20~30%에 이를 것이라는 전망이 나왔다.[63]

음악 포털과 이동통신사의 경쟁

SK텔레콤 뮤직사업팀 부장 신원수는 "현재 음반 시장의 60%가 불법복제로 잠식됐지만 불법복제를 막는 기술이 발전하면 결국 이동통신 회사가 음악 산업의 유통 채널 역할을 할 것으로 기대하고 있다"고 말했다.

2004년 12월 온라인 음악 스트리밍 사이트 벅스는 2005년 1월부터 본격적으로 유료화를 하겠다고 선언했다. 온라인 음악 시장에 뛰어든 SK텔레콤과 LG텔레콤 등 이동통신사들과 경쟁하겠다는 것이다. 이에 대해 벅스 사장 박성훈은 다음과 같이 말했다.

"벅스는 실명 사용자 1,600만 명의 자타가 공인하는 세계 1위의 온

---

62) 김종화, 「"온라인 음악 시장 어디로 가나"」, 『미디어오늘』, 2005년 1월 5일, 6면.
63) 홍석민 · 김상훈, 「오프라인 음악 산업 갈수록 'OFF'」, 『동아일보』, 2005년 3월 22일, B3면.

라인 음악 서비스 업체다. 1,200만 명 이상이 '나만의 앨범'을 갖고 최대 1,000곡을 등록해 듣고 있다. 현재 이통사들이 자금력으로 온라인 음악 시장에 진출하고 있지만, 1위 자리는 벅스가 가져갈 것으로 믿는다. 벅스에서 1년 안에 400만 명 이상이 유료화에 호응할 것으로 전망한다."[64]

이처럼 음악 포털과 이동통신사들의 경쟁이 치열했다. 음악 포털 회원 수는 이미 5,000만 명을 넘어섰고 이 중 유료회원도 2004년 말 현재 20만 명에 이른다. 2005년부터 저작권법이 강화돼 소리바다나 벅스 같은 음악 포털들이 속속 유료서비스 체제를 갖추었고 이동통신 업체들도 이동통신 부가서비스를 강화해 가입자를 늘리기 위해 이 시장에 가세함으로써 음악 포털과 이동통신 업체 간의 경쟁이 갈수록 뜨거워지고 있는 것이다. 2005년 1월 현재 음악 포털의 3대 주자는 소리바다(회원 2,000만 명)·벅스(회원 1,600만 명)·쥬크온(회원 1,500만 명) 등이며, 멜론(SKT)과 뮤직온(LGT) 등은 유무선 통합 서비스를 앞세워 2004년 말부터 큰 관심의 대상이 되었다.[65]

저작권 논란

인터넷을 통해 원하는 MP3 파일을 쉽게 내려받을 수 있는 소리바다가 등장하고 내려받지 않고서도 원하는 노래를 골라 들을 수 있도록 벅스뮤직이 서비스를 시작함으로써, 그리고 개인들이 파일을 주고받

64) 권선무, 「인터뷰 박성훈 벅스 사장」, 『문화일보』, 2004년 12월 20일, 15면.
65) 장정훈, 「노래 전쟁: 유료 웹 뮤직 서비스에 이동통신 업체들 가세」, 『중앙일보』, 2005년 1월 11일, E3면.

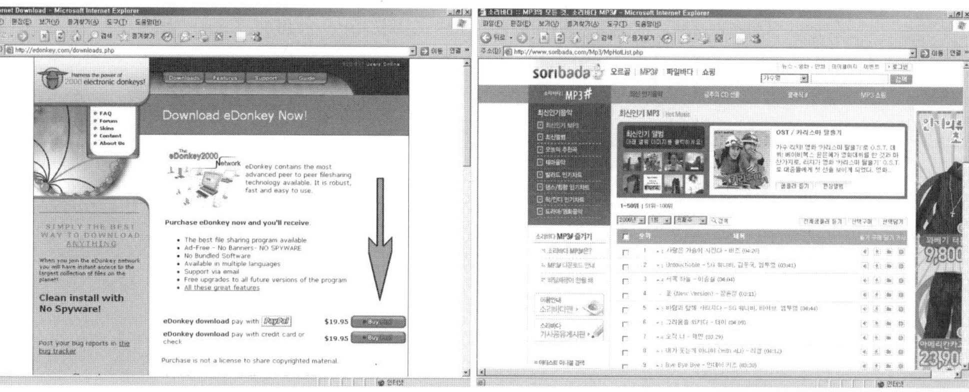

대표적인 P2P인 당나귀와 소리바다.

을 수 있는 P2P가 가세함으로써, 음반 업계는 위기를 느끼고 법 개정을 요청했고, 그 결과 개정된 저작권법이 2005년 1월 16일부터 시행되었다.[66]

지금까지는 저작물의 주요 권리인 전송권(온라인에서 저작물을 송신하거나 제공하는 권리)을 저작권자인 작사·작곡자에게만 인정해 왔지만, 저작권법 개정안은 가수와 연주자·음반제작자에게까지 전송권을 확대, 인정했다. 저작권법 개정안 시행 이전에도 개인 홈페이지와 블로그의 저작물 무단 인용은 저작권법 위반이었지만, 정부가 개정 저작권법 시행을 계기로 그동안 묵인했던 온라인상의 불법 음악 파일 유통을 철저히 단속하겠다고 공언함으로써 네티즌들은 이에 크게 반발했다.[67]

그러나 2,000만 개나 되는 개인 홈페이지와 블로그를 단속한다는 건 사실상 불가능하다. 음원제작자협회 관계자는 "네티즌 다수의 저

---

66) 곽동수, 「온라인 음악 시장부터 제대로 키워야 한다」, 『시사저널』, 2005년 2월 1일, 46~47면.
67) 조동석 외, 「인터넷 '음반대란' 예고」, 『세계일보』, 2005년 1월 13일, 2면.

작권 침해를 일일이 적발해 대응하는 것이 현실적으로 불가능하다. 경종을 울리는 차원에서 몇몇 사이트의 이용자에 대해서만 불법 사례를 적발하는 정도에서 그칠 가능성도 있다"며, "네티즌의 의식 개선에 기대를 걸어볼 수밖에 없다"고 말했다.[68]

2005년 6월 16일 대표적 포털사이트인 다음이 인기가요 등 총 40만 곡을 무료로 들을 수 있는 음악 검색 서비스를 시작한다고 밝혔다. 다음은 음악 사이트 뮤즈(www.muz.co.kr)를 운영하는 뮤직시티와 제휴해 확보한 총 110만 곡의 음원 중 최신가요와 팝 등 40만 곡을 전곡 듣기(풀 스트리밍) 서비스 형식으로 제공하겠다는 것이다. 해당 음원은 뮤직시티가 합법적으로 확보한 것이며 네티즌들의 무료 사용으로 인한 이용료는 양사가 공동 부담한다. 그간 검색한 음악을 30초~1분가량 일부만 들을 수 있었고 곡을 전부 들으려면 월 3,000원가량의 요금을 내야 했으나 이처럼 곡을 공짜로 들을 수 있게 한 것은 벅스 이후 다음이 처음이다. 다음은 "이 서비스는 검색 강화 차원에서 도입된 것으로 다른 음악 사이트의 스트리밍 서비스와는 다르다"며, "합법적으로 음원을 제공하고 있고 한 명이 한 곡당 하루 세 번밖에 들을 수 없는 등 제한을 둬 별 문제가 없을 것"이라고 주장했다.[69]

그러나 온라인음악협의회는 "뮤직시티에 음원 사용을 허락한 것은 맞지만 다음을 통한 무료 서비스를 허락한 적은 없다"며, "서비스를 중단하지 않을 경우 민·형사상의 법적 조치를 취할 것"이라고 밝혔다. "다음으로부터 음원 사용료를 받으면 권리자 단체의 재정수입이 증가하겠지만 유료화 정책이 어려워진다"는 것이다.[70]

---

68) 문향란, 「'공짜 음악 파일' 블로그 올리면 불법」, 『한국일보』, 2005년 1월 15일, 6면.
69) 문주영, 「다음, 무료 음악 서비스 논란」, 『경향신문』, 2005년 6월 17일, 13면.

음악 컬럼니스트 이지영은 음반 업계에서는 "이제는 음반 장사가 아닌 음원 장사다"라는 말을 하고 있다며, "예전에는 신보의 홍보 매체로 라디오·신문·잡지 등을 꼽았지만 저작권법이 시행되고 음원 시장이 확대되면서 음반 업계의 홍보 채널은 이전과 많이 달라졌다. 특히 '음반 몇 장' 단위로 홍보가 이루어졌던 이전과 달리 판매 주문서로 '음원 리스트'가 오고 간다. 기존 채널들을 없앤다기보다는 늘어나고 다양화하는 추세이다. 대기업이 주도하는 유무선 포털사이트는 새로운 형태의 음악 청취 채널이 되었다"고 말했다.[71]

공짜의 시대는 갔다

2005년 6월 27일 미연방대법원은 고객들이 P2P 소프트웨어를 통해 음반·영화 파일을 무단 교환할 경우, 서비스 업체의 책임을 물을 수 있다고 판결했다. P2P(Peer to Peer: 파일 공유) 프로그램은 인터넷을 통해 주로 음악 파일을 주고받기 위한 용도로 개발됐으나, 지금은 음악 파일만이 아니라 개인과 개인 간에 다양한 파일을 공유할 수 있게 해주는 것으로, 음악 파일 저작권 논쟁을 부른 미국의 냅스터와 한국의 소리바다가 대표적인 파일 공유 프로그램이다. 최근엔 민감한 개인정보가 파일 공유 프로그램에 무더기로 떠다니고 있어 심각한 사회 문제로 대두되고 있다.[72]

미국에서의 소송은 MGM 등 28개 주요 영화사와 음반사들이 네트

---

70) 문주영, 「다음 음악 서비스 저작권 갈등」, 『경향신문』, 2005년 6월 23일, 17면.
71) 이지영, 「음반 시대 가고, 음원 시대 왔나」, 『시사저널』, 2005년 6월 21일, 90~91면.
72) 이승경, 「P2P 통해 샌 개인정보 '범죄 부메랑'」, 『한겨레』, 2005년 5월 26일, 1, 3면.

"P2P파일 공유는 불법"

美대법원, 기술개발업체 저작권 침해 판결

미국에서는 온라인에서 파일을 공유한 네티즌뿐만 아니라 해당 기술을 개발한 업체에도 저작권 침해 책임이 있다는 판결이 나왔다.

미국 연방대법원은 27일(현지시간) 미 음반사에서 기소당한 온라인 다운로드 서비스인 그록스터와 모피우스 대해 소비자가 이 업체의 기술을 이용해 불법으로 음악파일과 영화 파일을 다운로드한 만큼 저작권 침해 행위에 책임이 있다고 재판관 전원 일치로 판결했다. 이로써 미국 영화·음반업계가 이제 온라인에서 불법으로 파일을 공유하는 개인뿐만 아니라 기술을 개발한 기업을 고소할 수 있게 됐다.

데이비드 수터 대법관은 이날 판결문에서 "저작권 침해를 촉진하기 위한 목적으로 장치를 배포하는 사람은 결과적으로 발생하는 제3자에 의한 저작권 침해 행위에 책임이 있다"고 밝혔다.

대법원 판결은 하급 법원의 판결을 뒤엎는 것이다. 하급 법원은 그록스터나 모피우스같은 P2P(peer to peer : 개인간 파일 공유) 네트워크 서비스가 합법적인 용도에도 사용될 수 있기 때문에 이용자의 저작권 침해에 서비스업체가 책임이 없다는 판결을 내린 바 있다.

타임워너와 메트로 골드윈 메이어 등 주요 영화사와 음반 제조업체는 그록스터와 모피우스의 모회사인 스팀캐스트를 상대로 소송을 냈다.

이번 소송은 특히 저작권 문제에 있어 지난 20여 년 간 연방대법원이 심리한 가장 중요한 소송으로 간주되고 있다. 지금까지 영화사와 음반사는 온라인에서 파일을 불법으로 다운로드 하는 개인을 고소하는 방식으로 대응할 수밖에 없었다. 하지만 이번 판결로 온라인에서 파일 교환을 허용해 주는 프로그램을 개발한 업체도 고소 대상에 포함됐다.　　조현정기자

P2P 소프트웨어를 통해 음반·영화 등의 파일을 무단 공유할 경우, 공유한 이용자뿐만 아니라 P2P 소프트웨어의 개발업체에도 책임을 물을 수 있다. 그리고 당나귀와 같은 파일 공유 프로그램을 통해 음반·영화 파일이나 소프트웨어뿐만 아니라 개인 정보까지 떠돌고 있어 심각한 사회문제가 되고 있다. 『매일경제』, 2005년 6월 29일.

워크서비스 업체인 그록스터, 모피어스의 모회사 스트림캐스트를 상대로 제기한 것인데, 영국 『파이낸셜타임스』는 "인터넷 시대의 가장 중요한 판결"이라고 평가했다. 그간 미국 영화 업계는 연간 해적판 디스크 유통으로 35억 달러(약 3조 5,000억 원)의 손실을 입고 있으며 온라인 불법 파일 공유에 따른 손실도 비슷한 규모라고 주장해 왔다.[73]

2005년 7월 25일 KTF는 자사 음악 포털 '도시락'이 서비스 개시 2개월 만에 회원 수 35만 명, 유료 이용자 12만 명을 돌파했다고 밝혔다. 그동안 고객들이 도시락을 통해 정액제나 건당 유료로 음악을 다운로드한 것도 총 136만 건에 이르는 것으로 집계됐다.[74]

2005년 7월 29일 68개 음반 기획 및 제작사들은 음원 보호 대행업체인 '노프리'를 통해 인터넷 개인 블로그로 노래를 배포하거나 공유

---

73) 정혜승, 「미(美) 대법원, P2P 파일 공유 불법 판결」, 『문화일보』, 2005년 6월 28일, 20면.
74) 김병국, 「KTF 음악 포털 '도시락', 시장안착 '성공'」, 『내일신문』, 2005년 7월 26일, 17면.

한 네티즌 3,000여명을 서울 중앙지검에 고소했다. 이에 대해 소리바다 대표 양정환은 2005년 8월 1일 기자회견을 갖고 "100MB 이상의 대용량 메일 서비스가 진행되는 상황에서 소리바다의 서비스가 없어진다 하더라도 누리꾼들은 다른 방법으로 음악 파일을 공유할 것"이라고 주장하며 서비스를 계속할 계획임을 밝혔다. 그는 이어 "음반 제작자들이 기술발전을 도외시한 채 무조건 CD만 사라고 주장할 것이 아니라 MP3 파일의 유료화 등 음원 제작자와 인터넷 서비스 업체가 상생의 길을 가기 위해 노력해야 할 것"이라고 주장했다. 그러나 음원제작자협회 법무실장 윤성우는 "소리바다 측 주장은 국민을 기만하는 행위"라며, "소리바다로 인한 음악 업계 피해액은 연간 4,000억 원 이상"이라고 주장했다.[75]

2005년 8월 30일 서울중앙지법은 소리바다에 대해 "이용자들의 MP3 파일 공유는 불법"이라며, 한국음원제작자협회가 2004년 11월에 낸 가처분신청을 받아들였다. 이와 함께 2005년 10월 1일부터 온라인 음악 사이트 벅스뮤직이 유료화되면서 음원(音源) 관련 회사들의 주가는 일제히 강세를 보였다. 음악 종사자들은 "공짜의 시대는 갔다"고 반겼지만 '공짜'에 길들여진 네티즌들은 크게 반발했다.[76]

2005년 11월 7일 소리바다는 자사 홈페이지에 올린 공지문을 통해 "법원의 가처분 결정에 따라 개인 간 MP3 파일 공유 서비스인 '소리바다 3'의 운영을 7일자로 중단한다"고 밝혔다.

---

75) 김범석, 「소리바다 "음악 P2P 서비스 계속할 것"」, 『동아일보』, 2005년 8월 2일, A8면.
76) 김준현, 「음원 관련 주 "뮤직 큐"」, 『중앙일보』, 2005년 9월 2일, E7면; 김범석, 「MP3 유료화만으론 '2% 부족'」, 『동아일보』, 2005년 9월 2일, A25면.

휴대전화 통화연결음 · 벨소리

전 세계적으로 휴대전화의 통화연결음과 벨소리 시장 규모도 날이 갈수록 커지고 있다. 이동통신사들의 서비스가 워낙 극진하기 때문이다. 2003년에 민간인의 휴대전화 사용이 허용된 인도령 카슈미르에선 5만 2,000회선으로 제한된 서비스를 이용하기 위해 치열한 줄서기 경쟁이 벌어졌는데, 줄을 선 한 신청자가 흥분을 감추지 못하며 외친 첫마디가 "휴대전화에서 울려 퍼지는 벨소리를 빨리 듣고 싶다"는 것이었다고 한다.[77]

한국소프트웨어진흥원에 따르면, 2004년 11월 현재 휴대전화 벨소리 · 통화연결음 · 인터넷 홈페이지 배경음악 등의 온라인 음악 시장 규모는 2000년 450억 원 · 2001년 911억 원 · 2002년 1,345억 원 · 2003년 1,850억 원 · 2004년 2,405억 원(추정)이었다.[78]

통화연결음(컬러링)을 홍보와 마케팅에 이용하는 이른바 '비즈링'도 각광을 받고 있다. 예컨대, 산업자원부 공무원 휴대전화으로 전화를 걸면 "아세요? 원전수거물센터는 중 · 저준위 수거물을 저장하는 곳이 아니라 자연 상태로 돌려보내는 곳이라는 사실"이라는 컬러링을 듣게 된다. 2004년까지만 해도 지방자치단체들이 축제를 알리는 용도로 사용했지만, 2005년부터는 중앙부처와 대기업에서 홍보를 위해 조직적으로 활용하고 있으며 아파트 브랜드 경쟁이 치열한 건설 업계에서도 '비즈링'을 널리 활용하고 있다.[79]

---

77) 「카슈미르서 휴대전화 열풍」, 『내일신문』, 2003년 8월 19일, 4면.
78) 이병기 · 김상훈, 「한국발(發) '음악 산업 혁명'」, 『동아일보』, 2004년 12월 10일, B1면.
79) 심윤희, 「컬러링으로 홍보 · 마케팅 '비즈링' 뜬다」, 『매일경제』, 2005년 5월 25일, A2면.

1회 출연료 26만 원

그러나 온라인 음악의 그런 호황과는 달리 오프라인 음악과 가수들은 '최악의 침체기'를 맞아 급기야 가수 노조를 설립하기에 이르렀다.

2005년 6월 13일 200여명의 가수들은 '한국가수권리찾기협의회'(회장 윤형주)를 공식 발족했다. 협의회 사무국장 김원찬은 "음반 시장이 최악의 침체기를 맞고 있으며 그 대체 시장인 음원 시장에서도 가수들은 제대로 대접받지 못하고 있다"며, "대중음악 발전을 위해서라도 우리 권리를 스스로 찾자는 의식이 팽배해 있는 상황에서 누가 먼저랄 것도 없이 뭉치게 됐다"고 말했다.[80]

윤형주는 "저작권법상 복제권이나 전송권 등 저작인접권이 보장돼 있긴 하지만, 실제로는 가수 배분율이 턱없이 낮을 뿐만 아니라 이마저 제대로 지급되지 않고 있습니다. 또 탤런트나 개그맨들은 노조가 결성돼 있어 출연료를 보장받고 있는데 반해 가수들은 형편없는 출연료를 받고 있어요. 그 때문에 수많은 선배 가수들이 비참한 노후를 보내고 있습니다. 소속사와의 불공정한 계약 문제도 반드시 해결해야 할 과제입니다"라고 말했다.[81]

가수 김수희는 음악평론가 임진모와의 인터뷰에서 "가수노조 출범 때 '가수들의 출연료가 턱없이 낮다'고 공개를 하셨죠. 1회 출연료가 26만 원이라고 했는데 그것은 본인 얘기죠? 네티즌들은 용감한 발언으로 높이 평가하더군요"라는 질문에 이렇게 답했다.

---

80) 이승형, 「가수들 이익단체 국내 최초 결성」, 『문화일보』, 2005년 6월 13일, 2면.
81) 김남중, 「"인터넷 · MP3 … 음원 이용 느는데 정작 가수는 정당한 대가 못 받아"」, 『국민일보』, 2005년 6월 14일, 21면.

"제가 방송출연료 산정기준으로는 경력 20년이라서 1회 출연에 26만 원을 받아요. 같은 경력의 텔레비전 연기자 출연료의 10분의 1 정도예요. 엄청난 차별대우 아닌가요. 제 얘기기도 하지만 우리 가수들의 얘기죠. 용감할 것도 없어요. 가수노조 집행부에서 참석률이 저조하니 꼭 나와달라고 전화를 했어요. 나가는 김에 솔직히 한마디를 하게 된 거예요. 대단한 것은 아니고 단지 부당한 현실을 지적했을 따름이죠."

김수희는 "이번 가수노조도 그렇지만 왜 가수들의 모임이나 협회에 젊은 가수들이 소극적인 걸까요"라는 질문에 이렇게 답했다.

"바쁘기도 하고 소속사에 묶여 있고 또 소속사는 방송사의 눈치를 봐야 하고. 저는 그런 상황을 충분히 이해해요. 하지만 방송출연료 현실화의 이해 당사자는 우리가 아니라 젊은 가수들이죠. 현실적 장애를 극복하고 자꾸 나와줘야 돼요. 그렇지 않으면 방송사와 가수 관계의 진전이나 변화는 없습니다."[82]

가수들이 똘똘 뭉치지 못하는 건 가수라는 직업의 특성과도 관련이 있는 것으로 보인다. 연예계에서도 다른 직종은 공동으로 일하는 반면 가수들은 단독으로 일하고 노래가 끝나기가 무섭게 다른 곳으로 이동하느라 뿔뿔이 흩어지기 때문에 단결의 문화가 뿌리내리기 어렵지 않겠느냐는 것이다.

---

82) 임진모, 「"내 노래는 성장의 그늘에 짓눌린 이들에게 카타르시스를 선물했다": 32년간 트로트의 현장을 지킨 '애모'의 가수 김수희」, 『월간조선』, 2005년 10월, 396~409쪽.

최고의 흥행 코드로 등장한 판타지

판타지란 "상상을 동원해 현실과는 다른 무엇을 만들어 내는 것"을 말한다.[84] 『해리 포터』, 『반지의 제왕』 등의 놀라운 인기가 말해주듯이 판타지는 전 세계적으로 최고의 흥행 코드가 되었다.

이우혁의 『퇴마록』·이영도의 『드래곤 라자』와 같은 판타지 소설, 〈리니지〉·〈라그나로크〉 등의 판타지 게임, 『바람의 나라』와 『불의 검』 등의 판타지 만화 등이 누린 인기가 말해주듯이 한국에서의 토종 판타지 열풍도 뜨겁다. 다음에만 4,000여 개의 판타지 소설 동호회가 있으며, 최근에는 판타지 소설과 게임·만화가 뒤섞이는 복합 판타지 장르도 생겨나고 있다.

그러나 한국형 판타지는 영화와 드라마 등 주류 대중문화 장르로의

---

83) 강준만, 「판타지 소설」, 『세계문화사전』, 인물과사상사, 2005년, 303~309쪽도 참고할 것.
84) 이정우, 「가짜 현실 까발려라 '잠재성'의 큰 눈 떠라」, 『한겨레』, 2005년 4월 21일, 14면.

진출 성적이 좋지 않았다. 영화에서는 《은행나무 침대》를 제외하곤 《퇴마록》, 《비천무》, 《단적비연수》, 《자귀모》 등이 모두 흥행에 실패했다. 텔레비전 드라마에서도 《구미호외전》, 《환생-Next》 등의 판타지 드라마가 몇 번 시도되었지만 시청자의 호응을 얻어내지 못했다.[85]

이에 대해 1994년 『퇴마록』으로 대박을 터뜨린 후 『왜란종결자』와 『치우천황기』로 독자적인 판타지 세계를 구축한 판타지 소설 작가 이우혁은 "판타지의 미덕을 상실했기 때문이다. 영화감독이나 드라마 PD는 판타지를 단지 흥미로운 소재로만 본다. 그러나 판타지는 사상을 갖춘 상상력의 체계다. 그런데 이를 무시한다. 《반지의 제왕》, 《해리포터》 같은 영화가 성공할 수 있었던 것은 감독이 그 상상력 체계를 구현하기 위해 애썼기 때문"이라고 주장했다.[86] 그는 "우리 민족 고유의 가치관과 신화가 판타지의 무궁무진한 텃밭"이라며 "지금은 한국적 판타지를 구축해야 할 때입니다"라고 말했다.[87]

그러나 《말아톤》, 《친절한 금자씨》, 《웰컴 투 동막골》 등 2005년 흥행에 성공한 영화들은 판타지의 새로운 가능성을 보여주었다. 이 영화들에 판타지적 장면이 감초처럼 쓰였기 때문이다. 고재열은 "이런 판타지적 장면은 관객이 주제의 무거움에서 벗어나 잠시나마 산뜻한 느낌을 맛볼 수 있도록 해주었다"고 말했다.[88]

마케팅이 그런 판타지 파워를 외면할 리 없다. 2005년 10월 LG경제연구원은 「신세대 소비백서 5」라는 제목의 보고서를 통해, "현실에서는 이뤄질 수 없는 것들에 대한 실현욕구를 충족시키는 '판타스타시

85) 고재열, 「한국형 판타지 한류 계승자 될까」, 『시사저널』, 2005년 9월 6일, 76~77면.
86) 고재열, 같은 기사, 77면.
87) 오윤희 · 김하늬, 「"한국적 소재로 판타지 한류 부를 것"」, 『조선일보』, 2005년 9월 3일, A8면.
88) 고재열, 같은 기사, 77면.

즘(Fantasticism)'을 추구하려는 경향이 현대인들 사이에서 뚜렷이 나타나고 있다"며, 기업들은 소비자의 감성적 욕구를 충족시키는 '드림 마케팅(Dream marketing)'에 주력해야 한다고 조언했다.[89]

판타지와 마케팅의 만남

영국 작가 조앤 롤링의 판타지 소설 『해리 포터』 시리즈는 1997년 첫 출간 후 지금까지 200개국에서 2억 7,000만 부 출간, 판매액 2조 7,000억 원, 브랜드 가치 10억 달러, 3편의 영화로 26억 달러 흥행수입 등과 같은 놀라운 기록을 달성했다.

그러나 사람들이 『해리 포터』의 판타지에 저절로 빠져 든 건 아니다. 그 이면엔 용의주도한 마케팅이 있었다. 삼성경제연구소 수석연

영웅의 모험담을 기본으로 머글과 마법사의 대립적 세계를 그리고 있는 『해리 포터』 시리즈.

---

89) 염호상, 「'마케팅 신조어' 알면 신세대 잡는다」, 『세계일보』, 2005년 10월 7일, 16면.

구원 최순화는 「해리 포터에게 배우는 마법 마케팅」이라는 보고서에서 "『해리 포터』 시리즈의 성공은 소비자들의 꿈을 실현하게 하는 상품 내용, 독자의 궁금증을 유발하는 적절한 디마케팅(Demarketing: 고객 수용을 무조건 늘리지 않고 일부러 조절하는 기법) 전략, 입소문을 활용한 마케팅 기법 등이 어우러진 결과"라고 분석했다.

최순화는 "『해리 포터』는 쉬운 내용 전개와 권선징악 구도를 활용, 세인의 현실도피 욕구를 충족시켰다"고 설명했다. 마법사 이야기를 다루면서도 현실감 있는 묘사와 적절한 반전으로 성인 독자의 향수를 자극했다는 것이다. 또 출간 직전까지 작가 외 단 2명만 내용을 알 정도의 고도의 기밀유지 전략도 독자들의 폭발적 반향을 불러일으킨 마케팅 요소였으며 직접적 홍보 대신 전 세계 1,000개 이상의 팬클럽을 통해 간접 홍보를 하는 전략도 성공 요소였다는 것이다.

최순화는 "『해리 포터』에서 마케팅의 '블루오션'을 찾아야 한다"고 역설했다. 그는 "요즘 기업마다 신제품을 빨리 내놓는 데 주력하고 있으나 소비자 입장에선 또 다른 신제품을 기대하므로 방금 내놓은 제품에 대한 신선감과 만족감이 떨어진다"면서, "『해리 포터』처럼 신상품 출시를 다소 늦추더라도 상당한 공을 들여 소비자들로 하여금 '기다린 보람이 있다'란 생각이 들도록 해야 한다"고 말했다.[90]

현실이 판타지를 만든다

마케팅만으로 사람들이 판타지에 열광하는 이유를 다 설명할 수는

90) 이현상, 「'해리 포터 마케팅' 벤치마킹」, 『중앙일보』, 2005년 8월 26일, E2면; 최홍섭, 「"해리 포터에게 마법 마케팅 배워라"」, 『조선일보』, 2005년 8월 26일, B3면.

『반지의 제왕』에 등장하는 주요 캐릭터 중 휴먼, 오크, 엘프, 드워프는 〈워크래프트〉와 〈리니지〉 등 여러 게임에서 볼 수 있는 캐릭터이다. 그림은 〈리니지2〉의 '혈맹'을 구성하는 캐릭터이다.

없다. 근본적인 이유를 알기 위해서는 정반대로 현실을 보아야 할 것이다. 즉, 현실이 판타지를 만들어 낸다는 것이다.

전북대신문의 조사에 따르면, 2005년 1월부터 8월까지 전북대 중앙도서관 대출도서 상위 20위 안에 『묵향』(1위)·『아독』(2위)·『다크메이지』(3위)·『하얀 늑대들』(4위) 등 판타지 소설이 15개나 되는 것으로 나타났다.[91]

대학생 김건웅은 "현실이 답답하면 판타지 소설에 몰입해서 문제를 잊으려 한다"며, "그래서 남자들은 군대 가서 판타지 소설에 빠지는 경우가 많다"고 말했다. 이화여대 디지털미디어학부 교수 이인화

---

91) 장소라, 「도서대출 '뚝' … '편식' 도 여전」, 『전북대신문』, 2005년 10월 3일, 2면.

는 "각박한 사회 현실, 열심히 일해도 제대로 평가를 받기 힘든 사회 시스템이 사람들로 하여금 또 다른 세계로 눈을 돌리게 만든다"면서, "판타지 문화가 인기를 끄는 것은 그만큼 여러 생각들을 수용할 수 있는 열린 사회가 되어가고 있다는 증거이기도 하다"고 말했다.[92]

이우혁은 최근의 판타지 유행에 대해 "무언가 더 자극적이고 신기한 것을 찾는 사람들의 욕구가 만들어 낸 문화"라며, "사람들의 그러한 희망사항과 그것을 뒷받침할 수 있는 첨단 과학기술의 만남이 지금의 판타지 유행을 만들어 냈다"고 분석했다.[93]

복거일은 오락산업의 발전은 판타지의 수요를 증가시킬 것으로 전망했다. 그는 문화 콘텐츠가 여러 매체에서 동시에 사용되는 이른바 '원 소스 멀티 유스'에 판타지가 아주 적합하다는 점을 높이 평가했다.[94]

판타지에 빠져드는 건 곧잘 현실도피로 간주된다. 현실도피는 바람직스럽지 못한 것으로 비판받는다. 그러나 버트런드 러셀(Bertrand Russell)은 완벽하게 바람직한 유형의 현실도피도 있다고 주장했다. 러셀이 이런 주장을 했던 1932년은 정신분석가들이 현실도피가 아주 나쁜 것이라고 비난하던 때였다. 러셀은 "모차르트는 빚 독촉과 부채를 잊어버리기 위해 곡을 만들었고 환상의 세계로 달아날 수 있었다"는 점에 주목했다.

"만약 그가 저명한 정신분석가들의 충고에 따랐다면 곡을 만들기

---

92) 오윤희·김하늬, 「마법사 가면 쓰고 영웅신화 푹 빠져: 우리시대 새 문화코드 ··· '환상족' 갈수록 확산」, 『조선일보』, 2005년 9월 2일, A9면.
93) 오윤희·김하늬, 「"한국적 소재로 판타지 한류 부를 것"」, 『조선일보』, 2005년 9월 3일, A8면.
94) 복거일, 『복거일의 세계환상소설사전』, 김영사, 2002년, 264쪽.

보다는, 받는 돈과 지출의 대차대조표를 세밀하게 작성하고 그 두 항목의 균형을 맞출 수 있는 절약 방안을 짜기 시작했을 것이다. 그 짓을 하느라 수입마저 끊겨버렸을 것이니 우리는 그의 음악을 영원히 듣지 못했을 것이다. 이처럼 그런 유의 상상의 세계로 들어감으로써 현실을 좀더 잘 견뎌낼 수 있는 수단으로 사용되는 현실도피는 문제될 것이 없다. 내가 볼 때 현실도피라는 이러한 동기가 없었다면 세상에서 가장 큰 즐거움을 주는 것들 대다수가 탄생되지 못했을 것이다. 따라서 이 동기(달아나고자 하는 욕구)에 이끌려 독서하는 사람들을 그 이유로 비난해서는 안 된다는 것이 내 생각이다."[95]

물론 그 누구도 비난은 못하지만 그런 현실도피의 축복은 극소수의 재능 있는 사람들에게만 해당된다는 게 문제일 것이다. 그러니 자신에게 모차르트 수준의 재능이 없다면 판타지에 빠져도 적당히 빠지는 게 좋을 것이다.

현실도피 욕구는 오래전부터 존재했던 것이다. 다만 최근의 특징은 도피 욕구를 불러일으키는 현실의 실체를 명확히 규명하기가 이전보다 어렵게 되었다는 점이다. 딱 꼬집어 지목하기 어려운 시스템이나 구조나 관계의 문제로 넘어갔다는 것이다. 그런 상황에서 과거 현실도피의 주요 소재로 활용되곤 했던 3S(Sports · Sex · Speed)를 대체한 것이 판타지가 아니겠느냐는 가설도 가능할 법하다. 판타지는 3S보다는 훨씬 더 은근하고 고상한 느낌을 주기에 더 큰 매력이 있는 건지도 모르겠다.

---

95) 버트런드 러셀, 송은경 옮김, 『인간과 그 밖의 것들』, 오늘의책, 2005년, 118쪽.

제3장 인터넷 문화

블로그를 어떻게 볼 것인가[1]

2,000만 명을 넘어선 블로그 이용자

블로그(Blog)는 웹(Web)과 로그(Log: 항해일지)를 합친 웹로그
(Weblog)의 줄임말이다. 블로그(미니홈피·누리사랑방)란 일반적인
인터넷 창보다 작은 아담한 창 안에 사진첩과 일기 등으로 쉽게 꾸밀
수 있는 개인 홈페이지를 말한다. 1997년 미국에서 등장한 블로그는
한국엔 2000년에 상륙했다. 2004년 11월 현재 종합 포털·종합 일간
지·블로그 포털 등 사이트 가입을 통해 블로그를 만들 수 있는 곳이
20군데가 넘었다. 홈페이지와는 달리 한 번의 프로그램 내려받기로
쉽게 제작할 수 있어 개인이 직접 만드는 '설치형 블로그' 도 인기다.
『세계일보』 2004년 11월 29일자는 "영원할 것 같았던 '홈페이지' 는
저물고 '블로그' 가 뜨고 있다. 2000년 블로그 첫 국내 상륙 4년 만에

---

1) 강준만, 「블로그」, 『한국인을 위한 교양사전』, 인물과사상사, 2004년, 91~95쪽도 참고할 것.

블로그는 2000년 국내에 첫 상륙한 후 4년 만에 개인 홈페이지를 제치고 대중 트렌드로 자리잡았다. 1인 미디어라는 찬양 속에 대안 매체로서의 가능성도 있지만, 부정적인 측면도 부각되고 있다. 『세계일보』 2004년 11월 29일.

개인 홈페이지를 제치고 대중적 트렌드로 자리 잡았다"고 보도했다.[2]

2004년 11월 30일 미국의 대표적 사전 전문 출판사인 미리엄 웹스터는 올해의 단어로 '블로그'를 선정했다. 미리엄 웹스터는 "의견과 논평, 하이퍼링크로 구성된 온라인 개인 저널을 담은 웹사이트"라는

---

2) 우한울, 「우리는 왜 블로그에 열광하는가?」, 『세계일보』, 2004년 11월 29일, 29면.

뜻의 블로그가 올해 자사의 인터넷 사전 사이트를 통해 가장 많이 검색된 단어라고 말했다. 2004년 12월 말 현재 국내 블로그 이용자는 2,000만 명을 넘어섰다.

'홈페이지'는 저물고 '블로그'는 떴다지만, 이들이 사랑받는 가장 큰 이유만큼은 달라진 게 없다. 그게 무엇일까? 데이비드 와인버거(David Weinberger)는 기업들이 최초의 인터넷월드(Internet World) 회의에서 '홈페이지를 5분 만에 완성'하는 소프트웨어와 서비스를 선보이는 데 열심이었다고 회상했다.

> "마이크로소프트와 IBM 그리고 수백 개의 작은 기업들은 모두 어쩌면 똑같은 제품을 팔고 있었다. 샌프란시스코의 거리에서 초상화 스케치를 만드는 것보다 더 빨리 자신의 홈페이지를 만들 수 있었다. 홈페이지 제작이 소프트웨어 산업의 이익 창출에 매우 유용한 아이템이기는 하지만, 그 자체에 상업적인 초점이 맞춰진 것은 의외였다. 웹을 하나의 커다란 참고도서관으로 볼 수도 있었는데 왜 홈페이지가 우리의 상상을 사로잡았는가? 왜냐하면 홈페이지는 우리가 우리 자신을 표현하고 세계가 들어와 보도록 할 수 있는 장소였기 때문이다. 홈페이지는 초라하기는 해도 목소리를 보유하는 방법의 하나이다." [3]

허영심과 자부심의 경계에서

우리 자신을 표현하고 목소리를 보유하고 싶은 욕망은 기업이나 개

---

3) 데이비드 와인버거, 「웹을 향한 갈망」, 데이비드 와인버거 외, 황진우 옮김, 『웹 강령 95: 웹 시장의 본질에 대한 혁명적 통찰』, 세종서적, 2000년, 84~85쪽.

인이나 다를 바 없다. 개인에게 그건 허영심일 수도 있고 자부심일 수
도 있다. 인간의 허영심과 자부심의 경계는 모호하다. 이 경계의 모호
성을 잘 보여주는 것이 바로 인터넷 홈페이지였다.

돈 탭스콧(Don Tapscott)은 "많은 어린이들이 자신의 홈페이지를
만든다. 이를 지켜본 몇몇 사람들은 홈페이지를 만든 아이들은 우쭐
댄다라는 결론을 이끌어 내게 한다. 어린이들 수만큼이나 많은 어린
이들의 홈페이지가 있다"며 다음과 같이 말했다.

"엘리슨 엘리스는 이러한 추세를 허영심이 야기시킨 문제로 보기
보다는 긍정적인 방향에서 바라본다. '내가 그 나이 또래였을 때는 자
부심이 결여되었었다. 내게 만약 나의 인간성을 표현하기 위한, 마음
이 통하는 사람들이 함께 할 수 있는, 그리고 내가 했던 것들에 대한
영향력을 얻기 위한 이러한 매개물이 있었다면 큰 도움이 되었을 것
이다.' 자부심을 갖는다는 것은 모든 어린이들에게 중요한 것이다.
이는 특정 행동에 대하여 쓸데없이 칭찬을 받는 거짓된 존중이 아닌
아이들이 그들이 성취한 것에 대하여 올바르게 평가받을 수 있는 진
정한 자부심이다."[4]

에번 슈워츠(Evan Schwartz)는 개인 홈페이지를 '자기 존재 증명'
으로 보았다.

"웹에 처음 발을 들여놓았을 때 대다수 사람들은 맨 처음 검색 엔

---

4) 돈 탭스콧, 허운나 · 유영만 옮김, 『N세대의 무서운 아이들: 디지털 · 지식혁명의 신물결』, 물푸레, 1999
년, 196~197쪽.

진을 찾아가서 자기 이름이나 살고 있는 도시·출신 대학·소속 회사 따위를 입력하는 일을 한다. 사람들은 웹에서 자기 이름이 언급된 것을 발견하고 세상으로부터 인정받았다는 뿌듯함을 느낀다. 바로 이런 이유로 수백만 명의 사람들이 개인 홈페이지를 만들고 있다. 미래에는 모든 사람들이 개인 웹사이트를 갖고 이를 통해 자기의 존재를 증명하게 될 것이다."[5]

심리학자 황상민은 청소년들의 경우 홈페이지를 통해 자신의 다양한 모습이 표현되는 과정에서 자아(Self)를 뚜렷하게 인식하게 되며 이 경험과 동시에 많은 사람들이 자신을 흥미롭게 지켜보고 있다는 과장된 자기의식도 경험한다고 분석했다. 이런 뚜렷한 자기인식과 과장된 자기의식은 사이버 공간의 특성 때문이 아니라 청소년들이 일상적으로 경험하는 심리적 특성의 일부라는 것이다.

"발달심리학자인 데이비드 엘킨드는 청소년기의 대표적인 심리적 특성 중의 하나로 '자기중심성(Egocentrism)'을 제시했다. 자기중심성이란 청소년 스스로가 자신이 많은 사람들의 관심의 대상이 된다는 생각을 하게 되는 심리적 경험을 말한다. 청소년기의 아이들은 '자기 이미지(Self-image)', 즉 자신이 어떻게 보이는가에 지나치게 몰두한다. 자신이 생각하는 모습대로 사람들이 자신을 보아주고 있을 뿐 아니라 다른 사람들도 자신과 똑같은 정도로 자신의 모습에 관심을 가지고 있다고 생각한다. 엘킨드가 말한 청소년기 자기중심성 중에서도

----

5) 에번 I. 슈워츠, 고주미·강병태 옮김, 『웹 경제학: 인터넷 시장을 지배하는 9가지 법칙』, 세종서적, 1999년, 30쪽.

'상상의 청중' 심리는 인터넷상에서 사람들이 자신의 홈페이지를 만들 때 그리고 이것을 가꾸어 나갈 때의 상태를 설명해 주기도 한다. 개인 홈페이지는 정보를 전달해 주는 매체가 아니라 자신의 모습을 수많은 사이버 공간상의 청중들에게 드러내는 무대이다."[6]

블로그는 업로드 문화

홈페이지의 그런 특성은 블로그를 통해 유감없이 발휘되었다. 대표적인 한국형 블로그인 싸이월드는 2001년 9월에 문을 연지 3년 만에 회원 수 1,000만 명을 돌파했으며, 회원들은 열심히 '싸이질'(싸이월드에 사진이나 글을 올리는 것)에 몰두했다.

물론 블로그에서도 인간의 허영심과 자부심의 경계는 모호해진다. 한 네티즌은 "블로그를 개설해 글을 올리기 시작한지 한 달 남짓 지났다. 나는 블로그를 알면 알수록 놀라지 않을 수 없었다"며 다음과 같이 말했다.

"블로그를 운영하는 사람들이 정말 많다는 것에 한 번 놀랐고, 많은 사람들이 내가 생각했던 것 이상의 노력과 정성을 그들의 블로그에 쏟아붓고 있다는 것에 다시 한 번 놀랐다. …… 그들이 유명 블로거들의 글을 열심히 일벌처럼 퍼 나르고 올라가는 방문자 수에 행복해 할 때, 블로그 영역 안에서의 권력은 현실 세상의 그것처럼 자꾸만 한쪽으로 치우치게 될지도 모를 일이다."[7]

---

6) 황상민, 『사이버 공간에 또 다른 내가 있다 : 인터넷 세계의 인간 심리와 행동』, 김영사, 2000년, 119~120쪽.
7) 「독자의 소리: 블로그 중독에 대한 단상」, 『미디어오늘』, 2004년 11월 10일, 15면.

박지훈은, 조지 허버트 미드(George Herbert Mead)가 "나는 나를 보고 있는 너를 보고 있다(I see you seeing me)"란 말을 통해 지적했듯, 사회적 삶 속에서의 인간은 결국 타인과 사회의 기대감 속에서 결코 자유로울 수 없는 존재라며, '싸이질'을 포함한 블로그 열풍을 긍정적으로 볼 것을 제안했다.

"수많은 인연의 고리에 연결되어 있는 내 자신을 볼 때 사람의 소중함을 느끼고 내가 보는 타인의 아름다움 속에 나 역시 아름다워지기를 원하는 바람이 생기는 건 아닐지? 내가 알지 못하는 내 자신의 모습을 타인에게 비친 나의 모습을 통해 읽게 되고 남들의 기대감 때문에 내가 지금보다 더 나은 내가 되기 위해 노력하게 되는 건 아닐까? 남들이 봐주길 바라는 내 모습은 가식이나 위선이 아니라 내가 추구하는 자신의 모습일 수도 있는 것이다."[8]

2004년 12월 7일 대한상공회의소는 보고서를 통해 신세대 라이프스타일의 3대 키워드로 '업로드 문화'·'네트워크'·'감성' 등을 지적하면서, '업로드(Upload)'를 신세대와 구세대를 대별하는 가장 큰 특징으로 꼽았다. 기존의 다운로드(Download) 문화는 상명하복·가부장 문화로 대변되지만, 신세대는 업로드 문화를 갖고 있어 인터넷 게시판의 리플 달기나 시청 앞에서의 월드컵 응원처럼 적극적으로 자기를 표현하는 데 익숙하며, 바로 이 문화가 가입자 1,000만 명이 넘는 미니 홈페이지를 생겨나게 한 원동력이 되었다는 것이다.[9]

---

8) 박지훈, 「'싸이질' 다시 보기」, 『당대비평』, 2004년 가을, 370~371쪽.
9) 문주영, 「신세대 라이프스타일 3대 키워드」, 『경향신문』, 2004년 12월 8일, 2면.

싸이월드 열풍

2001년 9월에 문을 연 싸이월드(www.cyworld.com)는 대표적인 한국형 블로그다. 박동숙과 전경란은 싸이월드의 특성으로 ① '다음 카페'나 '프리첼 커뮤니티'와 같이 집단 혹은 그룹으로 이루어지던 커뮤니케이션 문화를 개인 중심적인 것으로 바꿨다, ② 새로운 관계 맺기의 장이 되고 있다, ③ 보여주고자 하는 욕망과 보고자 하는 욕망이 교차하는 장이다, ④ 일종의 커뮤니티 스토리텔링을 경험하게 하는 장이 되고 있다, ⑤ 유무선 통합 메신저 네이트온을 이용해 시공간의 제약 없는 소통을 가능하게 한다 등 5가지를 들었다.[10]

싸이월드는 선풍적인 인기를 끌며 2004년 9월 30일 회원 수 1,000만 명을 돌파했지만, 싸이월드를 꺼림칙하게 생각하는 네티즌들도 있었다. 2004년 12월 싸이월드를 탈퇴한 어느 네티즌은 "개인 홈페이지나 블로그에서는 얼굴도 모르는 온라인의 사람들이 각자의 취향에 따라 서로서로 이끌려 작은 모임을 가지게 되고 친구가 되기도 한다. 하지만, 싸이월드 속 친구는 오프라인 속 친구이거나 오프라인 속 가치와 기준에 맞추어진 친구일 뿐이다"며 다음과 같이 말했다.

"즉, 이상적인 온라인 세상이라는 싸이월드는 오프라인 세상의 또 다른 반영일 뿐이다. 더 잔인하고 직접적인 반영이다. 여타 다른 사이트에 비해 훨씬 더 많이 드러나는 개인정보, 드러난 오프라인적 정보 (단적인 예는 사진으로 기꺼이 드러내는 '외모'이다)를 바탕으로 다

---

10) 박동숙·전경란, 『디지털/미디어/문화』, 한나래, 2005년, 145~149쪽.

싸이질 해봤니?

'도토리' 먹고 사는 작은 세상
싸이월드 1천만 시대

자영업을 하는 한모(47)씨는 최근 중학생 딸에게 '도토리' 생일선물을 했다. '이번 생일엔 도토리를 받고 싶다'는 딸의 e-메일을 받고 당황했지만, 도토리가 먹는 게 아니라 젊은층에 인기 있는 '싸이월드 세상'의 화폐라는 아내의 설명을 듣고서야 고개를 끄덕였다.

대기업에 다니는 이진영(28·여)씨가 지난 7월 생일 선물로 받은 것도 대부분 '싸이월드 세상'에서 거래되는 아이템이다. 그는 스킨(미니홈페이지를 꾸미는 아이템)과 '생일 축하해'라는 문구가 담긴 미니홈피 장식용 고리로 자신의 홈피를 단장했다.

이는 싸이월드가 만들어낸 새 풍속도다. 포털 네이트닷컴이 서비스하는 미니홈피(블로그)인 싸이월드가 30일 회원 수 1000만명을 돌파했다. 전국민의 4분의 1이 싸이월드의 가족인 셈이다. 싸이월드는 중복 가입을 불허한다.

●확산되는 싸이 열풍=2001년 9월 문을 연 싸이월드는 지난해 8월 네이트닷컴을 운영 중인 SK커뮤니케이션즈에 팔리면서 비약적

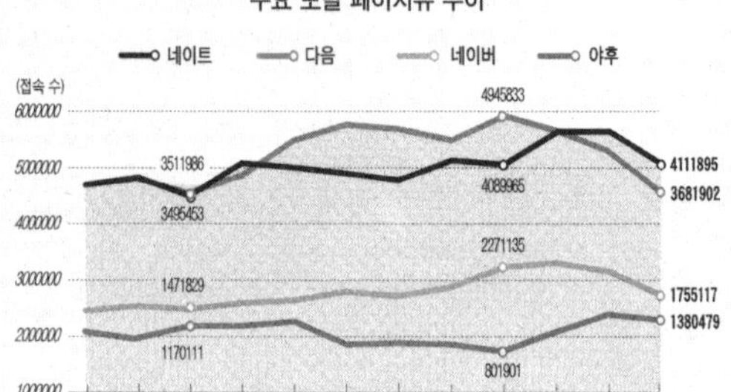

SK 인수 1년만에 회원수 세배로

온라인 화폐로만 월 45억원 매출

기업들 "근무 태만할라" 금지령도

랜드 홈피를 열어 방문객에게 스킨 등을 나눠주는 마케팅을 펼치고 있다. 회사명 혹은 브랜드명으로 개설된 미니홈피는 50여개에 이른다. 정치인들도 미니홈피

인간관계의 그물을 던지면 전혀 모르는 사람도 아는 사람으로 연결된다. 이게 싸이월드의 힘이다. 하지만, 싸이월드에서는 어느 누구도 자유로울 수 없다. 사생활보호 기능이 세밀하고 실명제로 운영한다 하더라도 그것이 또 우리의 발목을 잡는다. 사적인 비밀은 모두 공개되고, 실명주의이기 때문에 그 정보는 확실한 고급 정보의 역할을 수행한다. 『중앙일보』 2004년 10월 1일.

른 싸이월드 회원 간에 관계가 맺어진다. 매우 얕고 허무하다. 이는 부정적인 면만 극대화해서 본 것이지만 이런 생각이 내 머릿속에 항상 있었기에 꺼림칙했던 것이다."[11]

---

11) 박동숙·전경란, 『디지털/미디어/문화』, 한나래, 2005년, 151쪽에서 재인용.

2005년 3월 16일 싸이월드는 배타적인 안부·정보·사진을 교환하는 관계인 '1촌' 개념을 바꿔 가족·친구·직장동료 식으로 세분해 각기 공개할 내용을 선택할 수 있게 하겠다고 발표했다.

이에 대해 오태진은 "어찌 보면 갈수록 파편화하는 우리 사회의 관계망 같기도 하다"며, "싸이월드의 메커니즘은 누군가와 관계를 맺고 싶어하면서도 결국은 섬처럼 개체로 살아갈 수밖에 없는 현대의 삶을 역설적으로 상징한다. '클릭한다, 고로 나는 존재한다'는 명제는 참 외롭게 들린다"고 말했다.[12]

윤선영은 자칫 싸이월드의 '원형'이 훼손될 수도 있다는 불안감 때문에 왠지 기분이 나쁘다며, "싸이월드에 관해 '원형' 운운하는 것은 개발자인 이동형 상무 인터뷰를 통해 알게 된 '싸이월드의 이념' 때문이다"고 말했다.

"단순히 미국에서 한참 인기 있었던 인맥 서비스를 남보다 빨리 들여온 것이 성공비결이라고 지레 짐작하고 있던 기자에게 이동형 상무의 설명은 참으로 의외였다. 그는 싸이월드는 흔히 알고 있는 것처럼 인맥 서비스가 아니라 '관계' 서비스라고 했다. 새로운 인맥을 찾는 서비스가 아니라 연인·친구·부모자식 등 사람들간의 관계를 좀더 친밀하게 만들어 주는 서비스. 인맥의 필요성이 이성적인 것이라면 싸이월드는 삶들 간의 감성적인 커뮤니케이션을 도와주는 도구가 되어야겠다는 생각을 했고, 그것이 우리나라 사람들의 성향에 맞아떨어졌다는 것이었다."

---

12) 오태진, 「만물상: 싸이월드 '1촌'」, 『조선일보』, 2005년 3월 18일, A34면.

윤선영은 더 재미있는 것은 수익 모델이었다고 말했다.

"음악이나 꾸미기 아이템을 직접 사는 것이 아니라 좋아하는 사람에게 선물하는 '마음'이라는 것이다. 받은 '선물'을 통해서 자신의 홈피를 꾸미게 한다는 것이다. 이 대목에서 기자는 혼자서 싸이월드를 '서비스'가 아닌 '문화'로 규정했던 기억이 난다. 그의 이념대로 싸이월드는 기존의 글 형식이나 전화, 말로는 나누지 못했던 감성의 세계를 속속들이 펼쳐보이는 훌륭한 도구로 자리 잡았고, 사람들의 관계는 한층 풍성해질 수 있었다. 싸이월드가 미국 블로그나 인맥 서비스의 아류가 아닌 우리만의 '고유한 문화상품'인 이유가 바로 여기에 있다."[13]

2005년 5월 초 산부인과 병원에서 일하는 간호조무사들이 신생아를 학대하는 장면을 찍은 사진들이 인터넷에 유포돼 큰 사회적 논란을 빚었다. 2005년 5월 6일 대구 동부경찰서에 출두한 간호조무사 이모 씨는 신생아를 괴롭히는 사진을 찍은 이유에 대해, "싸이월드에 있는 인터넷 홈페이지를 예쁘게 꾸미고 싶었다. 영아들의 인상을 특색 있게 해 주변 다른 간호조무사 또는 간호 관련 종사자들의 눈길을 끌 수 있을 것이라 생각해서 사진을 찍었다"고 말했다. 튀고 싶은 욕망이 어이없는 일을 저지르게 만든 것이다.[14]

2005년 5월 9일 한 인터넷 포털사이트 게시판에 "연예인 누드 사진을 보고 싶으면 내 홈피로 오세요"라는 글을 올린 주인공은 자신의 홈

---

13) 윤선영, 「싸이월드 개편 '초심' 잊지 말라」, 『스포츠서울』, 2005년 3월 21일.
14) 김용태, 「'신생아 학대' 병원 3곳 이상 더 있다」, 『문화일보』, 2005년 5월 7일, 7면.

피 방문자 수를 늘리고 싶어했던 초등학생인 것으로 밝혀졌다.[15]

2005년 6월 미국의 『월스트리트저널』은 싸이월드에 대해 보도하면서, 보수적인 한국 여성들이 인터넷을 통해 거침없이 의견을 표현하는 등 해방감을 만끽하고 있다고 했다. 이 기사에 따르면, SK커뮤니케이션즈 대표 유현오는 "커피숍에서 20대 여성들이 수다를 떨며 서로의 근황을 묻는 모습을 보고 이들을 타깃으로 온라인상에서 서로의 안부를 물을 수 있는 커뮤니티를 론칭해야 한다고 생각했다"고 말했다. 연세대 교수 황상민은 2004년 중반 현재 싸이월드의 이용자 가운데 3분의 1가량이 21~30세 여성이었음을 지적하면서, "싸이월드는 한국 여성에 대한 사회적 압력이 존재하지 않는 공간으로 여성들은 이곳에서 또 다른 자아를 창조할 수 있다"고 분석했다.[16]

유현오는 싸이월드의 블로그와 소셜네트워크를 결합한 서비스 모델은 '새로운 정보전달의 수단' 이면서 동시에 '인터렉티브' 한 인터넷 미디어의 특성에 최적화된 형태인데다 아이템 판매라는 수익 모델까지 갖춰 검색과 견줘도 손색없는 글로벌 비즈니스 모델이라고 주장하면서, "SK커뮤니케이션즈가 국내 인터넷 기업 최초로 시가총액 60조 시대를 열 것" 이라고 말했다.[17]

SK커뮤니케이션즈는 2005년 6월 8일 중국 베이징에서 싸이월드 미니홈피의 중국어판 서비스를 공식 시작했다고 밝혔다. 싸이월드는 2005년 11월엔 일본, 2005년 12월엔 대만에서 서비스를 시작하기로

---

15) 「고삐 풀린 '나만의 세상' : 청소년 미니홈피 · 블로그 일탈행위 확산」, 『경향신문』, 2005년 5월 10일.
16) 조현정, 「"보수적인 한국 여성 싸이월드서 해방감 만끽"」, 『매일경제』, 2005년 6월 10일, A2면.
17) 윤선영, 「"싸이의 글로벌 기업화 지금부터" : SK커뮤니케이션즈 유현오 대표」, 『스포츠서울』, 2005년 6월 6일, 11면.

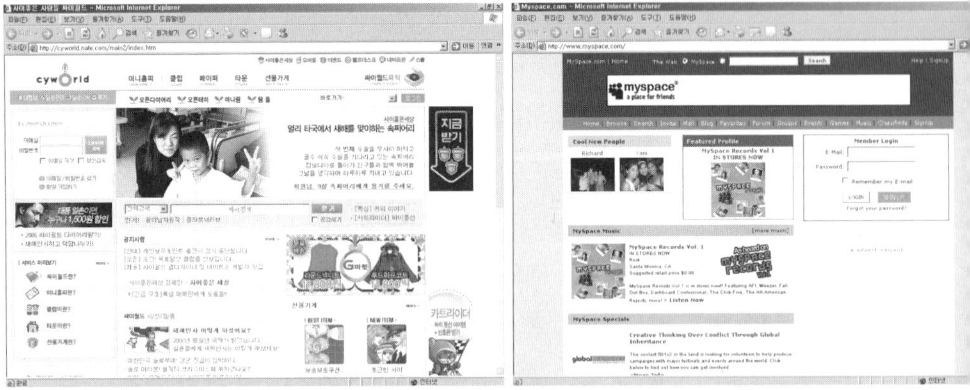

인맥 만들기와 자기 홍보라는 마이스페이스의 컨셉트는 미니 홈페이지로 대변되는 국내 싸이월드와 똑같다. 회원들은 돈을 내지 않고 이 안에서 개인 홈페이지를 간단히 꾸밀 수 있다. 각자의 홈페이지를 열면 친구 사진들이 줄줄이 공개되는 것이 특징이다. 사진을 클릭하면 사진 주인의 홈페이지로 바로 연결된다. 서비스 초기부터 영화 제작자나 배우·코미디언 지망생·록밴드를 꿈꾸는 젊은이들이 자신을 알리는 창구로 이용했다. 왼쪽은 싸이월드, 오른쪽은 마이스페이스.

했다. 싸이월드는 2005년 11월 1일 미국 현지법인 설립을 끝내고 12월 중 미국에서 '미니홈피' 서비스를 선보이고 대만을 거점 삼아 동남아 시장에 본격 진출하며 유럽 시장에도 진출하기로 계획했다.[18]

미국판 싸이월드는 2003년에 출발해 2005년 6월 현재 2,700만 명의 회원을 갖게 된 마이스페이스(www.myspace.com)다. "MySpace ruined my life"라며 스스로 '마이스페이스 폐인'을 자처하는 것도 한국의 '폐인 문화'와 비슷하다. 『뉴욕타임스』는 "30세가 넘은 사람들은 잘 모르지만 10~20대의 마이스페이스 회원들의 인터넷 세상에서 기성세대는 외계인처럼 여겨진다"고 말했다. 사진을 통해 인맥을 넓히는 것이 가장 큰 매력이라고 한다. 한 대학생은 "마이스페이스는 친

---

18) 윤선영, 「'싸이월드' 올 연말 대만 찍고 동남아로」, 『스포츠서울』, 2005년 10월 15일, 13면.

구들 사이에 얼마나 많은 친구가 있는지 그대로 보여준다"며, "내 홈피엔 79명의 친구가 등록돼 있지만 1,000명이 넘는 친구가 있는 이도 있다"고 말했다. 세계 최대의 미디어 재벌인 루퍼트 머독은 2005년 7월에 5억 8,000만 달러를 주고 이 사이트의 모기업인 인터닉스 미디어를 인수했다.[19]

유현오는 "미국 1인 미디어 시장에서 미니홈피와 유사한 서비스를 제공하는 마이스페이스닷컴은 지난해 1,350%라는 경이로운 성장을 기록했다"며, "미니홈피가 이 시장을 석권한다면 기업가치 100조 원도 불가능하지 않다"고 말했다.[20]

블로기즘의 탄생

2005년 1월 영국에서는 서점 체인 워터스톤스의 직원이 자신의 블로그에 상사를 욕하는 글을 썼다는 이유로 회사에서 해고되는 사건이 일어나 블로그와 관련된 표현의 자유 논쟁이 벌어졌다. 소설가인 리처드 모건(Richard Morgan)은 회사 측에 항의 편지를 보내 "이는 술집에서 흘려들은 남의 사적인 대화를 가지고 문제 삼는 것과 똑같다"며, "특히 워터스톤스는 다양한 의견을 유통시키는 회사로서 누구보다 표현의 자유를 중시해야 하는 것 아닌가"라고 주장했다.[21]

블로그로 인한 사회적 파문과 표현의 자유가 논란이 되면서 블로그와 저널리즘의 연관성은 점점 더 높아지고 있다. 이젠 '블로그를 활용

---

19) 이은주, 「미국판 싸이월드 '마이 스페이스' 열풍」, 『중앙일보』, 2005년 8월 29일, 11면.
20) 서수민, 「싸이질·지식검색 "세계로 세계로"」, 『한겨레』, 2005년 11월 1일, 16면.
21) 이인숙, 「블로그에 상사 욕한 직원 해고」, 『경향신문』, 2005년 1월 14일, 11면.

한 저널리즘' 또는 '블로그로 실현하는 새로운 저널리즘'이라는 의미에서 '블로기즘(Blogism: Blog+Journalism)'이란 말까지 등장했다. 미국 MIT 교수 헨리 젠킨스(Henry Jenkins)는 "기존 매체가 어젠다를 정하면 블로그는 확산시킨다"고 말했다.

2004년 미국 대선후보 TV 토론회와 공화당과 민주당의 전당대회에서 블로거 전용 취재석이 마련된 데 이어, 2005년 3월 7일 블로거 개럿 그래프(Garrett Graff)가 "언론의 정의를 확장한 사건"이란 평가 속에 백악관 출입기자단의 벽을 뚫었다. 뉴욕대 저널리즘 교수 제이 로슨(Jay Rosen)은 블로그의 성장에 대해 "대중이 매스미디어 도구를 손에 쥔 것"이라며 "언론의 권력 지도에도 변화의 조짐이 보인다"고 평가했다.

그러나 기성 주류 언론은 블로그 저널리즘에 대해 불편한 심기를 드러냈다. 좌파 성향 논평가 빌 프레스(Bill Press)는 "신원도 모르는 사람들이 취재원이나 보도 규칙도 없이 무책임하게 글을 쓴다"고 비난했으며, BBC는 "폭도들의 집단 린치만 횡행할 뿐"이라고 보도했다. 『워싱턴포스트』는 블로그의 실제 이용자는 소수라는 여론조사를 인용하면서 "미국인 대부분은 뭔지도 모른다"고 지적했고, "블로그는 허탕"이라며 '과잉 대표'의 문제도 거론했다.[22]

2005년 10월 11일 인터넷 뉴스 사이트로서 세계 최다 접속건수를 자랑하는 야후 뉴스는 뉴스 검색 사이트에 블로거들의 글을 같이 올리는 시험을 시작했다. 지금까지는 뉴스 검색을 할 경우 주요 언론사에서 만든 관련 기사를 보여줬지만, 이제부터는 관련 블로그 사이트를 언론사 뉴스와 같이 띄운다는 것이다. 블로거의 글이 언론사 기사와

---

22) 안준현, 「'1인 매체' 블로그가 전통 언론관 흔든다」, 『한국일보』, 2005년 3월 10일, 14면; 이상헌, 「할 말 있는 사람은 블로그로: 블로기즘(Blogism)은 가능한가?」, 『신문과 방송』, 2005년 2월, 140~143쪽.

같은 대접을 받게 된 것이다.

야후는 기존 언론사 6,500곳으로는 부족해 1,000만 개의 블로그를 뉴스원으로 끌어들인 셈인데, 야후는 "다양한 정보원, 특히 돌발사건 현장의 생생한 뉴스를 제공하기 위한 조치"라고 말했다. 이에 대해 시러큐스대 미디어학과 교수 로버트 톰슨(Robert Thompson)은 정확성과 윤리성을 내세워 "전문 저널리즘과 개인 코멘터리 사이에 최소한의 구별을 유지하는 게 중요하다"고 주장한 반면, 블로그 버즈머신 운영자이며 미디어 비평가인 제프 자비스(Jeff Jarvis)는 "전문 저널리스트들이 과연 정확성과 윤리성 같은 일련의 기준에 따라 작업하는지, 그들이 블로그 운영자보다 더 훈련돼 있고 더 신뢰할 만한지 따져봐야 한다"고 주장했다.[23]

블로기즘에 그 어떤 문제가 있건 간에, 이제 블로그는 주류 미디어의 보도에 영향을 미치는 강력한 동력으로 떠올랐다는 건 분명하다. 주류 미디어가 상업적인 뉴스 라이프 사이클에 따라 움직이느라 어떤 이슈를 스쳐지나가는 식으로 다루더라도, 블로그가 그 이슈를 놓지 않으면 주류 미디어가 그걸 되받는 일들이 벌어지고 있다.[24]

블로기즘은 미국에서 유행하는 것으로, 한국의 블로그 문화는 블로기즘과는 좀 거리가 있다. 언론인 김주언은 그 이유를 "한국 사회에서는 미국이나 다른 나라에서 볼 수 없는 독특한 독립적인 인터넷 신문이 있기 때문"으로 보았다.

포털피해자모임 대표 변희재는 한국의 독특한 블로그 문화에 더 주

---

23) 송평인, 「인터넷 뉴스의 경계가 사라진다」, 『동아일보』, 2005년 10월 12일, A20면; 오병상, 「야후 "블로거도 정식 기자 대접"」, 『중앙일보』, 2005년 10월 13일, 10면.
24) 로렌스 레식, 이주명 옮김, 『자유문화: 인터넷시대의 창작과 저작권 문제』, 필맥, 2005년, 79~80쪽.

목했다. 그는 포털에서 블로그 서비스를 운영하기 전에 널리 퍼져 있었던 "각양각색의 개인 홈페이지를 상기한다면, 지금의 미니홈피나 블로그는 마치 전체주의 시대의 획일성을 보여주는 듯하다"고 말했다.[25]

"또한 모든 블로그와 미니홈피는 중앙집권 방식으로 연결되어 명예훼손 사건이 터졌을 경우 급속히 이를 인터넷에 퍼뜨리는 주범이 되고 있다. 포털사들 역시 인기검색어, 추천검색어를 통해 이를 더 빨리 알리는 데 일조한다. 반면 미국의 블로그 개설 사이트인 블로거닷컴의 경우는 아무런 검색 기능이 없다. 그냥 편하게 블로그를 만들 수 있을 뿐이지, '1촌'이나 '이웃맺기'도 없고 블로그를 검색으로 찾아 볼 수도 없다."[26]

변희재는 그런 차이를 한국의 포털들이 민사소송의 위협으로부터 비교적 자유로운 점에서 찾았다. 미국 포털들에 비해 무분별하게 장사를 해왔다는 것이다. 이 견해에 따르자면, 한국 블로그는 무책임하고 선정적인 오락성 위주의 문화로 인해 저널리즘 기능의 가능성이 위축되었다고 볼 수 있겠다.

한국의 인맥 · 연결망 문화

2005년 8월 영국의 블로그 검색 업체 테크노라티에 따르면, 전 세계에서 1초에 한 개꼴로 블로그가 만들어지지만 3개월 이상 유지될 확

---

25) 김주언 외, 「미디어 환경 변화, 위기인가, 기회인가」, 『열린미디어 열린사회』, 2005년 가을, 126쪽.
26) 변희재, 「포털사이트, 왜 문제인가?」, 『열린미디어 열린사회』, 2005년 가을, 170쪽.

률은 절반에 불과한 것으로 나타났다. 이는 분당 55개꼴, 하루에 8만 개씩 만들어지는 걸 의미하며, 특히 많이 만들어지는 나라는 한국·일본·중국 등 아시아 국가들이었다.[27]

아시아 국가 중에서도 한국이 블로그 문화의 선두를 달리는 건 한국의 독특한 인맥·연결망 문화와 관련이 있는 건 아닐까?

『한겨레』 2005년 8월 5일자는 '블로그 열풍'과 관련, "수많은 평범한 누리꾼들의 자연스런 일상의 기록과 소통이며, 자기만의 경험과 지식들이 연결망을 이뤄 진화하는 경험·지식 창고로서, 그리고 관계 맺기를 통한 디지털 인맥의 네트워크로서 주목받고 있다. 국회의원도, 연예인도, 책 저자도, 기업인도 블로그를 활용해 '입소문'의 광고 효과를 노리는 블로그 마케팅도 벌써 전문기술로 발전하고 있다. 이러다 보니, 블로그의 미디어 양식·블로그의 인간관계·블로그에서 말하기의 수사학·블로그의 심리학 등이 학계의 관심권에 들기 시작했다"고 말했다.

네이버 블로그 홍보담당 최수연은 "요즘 네이버만 따져 새로 문을 여는 블로그가 하루 9,000여 개꼴"이고 "활동하는 블로그만 550만 개"라고 말했다. 김지수는 「디지털 인맥과 인간관계망」이란 논문에서 다른 나라에 비해 미니홈피와 블로그의 '디지털 인맥 서비스'가 큰 인기를 누리는 것과 관련해, "한국은 가깝고 넓고 단단한 개인적 신뢰관계를 중시하는 '연줄'이라는 인간관계가 특징"이라며, "한국에서 개인을 중심으로 한 개인화된 온라인 커뮤니티가 유행하고 있는 것도 이런 맥락에서 이해될 수 있다"고 말했다. 한국형 블로그인 싸이월드 속

---

27) 이의란, 「블로그 1초에 1개씩 '탄생'」, 『세계일보』, 2005년 8월 5일, 13면.

의 글쓰기에 관해 분석한 김예란은 "광장에서 메가폰으로 외칠 수 없는 이야기들, 그러나 자신의 이야기를 쓰고 퍼뜨리고 이해시키고자 하는 대중적 욕망들이 부유하듯이 퍼져가고 있는 것"이라고 분석했다.[28]

김연정의 심층인터뷰 조사에 따르면, 블로그 이용자들이 가장 중요하게 추구하는 가치는 '사회적 소속감·존재감·소외감해소'였다. 친구(혹은 동료)들이 모두 이용하고 있어서 미니홈피를 운영하지 않으면 "대화 중에 무슨 얘기를 하는지 알아들을 수가 없고 소외(왕따)당하기 때문에"라거나 "점점 미니홈피 관리가 귀찮고 가끔 부질없이 느껴지기도 하지만 친구들과의 원활한 커뮤니케이션을 유지하기 위해서는 '싸이질(미니홈피 운영)'을 포기할 수 없다"는 따위의 답이 가장 많았다는 것이다. 그 다음으로 중요하게 나타난 가치는 '심리적 만족감·자기위안·안심·행복', '대외적 자기 PR·자기애', '오락적 즐거움' 등이었다.[29]

사회적 소속감과 존재감을 누리고 소외감을 해소하고자 하는 건 허영심이나 자부심을 느끼는 것보다 더욱 절박한 심정임에 틀림없다. 이는 블로그의 폭발적 대중화가 한국 특유의 '쏠림 현상'과 맞물려 일어났기 때문일 것이다. 수많은 변형을 낳은 블로그의 기본 속성은 '공개적으로 쓰는 일기'임에 틀림없다. 왜 자신의 일기를 공개해야 하는가? 이 절박한 물음 속에 블로그 열풍의 비밀이 숨어 있을 것이다. 나는 왜 블로그를 이용하는가? 이 질문을 자신에게 던져보면서 좀더 다양한 가치를 추구하기 위해 애써보는 것도 좋을 것이다.

---

28) 오철우, 「'소통의 확장' 블로그 진화의 끝은 어디인가」, 『한겨레』, 2005년 8월 5일, 책·지성섹션, 2~3면.
29) 김연정, 「'한국형 블로그' 이용자의 가치체계에 관한 연구: 래더링 기법을 중심으로」, 『광고연구』, 2005년 가을, 9~34쪽.

자기노출증과 놀이 본능

한국의 독특한 인터넷 문화를 대표하는 것 중의 하나가 바로 '리플' 이다. Reply를 가리키는 '리플' 은 '댓글' · '꼬리말' · '덧글' 등으로 표현되기도 하는데, 정도나 내용이 심한 것들을 통칭해 '악플(악성리플)', 악플을 쓰는 사람들을 '악플러' 라 부른다. "악플은 일종의 행위예술" 이라는 주장도 있지만 그걸 규제해야 한다는 목소리도 만만치않다.

디시인사이드 대표 김유식은 "지난 2002년을 정점으로 전체 리플수 대비 악플 수는 감소하는 추세다. 무조건 막말과 욕설을 늘어놓는 '악플러' 는 물론이고 상대방을 비방하거나 극단적으로 몰아붙이는 네티즌도 줄고 있다고 본다" 고 주장했다.[30]

---

30) 이동현, 「 '익명의 언어폭력' 죽음까지 내몰아」, 『문화일보』, 2004년 11월 3일, 8면; 이진구, 「악성 리플 휘갈기며 … 」, 『동아일보』, 2004년 10월 29일, Weekend 3면.

리플은 유희적 성격이 강하다. 원글 내용과 관계없이 "앗싸 1등이다"라고만 달고 가는 사람들도 있고, 리플이 텔레비전의 시청률 비슷하게 간주되면서 이상한 일들이 벌어지고 있다.

국민일보 기자 정승훈에 따르면, "하루종일 컴퓨터 앞에서 리플을 달아야만 불안이 해소된다는 '리플족'도 생겨났고, 자신이 올린 게시물에 아무도 리플을 달아주지 않을 때 소외감을 느끼는 '리플중후군'도 등장했다. 서로 각자의 블로그에서 리플을 경쟁적으로 달아주는 '품앗이'도 일상화됐고 이곳저곳을 돌아다니며 자신의 게시물에 '리플을 달아달라'고 호소하는 '구걸족'도 흔하다. 기업이 운영하는 포털사이트 역시 활성화를 위해 리플 올리기를 담당하는 아르바이트생을 고용하기도 한다. 과거에는 조회 수가 해당 사이트나 해당 게시물의 인기도를 가늠하는 기준이었지만, 요즘은 리플의 숫자가 훨씬 더 중요해져 리플이 적으면 '사람들이 찾지 않는 사이트'로 낙인찍히기 때문이다."[31]

이젠 '드라군'이라는 리플 놀이까지 등장했다. 심각한 정치 기사 밑에 누군가 "하지만 드라군이 출동하면 어떻게 될까"라고 뜬금없는 댓글을 달아 놓으면 이어 '드!!' '라!!' '군!!'이라고 주루룩 댓글을 다는 놀이다. 전략시뮬레이션 게임인 〈스타크래프트〉를 소재로 한 김성모의 만화 『스타크래프트』에 등장하는 프로토스족이 위기를 겪게 됐을 때 전투 유닛인 드라군을 출동시켜 보면 어떨까 라고 묻는 대목을 네티즌들이 장난삼아 따라 하면서 시작된 싱거운 놀이지만 네티즌들은 이 놀이에 열광하고 있다.

---

31) 정승훈, 「댓글에 달린 인터넷의 미래」, 『국민일보』, 2004년 11월 8일, 16면.

'드라군 놀이'에 몇 차례 가담한 어느 네티즌은 "일면식도 없는 사람들이 내 리플에 몇 초 간격으로 반응하며 순간적인 공감대를 형성할 땐 짜릿한 쾌감마저 느껴져요"라고 말했다. 연세대 사회학과 교수 김호기는 "자신의 존재를 드러내고는 싶지만 같은 코드를 공유하는 소수의 제한자들에게만 보여주려 하는 네티즌들의 이중성이 반영된 현상"이라고 분석했다. 연세대 영상대학원 교수 윤태진은 "네티즌들의 '자기 노출증'과 놀고 싶은 '놀이 본능'이 합쳐진 결과, 리플은 게시물에 대한 피드백의 공간이 아니라 네티즌들의 놀이터가 됐다"고 분석했다.[32]

김성모 화백의 만화 '스타크래프트'의 한 장면에 나오는 대사를 그대로 패러디한 '드라군 놀이'. 단순하고 유치해 보이는 이 놀이가 인터넷 댓글난에 급속도로 퍼지고 있다.

네티즌 꽉잡은 '생뚱맞은 리플 놀이'

드라군을 아시나요?

이런 댓글을 보신 기억이 있는지, '도청사태, 어디까지 불똥뛸까' 같은 심각한 정치 기사 밑에 누군가 "하지만 드라군이 출동하면 어떻게 될까"라고 뜬금없는 댓글을 달아 놓는다. 이어 '드!' '라!!' '군!!'이라고 주루룩 댓글이 달려있다. 도대체 이 무슨 해괴한 리플인가 궁금해 한다면, 당신은 구식 네티즌이다. 이게 요즘 유행한다는 '드라군 놀이'다.

놀이의 기원은 전략시뮬레이션 게임인 스타크래프트를 소재로 한 김성모 화백의 만화 '스타크래프트'. 게임에 등장하는 프로토스족이 위기를 겪게 되면서 전투 유닛인 드라군을 출동시켜보면 어떨까라고 묻는 대목을 네티즌들이 장난삼아 따라하면서 시작됐다. 이 유치하고 생뚱맞아 보이는

스타크래프트 만화 장면 흉내 무차별 등장… 댓글난 '도배질' 맨U 홈피까지 '전염' 시키기도

선의 주역으로 격상됐다. 특이한 것은 리플이 게시물과는 전혀 상관없이 스스로 세포 분열을 통해 자가 발전하고, 관심사를 공유하는 소수의 네티즌들끼리 폐쇄적으로 소비한 채 사라져 버린다는 점이다.

왜 네티즌들은 이런 '리플 놀이'에 열광할까. "일면식도 없는 사람들이 내 리플에 몇 초 간격으로 반응하며 순간적인 공감대를 형성할 땐 짜릿한 쾌감마저 느껴져요." '드라군 놀이'에 몇 차례 '가담'했다는 이성현(28)씨 얘기다.

인터넷 사이트 디자인사이드의 김선옥 팀장은 "개성 강한 신세대 네티즌들은 리플을 통해서도 자신의 독특한 캐릭터를 알리고 싶어하는 것 같다"며 "리플러(리플다는 사람)로만 활동

네티즌들의 자기노출증과 놀이 본능이 합쳐진 결과 리플은 게시물에 대한 피드백이 아니라 그들의 놀이터가 됐다. 『조선일보』 2005년 7월 29일.

---

32) 김미리, 「드라군을 아시나요?: 네티즌 꽉 잡은 '생뚱맞은 리플 놀이'」, 『조선일보』, 2005년 7월 29일, A19면.

댓글의 당동벌이(黨同伐異) 문화

댓글의 인기가 치솟으면서 인터넷에서 뉴스 읽기에 익숙한 네티즌들이 "기사보다 댓글이 더 보고 싶습니다"라고 말하는 속칭 '댓글증후군'을 호소하는 일도 벌어졌다. 한 네티즌은 "종이신문이 재미가 없는 이유는 리플이 없어서다"며, "기사를 읽으면서 인터넷 댓글의 내용을 추측해 보는 메커니즘이 머릿속에 자연스럽게 들어온 것 같다"고 말했다.[33]

그러나 댓글의 부작용도 만만치 않았다. 인터넷 신문 대자보 편집국장 이창은은 댓글 때문에 인터넷 공간이 '이전투구'의 나락으로 전락했다고 지적하면서 그것보다 더 나쁜 것은 게시판 글에 이어 쓰는 '댓글' 형식이 게시판 밑에 달라붙는 '쪽글' 형태로 바뀌어 가는 것이라고 말했다.

> "댓글은 게시판 글에 독자적으로 대응하면서 하나의 독립된 의견으로 주고받는 형태임에 비해 인터넷 글쓰기의 '인스턴트'화를 촉진시킨 '쪽글' 기능은 게시판 글 안에 포함되면서 댓글 기능을 종속적 위치로 전락시켰다. 다시 말해 하나의 글 밑에 '세포분열'하듯 줄줄이 달려 있게 만들어 놓은 것이다."

이어 그는 쪽글 기능은 정치과잉의 산물이자 자본주의에 굴복한 인터넷의 자화상이라면서, 특히 노무현 지지세력의 분열은 정치 웹진의

---

33) 서명덕, 「"댓글에 푹 빠졌어요": 네티즌, 인터넷 뉴스 기사보다 리플 내용에 더 관심」, 『세계일보』, 2004년 12월 29일, 20면.

분열을 이끌었고, 이들의 무한경쟁은 보다 많은 네티즌들을 끌어들이는 것에 혈안이 되게 만들었다고 말했다.

> "따라서 번거로운 '답글' 형식의 댓글보다는 즉각적이고 간편한 반응을 이끌어 낼 수 있도록 게시판 기능을 쪽글 기능으로 전환시켜 버린 것이다. 그러나 쪽글 기능 전면화의 가장 큰 목적은 각 정치 웹진에서 페이지 뷰나 방문객들을 증가시켜 영향력의 확대와 광고 수입을 유치하려고 한 데 있다. 각종 사이트가 증가하면서 랭키닷컴(www.rankey.com) 같은 인터넷 순위 및 분석 전문 기관이 발표하는 성적표는 중요한 잣대가 되었다. 따라서 사이트 운영자는 '보다 많이 보다 오래' 사이트에 머물게 하고 보게 하는 방법을 고안해 낸 것이다. 인터넷의 꽃이며 여론기능을 담당했던 댓글은 이렇게 일부 사이트 운영자들의 욕심에 의해 이제는 내용이 아닌 형식으로, 자본 유치를 위한 치장품으로 전락하고 있다."[34]

『교수신문』은 2004년 한국의 정치·경제·사회를 정리할 수 있는 사자성어(四字成語)로 당동벌이(黨同伐異: 같은 사람끼리 무리 지어 다른 자를 공격한다)를 뽑았다. 이 신문은 2004년 한국 사회는 "너는 어느 편이냐"가 중요했던 사회였으며, 특히 인터넷에 게재된 뉴스 댓글과 토론장은 언제나 '우리 편'과 '네 편'으로 갈렸다고 지적했다. 이와 관련, 동덕여대 교수 정준영은 "인터넷의 확산과 함께 비슷한 입장을 지닌 사람들의 결집이 용이해지고 그 결과 상반된 입장 사이에 교

---

34) 이창은, 「댓글 저널리즘: 참여민주주의인가 포퓰리즘인가」, 『열린미디어 열린사회』, 2004년 가을, 72~81쪽.

류가 일어날 수 있는 장이 상대적으로 폐쇄되면서 중도적이고 합리적인 입장이 설 수 있는 자리는 좁아져 갔다"고 분석했다.[35]

악성 댓글과의 전쟁

『동아일보』 2005년 1월 1일자는 "저급한 '댓글 문화'는 인터넷과 흑백논리의 결합이 낳은 신종 사회병리다. 자신과 의견이 다르면 마구 욕을 해대는 댓글 문화의 확산이 토론문화를 심각하게 오염시키고 있다. 김수환 추기경까지 '망령든 노인네'로 몰리는 정도니 일반 사람들의 경우야 더 말할 것도 없다. 박길성 고려대 사회학과 교수는 '인터넷이 흑백논리의 인큐베이터 역할을 하고 있다'고 비판했다"고 말했다.[36]

『중앙일보』 2005년 7월 4일자는 1면 머리기사로 "정치권이 네티즌의 댓글 정치에 요동치고 있다"고 보도했다. 한 인터넷 포털사이트 관계자는 "인터넷 댓글 문화는 일부 강성 네티즌들이 주도하는 경우가 많아 댓글이 네티즌 전체의 생각을 대변한다고 보기 어렵다"며, "기존 방송이나 언론이 이슈가 터질 때마다 네티즌 반응을 보도하며 오히려 이를 확대재생산하는 경향이 있다"고 지적했다.[37]

네이버 · 엠파스 · 다음 등 주요 포털사이트들은 사이버 폭력의 주요 원인인 게시판의 악성 댓글을 막기 위해 2005년 8월부터 댓글 이력

---

35) 이민선, 「일년 내내 귀 막은 채 '당동벌이(黨同伐異)' … 정파세력간 '이전투구(泥田鬪狗)'」, 『교수신문』, 2004년 12월 27일, 4면.
36) 민동용, 「'패기리' 시 공동체로 … 입보다 귀를 먼저 열자: '나' 아닌 '너'를 인정하자」, 『동아일보』, 2005년 1월 1일, 3면.
37) 신용호, 「국회 법안까지 영향력 '댓글'이 정치 휘두른다」, 『중앙일보』, 2005년 7월 4일, 1면.

관리 등 강력한 단속 프로그램을 도입하기 시작했다. 사회적 비판이 빗발치면서 악성 댓글에 대해 선전포고를 하고 나선 것이다.

가장 먼저 댓글 단속에 나선 네이버는 2005년 7월 들어 뉴스 게시판에 댓글이 무조건 노출되지 않도록 '덧글 열기' 버튼을 달았다. 댓글을 입력하거나 읽고 싶으면 덧글 열기 버튼을 눌러야 한다. 뿐만 아니라 네이버는 2005년 8월부터 이용자들의 댓글 이력을 관리하는 히스토리 프로그램을 도입하기로 계획했다. 히스토리 프로그램이란 통신 업체들이 마치 통화기록을 보유하듯이 이용자들의 댓글을 저장해 놓는 기능인데, 이용자번호(ID)별로 지금까지 입력한 댓글이 일목요연하게 나타나 사이버 폭력 등의 문제가 발생할 경우 증빙자료로 쓸 수 있다는 것이다. 엠파스는 이용자가 게시판에 입력한 댓글이 이용자 블로그에도 자동 등록되는 트랙백(Trackback) 시스템을, 다음은 논란의 소지가 있는 뉴스를 선별해서 아예 댓글을 붙이지 못하도록 댓글 입력공간을 없애는 방안 등을 도입하기로 했다.[38]

댓글의 심리학

악플 규제가 강화되면서 한 '악플 폐인'이 자살을 하는 사건까지 일어났다. 2005년 9월 S는 익명 자유게시판으로 유명한 D 사이트의 200여 개 게시판에 심한 욕설과 성적 표현 등이 담긴 악플을 '도배' 하는 일로 소일해 왔는데, 자신의 글이 올라가는 즉시 삭제당하는 규제가 가해지고 업무방해 등의 혐의로 고발까지 당하자 좌절한 나머지 자

---

38) 최연진, 「포털, 악성 댓글 단속 나선다」, 『한국일보』, 2005년 7월 25일, A11면.

손 묶인 '악플 폐인'
〈악의적 댓글달기에 몰두하는 사람〉
"세상 살맛이 안나…"

한 누리꾼이 인터넷 자유게시판에 지나친 '악플'(악의적인 댓글)을 달다 사이트 운영자로부터 이용을 제한당하고 경찰에 고발되자 아파트에서 뛰어내려 자살한 사건이 뒤늦게 알려졌다. 이 사실이 인터넷을 통해 알려지면서 누리꾼들 사이에 '사이버 왕따(CI·Cyber Isolation)'에 대한 논란이 일고 있다.

사이트 이용제한-고발당한 20代 투신

S(22·무직) 씨는 지난해 11월경부터 익명 자유게시판으로 유명한 D사이트의 200여 개 게시판에 심한 욕설과 성적 표현 등이 담긴 악플을 '도배'(같은 내용을 복사해 여러 곳에 옮겨 놓는 행위)했다.

"×× 짱나는 ○○ 리플 글 게시자인 올드블랙죠. 니가 지울 수도 있는 거잖아? 너 그러다 죽는다. 그리고 합성 다시 해라. ×× △같다 ○○자식."

이 사이트 운영진은 두 달여 간 S 씨의 이 같은 도배가 계속되자 인터넷 주소(IP)를 추적해 12월 중순부터 글을 즉시 삭제하기 시작했다.

S 씨는 전화를 중퇴한 뒤 하루에도 몇 시간씩 PC게임을 즐기는 프로게이머(온라인게임 선수) 지망생이었다. 그는 자신을 이해하지 못하는 부모의 집에서 나와 자취생활을 했다.

가족과 학교에서 소외당한 S 씨의 유일한 의사소통 창구는 인터넷 익명 게시판이었다. S 씨의 형(24)은 "동생이 이곳에 매일 글을 남기는 것을 낙으로 삼았던 것 같다"고 말했다.

누리꾼들은 이에 대해 '타인에 대한 비방이 심했던 글을 제한한 것이 옳았다'는 의견과 '익명 자유게시판의 취지와 달리 임의적인 제한을 한 것

"제한 마땅" "심한 규제"
누리꾼들 뜨거운 논쟁

악플러 자살 사건이 알려진 후, 네티즌들 사이에서는 '사이버 왕따'에 대한 논란이 일었다. 『동아일보』 2005년 10월 29일.

살을 한 것이다. 그가 이 인터넷 사이트에 마지막으로 올린 글은 "짧지만 그간 즐거웠고 고마웠다. 날 진심으로 대해준 곳은 이곳 동생들밖에 없었다"는 내용이었다.

이와 관련, 서울대 심리학과 교수 곽금주는 "인터넷에 악플을 지속적으로 올리는 것은 자신의 상태와 욕구를 알리고자 하는 과시욕과 사람들의 반응을 끊임없이 확인하고 싶어하는 관음증의 발현"이라며, "이런 욕구가 좌절되면 익명성에서 오는 분노로 인해 더욱 공격적인 행동을 하는 경향이 있다"고 말했다. 고려대 심리학과 교수 허태균은 "사이버 세계는 대리만족의 실현으로 현실보다 훨씬 큰 만족감을 준다"며, "이 때문에 사이버 세계에서 입은 상처는 오프라인에서 받는 상처보다 훨씬 커 자신의 존재가치를 잃게 만드는 부작용이 있다"고 말했다.[39]

댓글은 서구에선 찾아보기 어려운 한국만의 독특한 현상이다. 연세

---

39) 김재영, 「손 묶인 '악플 폐인' "세상 살맛이 안나…": 사이트 이용제한-고발당한 20대 투신」, 『동아일보』, 2005년 10월 29일, 10면.

대 심리학과 교수 황상민은 댓글 현상을 '한국인의 심리'와 관련지어 분석했다. 자신의 존재를 인정받고 싶지만 아무도 알아주지 않는다는 억울함과 내가 어떻게 행동해야 할지 모르는 불안의 심리라는 것이다.

"좌절된 자기표현의 욕구와 자기정체성의 혼란은 리플을 통해 승화된다. 수많은 사람이 자신의 말에 관심을 기울일 것이라는 착각을 리플이 수용한다. 여기에 자신이 타인을 평가할 뿐 아니라 공명정대한 세상을 만들어야 한다는 정의감까지 생겨난다. 일상생활에서 자신의 생각이 무엇인지 고민하기보다는 남이 어떻게 하는지, 남이 어떻게 생각하는지 의식하고 살아가는 사람들의 억제된 심리가 분출되는 기회이다."

이어 황상민은 네티즌들이 "리플은 나의 생각, 너의 생각, 아니 우리 모두의 반영이라고 믿는다"며, "공정한 세상에서 우리가 살아야 하고 내가 바로 그 공정한 세상이라는 환상은 리플을 통한 마녀사냥식 여론몰이나 인민재판을 가능하게 한다"고 분석했다.

"남의 생각이 바로 나의 생각이 될 수 있다고 쉽게 믿는 한국인의 심리가 작동하는 것이다. 사이버 공간의 리플은 개인의 정체성이 분명하지 않고, 집단의 움직임이 나의 행동이 되는 사이버 공간의 한국인의 삶의 증거들이다. 리플의 리플에 의한 리플을 위한 한국형 인터넷 민주주의가 만들어지는 것이다." [40]

---

40) 황상민, 「"나만이 공정해" 환상서 출발: 댓글 달기의 심리학」, 『여성신문』, 2005년 7월 29일, B2면.

댓글에 의한 의견 표명을 '저널리즘'이라 부르는 것에 대해 전통적 저널리스트들은 반감을 가질 수도 있겠지만, 오히려 인터넷에 의한 저널리즘의 근본적인 구조 변동에 주목하는 것이 더 현명한 자세일 것이다. 저널리즘 행위는 원래 '인정투쟁'의 기반 위에서 성장해 온 것이긴 하지만, 댓글 저널리즘은 현실적인 영향력과 더불어 '인정투쟁'의 전면화를 내세우기 때문에 전통적 저널리즘이 자사(自社)의 직접적인 이해관계가 걸려 있을 때에만 시도했던 이전투구(泥田鬪狗)의 상시화를 초래하고 있다.

이는 이전투구의 가능성을 밀실에서 해소하곤 했던 전통적 저널리즘의 관행에 비추어 바람직한 일면이 없는 건 아니나, 댓글 저널리즘이 정치세력과 연결될 때엔 전 사회는 격렬한 투쟁의 소용돌이에 휘말려들 수 있다. 네티즌들의 열화와 같은 성원에 힘입어 탄생한 노무현 정권 이후 벌어진 정치판의 이전투구는 이념갈등이라기보다는 오히려 이념갈등으로 포장된 '인정투쟁'으로 보는 것이 더 합당할지도 모른다.

그 어떤 문제에도 불구하고 댓글 저널리즘은 '참여'가 허구로 전락한 시대에 '참여 메커니즘'의 일환으로 참여에 대한 허기를 달래주는 효과를 내고 있음이 분명하다. 그간 '위에서 아래로' 일방적으로만 전달되던 커뮤니케이션의 구조에 대해 느껴오던 무력감과 피동성에 대한 자각이 디지털 테크놀로지와 만나고 평등주의 욕구와 맞물리면서 폭발한 현상이라는 것이다.

포털 저널리즘의 탄생

2003년 3월 포털사이트 다음이 '미디어다음'을 출범시키면서 본격적으로 뉴스 서비스를 시작하자 다른 포털사이트들도 뒤를 따랐고, 그에 따라 네티즌들이 신문사 사이트를 찾을 필요가 없게 되었다. 2004년 봄 3·12 대통령 탄핵안 가결로 인해 대통령 노무현의 강력한 지지층인 네티즌들이 '사이버 대단결'을 외치면서 트래픽이 평소보다 배이상 증가해 포털 업체들은 즐거운 비명을 질렀다. 한 포털 업체 관계자는 이를 마케팅 비용으로 환산하면 수백억 원 어치의 공짜 마케팅을 한 셈이라고 설명했다.[42]

그런 과정을 거쳐 탄생한 것이 바로 이른바 '포털 저널리즘'이다.

---

41) 강준만, 「'인터넷 경제'는 어떻게 움직이나」, 『대중문화의 겉과 속 II』, 인물과사상사, 2003년, 292~302쪽도 참고할 것.
42) 윤선영, 「'탄핵정국' 최종 승자는 포털 업체?」, 『스포츠서울』, 2004년 3월 29일.

월간 『신문과 방송』 2004년 7월호는 언론사들이 포털에 대해 느끼는 위기의식은 "포털사이트의 뉴스 공급은 신문이 생긴 이래 가장 위협적인 사건이다"라는 한마디 안에 들어 있다고 말했다.[43]

2005년 3월 기자협회보 기자 차정인은 "혹자는 포털 저널리즘이 '생뚱맞다'고 표현한다. 언론사들로부터 정당하게 돈 주고 산 기사들을 게재만 할 뿐인데 무슨 저널리즘이냐는 논리다. 인정한다. 그러나 몇 년 전까지만 인정한다. 월드컵을 기점으로 포털은 공룡으로 변했기 때문이다"고 말했다.[44]

포털 저널리즘의 최대 강점은 '경제성'이다. 정호재에 따르면, "폭증하는 정보를 효율적으로 수용하기 위해서는 각각의 언론이 아닌, 상호 비교·분석할 수 있는 정보의 너른 마당이 필요하다는 것. 이른바 정보의 마켓플레이스(Market place)를 검색 능력이 뒷받침된 포털 뉴스가 차지했다는 해석이다. 게다가 뉴스가 사실 전달만이 아닌 엔터테인먼트 개념이 강조되면서 뚜렷한 이념적 색깔이나 화제성 기사가 상대적으로 부족한 '언론사 닷컴'은 힘을 잃게 됐다."[45]

언론학자 임종수는 「미디어로서의 포털: 포털·저널리즘·변화」라는 논문에서 "2002년을 전후해 급속히 성장하고 있는 포털의 뉴스 서비스는 '포털을 통한 뉴스 제공'의 단계를 넘어 '미디어로서의 포털'의 가능성을 보여주고 있다. 미디어다음을 사례로 볼 때, 포털 저널리즘은 기성 매체의 매개를 재매개함으로써 저널리즘 시장은 물론이고

---

43) 오수정, 「외형은 확대 … 저널리즘에 대한 고민은 적어: 포털 뉴스 서비스 현황과 전망」, 『신문과 방송』, 2004년 7월, 54~58쪽.
44) 차정인, 「공룡 포털과 고 이은주씨 보도」, 『기자협회보』, 2005년 3월 2일.
45) 정호재, 「많이 큰 '포털', 신문과 주도권 싸움: 다음·네이버·야후 등 독자 1,000만 명 시대 … 뉴스 홍수 속 기사 취사선택 권한 '막강 무기'」, 『주간동아』, 2004년 12월 4일, 72~73면.

편집과 게이트키핑·하이퍼링크·인터넷 기사작성에 이르기까지 전체 저널리즘 환경에 의미 있는 변화를 가져오고 있는 것으로 평가된다. 따라서 포털 저널리즘의 현실적 충격이 공론 장으로서 미디어의 역할에 얼마나 충실하게 접목될 수 있는가와 같은 학문적, 정책적 과제가 시급하다"고 평가했다.

포털은 언론사인가 유통 수단인가

세계 최대의 인터넷 뉴스 사이트인 미국 AOL뉴스의 편집국장 게리 케벨(Gary Kebbel)은 2004년 10월 14일 방한(訪韓) 강연에서 "인터넷 포털사이트의 뉴스도 저널리즘이다. 우리는 숙련된 저널리스트들이 뉴스의 취사선택 등 편집기능을 하고 있고 언론으로서의 가치와 책임을 충분히 반영하고 있다"고 말했다. AOL뉴스의 제작 방식과 수익 모델은 한국의 포털사이트와는 크게 다른데, 이에 대해 케벨은 이렇게 말했다.

"AOL뉴스의 편집자들은 AP·로이터·USA투데이닷컴·워싱턴 포스트닷컴·CBS닷컴 등에서 경력을 쌓은 저널리스트들이다. 이들이 주요 페이지와 관련 섹션 페이지의 기사 발행을 맡고 하단 페이지만 자동으로 편집한다. 특정 기사를 선정하고 강화해 독자가 다시 방문하고 싶은 환경을 조성하는 것이다. …… AOL뉴스의 비즈니스 모델은 AOL 회원들의 이용료를 기반으로 하고 있으며, 나머지는 콘텐츠 제공 업체들의 협찬금·광고·프리미엄 콘텐츠 이용료로 구성된다."

그러나 한국에선 포털 뉴스 측은 실질적인 언론 기능을 하고 있음에도 불구하고 "우리는 언론사가 아니며 뉴스의 유통 수단에 지나지 않는다"며 겸손을 보였다. 야후미디어의 팀장 김재영은 "포털 뉴스가 스스로를 언론사로 인식하며 활동하는 것은 위험한 발상이다"며, "의도하지 않은 힘을 갖게 됐기 때문에 스스로 경계하고 있다"고 말했다.[46]

그러나 일각에서는 이런 겸손을 권력만 누리고 책임은 지지 않으려는 '책임 회피'로 간주했다. 이미 논쟁으로까지 비화된 포털 뉴스의 공정성 및 선정성 문제, 최근 급상승하고 있는 콘텐츠 이용료 문제, 앞으로 예상되는 언론 소송 그리고 언제든 기사 공급을 중단할 수 있는 언론사 등이 포털 저널리즘을 기다리고 있는 문제들로 지적되었다.

경희사이버대 교수 민경배는 "기사에 대한 편집 유통이 오히려 언론 권력의 핵심이라 했을 때 이미 포털 뉴스는 언론 권력의 상당 부분을 장악한 셈이다"며, "앞으로 종이신문(저작권)과 포털 뉴스(배급권)의 주도권 싸움을 지켜봐야 할 것"이라고 전망했다.

포털 뉴스의 열악한 인력문제도 거론되었다. 2004년 10월 현재 미디어다음과 네이버뉴스는 각각 10명의 에디터들이 뉴스를 선별했으며, 미디어다음은 취재기자 12명에 20명의 프리랜서 기자를 선발하는 등 규모를 더 늘리고 있는 상황이었다. 포털 뉴스들은 편집회의에서 하루 최대 8,000여 건의 기사를 1,000여 개로 간추려 전달했는데, 이제 이해 당사자들은 기사 작성 언론사가 아닌 포털 뉴스 편집자들에게 기사 압력을 행사하기 시작했다.

---

46) 황지희, 「포털사이트, 또 다른 언론 권력으로 뜨나」, 『PD연합회보』, 2004년 11월 3일, 5면.

포털 저널리즘의 공정성과 관련, 서울신문 인터넷부 기자 최진순은 포털 뉴스 편집자들은 대안 매체보다는 기존 매체를 중심으로 되도록 위험성을 줄이고 안정적인 논조를 유지하려고 하지만, 네티즌들은 일부 언론의 기사로만 채워지는 등 지나친 보수적 편집을 문제 삼아 지속적인 이용자 운동으로 전환할 태세라고 말했다.[47]

포털 저널리즘의 선정성과 관련, 디지털 타임스 기자 박창신은 "포털 뉴스에선 네티즌의 눈길을 사로잡기 위한 일종의 '호객행위'가 활발하다. 자연히 제목은 자극적이다. 연예인·성(性)·외모·살인 등이 뉴스의 단골 메뉴다. 포털사이트에 접속한 네티즌을 뉴스 콘텐츠로 유도해 단 1초라도 더 붙잡아 두기 위해서다"고 말했다.

박창신은 "이제 포털사이트는 여론 형성에서 실로 엄청난 영향력을 행사하고 있다. 문제는 그 영향력이라는 것이 사회를 일회적, 자극적, 하향적으로 몰고 가는 면이 너무 강해졌다는 데 있다. 우려될 정도로 포털이 너무 커진 만큼 법적, 제도적 장치 마련의 필요성도 제기되고 있다"고 말했다.[48]

전통 저널리즘의 위기

『시사저널』 2004년 10월 28일자 '누가 한국을 움직이는가' 라는 조사(전문가 1,000여 명을 대상으로 한 여론조사)에서 가장 영향력 있는 매체에 미디어다음이 9위에 올랐다(오마이뉴스 6위·프레시안 10위).

---

47) 최진순, 「포털 뉴스 편집권 논란: 보수적 편집, 의도적 선별 의혹 제기」, 『신문과 방송』, 2004년 12월, 80~83쪽.
48) 박창신, 「'포식자' 다음·네이버, 한국 미디어 시장 쥐락펴락」, 『신동아』, 2004년 12월, 360~368쪽.

포털사이트, 또 다른 언론권력으로 뜨

기존 언론 "나 떨고 있니?"…전문가들 "미디어 책임성 감시할 때

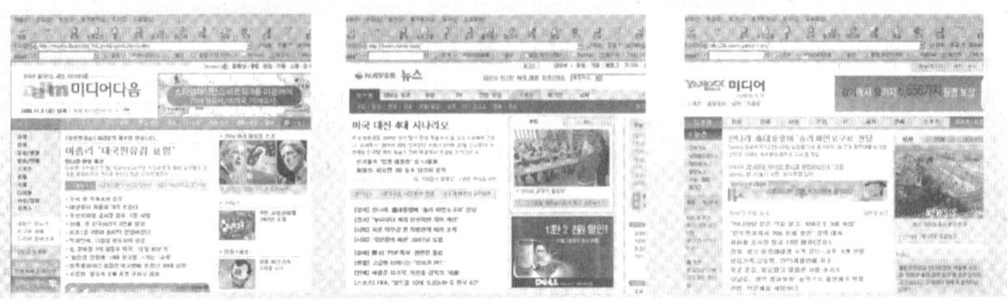

포털의 뉴스 서비스는 뉴스 제공의 단계를 넘어 미디어로서의 포털, 즉 실질적인 언론 기능을 담당하고 있다. 『PD연합회보』 2004년 11월 3일.

2004년 10월 25일에서 31일까지 주간 기준으로 각종 포털의 뉴스 서비스 순방문자 통계를 보면, 다음 1,178만 명·네이버 902만 명·야후 363만 명·네이트 189만 명·엠파스 180만 명·파란 132만 명·MSN 124만 명·하나포스 107만 명·드림위즈 97만 명 등이었다.

포털 저널리즘은 전통적인 신문 산업에 큰 타격을 주었다. 2004년 수용자 조사 결과에 따르면, 20대가 매일 텔레비전을 보는 비율과 인터넷을 하는 비율이 각각 66%인 반면 매일 신문을 읽는 비율은 21%에 그쳤다. 신문 구독률도 1996년 69.3%·1998년 64.5%·2000년 58.9%·2002년 53.0%·2004년 48.3%로 지속적인 감소 추세를 보이는 등 신문들은 최악의 경영난에 직면했다.

포털 저널리즘이 기존 저널리즘의 성격마저 바꾸는 일도 벌어지기 시작했다. 서강대 신문방송학과 교수 원용진은 처음에 포털 서비스는 기존 언론에 기생하는 듯 보였지만 이제 더 이상 그 관계는 지속되지

않는다며 다음과 같이 말했다.

> "포털 저널리즘만을 겨냥한 한없이 가벼운 (정보 제공) 저널리즘도 생겨났다. 기존 저널리즘도 포털을 감안한 정보 가공을 꾀하게 되었다. 이른바 주객전도가 벌어지고 있다. 포털이 숙주가 되고 기존 언론이 그에 기생하는 대역전극이 일어날지도 모를 일이다. …… 포털 저널리즘을 먼 산 보듯 할 수 없게 되었다. 포털 저널리즘은 이미 전체 저널리즘의 지형을 바꿀 수 있을 만큼 비대해졌기 때문이다. 종이 신문·온라인 신문·방송 저널리즘 등에도 언제든 영향을 미칠 수 있는 잠재력을 갖기에 이르렀다. 이제 사회적 통제라는 우산 아래로 들어와야 할 만큼 주요한 사회적 제도의 반열에 올랐다. 저널리즘 상호 간의 견제와 비평을 주고받는 저널리즘 문화 안으로 포털 저널리즘을 끌고 들어올 때가 되었다. …… 더 늦기 전에 언론은 포털 저널리즘에 시비를 걸어야 한다."[49]

2005년 2월 현재 각 포털 뉴스의 편집자 수와 뉴스 공급 매체 수는 미디어다음 9명 · 35개, 엠파스 8명 · 30개, 네이버뉴스 15명 · 60~70개, 네이트 4명 · 30개, 파란 7명 · 57개, 야후 8명 · 57개 등이다.[50]

언론재단 책임연구위원 김영욱은 "한국 신문은 힘들게 생산한 물건을 '가게 문을 열기 전에' 남에게 헐값에 넘기고 있다"면서, "포털 뉴스나 인터넷을 통한 뉴스 제공이 내포하고 있는 심각한 문제는 저널리즘이 설 땅을 허물고 있다는 사실"이라고 꼬집었다.[51]

---

49) 원용진, 「포털 저널리즘에 시비를 걸어야 한다」, 『기자협회보』, 2005년 2월 2일.
50) 신동흔, 「인터넷 포털 뉴스 사이트 '어깨힘' 뺐지만 '책임' 도 빼」, 『조선일보』, 2005년 2월 21일. 6면.

미디어비평가 변희재는 더욱 근본적인 문제를 제기했다. 그는 "포털의 유사 언론 행위를 비판하는 논객 중 일부는 포털을 바람직한 방향으로 이끌어야 한다고 주장한다. 그러나 한번 원점으로 돌아가 생각해 보면 어불성설이다. 언론개혁을 주장하는 사람들은 왜 재벌의 언론사 소유를 비판했는가. 원천적으로 대규모 사업 집단은 언론의 책임을 다할 수 없으며 어떻게든 언론을 이용할 수밖에 없다는 전제 때문이었다"면서 다음과 같이 주장했다.

"문어발식으로 모든 인터넷 비즈니스를 다하면서 사이버 세계에서 언론사의 콘텐츠를 장악해 언론 행위를 하는 것은 그 자체가 자본과 언론의 유착이나 다를 게 없다. 재벌에게 언론에서 손을 떼라고 주장했었다면 지금은 포털이라는 인터넷 재벌에게 언론에서 손을 떼라고 말해야 논리적으로 맞다."[52]

포털로의 뉴스 집중

2005년 3월 29일 서울 충정로 한국노동사회연구소에서 '언론광장'이 주최한 '포털로의 뉴스 집중 어떻게 볼 것인가'라는 주제로 열린 토론회에서 서울신문 기자 최진순은 최근 인터넷 광고 미디어렙사인 나스미디어의 조사결과 응답자의 85.7%가 포털에서 뉴스를 이용한다고 답한 반면 신문사 사이트에서 뉴스를 본다는 응답자는 10.3%에 그쳤다는 걸 지적하면서, "신문사들은 뉴스 콘텐츠 이용자에 대한 조사

---

51) 김영욱, 「생선 가게에서 배우는 지혜」, 『기자협회보』, 2005년, 2월 23일.
52) 변희재, 「포털, 언론에서 손 떼야」, 『경향신문』, 2005년 2월 15일, 19면.

도 없이 포털과 협상을 해 헐값에 콘텐츠를 넘겼다. 반면 포털은 효과적인 정보 구성과 서비스에 집중"한 결과 네티즌의 이목을 끌었다고 분석했다. 그는 "'포털이 언론인가 아닌가'를 놓고 논쟁하는 수준은 벗어나야 한다"며, "포털을 달라진 환경에서의 미디어로 보고 저널리즘 비평의 무대에 올려놓으면 된다"고 말했다. 그렇게 하면 기존 매체와 포털이 서로 상승작용을 일으켜 새로운 온라인 저널리즘을 이룰 수도 있다는 것이다.

반면 토론자인 변희재는 "포털은 자사를 비판하는 기사는 안 보이는 곳에 배치하는 등 점점 권력화·상업화 돼 가고 있다"며, "포털은 본연의 기능을 되찾아야 하며 무엇보다 포털은 각 분야에 사업 확장을 꾀하고 있는 복합기 업체이기 때문에 언론 영역을 넘봐선 안 된다"고 말했다.

웹칼럼니스트 이강룡도 "포털은 뉴스의 권위를 무너뜨리는 '사회악'"이라며, "포털은 검색 쪽에 집중 투자하고 뉴스 분야는 전문가들이 만들면 된다"고 반박했다. 그는 "포털이 책임질 수 있을 정도의 힘을 부려야 한다"고 말했다.[53]

또 이강룡은 "포털 저널리즘을 상징적으로 보여준 사례가 고 이은주씨 자살사건이었습니다. 포털에 들어가 관련기사의 댓글에서 포털 저널리즘의 적나라한 현실을 봤습니다. 댓글에 '이은주씨 다음 생애에는 글씨 연습 좀 하세요'라는 글이 쓰여 있더라고요"라고 하면서 다음과 같이 말했다.

---

53) 김영인, 「"기존 매체 추락, 콘텐츠 소홀 탓": '포털사이트 뉴스 집중 어떻게 볼까' 토론회」, 『한겨레』, 2005년 4월 1일, 17면; 김택환·이상복, 「언론인가 단순 전달자인가: 인터넷 '포털 저널리즘' 역할 논란」, 『중앙일보』, 2005년 4월 1일, 23면.

"발제자께서 포털 관계자의 주장을 인용해 '포털 뉴스를 통해 네티즌이 뉴스에 대해 재미를 느끼고 뉴스의 권위를 무너뜨렸다는 게 중요한 시사점'이라고 말씀하셨는데요. 저는 이 주장에 반대합니다. 왜냐하면 뉴스의 권위는 무너져서는 안 됩니다. 뉴스는 권위가 있어야 합니다. 권위주의적인 것이 나쁠 뿐입니다. 그런데 포털이 왜 뉴스의 권위를 무너뜨렸는가? 그것은 뉴스를 재미거리로 보기 때문입니다. 그러다 보니 고 이은주씨 자살 사건 뉴스에 대한 그런 댓글이 나오는 것입니다. 뉴스를 하나의 볼거리, 스펙터클로 보니까 그런 것입니다."[54]

안티 포털 운동의 등장

『시사저널』 2005년 4월 5일자는 뉴스의 포털 쏠림으로 인해 포털 뉴스와 일간지들 간의 힘의 균형이 깨진 지는 이미 오래이며, 이 와중에 미디어다음과 네이버뉴스의 왕위 쟁탈전이 갈수록 뜨거워지고 있다고 보도했다. 이 기사에 따르면, 현재 포털사이트들이 뉴스 제공자로부터 기사를 사는 가격은 통신사가 월 3,000만~5,000만 원, 큰 신문사가 1,000만~1,500만 원이며, 몇몇 언론사는 거의 무료에 가까운 값으로 기사를 제공하고 있다. 이 기사는 일간지 기자 김 아무개의 말을 다음과 같이 소개했다.

"기사를 쓸 때 내 기사가 지면에 실리는 것 못지않게 포털사이트에

---

54) 「포털로의 뉴스 집중, 어떻게 볼 것인가: 언론광장 3월 포럼」, 『계간 열린미디어 열린사회』, 2005년 봄, 192쪽.

어떻게 올라갈지 염두에 두게 된다. 신문 독자보다 포털에서 내 기사를 보는 사람이 더 많기 때문이다. 최근 스튜어디스들이 납치·강간 당한다는 기사를 썼는데, 포털에서 좋아할 아이템이었다."[55]

포털의 그런 문제는 급기야 안티 포털 운동을 불러 일으켰다. 안티 포털을 표방한 사이트를 개설한 이문원은 "연예인 X파일 사건 등으로 포털사이트의 폐해와 얄팍한 상업 마인드가 만천하에 드러났으나 한 국의 포털사이트는 그 어떤 반성도 보여주지 않고 자신들의 영향력에 걸맞은 책임을 질 의향도 전혀 없다"고 비판했다. 그는 포털 뉴스가 "한국 언론 전체를 집어삼킨 채, 강력한 편집권을 행사하고 '언론 위 의 언론'으로 군림하고 있다"며, "뉴스 편집권을 동원해 자사에 대한 비판을 통제하는 등 언론조작을 일삼고 있다"고 주장했다.[56]

충남 서산 서령고 교사 최진규는 "하루 방문객이 1,000만 명에 가 깝다는 한 인터넷 포털 뉴스 코너를 며칠 동안 유심히 살펴보니 거의 매일 선정적인 제목의 기사가 올라오고 있었다. '누드 시위 소동', '섹 스 심벌의 탐욕', '알거지 된 포르노 황제', '마사지 걸 누드 의혹', '5,000명 가입 부부 스와핑 사이트' 등 차마 입에 담기에도 거북한 내 용이 많았다"며, "이 땅의 미래를 이끌어 갈 청소년들의 순수한 정서 를 볼모로 한 저급한 상업주의 행태를 더 이상 수수방관할 수 없다는 점에서 하루 빨리 관련 법령의 손질을 통하여 포털 뉴스의 책임과 한 계를 분명히 해둘 필요가 있다"고 말했다.[57]

---

55) 신호철, 「포털 천하: 포털을 잡는 자 세상을 지배하리라」, 『시사저널』, 2005년 4월 5일.
56) 박종찬, 「막강 포털, 안티 포털」, 『한겨레 21』, 2005년 4월 12일.
57) 최진규, 「인터넷 포털 뉴스 윤리의식 시급」, 『경향신문』, 2005년 4월 23일, 23면.

포털에 대한 비난이 빗발치자 2005년 4월 24일 네이버·다음·야후·엠파스·파란 등 5개 포털 업체는 '포털 뉴스 운영과 편집에 대한 공통 기준'을 마련하고 이를 실천하기로 합의했다고 밝혔다. 공통 기준은 ① 사회적 이슈에 대해 최대한 다양한 시각의 뉴스 전달, ② 개인의 인격권이나 명예훼손의 여지가 있는 기사편집 지양, ③ 건전한 인터넷 댓글 문화와 네티켓 정착 노력, ④ 일방적인 뉴스가 아닌 독자들과 항상 실시간으로 소통, ⑤ 포털 뉴스의 사회적 책임과 역할에 대한 노력 등이었다. 언론노조 무료신문 태스크포스 팀장 김후영은 "이번 선언은 자발적인 것이 아니라 그동안 포털사이트가 일으킨 여러 문제들에 대한 비판과 견제에 따른 것"이라고 분석했다.[58]

그러나 네티즌들의 눈길을 사로잡기 위한 포털의 선정주의는 전혀 달라지지 않았다. 민주언론운동시민연합 인터넷 정보관리부장 이희완은 "(2005년) 5~6월 중 24일 동안 네이버·다음·네이트 등 3대 포털사이트의 초기 화면에 게재된 기사를 분석한 결과 원래 제목의 85%가 수정됐다"며, 포털사이트가 온-오프라인 매체의 기사를 전재하면서 네티즌의 흥미를 끌기 위해 기사의 제목을 자극적으로 바꾼다고 지적했다.[59]

2005년 7월 7일 '포털사이트 피해자 모임'은 기자회견을 열고 "(포털이) 인터넷에서 개인의 명예를 훼손하는 데 일조했다"면서, 네이버·다음·싸이월드·야후·엠파스·파란(가나다 순)등 국내 6대 포털사이트를 상대로 민사소송을 제기하겠다고 밝혔다. 피해자 모임은

---

58) 김규원·최혜정, 「5개 포털 '뉴스 자정' 선언」, 『한겨레』, 2005년 4월 25일, 6면.
59) 2005년 7월 19일에 열린 '올바른 포털 저널리즘 어떻게 만들 것인가' 토론회 발표; 서정보, 「"포털사이트 제목 장사로 네티즌 끈다"」, 『동아일보』, 2005년 7월 21일, B11면.

"포털의 뉴스 댓글과 카페 · 블로그에 사이버 폭력이 난무해 피해자가 늘고 있다"며, "포털 관리자들은 문제가 된 게시물의 내용을 알면서도 삭제하기는커녕 전면에 배치하는 등 더 잘 전파되도록 도왔다"고 주장했다.[60]

그러나 포털의 인기는 식을 줄 몰랐다. 네티즌의 높은 포털 의존도가 이미 생활양식으로 굳어진 탓이었다. 이미 2005년 5월 여론조사 기관인 나스미디어에 따르면, 네티즌의 85.7%가 인터넷 포털사이트를 통해 뉴스를 접하는 것으로 나타났다.[61] 이제 언론개혁운동의 대상도 신문이나 방송에서 포털로 이동하게 되겠지만, 그건 네티즌의 습성에 도전하는 일일 것이기에 매우 어려운 싸움이 될 것이 분명하다.

어떻게 규제할 것인가

그 싸움을 어렵게 만드는 건 우선적으로 '신문 등의 자유와 기능에 관한 법률(신문법)'이다. 2005년 1월 1일 새벽 신문법이 국회 본회의를 통과함에 따라 인터넷 언론이 법적인 지위와 권한, 의무를 부여받게 되었다. 개정 신문법은 '인터넷 신문'에 대해 "컴퓨터 등 정보처리 능력을 가진 장치와 통신망을 이용하여 정치 · 경제 · 사회 · 문화 · 시사 등에 관한 보도 · 논평 및 여론 및 정보 등을 전파하기 위하여 간행하는 전자간행물로서 독자적 기사 생산과 지속적인 발행 등 대통령령으로 정하는 기준을 충족하는 것"으로 규정했다. 그러나 원래의 안에 있었던 "인터넷을 통하여 …… 매개하는", "유사한 언론의 기능을 행

---

60) 홍석민 · 유재동, 「"인격살인 포털 6곳 제소"」, 『동아일보』, 2005년 7월 8일, A8면.
61) 이가영, 「"포털사이트 뉴스도 언론관계법 적용해야"」, 『중앙일보』, 2005년 6월 3일, 2면.

하는" 등의 표현을 빼고 "독자적인 기사 생산과 지속적인 발행 등"을 추가함으로써 일반적인 포털사이트는 법적인 인터넷 신문에서 제외될 가능성이 높아졌다.[62]

아니나 다를까. 2005년 5월 10일 문화관광부가 확정한 '신문 등의 자유와 기능 보장에 관한 법률' 시행령안은 인터넷 신문 기준을 ① 발행 주체가 법인일 것, ② 독자적인 취재 인력 2인 이상을 포함해 취재와 편집 인력을 3인 이상 상시적으로 고용할 것, ③ 제공 뉴스의 30% 이상을 자체적으로 생산할 것, ④ 새로운 기사는 최소 1주일마다 게재할 것 등으로 명시했다.

포털피해자모임 대표 변희재는 "주간 단위로 제공 뉴스의 30% 이상을 자체적으로 생산한 것"이라는 조항 때문에 "현재 인터넷에서 막강한 언론권력을 누리고 있는 포털사이트와 조선닷컴·조인스닷컴 등 종이신문의 온라인닷컴이 신문법에서 제외되게 된다"는 점을 문제 삼았다. 그는 그걸 신문법과 언론중재법에 따른 규제와 지원을 놓고 벌인 '일종의 밀실야합'이라고 비판했다.

"인터넷신문협회 정도의 매체들은 정부의 지원금이 필요하니 언론으로서 등록하는 것이고, 포털이나 온라인닷컴들은 굳이 그런 푼돈에 연연할 필요가 없으니 차라리 마음대로 영업이나 하겠다는 발상이다. 그리고 이런 발상들이 기가 막히게 이해관계가 맞아 떨어져, 포털과 온라인닷컴을 동시에 빼내줄 수 있는 독자적 기사 생산 30% 조항이 들어가게 된 것이다."[63]

---

62) 이수강, 「인터넷 언론, 2005년 1월 1일 법제화」, 『미디어오늘』, 2005년 1월 5일, 6면.
63) 변희재, 「포털사이트, 왜 문제인가?」, 『열린미디어 열린사회』, 2005년 가을, 173쪽.

변희재는 포털과 순수 인터넷 신문의 본질적인 차이는 독자적 기사 생산 여부에 있지 않다고 했다. 수용자 입장에서는 자신이 읽고 있는 기사가 네이버에서 직접 썼는지, 조선일보 것을 사왔는지 전혀 중요하지 않다는 것이다. 실제로 대부분의 네티즌들은 포털에서 읽은 기사의 출처를 기억하지 못한다. 변희재는 오히려 수용자 입장에서는 자신이 방문한 사이트가 뉴스를 중심으로 구성된 사이트인지 아니면 메일·블로그·검색 등 여타 기능의 한 측면에서 뉴스가 부차적으로 서비스되는지가 중요하다고 지적하면서 다음과 같은 대안을 제시했다.

"독자적 기사 30%의 비율 대신 사이트 초기 화면에서의 뉴스 비율 50%(잠정)를 기준으로, 50%를 넘으면 순수 인터넷 언론, 50%가 안 되면 '기업형 상업 뉴스 사이트'로 나누는 것이 적절하다. …… 이렇게 구분했을 때 종이신문의 온라인닷컴은 50% 이상이 될 테니 순수 인터넷언론으로 규정될 것이다. 반면 포털과 음악 사이트, 또한 크게 논란이 되었던 방송사 인터넷 사이트는 기업형 상업 뉴스 사이트로 규정될 것이다. 신문법상의 종래의 지원은 뉴스 면이 50% 이상 되는 순수 인터넷 언론에 국한해야 하고, 기업형 뉴스 사이트는 그 반대로 강력히 감시하고 규제해야 한다. 왜냐하면 이들은 뉴스를 공적인 가치로 활용하기보다는 자사의 수익을 극대화하는 상업적 목적으로만 이용하기 때문이다."[64]

---

64) 변희재, 「포털사이트, 왜 문제인가?」, 『열린미디어 열린사회』, 2005년 가을, 176쪽; 2005년 11월 1일 한나라당 의원 박찬숙은 인터넷 포털사이트와 일반 신문사의 인터넷 사이트상의 기사를 언론중재와 조정의 대상에 포함시키는 것을 골자로 한 언론중재법 개정안을 제출했다. 박찬숙은 "현재 인터넷 포털의 뉴스 사이트나 종이신문의 인터넷 사이트로 뉴스를 접하는 사람들의 숫자가 급증하고 있고 이들 사이트로 인한 피해도 늘고 잇다"며, "그런 만큼 이들도 인터넷 신문의 범위에 넣어 언론중재 대상에 포함시켜야 한다"고 말했다. 「"인터넷 뉴스도 언론중재 대상 돼야"」, 『중앙일보』, 2005년 11월 3일, 8면.

포털(Portal)은 대문(Door)이라는 뜻이다. 문을 거치지 않고 안으로 들어갈 순 없다. 포털은 인터넷이 중심의 힘을 약화시키고 주변의 힘을 강화시킨다는 속설이 겉만 번지르르한 신화에 지나지 않을 수도 있다는 걸 폭로해 준다. 인터넷 시대에 중앙집중화가 더 강화될 수도 있다는 역설은 포털 저널리즘에 이르러 결코 무시할 수 없는 진실로 다가온다.

참여 · 연대 · 고발의 축복

확실히 한국인은 새로운 변화에 익숙하다. 엄청난 장점임에 틀림없다. 그래서 인터넷에 대해서도 찬양론이 주류를 이룬다. 미국 자본주의를 대변하는 『포천』마저 1997년 1월 13일자에서 "지금의 인터넷은 사상의 자유로운 교환을 수반하는 공적 네트워크로 갈 것이라는 소중한 기대와 거리가 멀어도 한참 멀다"는 진단을 내렸지만,[65] 한국에선 그런 목소리를 냈다간 시대에 뒤떨어진 사람이라는 비판을 받기 십상이다. 바로 그런 이유 때문에 인터넷은 공공 커뮤니케이션에 큰 영향을 미치고 있지만, 이 문제는 제대로 탐구되고 있지 않다. 앞으로의 논의를 위해 의제를 10가지로 압축해 볼 수 있겠다.

첫째, 인터넷이 몰고 온 '참여의 축복' 이다. 인터넷 덕분에 익명의

---

65) 에드워드 허만 · 로버트 맥체스니, 강대인 · 전규찬 옮김, 『글로벌미디어와 자본주의』, 나남출판, 1999년, 263쪽.

인터넷의 활성화로 공공 이슈에 대해 민중들이 뭉치기 시작했다. 인터넷은 미디어 이용자들의 능동적인 참여를 이끌어 냈다. 하지만, 2005년 말 〈PD 수첩〉이 황우석 교수의 연구에 대해 문제 제기를 했을 때 다수의 미디어 이용자들은 익명성을 무기로 MBC와 〈PD 수첩〉에 대해 무반성적 비판을 전개했다. 이처럼 인터넷은 연대의 축복을 주었지만, 그 이면에 있는 부정적인 측면을 간과해서는 안 된다. 촛불을 들고 광장으로 나선 네티즌.

덩어리로 머무를 것을 강요당했던 민중이 공공 이슈에 대해 입을 열수 있게 되었다. 뿐만 아니라 인터넷은 시청자의 수동성을 전제로 했던 텔레비전과는 달리, 개인화 미디어로서 이용자의 적극적인 참여를 유도하는 속성을 갖고 있다. 인터넷의 참여 증진과 강화는 아름답고 장한 일임에 틀림없다.

둘째, 인터넷이 몰고 온 '연대의 축복' 이다. 노무현정권을 반대하는 사람들은 '연대의 재앙' 이라고 생각할 수도 있겠지만, 노정권의 탄생도 바로 이 '연대의 축복' 에 크게 힘입었다. 그밖에도 지난 몇 년간 많은 사회적 저항운동이 인터넷을 매개로 결집의 효과를 거두었다.

인터넷이 제공해 줄 수 있는, 중심과 위계질서 없는 연대는 안토니

오 네그리(Antonio Negri) 등이 주창하는 자율주의 정치에서 주체로 상정하는 다중(多衆: Multitude)의 모델과 딱 들어맞는다.[66] 자율주의에 동의하건 동의하지 않건, 멕시코 사빠띠스따의 투쟁이 잘 보여주었듯이, 지구의 어느 한 구석에서 일어난 일이 전 지구적 현상으로 비화돼 뜻을 같이 하는 사람들의 연대를 만들어 낼 수 있다는 건 인터넷의 놀라운 축복임에 틀림없다 할 것이다.

물론 '인터넷 연대'에 대해 적대적인 사람들도 많다. 예컨대, 소설가 이문열은 "인터넷 광장의 군중들은 광장의 여러 특성이 동시에 지어내는 착오와 환상에 빠져 조직적이고 전문화된 소수의 대중 조작에 걸려들고 있다"고 주장했다.[67] 그러나 2004년 11월 11일 90여 개 보수 단체들이 결성한 '인터넷범국민구국협의회'가 '사이버 전쟁'을 벌이겠다고 선전포고를 하고 나섰으니 이문열이 좀더 인내심을 갖고 지켜보는 것도 좋을 것 같다.

연대는 이념과 정치 영역에서만 이루어지는 건 아니다. 장용호와 김영주의 「사이버 공동체의 사회자본적 속성에 관한 연구」는 한국의 사이버 공동체의 구조적 특성은 강한 유대의 연결망을 가진 수평적 네트워크로서 신뢰와 호혜성의 규범을 보장하는 기제로 작용한다고 결론을 내렸다.[68]

셋째, 인터넷의 성역 없는 감시·고발 기능이다. 인터넷이 없었더라면 아무도 모른 채 파 묻혔거나 적당히 얼렁뚱땅 넘어갔을 일도 이젠 그렇게 되기가 어렵게 되었다. "모든 시민은 기자다"는 슬로건을

---

66) 안토니오 네그리·마이클 하트, 윤수종 옮김, 『제국』, 이학사, 2001년.
67) 이문열, 『신들메를 고쳐매며』, 문이당, 2004년, 39쪽.
68) 장용호·김영주, 「사이버 공동체의 사회자본적 속성에 관한 연구」, 『미디어 경제와 문화』, 2004년 가을, 55~96쪽.

내건 오마이뉴스의 시민기자제는 이런 감시·고발 기능의 드라마틱한 상징이다.

그러나 인터넷의 감시·고발 기능은 부작용을 낳고 있기도 하다. '오버' 가 많다. '오버' 가 심할 경우엔 '마녀 사냥' 이 될 수도 있다. 최근 밀양 여중생 집단 성폭행 사건에서도 네티즌들은 가해 혐의를 받고 있는 학생들의 누나나 친구 등 주변 인물들의 자잘한 일상사까지 도마 위에 올려놓았으며, 가해 학생으로 지목돼 얼굴 사진이 오른 20여 명 중 절반은 이 사건과 전혀 무관한 사람들로 밝혀졌다. 또 모 인터넷 신문 등이 외국인 강사와 한국 여성의 파티 장면을 '섹스 파티' 라고 단정해 오보를 저지른 이른바 '홍대 클럽' 사건도 피해자들의 삶을 파탄으로 몰고 갈 정도로 엄청난 타격을 입혔다.

참여의 왜곡

넷째, 인터넷이 유발하는 '참여의 왜곡' 이다. 우선 인터넷에 대한 자본의 눈독이 강해지는 것이 참여의 성격을 어떻게 변질시킬까 하는 생각을 해보지 않을 수 없다. 민주노총 정보통신부장 최세진은 「인터넷은 광장이라는 편견을 버려!」라는 제목의 글에서 "인터넷 광장의 주인은 네티즌이 아니라 자본이다"라고 주장했다. 예컨대, 랭키닷컴의 2004년 8월 넷째 주 순위를 보면, 1~100위의 모든 사이트는 상업적인 사이트이며, 2003년 월소득 400만 원 이상 가구의 79.9%가 인터넷을 사용하는 반면 100만 원 이하 가구에서는 31.7%만 사용해 인터넷 접근도에서도 소득계층별 격차가 큰 것으로 나타났다.[69]

또 다른 문제도 있다. '참여정부' 를 내세운 노정권은 한국 사회가

2002년부터 '실질적 민주화' 즉 참여민주주의라는 '새로운 역사 발전 단계로 진입'하게 되었다고 주장했다. 노무현은 당선 1주년인 2003년 12월 19일 밤 일단의 지지그룹 앞에서 "시민혁명은 지금도 계속되고 있으며 앞으로도 계속될 것"이라고 선언하기도 했다. 그러나 이런 주장에 대해 부경대 정외과 교수 류태건은 이런 의문을 제기했다.

"국민 대표성을 갖춘 평등한 방식으로 참여가 이루어지는가? 보수도 참여하고 있는가? 사이버 공간의 불평등 참여(Cyber divide) 문제도 심각하다. 상대적으로 청년층의 과다참여와 노장층의 과소참여 현상이 사실이다. 이러한 불평등 참여가 국가의사의 결정에 그대로 영향을 미친다면 그 결정은 편파성을 벗어나지 못할 것이다. …… 불평등 참여는 사회적 갈등을 공정하게 해소하지 못한다. 그리고 참여의 불평등은 참여민주주의의 기본 가치인 평등권의 실현을 부정하는 것이다. 전국적이고 공평한 국민의사의 수렴이 문제라면 차라리 여론조사가 더 나을 것이다."[70]

'좌파 자유주의자' 변정수는 "'출판의 자유'가 헌법에 보장되어 있다고 해서 누구나 자신의 견해를 출판할 자유를 누리지는 못하듯, 인터넷을 통해 매체 접근권이 기술적으로 보장된다고 해서 누구나 자신의 견해를 인터넷에 띄움으로써 여론 형성에 '참여'할 자유를 누리는 것은 아니다"라고 지적하면서 다음과 같이 말했다.

---

69) 남종영, 「"인터넷 광장 주인은 자본"」, 『한겨레』, 2004년 9월 6일, 6면.
70) 류태건, 「참여정부식 참여민주주의를 비판한다」, 『인물과 사상』, 2005년 1월, 208~219쪽.

"적어도 인터넷 매체를 통해 형성되는 여론 또는 인터넷 매체를 통한 참여란, (다른 모든 형태의 대중매체와 마찬가지로) 추상적·관념적으로 이 매체에 접근할 권리를 가진 시민 일반이 아니라 실제로 접근할 수 있는 시간적·정신적 여유를 가진 계층의 여론, 그러한 계층의 참여일 뿐이다. 그렇다면 이것은 '언론의 자유'를 '언론 기업의 자유'로 호도하는 이른바 '조·중·동'의 착각과 무엇이 얼마나 다른 것일까? 인터넷 매체에 대한 실질적 접근이 가능한 유한(有閑)계층의 이러한 자기도취적인 오만은 심각한 소통의 왜곡으로 현상한다."

이어 변정수는 사실 관계를 정확히 파악하지 않은 채 막연한 인상만으로 욕설을 퍼부어 대는 '무책임'을 '비판'이라고 착각하는 이른바 '묻지마 비판' 현상 등을 지적하면서, 인터넷 매체에 관해 '참여'를 말하는 담론들이 왜곡된 소통 현상들까지도 '살아 있는 여론'이라고 과장된 자화자찬을 일삼으면서 기껏 양보해 봤자 '과도기적인 부작용'이라고 주장하는 것에 대해 다음과 같이 말했다.

"'참여'와는 거리가 멀어도 한참 먼 왜곡된 소통 구조를 기반으로 오히려 그 효과를 활용함으로써 비로소 가시화되는 '참여'란, 입에 발린 '선성장 후분배'를 내걸고 실은 '무한성장'의 신화만을 부추겨 대는 이들의 기만적 대중 선동과는 무엇이 얼마나 다른 것일까? 아니 이른바 '산업화 세력'의 '조국 근대화'라는 경제적 기만과 이른바 '민주화 세력'의 '참여'라는 정치적 기만이 닮은꼴이라면, 정말 그들의 흥분 어린 선언처럼 '주류'가 교체되기는 한 것일까?"[71]

연대의 왜곡

다섯째, 인터넷이 유발하는 '연대의 왜곡'이다. 거대한 적을 상대로 하는 약자들의 연대와는 달리, 상호 거의 대등한 힘을 가진 세력끼리의 갈등에서 나타나는 연대는 '인터넷 패거리'라고 하는 새로운 유형의 패거리를 만들어 내고 있다. 이런 갈등 구조에선 강경파와 비분강개파와 근본주의파가 득세할 가능성이 높기 때문에 '갈등 해소'보다는 양쪽의 강경파끼리 사실상 서로 돕는 '적대적 공존관계'를 형성하게 된다.

조갑제는 2004년 11월 5일 월간조선 주최로 서울 장충체육관에서 열린 '(우익) 이론무장을 위한 대강연회'에서 "우리는 정통이고 정의(正義)이며, 선(善)이고 진보입니다. 저들은 이단이고 수구(守舊)이며, 거짓되고 악(惡)합니다. 우리는 정당하고 선(善)하기 때문에 강한 것이고 강하므로 승리할 것입니다"라고 주장했다.[72] 반면 한 노무현 지지자는 "사실 우리가 선(善)이잖아요. 그럼 당연히 우리가 상대하고 있는 수구가 악(惡)일 테고 …… 우리가 선이라는 도덕적 우위를 점하고 있음에도 불구하고 …… 아직도 이 나라는 수구판입니다"라고 주장했다.[73]

2005년 4월 2일 한국언론학회 산하 '언론과 사회' 분과 월례발표회에서 경희대 언론정보학부 교수 이기형은 「정치 웹진과 논객 사이트 읽기」라는 제목의 논문에서 "인터넷 미디어 지형의 부정적인 면모를

71) 변정수, 『그들만의 상식: 좌파 자유주의자 변정수의 마이너리티 리포트 2』, 모티브, 2005년, 224~228쪽.
72) 조갑제, 「우리는 정의롭고 선하고 강하기 때문에 이긴다!」, 『월간조선』, 2004년 12월, 548~557쪽.
73) 이신우, 「독선」, 『문화일보』, 2004년 11월 23일, 30면.

축약적으로 정리할 수 있는 단어들은 지나친 당파성과 피아(彼我)를 절대적으로 구분하는 편가르기 그리고 이성적인 논의와 대화성의 축소 등이다"라고 말했다.

"인터넷 미디어는 탄핵과 총선 정국과 같은 첨예한 정치사회적인 국면에서 많은 시민들이 자신들의 의사와 공분을 표현할 수 있는 매개체의 역할을 여실히 수행하지만, 때로는 특정 정파나 정당에 무조건적으로 올인하는 모습을 보여주거나 지지자와 비판자라는 극단적인 이분법에 함몰되어 지나친 방어논리와 정쟁으로부터 벗어나지 못하는 면모도 보여주고 있다. …… 과연 인터넷 논객들과 네티즌들은 정치와 사회 담론의 해석자이자 매개자로서 공공영역에서 전개되는 이슈 파이팅과 논쟁을 재현하고 견인하는 데 있어서 현재 기준이 되다시피한 당파성의 정치한 운영을 위한 자기반성성과 균형성을 발휘해 왔는가?"[74]

분열과 갈등은 비교적 동질성을 갖춘 집단 내에서도 꽃을 피운다. 진보정당의 당원 게시판도 예외는 아니다. 민주노동당 군포시위원회 위원장 송재영은 민주노동당 기관지 『진보정치』 2005년 4월 18일자에 기고한 「당원 게시판, 이대로 좋은가」에서 다음과 같이 말했다.

"당원 게시판에 대해 말이 많다. 비판보다는 비난이, 정책 대안보다는 욕설과 인신비방이 주를 이뤄 그럴 것이다. 잘못된 정책에 대한

---

74) 김남중, 「"인터넷 미디어, 당파적 편가르기 이젠 책임감 갖고 개선 노력해야"」, 『국민일보』, 2005년 4월 4일, 25면.

논리적 비판보다는 잘못된 정책이 나온 뇌 속을 집중 공격한다. 그래
서 상대방 인간 그 자체를 굴복의 대상, 원초적 구제불능으로 만들어
버린다. 당원 게시판만 보고 있으면 어떻게 동지적 애정에 기초한 공
동 사업, 공동 실천이 가능한지 궁금할 따름이다. 혐오와 제거의 대상
이지 동지적 관계는 더 이상 아니다. 상대에 대한 욕설과 인신비방의
본질적 근원은 여기에 있는 것이다. 당 지도부는 무서워서(?) 안 들어
가고 일반 당원들은 사이트 점령자들에 의한 종횡무진과 적개심, 치
열성에 소외감을 느껴 안 들어간다. 사이버 민주주의라는 새로운 직
접민주주의의 가능성을 활짝 열어놓은 이면에 사이버 민주주의를 독
짐하는 지들 때문에 백성들이 민주주의에서 소외되고 있는 것이다."

피부반응적 대응과 지식인의 종언

여섯째, 인터넷이 유발하는 피부반응적 대응이다. 인터넷은 생각할
시간을 앗아간다. 인터넷 내부의 '인정투쟁'이 치열해짐에 따라 속도
경쟁과 더불어 "튀어야 산다"는 원칙이 큰 힘을 쓴다. 피부반응적 대
응에도 좋은 점은 있을 것이나, 문제는 피부반응적 대응을 해선 안 될
이슈마저 그런 식으로 대응할 경우 깊이 있는 논의가 사실상 불가능해
진다는 점일 것이다. 고종석의 말마따나 "인터넷의 익명성은 어쩌다
걸친 예비군복처럼 내면의 욕망들을 날것으로 풀어놓"게 만든다.[75]

또 인터넷의 익명성은 그간 감추고 지냈거나 온건하게 포장했던 정
치적 당파성을 강하게 드러내게 해주는 동시에 자신의 주관성마저 소

---

75) 고종석, 「강준만 생각」, 『한국일보』, 2005년 1월 27일, A30면.

젊은 여자라서 싸다 싸?

'개똥녀'를 향해 인정사정 없이 진행된 디지털 인민재판
남성적 가치로 도배된 인터넷 공간의 감시가 무섭다

'개똥녀'의 동영상을 본 남성들은 그들의 동맹과 힘을 과시하며 욕설을 퍼붓고 목소리를 높였다. 이는 익명성으로 포장된 남성우월주의의 표출이 아닐까? 만약 개 똥을 치운 게 젊고 예쁜 여자였다면? 『한겨레21』 2005년 6월 21일.

용돌이 현상을 일으키기 마련인 당파성의 바다에 던져버릴 가능성을 높게 해준다. 즉, 큰 방향이 비슷하면 과격한 주장이라 하더라도 피부 반응적인 동조를 표하게 된다는 것이다.

폴 마티아스(Paul Mathias)에 따르면, "개인의 말이 불확정의 대중, 그것도 '반응을 보이고' '현존'하는 대중에게 넘겨지면 상호 담론성이 유동적으로 얽힌 가운데 길을 잃고 헤맬 운명에 처하게 된다는 것이다. 이로써 개인의 말은 더 이상 개인들에게 그들의 시민적 혹은 도덕적 존엄성을 확고하게 해주는 것이 아니라, 그와는 반대로 그들의 유동성이나 기회성을 부각시키는 책임을 떠맡게 된다."[76]

일곱째, 인터넷은 전략·전술이 숨 쉴 공간을 제거한다. 민주주의

---

76) 폴 마티아스, 신은영·박영환 옮김, 『인터넷 도시』, 한울, 2002년, 167쪽.

란 타협의 예술이며, 타협엔 당사자들 상호간 밀고 당기는 전략 · 전술
이 필요하다. 그런데 인터넷의 속도에 대한 강박과 원리주의에 대한
집착은 정치의 이면 공간을 축소시킨다. 열린우리당이 더 심하긴 하
지만, 여야를 막론하고 정치인들은 네티즌들 눈치 보기에 바쁘다. 그
어느 쪽이건 타협으로 기울었다간 변절자로 낙인찍혀 폭격당하기 십
상이다.

'네티즌 정치' 는 연예인 팬클럽의 메커니즘과 비슷해서 네티즌들
은 한번 누군가를 좋아하게 되면 그 어떤 새로운 증거가 나타나고 그
어떤 시련과 고난이 닥친다 해도 절대 자신의 생각을 바꾸지 않으려
한다. 자신이 잘못 생각했었다는 걸 죽어도 인정하기 싫은 오기 또는
'정서적 기득권' 때문이다.

인터넷의 그런 질서가 몸에 밴 사람들은 그걸 '개혁' 이라 강변하고
있다. 그로 인해 나타나는 갈등과 투쟁의 격화마저 '성장통' 으로 이해
하거나 역사의 긴 호흡으로 봐야 한다는 묘한 낙관론 또는 자기기만이
횡행하고 있다. 반면 그 반대파들은 밤에 울부짖는 늑대처럼 나라 망
한다고 아우성치기에 바쁘다. 이들에게 있어서 전략 · 전술은 오직 초
전박살을 위한 것이다.

여덟째, 인터넷은 '지식인의 종언' 을 현실화하는 마지막 일격이다.
지그문트 바우만(Zygmunt Bauman)은 오늘날의 지식인은 더 이상 '근
대적' 의미의 보편적 또는 절대적 지식과 가치를 소유하지 못하며, 단
지 파편화되고 모호하며 상대화된 문화적 상황과 조건에 대한 하나의
해석을 제시해 주는 '지적 간이식품 공급자(Supplier of intellectual
'fast food')' 에 지나지 않는다고 말했다.[77] 하지만, 그것도 과분한 평
가다.

인터넷은 모든 시민을 지식인으로 만들었다. 일부 전통적 지식인들이 최근의 한국 사회에 '반(反) 지성'의 물결이 넘친다고 개탄하는 건 바로 그런 근본적인 변화와 무관치 않다. 그러나 세상의 문법 자체가 근본적으로 달라졌다고 보는 게 더 옳은 자세일 것 같다. 또 하늘 우러러 한 점 부끄러움도 없이 떳떳하게 획득한 것도 아닌 '대학교수 자격'을 앞세워 지적 권위를 행사하던 과거가 끝장난 것에 대해 애통해할 필요도 없을 것 같다. 오히려 전통적 지식인이 갖고 있던 원초적이고 구조적인 편향성을 인터넷 지식인도 어떤 식으로든 갖기 마련이라는 점에 주목하여 달라진 지식인 개념을 논의의 주제로 삼는 것이 어떨까 싶다.

지식인의 자기검열 강화

아홉째, 인터넷은 전통적 지식인의 자기검열을 강화한다. 활자매체에 전통적 지식인들이 쓰는 칼럼 중에 '인터넷의 저주'를 언급한 것들이 아주 많다. 자신이 쓴 글에 대해 네티즌들이 욕설을 퍼부은 걸 보고 충격을 받았다는 뜻일 게다. 이건 인터넷이 대중화되기 이전엔 상상할 수도 없었던 일이다. 인터넷이 대중화되기 이전엔 어떤 글을 쓰든 피드백이라는 건 기껏해야 전화 정도였고, 그것도 안 받으면 그만이었다.

그러나 이젠 그렇지 않다. 지식인이 논란의 소지가 큰 글을 쓰면 상상을 초월하는 인신공격을 각오해야 한다. 자신이 직접 그런 공격을 받지 않았다 하더라도 그런 인신공격 잔치판을 반길 지식인은 많지 않

---

77) 송재룡, 「사이버 스페이스의 확산과 대학 교육의 상업화」, 구자순 편저, 『인터넷과 사회현실』, 한양대학교출판부, 2000년, 241쪽.

을 것이다. 이 문제에 관한 한 보수와 진보의 구분이 있을 수 없다.

조선일보 기자 지해범은 「'저주의 욕설판' 걷어치우자」라는 제목의 글에서 인터넷 게시판에 '악취'가 진동한다고 개탄한다. 익명이나 가명으로 댓글을 달 수 있는 사이트는 어디든 막론하고 욕설과 조롱이 난무한다는 것이다. 그는 '인터넷 실명제'가 됐든 다른 무엇이 됐든 '저주의 욕설판'을 걷어치우는 일에 관심을 기울일 때라고 역설한다.[78]

소설가 조선희는 「악취 진동하는 사이버 토론장」이라는 제목의 글에서 온라인 공간이 "한국 정치의 드잡이 난투극을 그대로 닮아가면서 토론 문화의 첨단이 아니라 게토가 되어버렸으며, 오히려 오프라인 시절의 토론 수업 교양 과정을 훌쩍 월반해 최소한 게임의 룰조차 실종된 흑색 선전과 편가르기와 극단적 주의 주장의 거점이 되어버"렸다고 개탄한다. 그는 "온라인 토론장이 자정 능력으로 차츰 성숙해 가기를 바라는 것이 최선"이라고 말하면서도 다음과 같은 음울한 결론을 내린다.

"하지만 지금으로는 지나친 낙관인 것 같다. 저마다 한국 사회의 여론을 이끌어 가는 정론지라고 자부하는 언론사들 뒤뜰이 이같이 악취 나는 쓰레기장으로 방치되어 있다는 것은 이율배반이다. '욕설·비속어·인신 공격' 글이 횡행하지 못하도록 엄격히 수질 관리를 하든가, 게시판이나 댓글 공간을 관리 가능한 만큼 줄이던가, 그것이 아니라면 쌍방향 소통의 대의를 당분간 접고 온라인 토론 공간을 폐쇄

---

78) 지해범, 「'저주의 욕설판' 걷어치우자」, 『조선일보』, 2004년 10월 12일, A30면.

하는 고육지책이 필요할는지 모른다.”[79]

한양대 법대 교수 양건도 「시민 없는 시민혁명」이라는 글에서 언론 개혁 입법 과제 중의 하나는 “인터넷 매체의 막가는 난잡한 상황을 바로잡는 것이어야 한다”고 주장했다.[80] 그러나 그걸 무슨 수로 법을 통해 바로 잡을 수 있겠는가? 너무 답답해서 한 말이지, 조선희나 양건이 그 어떤 강력한 규제를 바라는 것 같지는 않다.

서울대 언론정보학부 교수 박명진은 “정치권의 정쟁이 제도권 미디어를 거쳐 담론화되면 찬반 양쪽이 인터넷 사이트에 몰려다니며 전쟁을 벌인다. 더욱 더 강한 흑백논리와 막말이 난무한다. 그런 과정에서 신문이나 방송에서 발언을 한 사람들은 험한 공격에 지쳐 만신창이가 되기 십상이다. 웬만한 배짱으로는 소신을 말하기가 겁나 회피하게 되고 결과적으로 합리적인 비판과 의견 표명이 어려워진다”고 말했다.[81]

실제로 그 어느 언론매체에도 기사화되진 않지만, 시사적인 글을 쓰는 많은 지식인들이 인터넷으로부터 튀기는 ‘똥물’ 세례를 염두에 두고 자기검열을 하고 있다. 물론 그런 ‘똥물’에 전혀 개의치 않고 자기 소신을 더 세게 밀고 나가는 지식인들도 있지만 그것도 문제다. 아주 독하거나 상처받지 않는 기계적 인간들만 제 목소리 내고, 나머지 대다수가 ‘똥물’을 피하려는 글만 쓰려고 드는 공공 커뮤니케이션 시장이 건강하다고 보기는 어렵다.

---

79) 조선희, 「악취 진동하는 사이버 토론장」, 『시사저널』, 2003년 9월 11일, 140면.
80) 양건, 「시민 없는 시민혁명」, 『중앙일보』, 2004년 10월 21일, 35면.
81) 박명진, 「양분화 구도를 극복하자」, 『동아일보』, 2005년 1월 28일, A30면.

역(逆) 나노기술의 원리

열번째, 인터넷은 활자매체의 목을 조르고 있다. 한국인의 신문 구독률은 1996년 69.3% · 1998년 64.5% · 2000년 58.9% · 2002년 53.0% · 2004년 48.3%로 지속적인 감소 추세를 보이고 있다.[82] 신문보다 더 죽어나는 건 출판계, 그것도 영세한 인문사회과학 출판이다. 물론 출판은 인터넷과 차별화하는 틈새시장을 찾거나 아예 온라인화해 버리면 살 길이 있을 것이다. 문제는 그러한 방향전환에서 잃는 건 과연 무엇인가 하는 것이다.

그간 출판계가 자구책으로 모색해 온 방향은 '실용'과 '서구지향적 교양'인 것 같다. 한 가지 흥미로운 사실은 지난 몇 년간 그 이전과는 달리 시사적인 이슈를 다루는 책이 대중의 호응을 얻은 경우가 거의 없다는 것이다. 특히 정치 분야가 그렇다. 왜 그럴까? 인터넷이 그 기능을 완전히 흡수해 버렸기 때문이다. 신속성 · 영향력 · 만족도 등 모든 면에서 책은 인터넷의 경쟁상대가 되질 않는다. 아니 그 이전에 이건 '습관'의 문제일 것이다. 책을 읽겠다며 방으로 들어간 아이가 e-북을 읽고 있는 걸 본 사람이라면 이게 무슨 말인지 실감할 것이다.

그간 우리 사회는 인터넷의 '의도하지 않은 결과'에 대해서까지 깊이 고민했던 것 같지는 않다. 역(逆) 나노기술(Nano technology)의 원리라고나 할까. 같은 구조로 이뤄진 물질이라도 구성입자의 크기가 나노 사이즈로 작아지면 반응의 속도가 빨라지고 간섭도 줄어들기 때문에 새로운 물질과 장치를 만들어 낼 수 있지만 아직 검증되지 않은

---

82) 이진로, 「2004 언론 결산/신문 부문: 신뢰도와 구독률 하락, 경영 악화」, 『신문과 방송』, 2004년 12월, 20~23쪽.

위험이 도사리고 있다. 이는 공공 커뮤니케이션의 영역에도 역으로 적용될 수 있을 것 같다.

어떤 행위는 그 행위 주체가 권력 없이 낮은 곳에서 희소한 존재로 머무를 때엔 가치와 의미를 인정받을 수 있지만, 그 행위가 널리 퍼져 권력을 갖게 되고 높은 곳에 서게 되고 더 이상 희소하지 않을 때엔 이전에 누렸던 가치와 의미를 상실하는 건 물론 역기능까지 초래할 수 있다는 것이다.

똑같은 행위라도 누가 어떤 규모로 하느냐에 따라 그 행위의 성격과 의미까지 달라질 수 있다는 건 노무현정권이 당면하고 있는 문제이기도 할 것이다. 한 국회의원 또는 한 평론가로서 많은 사람들을 속시원하게 만드는 발언을 해서 인기를 얻는 건 흉이 아니다. 칭찬받을 일이다. 그러나 그 국회의원이나 평론가가 많은 사람들을 이끌어야 할 리더가 되었을 때에 그런 버릇을 계속 고수한다면, 그것마저 '일관성의 미덕'으로 평가해야 하는 걸까?

인터넷 커뮤니케이션의 문제도 그런 관점에서 보아야 할 것 같다. 초기의 민중적 장점에만 주목하기엔 인터넷은 너무 비대해졌고, 금력과 권력의 눈독이 집중되고 있다. '저항'의 메시지는 이제 제스처로 변해갈 정도로 인터넷은 이제 더 이상 아웃사이더들만의 공간이 아니다. 신문들이 먹던 광고라고 하는 밥도 인터넷으로 몰려가고 있다. 더욱 중요한 건 인터넷이 우리 시대의 오프라인 행위마저 규제하는 '규범 테크놀로지'로서의 위상을 갖게 되었다는 점일 것이다.

사람들은 왜 온라인 게임에 미치는가

온라인 게임은 국민 산업

온라인 게임은 '국민 산업' 이 되었다. 2004년 8월 영국의 BBC는 「컴퓨터 게임에 중독된 한국의 게임 세대」라는 제목으로 한국 젊은 세대의 게임 중독 현상에 대해 보도하면서 한국을 '세계 게임의 수도' 라고 표현했다.[83] '세계 게임의 수도' 라는 위상에 걸맞게 문화관광부는 2005년 8월 문화산업국 내에 게임 산업과를 신설했다.[84]

『세계일보』 2005년 1월 12일자는 "2005년 온라인 게임 동시 접속자 100만 시대가 도래했다"고 선언했다. 게임 업계에 따르면, 게임트릭스 주간 점유율 순위 10위권에 진입 중인 각 게임의 동시 접속자 수는 〈카트라이더〉 16만 명, 〈스페셜포스〉 5만 명, 〈리니지2〉 13만 명, 〈WOW〉 30만 명(추정치), 〈리니지〉 15만 명, 〈뮤〉 7만 5,000명, 〈열

---

83) 정선구, 「40세 미만 427만 명 인터넷 중독 위험」, 『중앙일보』, 2004년 10월 14일, 3면.
84) 장재선, 「쑥쑥 크는 게임 산업 전담부처 신설」, 『문화일보』, 2005년 8월 17일, 25면.

혈강호〉 6만 명, 〈RF온라인〉 4만 7,000명, 〈라스트 카오스〉 10만 명(추정치) 등으로 모두 100만 명이 넘었다.[85]

2005년 5월에 출시된 소니컴퓨터엔터테인먼트코리아의 휴대용 게임기인 '플레이스테이션포터블(PSP)'이 같은 해 7월 말까지 15만 대, SK텔레텍이 2005년 5월에 출시한 게임 기능 내장 휴대폰 'IM8300'이 같은 해 7월 말까지 10만 대 이상이 팔리는 등 모바일 게임기 바람도 거셌다.[86]

문화관광부와 한국게임 산업개발원이 발간한 「2005 대한민국 게임백서」에 따르면, 2004년 국내 게임 산업 시장 규모는 4조 3,000억 원으로 전 세계 시장점유율 3.8%로 8위를 기록했다. 전체 엔터테인먼트 산업에서 게임이 차지하는 비중도 68%에 이르렀다. 게임 산업은 전년(3조 9,000억 원) 대비 9.6% 증가했으며, 온라인 게임은 전년(7,541억 원) 대비 35.1% 성장해 사상 처음으로 1조 원을 넘어섰다. 수출은 3억 8,769만 달러, 수입은 2억 510만 달러로 1억 8,000만 달러 이상의 흑자를 기록했다. 게임 플랫폼 단위 시장 규모는 ① 온라인 게임 1조 186억 원 · 61.9%, ② 아케이드 게임(오락실 게임) 2,247억 원 · 13.7%, ③ 비디오 게임 1,617억 원 · 11.3%, ④ 모바일 게임 1,617억 원 · 9.8%, ⑤ PC 게임 534억 원 · 3.2% 등이다.[87]

온라인 RPG(Role Playing Game: 역할 수행 게임)는 미국 할리우드의 블록버스터 영화를 닮아가고 있어 제작 기간 2~3년, 제작비 100억 원이 기본으로 들어가는 '대작(大作)'이 아니고서는 게임 시장에 명함을

85) 우한울, 「온라인 게임 동시 접속자 100만 시대」, 『세계일보』, 2005년 1월 12일, 33면.
86) 최연진, 「모바일 게임기 잘 나간다」, 『한국일보』, 2005년 8월 3일, 15면.
87) 정철환, 「엔터테인먼트 산업 게임이 왕」, 『한국일보』, 2005년 2월 22일, 17면; 최영창, 「"작년 국내 게임 시장 4조 3,000억"」, 『문화일보』, 2005년 7월 13일, 25면.

'e스포츠' 시장이 폭발적으로 성장하고 있다. e스포츠(Electronics Sports)란 뛰고 달리고 땀 흘리며 쾌감을 느끼는 기존 스포츠와는 달리 인터넷상에서 네트워크 게임을 이용해 벌이는 각종 경기를 뜻한다.

지난 8월 케이블TV 업계에선 작은 반란이 일어났다. 게임전문 케이블TV 온게임넷이 케이블TV 시청률 순위 톱10에 진입한 것이다. 시청률 조사기관 닐슨미디어리서치는 9월 7일 온게임넷이 8월 케이블TV 시청 점유율 조사에서 3.1%를 기록, 9위에 올랐다고 발표했다.

그 전까지 100% 자체 프로그램을 제작하는 케이블TV 방송 가운데 시청률 10위

'**e스포츠**' 황금시장을 잡아라

올 395억원 시장 2010년엔 1200억원으로 폭발적 성장, 기업들 주도권 싸움 치열
게임올림픽인 WCG, 67개국 100만여명 참가… 한국게임 아시아 넘어 세계 잡아야

e-스포츠는 젊은 세대의 문화코드로 전면 부상했다. 국내 대표 e-스포츠 종목인 〈스타크래프트〉의 경우 스타와 팬, 대기업 스폰서까지 프로스포츠의 3박자를 모두 갖췄다. 그리고 e-스포츠는 캐스터, 옵저버 등 파생직업을 생산했다. 정부는 e-스포츠의 인프라 조성과 체계화를 위해 적극적으로 움직이고 있다. 『주간조선』 2005년 11월 14일.

내밀지 못할 정도가 되었다.[88]

또 어린이들의 영어 학습용 게임이 출시되는가 하면, 미군 육군이 모병과 군 홍보를 위해 만든 게임이 국내에서도 인기리에 서비스되었다. 『게임이 말을 걸어올 때』(루비박스)라는 책을 낸 게임평론가이며 연세대 영상대학원 겸임교수인 박상우는 "게임은 기존의 모든 미

---

88) 김두영, 「할리우드 닮아가네: 제작비 100억은 기본 … 블록버스터 경쟁」, 『동아일보』, 2005년 5월 11일, 37면.

디어를 통합하는 종합 미디어인데다, 한술 더 떠 기존 수동적인 도구가 아닌 능동적인 매체다. 또 게임은 미술과 음악 등이 모두 결합된 종합예술이다. 게임은 분명히 차세대의 주요한 문화 코드다"라고 주장했다.[89]

XL게임즈 대표 송재경은 "게임은 노래나 춤 같은 오프라인의 어떤 오락물보다 더 진한 감동과 교육적 효과가 있다"며, "PC 세대가 사회의 주류로 성장할 경우 게임은 영화를 대체하게 될 것"이라고 주장했다.[90]

서사학과 게임학의 대결

소설가이자 이화여대 디지털미디어학부 교수인 이인화는 대작 온라인 게임 〈길드 워〉와 또 다른 온라인 게임 〈센무〉의 스토리 각색자로 참여해 게임 스토리 제작자로 본격 변신했다. 〈길드 워〉는 〈리니지〉 제작사인 엔씨소프트가 4년간 100억 원을 투자했다.

온라인 게임 마니아인 이인화는 "가끔씩 게임을 즐기다 2003년부터는 〈리니지〉에 완전히 빠져 42시간 동안 계속 한 적도 있어요. 정신과 의사인 아내가 얼마나 걱정을 했으면 게임 중독 치료를 받으라고 하더군요"라고 말했다. 이화여대 국문과 교수로 있다가 2005년부터는 이 대학 디지털미디어학부 교수로 옮긴 그는 "문학 역시 세계화를 거치고 있으며 기존의 활자매체에 머무를 수만은 없다고 생각한다"며, "게임을 만들 때 이야기는 살아서 빛나고, 나 자신은 뒤로 사라지는

---

89) 전동희, 「"게임 자체를 얘기하면 사치인가요?": '게임이…' 출간 박상우 연세대 교수」, 『스포츠조선』, 2005년 3월 22일, 18면.
90) 장정훈, 「영화 인기 앞지를 겜 세상 곧 온다: '온라인 게인 최강국' 주역 송재경」, 『중앙일보』, 2005년 10월 12일, E1면.

이야기꾼이 되고 싶다"고 말했다.[91]

이인화는 게임학(Ludology)의 '세계적인 석학' 에스펜 아세스(Espen Aarseth)가 "한국의 다사용자 게임 〈리니지〉는 게임의 미래일 뿐만 아니라 미래의 인간 커뮤니케이션 형식을 만들어 낼 거대한 사회적 실험"이라고 평가했다면서, "한국의 온라인 게임은 인류의 이야기 예술에 혁명적인 변화를 가져왔다"고 주장했다.

> "한국의 온라인 게임은 게임이라는 장르를 넘어 이제까지 인류사에 존재했던 어떤 이야기 예술과도 다른, 전혀 새로운 서사 패러다임의 이야기를 출현시켰다. 그것은 '사용자(독자)가 1,000시간 이상 지속되는 갈등상황을 스스로 창조하고 주인공으로 거기에 참여함으로써 사회정의와 인간적인 자유의 가치를 깨달아간다' 라는 매우 특이한 이야기이다. …… 미래의 인류는 바로 한국의 온라인 게임과 같은 디지털 스토리텔링을 통해 아름다움에 대한 공동의 취향을 학습하고 사회정의와 인간적 자유를 향한 연대감을 구축해 나갈 것이다."[92]

한혜원은 북미·유럽 학계에서는 게임을 소설·영화 등 기존 서사물의 여장선상에서 이해하려는 서사학과, 이전에는 존재하지 않았던 새로운 디지털 시대의 산물로 이해하려는 게임학 사이에 대결이 벌어지고 있다고 말했다.

> "서사학 중심의 게임 분석에 반기를 들고 '게임은 게임이다' 라는

---

91) 권기태, 「온라인 게임 영원한 제국 세운다」, 『동아일보』, 2005년 4월 8일, A17면.
92) 이인화, 『한국형 디지털 스토리텔링: 〈리니지 2〉 바츠 해방전쟁 이야기』, 살림, 2005년, 6~7쪽.

모토 아래 게임을 독자적인 학문의 대상으로 취급하고자 하는 움직임
이 '게임학' 이다. …… 게임학파에 따르면, 기존의 서사학의 잣대로 게
임을 분석할 경우 '재현(Representation)' 에 초점을 맞추기 때문에 정
작 게임에서 중요한 '시뮬레이션(Simulation)' 의 성격을 간과하게 된다
고 한다. 즉, 게임을 서사의 잣대로 플롯 · 인물 · 배경 별로 분석할 경
우, 천편일률적인 결론밖에 도출할 수 없는 것이 당연하다는 점을 지적
하는 것이다. 게임학에서는 아리스토텔레스 대신에 요한 호이징가와
로제 카이와의 '놀이' 에 대한 개념에서부터 논의를 시작한다." [93]

한국게임산업개발원의 통계에 따르면, 2004년 현재 게임 시나리오
작가 수는 1,241명이다. 매해 있는 시나리오 공모전에 20대 초 · 중반
의 젊은이들이 몰리고 있고, 공모전도 지방자치단체나 일반 단체가 시
행하는 것까지 하면 수십 개에 이른다. 또 국어국문학 분과 중 '디지
털 스토리텔링' 에 가장 많은 연구자들이 몰리고 있다. [94]

배용준을 능가하는 임요환의 인기

한국 e-스포츠협회에 따르면, 국내 온라인 게임 인구는 2001년 580
만 명에 이어 2002년 1,199만 명 · 2003년 1,723만 명 · 2004년 1,693만
명으로 불과 3년 새 3배 가까이 증가해 국민 3명 중 1명꼴로 게임을 즐
기고 있다. 삼성경제연구소 측은 "한국 e-스포츠 산업은 2003년 국내

---

93) 한혜원,『디지털 게임 스토리텔링: 게임 은하계의 뉴 패러다임』, 살림, 2005년, 7, 15쪽.
94) 이지은, 「문학과 게임의 만남 … 게임 시나리오 뜬다: '디지털 스토리텔링' 」,『주간동아』, 2005년 8월
　　30일, 30~31면.

대기업이 프로게임구단 창단에 뛰어들면서 도약기에 들어섰다"며, "DMB폰 등 신제품 출시와 맞물려 IT 기업들이 e-스포츠와 관련된 다양한 마케팅에 투자를 확대할 것"이라고 전망했다. SK텔레콤·KTF·팬택앤큐리텔 등이 회원사로 참여하고 있는 한국e-스포츠협회는 국내 게임전용 경기장 건설과 더불어 지방자치단체와 대기업 소속 프로게임단 창단 유도에 적극 나서고 있다.[95]

부산·대구·대전·광주 등 지방자치단체들은 경쟁적으로 수조 원대 예산을 투입해 게임 산업 육성에 나서고 있다. 2005년 7월 광주에선 '한국게임사관학교'가 문을 열었다.[96]

e-스포츠는 관중 스포츠로까지 발전했다. 2005년 7월 30일 부산 광안리 해수욕장엔 국내 최대의 e-스포츠 행사인 '스카이 프로리그 2005' 전기 리그 결승전을 지켜보기 위해 10만여 명이 2만 5,000평 백사장을 메웠다. 선수들은 중앙무대 좌우에 투명유리로 만들어진 부스에서 경기에 임했고, 모든 장면은 무대 중앙의 LED 화면(가로 7m, 새로 4.5m)과 무대 좌우측의 프로젝트 화면(가로 4m, 세로 4.5m)을 통해 실시간으로 중계됐다. 입장하지 못한 관객을 위해선 행사장 밖에 별도의 대형 화면이 설치됐다. 이 대회에서 SKT 팀은 KTF 팀을 상대로 4 대 1의 압승을 거둬 우승컵과 함께 상금 5,000만 원을 챙겼다.

> "희비는 관중 속에서 더욱 극명하게 엇갈렸다. 중앙무대에서 좌측에 자리했던 SKT 팬들은 팀이 내리 3연승하자 자리를 박차고 일어나 환호성을 질러댔다. 반면 무대 우측의 KTF 팬들은 매경기 선수의 이

---

95) 유주연, 「'e-스포츠' 뜬다」, 『매일경제』, 2005년 8월 3일, A2면.
96) 배한철 외, 「지자체 "e-스포츠 잡아라"」, 『매일경제』, 2005년 8월 6일, A30면.

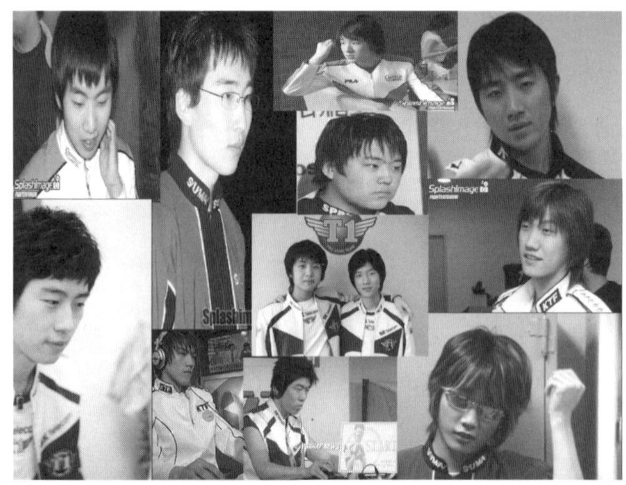

짜릿한 승부를 펼치는 프로게이머들은 팬을 몰고 다닌다. 하지만, 그들의 행로는 고달 프다. 게임단에 연습생으로 들어가려면 끝없는 전쟁을 벌여 살아남아야 하고, 연습생이 되더라도 메이저급 대회에서 승점을 쌓아야 준 프로 자격을 얻을 수 있다. 또한 준 프로 로서 한국e-스포츠협회에서 정한 등급에 올라야 프로게이머로 활동할 수 있다. 남자 프 로게이머의 경우, 최고의 주가를 올리고 있더라도 군입대 문제가 앞을 가로막고 있다.

름을 호명하며 열렬한 성원을 보냈지만 결정적인 고비마다 팀이 패해 분을 삼켜야 했다. 특히 팀이 3 대 1로 뒤지던 상황에서 역전의 발판 을 마련해 주리라고 기대했던 강민마저 석패하자 응원석에는 충격이 컸던지 무거운 침묵이 흘렀다."[97]

프로게이머의 인기는 연예인을 압도한다. 임요환의 경우 2005년 7 월 현재 팬카페 회원 수(56만 2,000명)가 인기 탤런트 배용준의 팬카페 회원 수(16만 8,000명)의 세 배에 이른다. 2005년 5월 기준으로 프로게 이머는 11개 프로게임단에서 240명이 활동 중이다. 2004년 한국에서

---

97) 박성현, 「한국이 세계 e-스포츠를 이끈다」, 『뉴스위크 한국판』, 2005년 8월 10일, 62~65면.

는 총 40억 원의 상금을 두고 100회의 크고 작은 e-스포츠 대회가 열렸다. 열린우리당 의원 정청래를 회장으로 'e-스포츠와 게임 산업 발전을 위한 국회의원 모임' 까지 만들어졌다.

프로게이머인 만큼 프로야구선수들처럼 '드래프트' 도 있다. 『스포츠서울』 2005년 8월 16일자에 따르면, "국내 최고의 e-스포츠 리그인 〈스타크래프트〉 리그의 미래를 짊어질 신인들의 드래프트가 성공적으로 마무리됐다. 한국e-스포츠협회가 11일 서울 중구 정동 협회 대강당에서 실시한 2005 하반기 드래프트에서 21명의 선수 모두가 지명을 받았다." [98]

한국e-스포츠협회가 공인한 종목은 2005년 5월 현재 19개로 이 중 주로 〈스타크래프트〉 · 〈워크래프트3〉 · 〈카운터스트라이크〉 · 〈서바이벌프로젝트〉 · 〈피파〉 등 몇몇 인기종목이 방송 리그를 통해 전파를 탄다. 1998년 미국의 벤처 기업인 블리자드사에서 개발한 〈스타크래프트〉는 한국에서 온라인 게임의 절대강자로 군림하며, 지금도 한국이 세계 e-스포츠 시장을 선점하는 데 중요한 지렛대 역할을 한다. 한국e-스포츠협회 이사 제훈호는 "한국이 e-스포츠 강국으로 부상하는 데는 2만 개의 PC방, 100만 가구에 깔린 인터넷 전용선 그리고 〈스타크래프트〉라는 3개 요소가 유기적으로 결합한 결과"라고 말했다. [99]

아이템의 유혹과 게임 중독

'사이버 창(槍)이나 갑옷 · 방패' 등 '온라인 게임 아이템 거래' 시

---

98) 김진욱, 「프로게이머 신인 드래프트 21명 전원 지명」, 『스포츠서울』, 2005년 8월 16일, 13면.
99) 박성현, 「한국이 세계 e~스포츠를 이끈다」, 『뉴스위크 한국판』, 2005년 8월 10일, 62~65면.

'아이템' 하나에 車한대값 '장난 아니네'

네티즌 게임무기등 구입 가상화폐 아닌 실제 돈거래
환율까지 형성…전문거래 '작업장' 세금안내 탈세 주범

◇거래 규모와 실태=8일 국내 1위 게임아이템 거래 사이트인 아이템베이(www.itembay.com)의 '팝니다' 코너에서 1백만원 이상의 아이템을 검색해봤다. 1천만원짜리 지팡이(뮤), 1천7백만원어치의 게임머니(리니지2), 2백만원짜리 차(카트라이더) 등이 판매 목록에 떴다. 온라인상의 가상 화폐가 아니다. 실제 돈이 오가는 거래다.

1백만 '아뎀'당 현금 1만7천원

◇탈세 論란=게임아이템이 큰 돈이 되다 보니 탈세 논란이 일고 있다. 기업적으로 게임 아이템을 만들고 파는 '작업장'들은 세금을 내지 않는다. 시장에서 1조원의 현금이 오가는데 세금은 내지 않는 것이다.
소득세법 취지에 비춰볼 때 개인 네티즌의 경우 기타 소득, 기업적인 작업장은 사업소득이다. 어느 쪽이든 금액에 따라 다른 소득과 합쳐 8~35%의 소득세(기타 소득은 1천5백만원 이상)를 내야 한다. 개인들의 1회성 소액

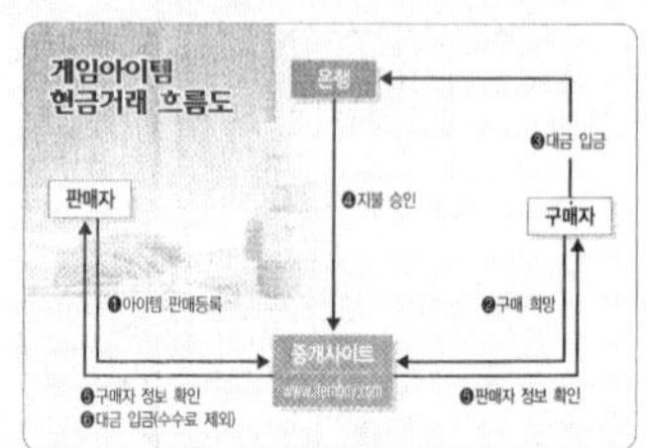

게임 마니아들은 현실적인 부작용을 인정하면서도 게임 아이템의 현금 거래를 양성화해야 한다고 말한다. 만약 현금 거래가 양성화되면 '아이템 담보 대출'이나 아이템 관련 금융 파생 상품 등이 생겨날 수도 있을 것이다. 앞으로 아이템뿐만 아니라 온라인 게임, 파생 산업에 대한 현실적 연구가 광범위하게 이뤄져야 할 것이다. 『경향신문』 2005년 9월 9일.

장이 2005년 들어 1조 원대에 달한다는 추산이 나왔다. 2004년 온라인 게임 시장과 맞먹는 규모로, 둘을 합쳐 게임 관련 시장이 2조 원 규모로 커진 셈이다. 벤처 기업 직원 김태연은 온라인 게임 아이템 구입에 4년째 매달 15만 원씩 약 700만 원을 썼는데도 "전혀 아깝지 않다"고 말했다. 그는 "멋진 창을 들고 제 캐릭터의 수십 배 크기인 괴물을 화려한 마법으로 쓰러뜨리면 하루 스트레스가 싹 날아가거든요"라면서, "쓸 만한 아이템을 구하러 며칠씩 게임 속을 헤매느니 돈을 주고 아이템을 사서 게임의 '참 맛'을 느끼겠다"고 말했다.[100]

---

100) 백승재, 「"사이버 갑옷·방패에 월 15만 원 써요": 게임 아이템 거래 1조 원 시대」, 『조선일보』, 2005년 8월 18일, B1면.

게임 아이템 시장이 커지면서 인해전술을 앞세운 중국산의 공세가 거세지고 있다. 2005년 9월 17일 경찰청 사이버테러대응센터는 인건비가 싼 중국인 수천 명을 중국 현지에서 고용해 1,000억 원대의 온라인 게임 아이템을 벌어들인 다음 국내에 유통시킨 뒤 환치기 수법으로 외화를 중국에 유출한 중국인과 국내 업자 50명을 적발했다고 밝혔다.[101]

아이템을 사서 게임의 '참 맛'을 느끼는 건 좋은데, 문제는 어린이와 청소년의 경우일 것이다. 『국민일보』 2005년 3월 21일자 기사 「〈카트라이더〉에 코 묻은 돈 몰린다」는 "회원 수 1,100만여 명, PC방 점유율 1위인 넥슨사의 온라인 게임 〈카트라이더〉가 어린이들 사이에 선풍적 인기를 끌면서 부모 몰래 아이템 구입비를 결제한 아이들 문제가 불거지는 가정이 늘고 있다"고 보도했다.

아이템의 인기가 말해주듯 청소년의 온라인 게임 중독은 심각한 사회문제로 대두되고 있다. 2004년 12월 21일 한국소비자보호원이 만 11세 이상 미성년자 520명을 대상으로 설문조사를 한 결과, 전체의 76.7%가 부모 동의 없이 온라인 게임비를 결제하고 있는 것으로 나타났다. 미성년자들은 주당 평균 9.3시간 동안 게임을 하고 있으며 1인당 게임비용은 월 평균 4만 1,745원이었다.

2005년 1월 청소년보호위원회가 전국 초중고교생 1,856명을 대상으로 실시한 인터넷 이용 실태 조사에 따르면, 응답자의 86.2%가 인터넷을 통해 온라인 게임을 해본 경험이 있으며, 이 중 25.4%는 매일 온라인 게임에 접속하고 있고 한번 시작할 경우 평균 1시간 46분 동안 게임을 즐기는 것으로 나타났다.[102]

---

101) 한장희, 「중산(中産) 게임 아이템 1,000억대 판매」, 『국민일보』, 2005년 9월 28일, 8면.

2004년 12월 광주에서 게임 중독자 배모씨가 PC방에서 8시간 넘게 게임을 하다가 갑자기 가슴 통증을 호소하며 쓰러져 숨진 사건에 이어, 2005년 8월 5일 대구의 한 PC방에서 게임에 중독돼 직장에서까지 해고된 이모씨가 스타크래프트 게임을 하던 도중 갑자기 쓰러져 숨졌다. 이씨는 3일 오후 9시부터 약 50시간 동안 PC방에서 잠을 자지 않고 먹지도 않은 채 게임에만 몰두했던 것으로 밝혀졌다.[103]

2005년 들어 9월까지 게임 중독으로 인한 사망 사고가 5건이 넘었다. 이런 부작용을 막기 위해 국회엔 '셧다운(Shut Down: 자정부터 새벽 6시까지 청소년을 대상으로 한 온라인 게임 서비스를 하지 못하도록 하는 것)제' 법안이 상정되었지만 게임 중독을 규제만으로 막기엔 한계가 있다.

정신과의사 김현수는 "게임에 중독되면 과도한 각성과 집중 상태에서 고정된 자세로 오랫동안 앉아 있기 때문에 비행기를 장시간 탔을 때 일어날 수 있는 '이코노미 증후군' 처럼 혈액이 응고돼 심근경색이나 심장마비가 발생할 수 있다"고 말했다. 중앙대 교수 위정현은 "게임 중독은 기본적으로 개인의 통제력 차이 때문에 발생하지만 최근의 온라인 게임들은 게임을 할 때마다 연속성을 갖도록 만들어져 강한 중독성을 내포하고 있기 때문에 더욱 문제가 된다"며, "담뱃갑에 담배의 해악성을 표시하는 것처럼 게임의 부정적인 효과를 게임 초기화면에서 설명해 주거나 일정 시간이 지나면 게임이 자동 중단되도록 하는 등의 조치가 필요하다"고 말했다.[104]

---

102) 진성훈, 「청소년 '인터넷 부작용' 심각」, 『한국일보』, 2005년 1월 19일, 9면.
103) 김용태, 「PC방서 50시간 게임 몰두 20대 숨져」, 『문화일보』, 2005년 8월 8일, 7면.
104) 신기해, 「생명 또 앗아간 게임 중독」, 『한국일보』, 2005년 8월 9일, 8면.

한국정보문화진흥원 역기능센터에 따르면, 2005년 상반기 게임 중독 상담 실적이 6,271건에 이르러 올해 상담 실적은 1만 건을 넘어설 것으로 전망되었다. 게임 중독 상담은 2003년에는 2,243건이었지만 지난해 8,978건으로 4배 이상 늘었다. 한국정보문화진흥원은 "실제로 게임 중독을 겪는 사람의 극히 일부만이 상담 등 직접적인 구제 요청을 해온다는 걸 감안하면 실제 중독자는 이보다 훨씬 많다고 봐야 한다"며, "게임 중독이 의심되면 컴퓨터와의 접촉을 줄이고 다른 취미를 만드는 등의 노력이 필요하다"고 말했다.[105]

한국인은 호모 루덴스의 전형

게임이 '국민 산업'으로 예찬되는 사회 분위기에서 게임 중독을 예방하기는 매우 어려운 일일 것이다. 한국인 특유의 기질도 적잖이 작용했을 것이다. 중앙일보 디지털담당부국장 김일은 "지고는 못 배기는 근성은 세계 최고라 할 골프 열풍·도박 열풍·대학입시 과열 등을 불러왔고 바둑·스포츠·인터넷 게임 강국이 되게끔 했다"고 분석했다.[106]

게임 열풍은 '호모 루덴스'를 실증해 준다. 호모 루덴스(Homo ludens)는 '노는 인간' 또는 '놀이하는 인간'이다.[107] 한국인은 호모 루덴스의 전형이다. 호모 루덴스로서의 진면목·정수·극치를 보여준다. 일과 놀이를 구분하지 않았으며, 놀이에 신들림까지 가미해 목

---

105) 김상훈, 「인터넷 게임 중독 어른마저 '허우적'」, 『동아일보』, 2005년 8월 26일, A12면.
106) 김일, 「〈카트라이더〉와 승부근성」, 『중앙일보』, 2005년 6월 21일, 31면.
107) J. 호이징가, 김윤수 옮김, 『호모 루덴스: 놀이와 문화에 관한 한 연구』, 까치, 1981년.

숨을 걸다시피 하면서 놀면서 일하고 일하면서 노는 문화를 가꾸어 왔다. 그게 바로 게임을 '국민 산업'으로 만든 최대의 동력일 것이다.

온게임넷 게임해설가 엄재경은 "일본과 미국에서 콘솔 게임기(전문게임기기)가 인기지만 한국에서만 유독 온라인 네트워크 게임이 인기인 것에 주목할 필요가 있다"며, "신세대의 디지털 문화는 개인주의 속에 집단주의와 공동체 의식을 담고 있다"고 말했다.[108]

그러나 무엇이건 지나치면 순기능을 초과하는 역기능을 낳기 마련이다. 나는 왜 게임에 열광하는지 자문자답해보면서 게임의 노예가 아니라 게임의 주인이 되어 게임을 적당한 수준에서 즐길 수 있는 방안에 대해 생각해 보자.

108) 김재영, 「'코쿤족' 전문가 진단」, 『동아일보』, 2005년 11월 1일, A13면.

제4장 디지털 기술·산업

인터넷 최강 한국을 배워라

인터넷은 1969년 9월 2일 미국 캘리포니아대학 대학원생 스티븐 크로커(Stephen Crocker)와 빈튼 서프(Vinton Cerf)가 두 개의 컴퓨터를 연결한 걸 그 탄생 기원으로 친다.

출발은 늦었지만 세계의 인터넷 강국으로 떠오른 대표적인 나라가 바로 한국이다. 한국인들만 그렇게 주장하는 게 아니다. 오히려 외국인들이 더 떠들어 댄다. 서방 언론이 인터넷 강국으로서의 한국을 어찌나 많이 보도했던지 서방 언론에 약한 한국인들도 이제 웬만한 보도엔 눈 하나 깜짝하지 않고 오히려 시큰둥하게 생각한다.

영국의 『파이낸셜타임스』 2003년 10월 9일자는 「인터넷 최강 한국을 배워라」라는 제목의 기사에서 "초고속 인터넷 서비스 가구 보급률 세계 1위인 한국은 어떤 식으로 초고속 인터넷망을 확대하고 이를 통해 어떤 이득을 얻을 수 있는지를 잘 보여주는 사례로 다른 나라의 귀

감"이라고 보도했다. 이 기사에 따르면, 한국의 초고속 인터넷 서비스 가구 보급률이 70%를 넘는 데 비해 캐나다는 50%에 불과하고, 미국과 영국은 23%와 11%인데다 대부분의 이용자들이 여전히 전화 모뎀으로 접속하고 있다. 이 기사는 한국통신·다음·엔씨소프트 등을 예로 들면서 "대다수 국가들이 인터넷으로 이익을 내지 못하는 상황에서 한국은 인터넷을 이용해 흑자를 보기 시작했다"고 보도했다.[1]

한국 인터넷 예찬론은 2004년에도 계속되었다. 2004년 9월 미국의 경제전문지 『포천』은 "미국인들은 지난해부터 음악 파일 서비스에 감탄하고 있지만 한국에서는 이미 영화나 TV 쇼를 순식간에 다운받는 서비스가 시행되고 있다"며, 가정의 초고속통신망 보급률이 미국은 20%를 조금 넘는 수준인 데 비해 한국은 75%라고 지적했다. 이 기사는 한국의 독특한 인터넷 게임 문화와 고밀도의 아파트단지 생활형태를 성공요인으로 꼽았다. 미국은 교외주거지역의 특성상 인구밀집이 쉽지 않기 때문에 비용이 많이 들어 중산층 이하 가정까지 인터넷망이 보급되기는 어렵다는 것이다. 또 이 기사는 정부정책과 기업 간 경쟁도 중요한 성공요소 중의 하나라고 지적했다. 김대중정부의 과감한 규제완화와 적극적인 재정지원을 통해 인터넷과 통신 분야에 대한 투자를 촉진했고, 기업들은 치열한 기술경쟁을 통해 가격을 인하해 새로운 수요를 창출했다는 것이다. 이 기사는 "미래 디지털 세계에서 가장 막강한 영향력을 행사할 나라는 한국"이라고 결론지었다.[2]

노무현정권의 탄생마저도 인터넷 강국으로서의 면모를 유감없이

---

1) 김성규, 「"초고속 인터넷 보급의 귀감 코리아는 흑자를 내는 나라"」, 『동아일보』, 2003년 10월 10일, B5면.
2) 고성호, 「포천지 "한국, 디지털 최강국 될 것"」, 『한국일보』, 2004년 9월 14일, 6면.

보여준 것이라는 평가도 적잖이 나왔다. 그래서 한동안 노정권 지지 세력은 인터넷에 우호적이었고 반대세력은 인터넷에 적대적이었다. 뒤늦게 무언가를 깨달은 반대세력도 인터넷에 뛰어들어 '사이버 전쟁'을 선포하면서 열심히 싸우고 있긴 하지만 말이다.

인터넷 강국론 통계

인터넷 강국론을 뒷받침해 주는 최근의 몇 가지 통계들을 살펴보자.

2004년 12월 10일 한국인터넷진흥원이 출간한 「2004 한국인터넷통계집」에 따르면, 한국은 인터넷 이용자 부문에서 아이슬란드에 이어 세계 2위를 차지했다. 인구 1만 명당 세계 주요 국가 인터넷 이용자 수 조사(2003)에서 한국은 6,034명을 기록해 6,747명의 아이슬란드에 이어 2위였으며 3위는 스웨덴(5,730명), 4위는 미국(5,514명), 5위는 뉴질랜드(5,220명) 등이었다.

초고속 인터넷 보급에서는 한국이 계속 1위를 지켰다. 인구 100명당 초고속 인터넷 가입자 수 조사(2003년)에서는 한국은 23.17명, 다음으로 캐나다가 13.27명, 아이슬란드 11.22명, 덴마크 11.11명 등이었다. OECD 회원국 중 초고속 인터넷 서비스의 전체 인구 대비 보급률은 한국에서만 20%를 넘고 있으며 10%를 넘는 국가도 한국을 포함해 4개국에 불과했다. 그러나 정보보안 수준은 조사대상 50개 국가 중 28위였다.[3]

미국의 시장조사 기관인 이마케터(eMarketer)의 조사에 따르면,

---

3) 유회경, 「국내 인터넷 이용률 세계 2위 정보보안 수준은 28위」, 『문화일보』, 2004년 12월 10일, 14면.

2004년 말 현재 한국은 전체 가구의 73%가 고속 인터넷을 사용해 세계 1위를 고수했으며 그 뒤를 홍콩(59.1%)·대만(50.8%)·캐나다(42.7%)·네덜란드(41.3%)·일본(38.6%) 등이 따르고 있는 것으로 나타났다. 미국은 29.9%로 11위였다. 고속 인터넷 사용 가구 수로는 한국이 세계 4위를 차지했다.[4]

2005년 5월 29일 경제협력개발기구(OECD) 집계 결과, 한국의 2004년 말 기준 초고속 인터넷 보급률은 24.9%(인구 100명당 24.9명)로 회원국 중 최고였고 2001년부터 4년 연속 1위를 기록했다. 2001년 17.2%로 1위에 오른 한국은 2002년 21.8%, 2003년 23.8% 등 꾸준히 보급률이 증가 추세를 보이면서 1위 자리를 지켜왔다. 이어 네덜란드(19.0%)·덴마크(18.8%)·아이슬란드(18.3%)·캐나다(17.8%)·스위스(17.3%)·벨기에(15.6%)·일본(15.0%)·핀란드(15%)·노르웨이(14.9%)·스웨덴(14.5%)·미국(12.8%) 등의 순이었다. OECD 평균은 2003년 7.3%, 2004년 10.2%였다.[5]

2005년 1월 10일 KT는 광주 상무지구의 쌍용 금호아파트 202동 100가구에 초당 100메가비트(100Mbps)의 데이터를 송수신할 수 있는 광케이블을 설치해 WDM-PON(파장분할다중화방식 수동 광네트워크) 방식의 초고속 인터넷 시험 서비스를 시작했다. 국내에서 가정까지 광케이블이 설치된 것은 이번이 처음이었다. KT는 가정에까지 광케이블을 놓는 작업을 본격화해 2006년까지 20만 가구, 2009년까지 모두 175만 가구에 광케이블을 설치할 방침이다. 기존 초고속 인터넷망

---

4)「고속 인터넷 접속률 한국, 세계 1위 고수」,『내일신문』, 2005년 5월 24일, 1면.
5)「초고속 인터넷 보급률 4년째 세계 1위」,『한겨레』, 2005년 5월 30일, 14면; 주현진,「초고속 인터넷 보급률 한국 4년 연속 1위에」,『서울신문』, 2005년 5월 30일, 17면.

에 사용자가 한꺼번에 몰리면 데이터 전송속도가 떨어져 50Mbps 서비스의 실제 속도는 10Mbps 밖에 못 낼 때가 많았으나, WDM-PON 방식은 한꺼번에 아무리 많은 가입자가 몰려도 100Mbps의 속도가 유지된다. 이 방식의 서비스를 시작하는 것은 KT가 세계에서 처음이다.[6]

정보통신부 산하 한국인터넷진흥원이 2004년 12월에 실시한 '2004년 정보화 실태 조사'에 따르면, 전 국민의 70.2%에 해당하는 3,158만 명이 한 달에 한 번 이상 인터넷을 이용하고 있는 것으로 추정됐다. 연령대별 이용률은 6~19세 96.2% · 20대 95.3% · 30대 88% · 60세 이상 10.1% 등이었으며, 학력별로는 대졸 이상이 92.3%, 중졸 이하는 9.8% 등이었다.

정보통신부 산하 한국인터넷진흥원이 2005년 6월에 실시한 '2005년 상반기 정보화 실태 조사'에 따르면, 가구당 컴퓨터 보유율은 78.5%, 이 중 93.6%가 인터넷과 연결돼 있으며, 만 6세 이상 전 국민의 71.9%에 해당하는 3,257만 명이 한 달에 한 번 이상 인터넷을 이용하고 있는 것으로 나타났다.[7]

인터넷으로 무엇을 하는가

한국은 한때 '신용카드 강국'이었지만 '신용불량자 강국'으로 전락하는 데엔 오랜 시간이 걸리지 않았다. 혹 인터넷도 그 코스를 따라가는 건 아닐까? 아직까지 그런 의문을 제기하는 사람은 거의 없는 것 같다. 인터넷에 생업을 의탁하는 사람들의 수가 워낙 많아진 탓인지

6) 이희성, 「안방까지 초고속 광케이블」, 『중앙일보』, 2005년 1월 11일, 2면.
7) 이희성, 「2005 상반기 한국 정보화 수준은」, 『중앙일보』, 2005년 8월 11일, E3면.

'인터넷 예찬론'만 홍수를 이루고 있을 뿐 인터넷에 대한 문제제기는 비교적 희소하며 인터넷에 난무하는 욕설에 대한 개탄 수준이다.

인터넷에 대한 근본적인 문제제기는 극소수의 인터넷 전문가들에 의해 이루어지고 있다. 2004년 8월 다음커뮤니케이션 사장 이재웅은 "사람들한테 인터넷 할 줄 아느냐고 물어보면 대부분 할 줄 안다고 해요. 그럼 인터넷으로 무엇을 하냐고 물으면 잘해야 인터넷 뱅킹이고, 대부분은 뉴스 보고 고스톱 치고 메신저로 수다 떤다고 답합니다"라고 말했다.

이어 이재웅은 "과거에 회사에서 경쟁력을 높인다고 사원들한테 전부 휴대전화를 지급했더니 그 휴대전화로 일은 안 하고 전부 잡담이나 하고 있었다는 것과 다를 바 없죠. 인터넷으로 게임이나 하고 포르노나 보면서 IT 강국이라고는 할 수 없잖아요? 그런 측면에서는 우리의 IT 경쟁력은 오히려 미국 등 선진국보다 떨어지는 것 같아요. 이제 국민이 인터넷은 활용할 줄은 아니까 이것을 발전시켜 국가경쟁력 향상으로 연계시켜야 하는데 그것이 안 되고 있어요. 어떻게 보면 지금이 위기인 것이죠. 이 상태로 몇 년 지나면 한국의 IT 경쟁력은 없었던 것이 되겠죠"라고 개탄했다.[8]

안철수연구소 사장 안철수도 2004년 9월 기존의 '인터넷 강국론'에 근본적인 의문을 제기했다. 한국은 초고속 인터넷 보급률이 세계 1위이며 2위와의 격차도 엄청나게 벌어져 있기 때문에 겉보기엔 인터넷 최강국임에 틀림없지만 속을 들여다보면 좀 다르다는 것이다.

안철수는 "국내 초고속 인터넷 인프라를 구성하고 있는 장비를 살

---

8) 오효림, 「지난 10년의 추억 다가올 10년의 꿈: 포털사이트의 절대 강자 '다음'의 이재웅 대표」, 『월간중앙』, 2004년 9월, 237쪽.

"한국 IT시장 외국社 배불려줘"

안철수 사장 "핵심부품 의존도 커" 쓴소리

"한국은 외국 회사들에게 돈을 벌어주는 거대한 시장 노릇을 하고 있다."

대표적인 벤처기업인인 안철수(42·사진) 안철수연구소 사장이 9일 자사 홈페이지(www.ahnlab.com)에 연재중인 고정칼럼에서 '우리는 진정한 인터넷 강국인가'라는 제목의 글을 통해 국내 정보기술(IT) 업계를 향해 '쓴 소리'를 했다.

한국은 초고속 인터넷 보급률 세계 1위(100인당 23.33명)라는 사실 때문에 국내외에서 '인터넷 강국'으로 불리고 있지만, 이는 화려한 외형에 불과하며 실상은 속빈 강정에 가깝다는 것이 안 사장 칼럼의 요지.

그는 인터넷 산업의 높은 해외 의존도와 저열한 이용 문화를 문제점으로 지적했다.

안 사장은 "국내 초고속 인터넷 장비와 핵심 소프트웨어의 대부분이 외국산"이라며 "특히 서비스가 발전할수록 이러한 경향이 심해지고 있어 외국 업체들의 손쉬운 시장으로 전락했다"고 주장했다.

안 사장은 우리나라의 인터넷 이용 문화에도 일침을 가했다. 그는 "인터넷 사용시간은 세계 최고 수준이지만, 게임·채팅·음란물·동영상 교환이 상당수"라며 "축적된 오프라인 콘텐츠가 온라인으로 파생되는 해외의 인터넷 문화와 비교된다"고 덧붙였다.

그러나 관련업계의 의견은 다소 엇갈린다. 대부분 인터넷 업체들은 안 사장의 지적에 공감했지만, 인터넷 서비스를 제공하는 유·무선 통신 업체들은 '불쾌하다'는 반응을 보였다.

한 통신업계 관계자는 "초고속 인터넷 서비스 초기에는 외국산 장비의 비중이 높았지만 요즘은 국산 장비 비율이 더 높다"고 말했다.

이 관계자는 특히 "국내 서비스가 최첨단을 달리면서 기존 외국 장비로는 기술적 요구를 충족할 수 없어 독자 기술로 개발한 국산 장비가 100%인 분야도 많다"고 해명했다.

정철환기자 plomat@hk.co.kr

한국의 초고속 인터넷 인프라는 외국에 크게 의존하고 있다. 이는 휴대전화도 마찬가지다. 인터넷망의 속도와 규모가 커질수록, 휴대전화의 기능과 수출이 늘어날수록 부품과 관련 기술의 수입이 늘어나는 악순환이 계속된다. 『한국일보』 2004년 9월 10일.

퍼보면 거의 외국산"이라며, "이 중 국내 기술로 대처할 수 있는 것은 거의 없으며 속도가 빨라지고 용량이 커질수록 이러한 경향은 더욱 심화되고 있다"고 말했다. 또 그는 "장비뿐 아니라 핵심 소프트웨어도 대부분 외국산이기 때문에 심하게 표현하자면 우리는 인터넷망을 설치하고 운영하고 있을 뿐 외국 회사들에게 돈을 벌어주는 거대한 시장 노릇만 하고 있다"고 말했다.

안철수는 인터넷의 사용 행태에 대해서도 "사용시간은 세계 최고 수준이지만 내용면으로 보면 그렇지도 않다"며, "새로운 부가가치를 만들어 낸다기보다는 게임 · 채팅 · 음란물 · 동영상 교환 등 소비적인 측면이 주류를 차지하고 있다"고 지적했다. 그는 인터넷 콘텐츠의 문

제도 제기했다. 콘텐츠는 인터넷이 생긴 후에 만들어지는 것이 아니라 기존의 오프라인 콘텐츠로부터 경쟁력이 생기는데 기록문화 등 오프라인 콘텐츠가 부족한 게 한국의 실정이라는 것이다.[9]

예컨대, 미국 앨라배마주립대 신문방송학과 교수 김용찬과 일본 도쿄대 연구교수 정주영이 서울·싱가포르·타이베이 등 3대 도시 중학교 2학년생을 대상으로 조사한 인터넷 이용 실태 보고서에 따르면, 인터넷의 용도에 대해 서울 중학생의 47.6%가 '오락과 휴식' 매체로 꼽은 데 비해 싱가포르(28.4%)와 타이베이(17.9%)에서는 이 같은 응답자의 비율이 훨씬 낮았다.[10]

서울공대 학장 김도연은 한국 대학생들이 주로 게임과 채팅에 몰두하고 있는 현실을 개탄하면서, "인터넷이란 거미줄에 갇힌 많은 젊은 이들을 구해내야 하지 않을까? 거미는 거미줄에서도 자기가 가고 싶은 곳으로 자유롭게 움직이는 노하우가 있다. 인터넷을 생산적으로 이용하는 노하우를 가르치는 일은 이제 국가적으로 중요한 과제다"라고 말했다.[11]

한국은 통계상의 숫자 강국인가?

정종오는 인터넷 강국론과 관련, 한국은 통계상의 '숫자 강국'이라며, 그 이면에 가려진 '디지털 격차'의 문제가 심각하다고 지적했다.[12](제5장의 '디지털 격차란 무엇인가' 참고)

---

9) 유회경, 「"핵심장비·SW 외국 의존 커 한국, 인터넷 강국 아니다": 안철수 사장, 사회적 통념에 우려 표명」, 『문화일보』, 2004년 9월 9일, 14면.
10) 권대익, 「'정보의 바다' 인터넷이 한국 청소년엔 '오락바다'」, 『한국일보』, 2005년 2월 11일, 7면.
11) 김도연, 「인터넷서 젊은이를 구하자」, 『매일경제』, 2005년 10월 12일, A7면.

정보 보안 문제도 심각하다. 2005년 7월 영국의 권위지 이코노미스트 산하 조사연구 기관인 EIU와 세계적 IT 기업인 IBM이 세계 65개국을 대상으로 e-비즈니스 수준을 공동 조사해 발표한 내용에 따르면, 한국은 '인터넷 강국'이라는 평가가 무색할 정도로 18위 수준에 머물러 있는 것으로 나타났다. 이 조사는 한 국가의 비즈니스 환경이 얼마나 인터넷 기반에 잘 적응하는지를 평가해 순위를 매겼는데, EIU는 한국이 정보통신망은 방대하게 갖췄지만 네트워크 보안은 취약해 곳곳에서 단점을 드러냈다고 밝혔다. 상위 10개국은 ① 덴마크, ② 미국, ③ 스웨덴, ④ 스위스, ⑤ 영국, ⑥ 홍콩, ⑦ 핀란드, ⑧ 네덜란드, ⑨ 노르웨이, ⑩ 호주 등이다.[13]

한국일보 논설위원 황영식은 고용의 관점에서 '디지털 망국론'이라는 근본적인 문제를 제기했다. 그는 고용효과에 있어서 디지털 산업이 아날로그 산업의 5분의 1밖에 안 되는 사례를 하나 제시하면서 다음과 같이 주장했다.

"디지털 산업이 미래의 산업이라는 점은 분명하다. 미래에 대한 투자를 게을리 할 수는 없다. 그러나 나라 전체가 디지털, 디지털을 외치며 발밑을 살피지 않고 달려가서는 안 된다. 더욱이 디지털 산업이 본질적으로 안고 있는 고용효과의 한계를 생각하면 아날로그 산업의 중요성에 대해 새롭게 눈을 떠야 한다. 당장의 불황에서 벗어나는 데도 그렇고, 길게 보아서도 아날로그 산업이 뒷받침하지 않는 디지털 산업은 나라를 절망으로 이끄는 망상의 길이다."[14]

---

12) 정종오, 『인터넷 언론과 사이버 권력』, 아이뉴스, 2004년, 94~114쪽.
13) 박성준, 「IT 한국 e-비즈는 '한 수 아래'」, 『세계일보』, 2005년 7월 27일, 19면.

디지털 소돔과 고모라로 가고 있는가

인권 보호 및 윤리 수준도 아직은 낮은 편이다. 박길성은 2003년 정보 인권의 문제를 소홀히 하는 '과잉정보화'의 문제를 제기했다. 그는 한국의 경우 새로운 정보기술의 개발과 활용에만 관심을 집중시킨 나머지 정보화의 문화 의식에는 별다른 관심을 보이지 않았다고 지적했다.

"어린 학생들에게 컴퓨터과 인터넷의 기술적 사용법만 과도하게 가르쳐 주었지 정작 정보기술의 사용에 필요한 규범이나 윤리를 안내해 본 적이 별반 없다. 정보기술의 사용법에 관한 수없이 많은 책자와는 대조적으로 정보사회와 정보기술이 요구하는 책임 · 신뢰 · 참여와 같은 사회적 가치의 필요성을 담은 책자는 찾아보기 매우 어려운 실정이다. 우리의 경우 보다 선진 정보기술의 개방과 활용에 의한 경제 가치의 창출과 행정 효율성의 모색이 주요 관심사였다. 이런 점에서 맹목적인 기술경제 논리에 의한 과잉정보화를 경계하지 않을 수 없다. 제동장치 없이 굴러가는 기술경제 중심의 과잉정보화는 언젠가는 문화적 가치와의 불균형으로 인해 엄청난 대가를 치르지 않을 수 없다."[15]

캐나다 출신인 한양사이버대 교수 메릴린 시크는 "캐나다는 한국만큼 인터넷이 발전됐다고 할 수 없지만 사이버 윤리에 대한 사회적

---

14) 황영식, 「디지털 망국론」, 『한국일보』, 2004년 12월 24일, 27면.
15) 박길성, 『한국 사회의 재구조화: 강요된 조정, 갈등적 조율』, 고려대학교출판부, 2003년, 258쪽.

관심은 매우 높다. 초등학교 때부터 사이버 윤리를 교육하는 정규 수업시간이 편성돼 있다. 부모들은 자녀들을 유해 사이트로부터 차단하는 데에 엄격하다. 언론을 통한 '사이버 에티켓' 교육도 활성화됐다. 반면 한국은 눈부신 인터넷의 발달에 비해 사이버 윤리를 교육하는 데는 너무 인색하다. 인터넷과 휴대전화 사용에 필요한 도덕과 윤리는 기술적인 면에 못지않게 비중 있게 다뤄져야 하는데 한국은 단지 문제가 생기면 사후 수습에만 잠시 신경을 쓸 뿐이다. …… '사이버 윤리 강국' 으로서의 한국이 됐으면 한다"고 말했다.[16]

영화감독 강제규는 "문제는 인터넷 인구가 3,000만 명에 육박한 우리가 얼마만큼 이 미디어에 준비된 집단인가라는 점" 이라며, "지적재산권과 그 가치에 대한 몰이해와 불법 다운로드라는 파렴치한 행위에 대한 불감증 · 사이버 폭력 · 자살 · 살인 · 매춘 · 마약 · 집단성교 · 가정파괴에 이르기까지 우리들이 맞이한 사이버 월드는 결코 간단치 않다"고 말했다.

"앞으로 어떤 방식으로 얼마만큼 현실 세계의 정체성을 뒤흔들어 놓을지 모른다. 컴퓨터를 냉장고나 자동차 같은 문명의 이기 정도로 치부해서는 곤란하다. 현실 세상의 발전 속도를 추월해 훨씬 앞서가고 있는 사이버 세상에 대해 개념과 법률의 재정립은 물론, 개인 스스로도 속도 맞추기를 위한 자구노력이 어느 때보다 절실한 때라고 본다."[17]

---

16) 메릴린 시크, 「인터넷 강국(强國), 사이버 윤리 빈국(貧國)」, 『동아일보』, 2004년 12월 11일, 6면.
17) 강제규, 「사이버 세상과의 전쟁」, 『조선일보』, 2005년 2월 25일, 35면.

리즈경영컨설팅 대표컨설턴트 이해익은 한국은 산업화에는 뒤졌지만 정보화에는 앞서자고 지난 십수 년 발작적으로 몸부림쳐 온 결과 세계가 놀라는 업적을 이뤘지만 그늘도 크다고 말했다.

> "'정보의 바다'가 '범죄의 바다'라는 경고는 끊임없이 이어진다. '정보 윤리' 없이 IT 강국은 허상일 뿐이다. 따뜻한 디지털 세상 '유클린(u-Clean)'을 강조하는 목소리도 그만큼 높다. …… 지금 우리는 신세기의 자유와 상상 그리고 창조의 세계로 가고 있는가? 아니면 디지털 소돔과 고모라로 가고 있는가?"[18]

바로 이런 일련의 우려 때문에 인터넷에 대한 규제를 요청하는 목소리가 높다. '인터넷 실명제'도 그런 요청 중의 하나다. 그러나 근본적으론 인터넷과 한국인의 기질 사이에 존재하는 친화성으로 인해 발생하는 '소용돌이'에 한국 사회가 압도당하고 있기에 인터넷의 부작용은 숙명인지도 모른다. 한국인 특유의 '빨리빨리 문화', 새것이라면 사족을 못 쓰는 '새것 추구 신드롬', 민족 구성의 동질성으로 인한 평등주의와 그에 따른 '쏠림 문화' 등을 감히 누가 막을 수 있으랴.

---

18) 이해익, 「IT 강국인가, 인터넷 망국인가」, 『서울신문』, 2005년 6월 6일, 23면.

NHN의 네이버

한국의 인터넷 검색 역사는 10년에 이른다. 지금은 사라진 최초의 검색 엔진 '코시크'가 1995년 12월에 생겼고, 1996년에 최초의 상업적 검색 엔진 '심마니', 1997년에 '야후코리아', 1998년에 '네이버'가 서비스를 시작했다.

한국의 인터넷 검색 광고 시장은 2004년 2,160억 원에서 2005년 2,890억 원으로 커질 전망이며, 미국의 인터넷 기업 가운데 1·2위를 다투는 야후와 구글이 한국 시장에서 맞붙었다. 현재 한국의 검색 광고 시장을 독식하다시피 하고 있는 야후의 자회사 오버추어는 2003년부터 한국에서 본격적인 영업을 시작해 네이버나 다음 같은 국내 대부분의 포털사이트를 파트너로 잡았는데, 구글은 오버추어코리아와 한국 기업 간의 계약기간이 끝나 재계약을 해야 하는 2006년이 기회라며 벼르고 있다.

포털 시장 '춘추전국 시대'

검색 서비스 주도권 잡기 사활 건 경쟁…벤처 대 대기업 자본 대결 구도

죽느냐 사느냐. 2004년 여름, 인터넷 포털 시장이 요동하고 있다. 각 포털들이 새로운 서비스를 연달아 내놓고, 스포츠 신문 콘텐츠를 독점한 파란닷컴이 문을 열면서 포털들의 경쟁이 치열해지고 있다.

올 하반기 포털 업계의 최대 격전지는 지역 검색. 지역 검색 서비스는 지역 키워드를 입력하면 맛집·병원 등 업체 정보와 지도·교통 등 지역 관련 생활 정보를 제공한다.

예를 들어 '대학로 카페'라고 검색을 하면 해당 지역의 카페 정보가 지도·교통 정보와 함께 나온다.

지역 검색 시장에서 눈길을 끄는 것은 야후코리아다. 지난 8월30일 인터넷 분석업체 랭키닷컴은 야후코리아가 검색 서비스 방문자 수에서 다음을 근소한 차이로 앞질렀다고 발표했다. 랭키닷컴에 따르면, 8월 셋째 주 야후코리아 검색 부문의 하루 평균 방문자 수는 2백1만5천여명으로 3위인 다음(2백만5천여 명)을 1만명 차이로 앞섰다. 1위는 네이버(6백12만명). 3위와 4위는 엠파스(1백28만명)와 파란

웹 검색으로 시작된 포털들의 검색 전쟁은 지식 검색, 데스크톱 검색, 지역 검색으로 세분화된 이후 멀티미디어 동영상 검색 전쟁으로 다시 불붙었다. 『시사저널』 2004년 9월 16일.

한국의 포털사이트는 야후와 구글의 파트너인 동시에 경쟁자인 셈인데, 한국 업체들은 이들에 대해 '선점'과 '차별화'로 대응하고 있다. 한국 인터넷 검색의 양대 주자라 할 NHN과 다음커뮤니케이션 그

리고 새로운 도전을 하고 있는 엠파스의 활약을 살펴보기로 하자.

2000년 7월 인터넷 포털사이트인 네이버와 한게임의 합병으로 합병회사인 NHN이 탄생했다. NHN의 공동대표가 된 김범수의 성공 스토리는 한 편의 만화 같다. 서울대 산업공학과 86학번인 그는 졸업 후 삼성SDS에 다니면서 한양대 정문 앞에 '미션 넘버1' 이란 이름의 PC방을 냈다. 그게 1998년 6월이었다.

> "보증금 1억 2,000만 원에 70평짜리 3층 건물을 세냈습니다. 월 2부 이자의 사채까지 끌어다가 당시 최고 사양이었던 펜티엄급 PC 50대를 들여놓았습니다."

월 1,000만 원 정도의 순익이 떨어지는 '대박' 이었다. 그 해 9월 그는 삼성SDS에 사표를 던지고 2개월 후인 11월 7명의 직원과 함께 '한게임커뮤니케이션(주)' 을 차렸다. 그는 1999년 여름 PC방 사업을 정리하고 프로그램 개발에 전념했다. 1999년 12월 1일 '한게임' 상용 서비스가 시작되었다. 이 또한 대박이었다. 두 달 만에 일일 접속자 수가 10만을 돌파했고 투자제의도 30여 건이 쏟아져 들어왔다. 그 이후 순풍에 돛단 듯이 초고속 성장 가도를 달렸다. 2001년 3월 한게임의 부분 유료화에 성공했고 2002년 10월 코스닥 입성했으며 2004년 8월 NHN의 방문자 수가 다음을 제치고 1위에 오르는 등 계속 경사가 터졌다.[19]

네이버와 한게임으로 '검색 1위', '게임 포털 1위' 의 자리를 굳히고

---

19) 박상주, 「'인터넷 금맥' 찾아 끝없는 도전: 미래를 보는 경영자 김범수 NHN 대표이사 사장」, 『문화일보』, 2005년 8월 16일, 26면.

있는 NHN은 인터넷 업계 최초로 2005년 2분기 매출이 800억 원을 넘어 830억 원, 영업이익 308억 원을 기록했다. 전체 매출 중 절반(47.9%)가량 되는 398억 원이 검색 관련 키워드 광고 등에서 발생했고, 게임(209억 원)과 광고(146억 원)가 뒤를 이었다. NHN재팬은 1분기 대비 7% 성장, 중국 게임 포털 롄중은 1분기 대비 4.1% 감소하는 등 해외 사업은 명암이 엇갈렸다. NHN 사장 최휘영은 "우리는 온라인 게임 유료화를 세계 최초로 시도하고, 키워드 광고도 구글과 거의 동시에 시작하는 등 독자적인 수익 모델을 창출해 왔다"고 말했다.[20]

경영전문지 『월간CEO』가 2004년도 사업보고서에 나타난 코스닥 100대 기업의 사내 등기 임원과 직원들의 평균 연간 급여를 조사한 결과, NHN 사내 등기 임원들이 평균 연봉 3억 7,700만 원으로 가장 높은 소득을 올린 것으로 나타났다.[21]

촘스키로부터 자극받은 다음의 탄생

『세계일보』 2005년 8월 10일자는 "인터넷 업계의 '토종 쌍두마차'인 NHN과 다음커뮤니케이션이 해외 투자 때문에 속앓이를 하고 있다"고 보도했다. 다음의 '라이코스 망령'은 널리 알려진 사실이지만, NHN도 해외 시장에서 고전하긴 마찬가지라는 것이다. 일본 법인은 2분기 50억 원의 마케팅 비용을 쏟아부었으나 영업이익은 2억 9,000만 원으로 전 분기 21억 원보다 대폭 줄었으며, 1년 전 1,000억 원을 들여 인수한 중국 게임 포털 롄중도 매출액이 4.1% 준 16억 5,500만 원에

---

20) 서수민, 「NHN, 업계 첫 800억대 분기매출」, 『한겨레』, 2005년 8월 4일, 14면.
21) 권혁주, 「NHN 임원 연봉 코스닥 '최고'」, 『중앙일보』, 2005년 9월 29일, E3면.

그쳤다는 것이다. 다만 NHN의 경우 한게임과 네이버 등을 해외로 가져가면서 많은 부분 현지인 입맛을 바꿔온 점에 비춰 비교적 '현지화 전략'이 기대된다는 전망도 있다는 것이다.[22]

NHN의 라이벌인 다음커뮤니케이션의 성장사도 한 편의 드라마를 방불케 한다. 1995년 3명으로 시작한 다음은 이제 250여 명의 외국인을 포함한 2,000여 명의 사원을 거느린 대형 회사로 초고속 성장했다. 2005년 3월 8일 다음커뮤니케이션의 사장 이재웅은 "올해는 사업구조 혁신을 통해 매출 5,000억 원대, 판매총액 1조 원대의 글로벌 미디어 기업으로 성장할 것"이라는 원대한 비전을 선포했다.[23]

'다음'은 다음(多音)이다. 연세대 전산학과와 대학원을 나온 이재웅이 프랑스 유학(파리 6대학 인지과학)을 통해 '다양한 문화'에 매료되면서 '다양한 소리의 조화'를 위해 '다음'이라는 회사명을 생각해 낸 것이다. '다음카페'도 그의 프랑스 유학의 산물이었다.

"프랑스에는 카페가 많지 않습니까? 다양한 사람들이 카페에 모이고요. 신문을 읽는 사람, 체스 두는 사람, 그냥 멍하니 앉아 있는 사람……. 복합적인 문화공간이지요. 프랑스에서 익힌 다양성이 카페 수 500만 개 돌파를 앞둔 '다음카페'를 만들어 낸 원동력입니다."[24]

이건 이해가 되는데, 이재웅이 프랑스 유학 시절 영화로 본 노엄 촘

---

22) 황현택, 「"해외 네티즌 입맛 생각보다 까다롭네": 토종 포털 쌍두마차 NHN·다음」, 『세계일보』, 2005년 8월 10일, 16면.
23) 정호재, 「인터넷 왕국 '다음' 안개 속 미래」, 『주간동아』, 2005년 3월 22일, 72~73면.
24) 정선구, 「500만 '다음카페' 에너지는 다양성: 이재웅 다음커뮤니케이션 사장」, 『중앙일보』, 2004년 11월 5일, E11면.

스키의 일대기가 다음을 세우게 된 원동력이 되었다는 건 뜻밖이다.

"촘스키는 독립적이고 비영리적인, 그리고 누구나 참여할 수 있는 새로운 미디어를 제시했어요. 바로 이거라고 생각했죠. 사람들과 역동적인 커뮤니케이션을 하는 일을 해야겠다고 생각했어요. 그래서 지금도 회사의 비전은 사람과 사람, 사람과 사회의 커뮤니케이션을 실현하는 인터넷 세상을 만드는 것입니다."[25]

오늘날의 다음이 과연 좌파 무정부주의자인 촘스키의 뜻에 합당한 것일까?

이재웅의 원대한 비전 선포와는 달리 다음커뮤니케이션의 전망은 밝지 않다. 다음커뮤니케이션은 2004년 171억 원의 적자를 기록했으며 순방문자 수나 페이지뷰 순위에서 1위 자리를 경쟁업체에 내주었다. 다음이 야심작으로 추진한 1인 미디어 '플래닛' 도 싸이월드와 네이버 블로그에 뒤져 3위에 머무르고 있다. 삼성증권이 다음커뮤니케이션의 2005년 순손실을 357억 원으로 전망한 가운데 KT의 다음커뮤니케이션 인수가 가시화되었다. 다음커뮤니케이션이 적자를 면치 못하는 원인으로, 검은 개 심벌로 유명한 미국 포털사이트 라이코스 인수와 다음다이렉트자동차보험 경영 악화가 꼽히고 있다. 다음커뮤니케이션은 2004년 10월 9,500만 달러를 주고 미국 라이코스를 인수했지만, 라이코스는 2004년 대규모 적자를 낸 데 이어 2005년에도 5,000만~6,000만 달러의 적자를 기록할 것으로 전망되었다.[26]

---

25) 이현, 「"인터넷에 푹 빠졌더니 어느새 No. 1": 이재웅 다음커뮤니케이션대표」, 『동아일보』, 2003년 8월 13일, A14면.

학자적 성향을 지닌 이재웅이 평소 "인터넷은 미디어다"라는 소신을 갖고 있는 데다 본인이 게임에 별 관심이 없어 게임 산업을 포기한 것이 수익 모델 부재로 이어져 다음의 미래를 어둡게 만들었다는 지적도 있다.[27]

엠파스의 도전

1999년 '야후에서도 못 찾으면 엠파스'라는 도발적인 구호를 내세우며 업계에 회오리바람을 몰고 왔던 엠파스의 영문 명칭 empas는 E-media와 Compass의 합성어로 '인터넷 나침반', '인터넷 활용의 길잡이'를 뜻한다.

엠파스는 2005년 5월 31일 엠파스뿐만 아니라 네이버·다음·야후·인터파크 등 인터넷에 있는 모든 정보를 찾아주는 '열린검색' 서비스를 시작한다고 밝혀 논란을 빚었다. 엠파스 사장 박석봉은 "인터넷은 원래 열린 공간임에도 불구하고 마치 PC 통신처럼 포털의 자체 데이터베이스를 중심으로 검색하는 '닫힌 검색' 형태였다"면서, "열린검색을 이용하면 각 사이트를 돌아다닐 필요 없이 정확하고 풍부한 정보를 한 번에 찾을 수 있다"고 설명했다.

이에 대해 특히 지식검색으로 업계 70% 이상을 점유하고 있는 네이버 등 경쟁사는 상도의와 저작권 문제를 언급하며 법적 대응까지 검토하겠다고 나섰다. 네이버 측은 "네이버 이용자들이 생성해 낸 정보를 동의도 받지 않고 무작위로 다른 사이트에 퍼 넘기는 것은 저작권

---

26) 이철현, 「통신 공룡 KT '다음' 인수 노린다」, 『시사저널』, 2005년 7월 26일, 14~18면.
27) 정호재, 「인터넷 왕국 '다음' 안개 속 미래」, 『주간동아』, 2005년 3월 22일, 72~73면.

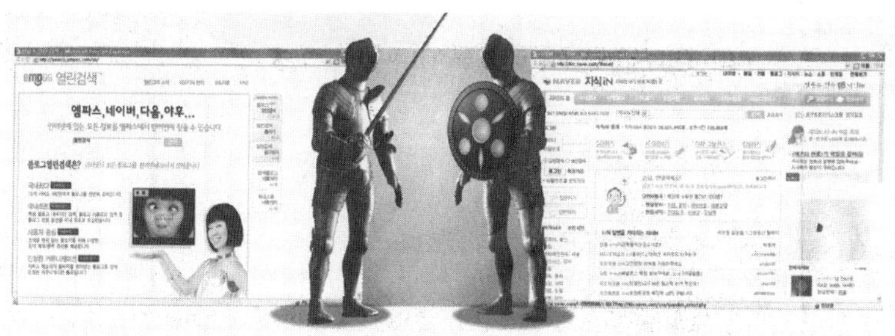

엠파스, 他포털 지식정보 연결 ↔ 네이버, 검색주소-시스템 변경

누리꾼들 "누굴 위한 전쟁이냐"

"신당동 떡볶이 중 가장 맛있게 하는 진짜 원조 집은?", "일반 상대성이론과 특수 상대성이론의 차이는?"

사람들은 더 이상 두툼한 백과사전을 뒤지지 않는다. 각종 정보를 찾기 위한 인터넷 검색은 일상

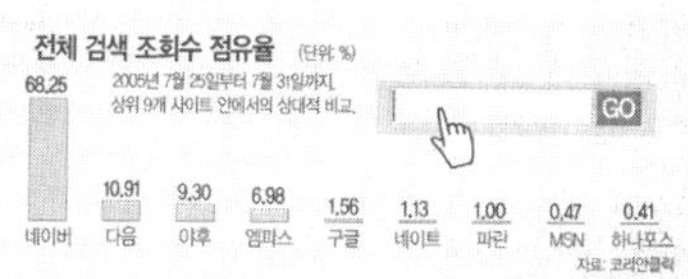

요 포털 사이트는 누리꾼끼리 묻고 답한 정보를 그대로 보여 주는 '지식검색'류 정보가 주류를 이루는 것이 특색이다. 검색 서비스 중 지식검색이 발달한 나라는 한국뿐이다.

누리꾼 이태훈(31·회사원) 씨는

열린검색과 지식검색의 싸움에 대해 한 네티즌은 "지식검색이나 블로그에 있는 정보 자체가 누리꾼들이 자발적으로 만든 것 아니냐"며, "포털사이트들이 자신들의 정보인양 전권을 휘두르는 것을 이해할 수 없다"고 말했다. 일부 네티즌은 네이버가 열린검색을 차단하기 위해 검색 주소를 바꾸고 시스템을 변경하는 과정에서 개인 블로그에 연결됐던 많은 정보들이 사라졌다고 불평했다. 『동아일보』 2005년 8월 10일.

침해 소지가 있다"면서, "검색 업체는 일부 데이터에 대해 외부 업체가 함부로 퍼가지 못하도록 막아놓는데 엠파스 측이 사전 요청 없이 우리 자료를 가져가는 것은 상도의적으로도 문제"라고 주장했다. 네이버는 또 열린검색은 기술적으로 적용 가능한 서비스지만 상도의적 문제 때문에 시행하지 않았을 뿐이라고 설명했다.[28]

이에 대해 엠파스는 "네이버의 사용자 생성 콘텐츠와 지적재산권

---

28) 유주연, 「엠파스 '열린검색' 파문」, 『매일경제』, 2005년 6월 1일, A19면; 이경전, 「"열린검색 앞선 기술로 정면 승부"」, 『주간동아』, 2005년 7월 5일, 66~67면.

은 네티즌에게 속하기 때문에 열린검색은 문제될 것이 없다"며, "또 링크를 걸어놔 클릭이 될 경우 해당 사이트로 이동하기 때문에 지적재산권에 위배되지 않는다"고 주장했다. 또 네티즌들에게 편리하게 정보를 제공한다는 점에서 당연히 제공해야 할 책임이 있다는 것이다.[29]

인터넷 조사 기관인 코리안클릭에 따르면, 네이버의 2005년 4월 방문자 수는 2,414만 명, 페이지뷰(웹페이지를 열람한 건수)는 33억 2,737만 건으로 경쟁업체들을 압도했으며, 다음커뮤니케이션과 야후코리아가 각각 2·3위를 차지했다. 5위 업체인 엠파스는 DB 확보 비용을 감당할 수 없게 되자 아예 경쟁사의 DB를 이용하겠다고 나섰다는 관측도 있다. 2005년 4월 말 현재 페이지뷰 기준으로 네이버는 점유율이 68.0%인 반면 엠파스는 6.9%까지 하락했으며, 2005년 1분기 네이버의 검색 광고 매출은 329억 원이지만 엠파스는 42억 원이었다.[30]

엠파스 주가는 2005년 6월 1일 8.53% 급등한 4,515원으로 마감하면서 지난달 16일 2,910원에서 2주 만에 55% 뛰어올랐다. 그러나 대신증권 연구원 강록희는 "열린검색이 네이버에 미치는 부정적인 영향은 거의 없을 것"이라며, "이는 네이버 지식검색의 높은 만족도와 편리한 UI(User Interface)·검색 정확도·속도가 여전히 검색 업계 최고 수준을 유지하고 있기 때문"이라고 분석했다.[31]

2005년 8월 18일 엠파스는 다양한 동영상을 쉽게 찾아볼 수 있는 '동영상 검색 서비스'를 시작한다고 밝혔다. 검색창에 '박지성', '사우디전' 등을 입력할 경우 축구선수 박지성의 골 장면이나 사우디전

---

29) 유회경, 「저작권 싸고 '으르렁'」, 『문화일보』, 2005년 6월 2일, 15면.
30) 김민구, 「인터넷 포털 '검색 전쟁'」, 『조선일보』, 2005년 6월 1일, B4면; 이홍동, 「엠파스 '열린검색' 네이버 위협?」, 『한겨레』, 2005년 6월 3일, 21면.
31) 이창훈·유주연, 「'전운 감도는' 인터넷 업계」, 『매일경제』, 2005년 6월 2일, A18면.

관련 뉴스 등의 동영상을 검색해 주는데, 한 장면을 축소한 작은 그림과 함께 화면 크기 · 화질 · 재생시간 등의 정보도 표시돼 원하는 동영상을 쉽게 고를 수 있다는 것이다. 이 서비스를 위해 엠파스는 영화예고편 · 뮤직비디오 · 스포츠 명장면 등 7만여 건의 동영상을 확보했으며, 저작권 문제를 우려해 방송이나 영화 전체가 아닌 2분 내외의 짧은 장면이 대부분이다. 지금까지 동영상 검색 서비스를 선보인 업체는 미국의 인터넷 기업인 구글과 야후뿐이라고 한다.[32]

2005년 10월 초순 엠파스의 시장점유율이 7.67%로 늘어나면서 순위도 5위에서 3위로 뛰어 올랐다.

엠파스 사장 박석봉은, 네이버가 67% 이상으로 사실상 독점적 지배 체제를 구축한 검색 서비스 시장 판도가 단기간에 변화할 수 있겠느냐는 물음에, "지난 5년 동안 인터넷 포털 업계 1위 업체가 야후에서 다음으로 다시 네이버로 세 번이나 교체되지 않았느냐"고 반문했다.[33]

야후코리아도 동영상 검색 서비스에 뛰어들었다. 2005년 10월 12일 야후코리아는 동영상 검색 서비스 '야미(Yammy)'를 발표했다. 야후코리아는 "야미는 국내에서 유일하게 전 세계 인터넷에 퍼져 있는 모든 동영상을 검색해 주는 강력한 도구"라며, "인터넷을 샅샅이 뒤져 자료를 찾아오는 웹 크롤링 기술을 적용했다"고 말했다. 야후코리아에 앞서 엠파스와 드림위즈가 동영상 커뮤니티인 판도라TV와 제휴를 맺고 동영상 검색 서비스를 론칭했지만, 검색기술에 기반한 멀티미디어 검색 서비스는 야후코리아가 처음이라는 것이다. 야후코리아는 텍

---

32) 김상훈, 「점점 멀어지는 TV: 국내서도 인터넷 동영상 검색 서비스」, 『동아일보』, 2005년 8월 19일, A8면.
33) 이창훈, 「"검색 점유율 상승 내년엔 흑자 낼 것": 박석봉 엠파스 사장」, 『매일경제』, 2005년 10월 20일, A21면.

스트나 이미지보다 영상에 민감하며 포털에서 편의성보다는 재미를 찾는 국내 네티즌들의 취향을 고려할 때 멀티미디어 검색 서비스는 향후 검색 서비스의 헤게모니를 장악하는 데 중요한 수단이 될 것이라고 주장했다.[34]

또 '첫눈' (www.1noon.com)은 원하는 검색어를 입력하면 결과물이 분야별로 자동 분류되는 '스노랭크' 라는 기술을 선보였다. 예를 들어 '월드컵' 을 검색하면 지역예선 · 역대대회 · 컴퓨터게임 · 조직위원회 · 관련 선수 등 검색어에 해당하는 결과물이 분야별로 정렬돼 필요한 검색 결과를 쉽게 찾을 수 있다는 것이다.[35]

NHN이 운영하는 네이버는 국내 포털로는 처음으로 데스크톱을 검색하는 '내 PC 검색' (mypc.naver.com) 서비스를 2005년 10월 27일 시작했다. 데스크톱 검색은 인터넷 정보 검색은 물론 사용자의 PC에 저장돼 있는 문서나 이메일 · 사진 등까지 찾아준다. 그동안 구글 · 야후 · MSN 등 해외 업체만 이런 데스크톱 검색을 서비스해 왔으나, 네이버는 보안성 강화를 장점으로 내세웠다.[36]

검색 시장의 어두운 전망

인터넷 검색은 각국의 고유한 문화와 연계돼 있기 때문에 '세계 최강' 이라고 해서 어느 지역에서건 1등을 할 수 있는 건 아니다. 구글이 세계 최강임에도 불구하고 국내 검색 시장에선 8위(2005년 6월 현재)

---

34) 윤선영, 「포털 멀티미디어 검색 시대 '활짝'」, 『스포츠서울』, 2005년 10월 15일, 13면; 최연진, 「이색 검색 서비스 "눈에 반하게 하라"」, 『한국일보』, 2005년 10월 19일, 18면.
35) 최연진, 「이색 검색 서비스 "눈에 반하게 하라"」, 『한국일보』, 2005년 10월 19일, 18면.
36) 장정훈, 「 '내 PC 검색 서비스' 나왔다」, 『중앙일보』, 2005년 10월 28일, 16면.

에 뒤처져 있는 것도 바로 그런 이유와 무관치 않다.

구글의 고전과 관련, 구글의 검색력이 빼어나다는 점에 대해선 동의하지만 커뮤니티에 기반을 둔 검색 서비스 경향에 익숙해진 국내 사용자를 유인할 만한 정도는 아니라는 분석이 제기되었다. 검색 업계의 한 관계자는 "웹문서 검색에 공을 들이는 구글의 검색이 다른 검색과 차별성이 있다는 점에는 높은 점수를 줄 만하다"면서도 "다소 산만한 구글의 검색 결과는 국내 사용자의 접근을 막는 장애 요인이 되고 있다"고 주장했다.[37]

언어의 장벽도 만만치 않다. 엠파스 사장 박석봉은 "구글이 영어 검색으로는 최고일지 모르나 한글 검색에서는 엠파스를 따라올 수 없을 것"이라고 자신했다.[38]

그러나 동시에 바로 그런 이유 때문에 인터넷 검색 시장의 전망을 어둡게 보는 시각도 있다. SK커뮤니케이션즈 대표 유현오는 "키워드 검색 시장 쟁탈을 위한 국내 포털의 검색 전쟁은 소모전일 뿐"이라고 잘라 말했다. 지극히 한국적인 특성에 기인한 국내 검색 서비스가 기반을 글로벌로 확장하는 것은 사실상 불가능하며, 따라서 글로벌 경쟁력을 확보하지 않으면 지속 성장이 불가능한 인터넷 기업의 특성상 국내 검색 시장의 성장 또한 제한적일 수밖에 없다는 것이다. 현재는 국내 검색 포털들이 구글식 인터넷 비즈 모델인 키워드 광고의 수혜자로 급성장하고 있지만 2~3년 후의 비전이 보이지 않는다는 것이다.[39]

포털피해자모임 대표 변희재는 국내 검색 업체가 자랑하는 경쟁력

---

37) 유회경, 「세계 최강 '구글' 한국선 맥 못 춰」, 『문화일보』, 2005년 6월 27일, 16면.
38) 김상훈·홍석민, 「구글 "검색 광고 야후 독식 그만!"」, 『동아일보』, 2005년 6월 2일, B3면.
39) 윤선영, 「"싸이의 글로벌 기업화 지금부터": SK커뮤니케이션즈 유현오 대표」, 『스포츠서울』, 2005년 6월 6일, 11면.

을 전혀 다른 곳에서 찾았다. 그는 미국의 야후나 구글을 검색해 보면 매우 단조로우며 한국의 포털과 같이 수많은 콘텐츠를 서비스하지도 않고 블로그와 카페 서비스도 없다고 지적하면서, "미국의 포털사에서는 기술력이 부족해서 그랬을까?"라는 질문을 던졌다.

"미국의 언론사 'LA타임스'는 토론방을 개설했다가 불법 명예훼손 게시물이 올라오자 토론방 자체를 폐쇄시켰다. 미국은 한국과 달리 민사소송에서 징벌적 손해배상을 받아주기 때문에 민사소송에서의 손해배상액이 수천억 원에 달할 수도 있다. 만약 야후닷컴이나 구글닷컴이 한국의 네이버나 다음처럼 운영했다면, 아마도 조 단위의 손해배상액을 물으며 회사문을 닫아야 했을 것이다. 이런 미국의 명확한 법체계 때문에 미국의 포털은 자사의 회원들이 무차별적으로 콘텐츠를 올릴 수 있는 블로그나 카페 시스템을 도입하지 않았던 것이다."[40]

나는 검색한다, 고로 나는 존재한다

기업가들은 시장의 전망에 관심을 기울이지만, 지식인들은 인터넷 검색이 지식 획득의 방식에 미치는 영향에 주목하고 있다. 서울공대 학장 김도연은 "지식은 인터넷을 통하여 찾을 수 있는 것만이 아니다. 궁극적으로 지식은 창출해 내는 것이며 그런 능력은 고독하고 끈질긴 사고 속에서 길러지는 것이다. 인터넷이 우리 젊은이들에게서 깊이

---

40) 변희재, 「포털사이트, 왜 문제인가?」, 『열린미디어 열린사회』, 2005년 가을, 169~170쪽.

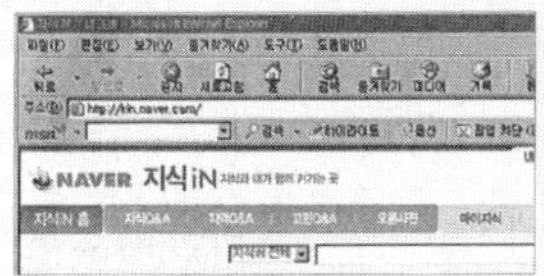

지식유통구조 근본이 바뀌고 있다

지식 유통구조의 근본이 바뀌고 있다. 인터넷 지식검색 열풍 때문이다. 인터넷 순위 사이트인 '랭키닷컴'(www.rankey.com)의 집계에 따르면, 대표적 지식포털 사이트 '네이버 지식iN'의 주간(7월 11~17일) 방문자수가 사상 처음으로 238만명을 넘어섰다. 같은 기간 '엠파스 지식거래소'는 33만여명, '야후 지식검색' 29만여명, '네이트 지식뱅크' 7만여명 등의 방문자수를 기록해 역시 기존 기록을 갈아치우거나 상승세를 이어갔다.

이런 추세는 인문사회과학을 포함한 고급·전문지식 서비스 개척으로 이어지고 있다. 이윤을 좇는 시장의 논리는 생활상식 무료문답이 아닌 새로운 수익창출 모델을 찾았고, 그 결과 그동안 접근성이 떨어졌던 '상아탑'의 지식을 인터넷

논문·리포트 등 '상아탑 지식'도 인터넷 거래 지식권력의 독점적 지위가 와르르… "학문에 대한 진지함과 성실함의 실종" 우려도

나라 네티즌들의 입금액이 결정하는 시대가 머지않았다는 관측은 더 이상 허황된 이야기로 들리지 않는다.

이화여대 문헌정보학과 박주범씨의 연구는 이와 관련해 흥미로운 통계를 보여준다. '지식검색 서비스에 관한 이용연구'를 주제로 최근 제출한 석사학위 논문에서 박씨는 "지식검색 질문에 대한 답

인문학계에 번지는 우려는 학문에 대한 '진지함과 성실함의 실종'이다. 지식·교양을 인스턴트 식품처럼 접하는 세대가 학문의 희열이나 가치를 제대로 경험할 수 있겠느냐는 것이다.

그러나 지식검색 시대가 '지식 권력'의 독점적 지위를 무너뜨리고 오히려 지식사회 전반의 발전에 중대한 기여를 할 것이라는 기대도 적지 않다. '지적 권위'의 상징으로 통했던 〈브리태니커〉에 맞서 네티즌들이 직접 온라인 백과사전인 〈위키피디아〉를 만든 것은 대표적 사례다. (〈한겨레〉 29일치 1면)

홍윤기 교수(동국대)는 "지식검색을 통한 시민적·대중적 참여가 기존의 '지적 독점구조'를 해체하는 것을 넘어, 학자들의 지적 오만함까지 깨고 있다"며

검색 서비스의 발달로 인해 지식이 기억의 대상에서 검색의 대상으로 전락할 수도 있다는 우려의 목소리가 있다. 검색 가능한 지식의 범위와 깊이는 분명 한계가 있다. 『한겨레』 2004년 7월 30일.

생각하는 능력을 빼앗고 있지 않은가 염려된다"고 말했다.[41]

정보 폭발로 인해 검색 서비스는 제2, 제3의 검색 서비스를 낳게 될 것이다. 검색 정보·지식의 양이 너무 많아 한두 단계 더 걸러주는 서비스가 각광을 받게 되리라는 것이다. 호주 시드니에 본부를 둔 렉시(www.lexxe.com)가 2005년 10월부터 선보인 '즉답형 검색 엔진'도 바로 그런 서비스의 일종이다. 이 서비스는 아직 초기 단계로 제대로 가동되고 있진 않지만 검색어가 들어 있는 정보를 무더기로 보여주는 기존 검색 엔진과는 달리 질문에 대한 답을 바로 찾아준다.[42]

그러나 이후 더욱 진보하게 될 이런 종류의 서비스는 지식 획득 방식에 대한 의문을 더욱 깊게 할 것이다. 특히 대학의 고민이 깊다. 일

---

41) 김도연, 「인터넷서 젊은이를 구하자」, 『매일경제』, 2005년 10월 12일, A7면.
42) 최형규 · 이희성, 「즉답형 검색 엔진 lexxe.com 나왔다」, 『중앙일보』, 2005년 10월 26일, 1면.

부 교수들은 검색 서비스 덕분에 학생들의 리포트가 표절로 넘쳐나는 것을 개탄하는가 하면 지식이 기억의 대상에서 검색의 대상으로 전락하는 게 아니냐고 우려하기도 한다. 검색 가능한 지식의 범위와 깊이엔 명백한 한계가 있음에도 불구하고 검색 포털을 지식의 보고(寶庫)로 여기게 되는 것도 문제다. 각종 매체들이 인기 검색 순위를 발표하는 등 정보의 쏠림 현상을 부추기고 있기에 더욱 그렇다.

이제 그간 개인적으로 수행해 오던 최소한의 자기 검색 기능(개인 차원의 정보·지식 관리)마저 인터넷에 넘겨주게 되었다. 손쉽게 검색할 수 있는 정보·지식이 흘러넘치기 때문에 어디에 관심을 둬야 할지 모르는 이른바 '과잉의 역설'도 발생할 것이다. 전통적인 기억 기능의 일부도 인터넷과 휴대전화에 양도하게 될 것이다. 그러나 우리 시대의 삶의 문법 중의 하나는 "나는 검색한다, 고로 나는 존재한다"임을 어찌 부정할 수 있으랴. (제5장의 '디지털 치매란 무엇인가'를 참고할 것)

MP3 산업은 어떻게 경쟁하나

레인콤의 아이리버 vs. 애플의 아이팟

MP3(MPEG Audio Layer-3)는 MPEG(Motion Picture Experts Group: 동영상을 부호화하는 방법을 이용해서 표준을 정하는 것을 목적으로 하는 동화상 전문가 그룹)에서 규정한 고음질 오디오 압축 기술로 음반 CD에 가까운 음질을 유지하면서 일반 CD의 50배로 압축이 가능하다.

1997년 새한미디어(현 엠피맨닷컴)가 세계 최초로 MP3 플레이어를 내놓은 이후 한국은 2000년까지만 해도 세계 1위 자리를 지켰으나, 애플컴퓨터가 2001년 아이팟(iPod)을 내놓은 이후 시장 주도권을 잃어 2004년에는 한국 업체들의 시장점유율이 20%대까지 떨어졌다.

MP3 플레이어 제국의 주역이었던 벤처 기업 레인콤(아이리버)의 국내 시장점유율도 70%에서 40%대로 떨어졌고, 2004년 순이익 435억 원에서 2005년 1/4분기 당기순손실 13억 원을 기록했다. 이는 MP3 플레이어 시장에 삼성전자 · 소니 · 필립스 · 델 등 글로벌 IT 공룡들이

우리나라 소비자들은 음악 재생의 단순한 기능보다는 '다기능'을 선호하는 편이다. 그래서인지 '아이팟' 사용자들은 강한 동류의식을 느낀다고 한다. 『한겨레21』 2005년 4월 5일.

뛰어들었기 때문에 빚어진 결과다. 세계 MP3 플레이어 시장이 애플·소니·삼성전자의 3파전으로 압축될 것이라는 주장마저 제기되었다.

애플의 '아이팟(iPod)'은 2005년 1월부터 한국 시장을 공격적으로 파고들어 2005년 5월에 시장점유율 10%를 기록했다. 한국사이버대학 교수 곽동수는 "레인콤은 규모에 비해 잘해왔지만 아쉬운 점도 적지 않다. 사내 슬로건을 '아이팟 죽이기'로 내세운다거나 아이팟을 모방한 제품을 내놓는 것은 제살 깎기나 다름없다"고 꼬집었다.[43]

곽동수는 한국은 MP3 플레이어 선진국임에도 세계 시장점유율 1위의 자리를 애플의 아이팟에게 내준 건 아이팟의 기능이나 디자인 때문이라기보다는 애플이 잘 되기를 바라는 회사들이 너무도 많다는 점에 있다고 지적했다.

---

43) 안은주, 「'MP3 제국'에 해는 지는가」, 『시사저널』, 2005년 6월 21일, 54~56면.

　　"일단 수많은 아이팟용 액세서리를 만들어 내는 회사들은 아이팟 한 대 팔릴 때마다 자기네 제품이 팔릴 시장이 커간다는 기대감에 성원을 아끼지 않는다. 휴대 케이스·차량 연결 장치·이어폰에서 청소용품까지 1,000여 가지에 달하는 아이팟 액세서리는 사용자들에게 다른 MP3에서는 발견할 수 없는 만족감을 제공한다. …… 이에 못지않게 중요한 원군은 가수와 음반제작사들이다. 수익분배를 가수와 음반사 중심으로 진행하며 거의 이득을 취하지 않는 애플사의 아이튠스 뮤직 스토어는 이들의 전폭적인 지지를 받고 있으며, 불법 시장에 있던 사용자들의 상당수를 양지로 이끌어 냈다. 이미 4억 곡이 넘은 온라인 음악 판매가 이를 입증하는 사례라고 할 수 있다."[44]

　　곽동수는 국내 업체들이 애플사의 그런 방식을 도입하기는 거의 불가능한 것으로 보았다.

　　"우선, 국내에서는 MP3 플레이어 자체보다는 휴대전화를 통한 음악 서비스가 중심이 될 것으로 보이며, 통신사 중심의 디지털 음악 판매 시장의 이익 분배는 가장 큰 몫이 통신사에 돌아가는 구조이다. 게다가 좁은 음악 시장에서 음원마저 여러 회사로 나뉘어 있어서 정품 디지털 음악을 구입하기 위해서는 여러 사이트를 뒤져야 하고 자신의 MP3에서 재생이 되는지 확인해야만 한다. 참으로 안타까운 일이다."[45]

---

44) 곽동수, 「디지털 음악 시장부터 키워라」, 『시사저널』, 2005년 6월 21일, 57면.
45) 곽동수, 같은 기사.

아이튠스와 팟캐스팅

아이튠스는 미국 애플컴퓨터의 온라인 음악 백화점이다. 2003년 4월 인터넷에서 공짜로 MP3 음악 파일을 내려받는 사람들 때문에 음반 시장이 사상 최대의 불황을 겪고 있을 때에 애플컴퓨터는 MP3 음악 파일을 돈을 받고 파는 '실험' 을 시작했다. 0.99달러(약 1,000원)를 내면 노래 한 곡을 내려받을 수 있는 '아이튠스 뮤직스토어' 라는 온라인 음악 가게를 연 것이다. 주변의 회의적인 반응에도 불구하고 이 실험은 성공을 거두어 애플은 2005년 7월 5억 곡째 노래를 팔았으며, 약 2년간 5,000억 원의 매출을 올렸다. 애플 사장 스티브 잡스(Steve Jobs)는 "아이튠스와 아이팟은 '디지털 라이프스타일' 의 시작" 이라며, "애플의 소프트웨어로 음악을 만들고 아이팟으로 그 음악을 들으며 매킨

2003년 4월 세계 음반시장은 사상 최대의 불황을 겪었다. 인터넷에서 공짜로 MP3 음악파일을 내려받는 사람들 때문이었다. 미국 애플컴퓨터는 이때 MP3 음악파일을 돈을 받고 파는 '실험'을 시작했다. 0.99달러(약 1000원)를 내면 노래 한 곡을 내려받을 수 있는 '아이튠스 뮤직스토어'라는 온라인 음악 가게를 연 것. 주위에선 고개를 내저었다. 공짜 음악이 널렸는데 누가 돈을 내고 음악을 사느냐고. 그러나 실험은 성공했다. 애플은 최근 아이튠스를 통해 5억 곡째 노래를 팔았다. 이 가운데 3억 곡은 올해 팔렸다. 애플이 약 2년간 판매한 음악은 돈으로 계산하면 5000억 원에 이른다.

● 성공의 비밀

아이튠스 이전에도 돈을 내고 MP3 음악파일을 사는 온라인 음악 가게는 존재했다.

하지만 공짜에 익숙한 소비자는 이들을 외면했다. 가수와 음반업계도 이들에게 음악을 공급하지 않았다. 온라인 음악 가게로 돈을 버는 것은 불가능하다고 생각한 것이다.

애플은 둘 다 만족시켜야 했다.

애플은 소비자를 위해 하드웨어와 소프트웨어를 묶었다. MP3플레이어는 CD플레이어나 워크맨과 달리 개인용 컴퓨터(PC)에서 음악파일을 내려받아야 하는데 이 과정이 까다로워 PC 사용에 익숙한 사람만 구입했다.

시장은 2003년 4104억 원 규모에서 지난해 1338억 원 수준으로 급격히 줄었다.

음반업계는 너도나도 온라인 음악 시장에 진출했지만 아직까지 성공한 사례는 없다.

가장 규모가 큰 온라인 음악 가게는 SK텔레콤의 '멜론'. 여기에서는 음악 한 곡의 가격이 500원이다. 그런데 500원 가운데 절반은 SK텔레콤에 돌아간다. 나머지 절반을 가수와 음반사, MP3 음악파일 변환업체 등이 나눠 갖는다. 음반사에 최종적으로 돌아가는 돈은 500원 가운데 100원도 채 안 된다.

이런 상황에서 가수와 음반사가

애플은 소프트웨어와 하드웨어가 결합된 디지털 라이프스타일을 창조 · 판매함으로써 불법 시장에 있던 상당수의 사용자들을 양지로 이끌어 냈다. 『동아일보』 2005년 7월 21일.

토시 컴퓨터로 가족들에게 콘서트 장면을 보여주는 시대가 애플이 꿈꾸는 미래"라고 말했다.[46]

2005년 10월 애플사는 아이튠스에서 《위기의 주부들》·《로스트》 같은 ABC 방송의 인기 드라마와 뮤직비디오·단편영화 등을 방영 다음날부터 편당 1.99달러에 판매하기 시작했다.[47]

애플사는 팟캐스팅(Podcasting)을 탄생시켰다. 팟캐스팅은 미국에서 PC를 이용해 만든 개인 방송을 MP3 파일 형태로 녹음해 인터넷에 유포하는, 아이팟을 위한 방송이다. 최근 podcast.net에서는 검색 빈도가 두 번째로 많은 단어가 '포르노'일 정도로 섹스가 흘러넘쳐 논란이 되고 있다. 이에 대해 『뉴스위크』는 다음과 같이 논평했다.

"마이크와 PC 그리고 약간의 사적인 공간만 있다면 누구나 방송 제작이 가능하다. '오픈 소스 섹스'의 진행자 바이올렛 블루는 '(TV가 아니기 때문에) 가슴이 큰 여자나 대형 광고주가 필요 없다. 섹스 교육을 위한 가장 민주적인 도구다'고 말했다. 물론 부모들은 달가워하지 않는다. 차단 소프트웨어가 이 신기술에는 통하지 않는 점도 그 이유 중 하나다. 그러나 낙담할 필요는 없다. 그 다음으로 떠오를 아이팟 방송은 종교 프로그램이다.('가톨릭 내부자', '휴대용 기도 방송국' 등). 그런 방송은 다름 아닌 갓캐스팅(Godcasting)으로 알려졌다."[48]

미국에선 '아이팟 신드롬'이 일고 있다. 팟캐스팅을 비롯해 아이팟

---

46) 김상훈, 「인터넷으로 노래 5억 곡 팔았다: 애플, 온라인 음악 백화점 '아이튠스' 돌풍」, 『동아일보』, 2005년 7월 21일, B1면.
47) 윤창수, 「애플 비디오 아이팟 출시」, 『서울신문』, 2005년 10월 14일, 12면.
48) 닉 서머스(Nick Summers), 「팟캐스팅에 성인방송 넘쳐나」, 『뉴스위크 한국판』, 2005년 8월 3일, 14면.

에 열광하는 조류를 의미하는 '파디즘(Poddism)', 아이팟 애용자를 가리키는 '파디스(Poddies)' 같은 신조어들과 "나는 아이팟을 쓴다, 그로 존재한다(iPod, therefore I am)"는 표현까지 등장했다. 아이팟 신드롬은 2005년 7월 일단의 10대들이 다른 10대들을 공격해 아이팟을 빼앗는 과정에서 16세 소년이 흉기에 찔려 죽은 사건까지 낳았다. 애플사 사장 스티브 잡스는 피해자 부모에게 직접 위로 전화를 했다고 한다.

언론인 딜런 존스(Dylan Jones)는 『나는 아이팟을 쓴다, 그러므로 나는 존재한다』는 책까지 내가면서 아이팟을 찬양했다. 그는 "처음에는 불이 있었고 바퀴가 고안되었으며 페니실린이 발견되었다. 그리고 마침내 인류에 축복이 될 차세대의 위대한 발명품 아이팟이 등장했다"며 이런 주장을 폈다.

> "작고 세련되고 매혹적인 외양에 1만 곡 이상의 노래를 담을 수 있는 대용량 아이팟은 전 세계의 음악팬과 기기 애호가들을 열광시켰다. 인디 록을 즐기는 대학생들로부터 10대 힙합 팬, 나이 든 재즈 팬들, 클래식 애호가 등에 이르기까지 모든 이들이 아이팟에 매료되었다. 이처럼 모든 연령층과 기호층을 이음매 없이 아우른 테크놀로지는 일찍이 없었다."[49]

아이팟 나노와 비디오 아이팟

2005년 여름방학을 앞두고 국내외 MP3 업체들은 전시회·연극공

---

49) 김상현, 「"나는 아이팟 쓴다 고로 존재한다": 아이팟 신드롬, 사회학 연구 주제로 떠올라」, 『시사저널』, 2005년 10월 11일, 66~67면.

연·음반에 이르기까지 다양한 분야의 업체들과 손을 잡고 공동 마케팅을 펼쳤다. 레인콤은 코카콜라와 제휴를 맺은 반면 애플코리아는 펩시콜라와 손을 잡았다.[50]

2005년 상반기 국내 MP3 플레이어 시장점유율은 레인콤이 31%로 14%를 기록한 삼성전자를 누르고 1위 자리를 확고히 고수한 것으로 나타났다. 3위는 코원시스템으로 13%였고 세계 MP3 플레이어 1위 업체 미국 애플은 1% 정도를 차지하는 데 그쳤으며 일본 소니는 4%의 시장점유율을 기록했다.[51]

그럼에도 불구하고 한국 MP3 산업에 대한 어두운 전망이 나왔다. 『매일경제』 2005년 8월 17일자에 따르면, "특히 중국이 저가를 무기로 주문자상표부착생산(OEM) 시장을 집중 공략하면서 글로벌 MP3 플레이어 시장에서 한국 제품의 점유율이 계속 떨어져 이러다가는 올해 10%대로 추락하는 것 아니냐는 염려 섞인 전망도 나오고 있다. 즉 한국 MP3 플레이어 업체들이 선진국과 후발 개도국 사이에 긴 '넛 크래커(호두까기)' 속 호두 신세로 전락할 가능성도 배제할 수 없게 된 셈이다. …… 특히 최근에는 중국산 '짝퉁' MP3 플레이어가 MP3 플레이어 본고장인 국내 시장에 유통돼 파장을 불러일으키고 있다."[52]

게다가 2005년 9월 8일 미국 애플사는 삼성전자의 플래시메모리 반도체를 장착하여 가격을 크게 낮춘 '아이팟 나노(iPod Nano)'를 내놓아 국내 업계를 바짝 긴장시켰다. 이 제품의 가격은 2GB짜리가 199달러, 4GB짜리가 249달러로 기준에 나온 동급 제품의 절반 수준이다.

50) 방성훈, 「MP3 업계 공동 마케팅전 치열」, 『조선일보』, 2005년 6월 20일, B3면.
51) 유회경, 「레인콤 아이리버 '역시 세네'」, 『문화일보』, 2005년 8월 10일, 15면.
52) 백순기·손일선, 「한국 MP3 '넛 크래커' 위기」, 『매일경제』, 2005년 8월 17일, A15면.

스티브 잡스는 "아이팟 나노는 아이팟 시리즈 출범 이후 가장 혁명적인 제품"이라고 주장했다.[53]

'아이팟 나노'의 초저가 공세가 가능한 건 삼성전자가 핵심부품인 플래시메모리를 시장 가격보다 40% 정도 싸게 공급했기 때문이다. 삼성전자는 "많은 물량을 안정적으로 구입하는 업체에 싸게 해주는 것은 업계의 관행"이라고 주장했다. 이에 대해 『한겨레』는 다음과 같이 논평했다.

"업계에서는 다른 포석이 있다고 보는 모양이다. 첫째는 플래시메모리 시장 확대를 위해서고, 둘째는 애플의 손을 빌려 국내 MP3 경쟁 업체들을 정리하려는 의도가 있다는 관측이다. 기업은 이익 극대화를 추구하기 마련이라고는 하나 금도는 있다. 자사 위주 전략 탓에 국내 중소 업체들이 고사 위기에 처한 건 안타까움을 넘어 유감스럽다. MP3 시장은 중소 · 벤처 업체들이 애써 키웠다. 삼성전자는 뒤늦게 시장을 잠식해 가고 있다. 특히 MP3 산업은 우리 벤처 기업도 세계로 뻗어갈 수 있다는 비전을 준 대표적 분야다. 그런 기업의 앞길이 삼성전자를 업은 외국 거대 기업 탓에 막힌다면 국민경제적 손실이 너무 크다. 중소 · 벤처 기업을 지원하진 못할 망정 외국 기업과 역차별하는 건 한국 대표 기업의 도리가 아니다. 마땅히 국내 업체에도 공정한 기회를 줘야 한다."[54]

2005년 9월 9일 일본 소니는 새 워크맨을 공개해 '아이팟 나노'에

---

53) 김기홍 · 백승재, 「MP3 가격 자꾸만 떨어지네…」, 『조선일보』, 2005년 9월 10일, A18면.
54) 「삼성전자, 글로벌 기업이기 전에 한국 기업이다」, 『한겨레』, 2005년 9월 23일, 27면.

대한 도전 의사를 분명히 했다. 새 워크맨 중 NW-A1000 모델의 경우 6GB의 하드디스크가 내장됐다. 유기발광다이오드(OLED) 화면을 갖춘 이 제품은 소니의 자체 음악 파일뿐 아니라 MP3 포맷, 마이크로소프트의 윈도우즈 미디어 오디오 포맷 등과 호환이 가능하도록 고안됐다. 업계에선 이번 신제품을 2005년 3월 외국인으로는 처음 소니 회장 자리에 오른 하워드 스트링거의 '소니 재건 프로젝트' 의 하나로 보고 있다.[55]

이에 질세라 애플은 2005년 10월 12일 영화와 TV 드라마 등을 저장하고 재생할 수 있는 '비디오 아이팟' 을 선보였다. 애플 사장 스티브 잡스는 "비디오 아이팟은 앞으로 진행될 큰 변화의 첫 걸음" 이라며, "단순히 음악을 듣기 위해 아이팟을 구입할 새 소비자들이 미래의 온라인 동영상 시장을 만들어 낼 것" 이라고 말했다.[56]

2005년 10월 30일 삼성전자 디지털미디어 총괄 사장 최지성은 "애플의 아이튠스와 같은 서비스 프로그램을 음악 서비스 회사와 공동으로 함께 만들고 있다" 며, "소비자들이 쉽고 편리하게 제품을 사용할 수 있도록 하겠다" 고 밝혔다. 애플의 '아이팟 나노' 에 맞서 삼성전자의 MP3 플레이어 '옙' 을 키우기 위해 제품뿐 아니라 소프트웨어 사업에도 진출하겠다는 것이다.[57]

---

55) 장세정, 「'뉴워크맨' 소니를 바로 세울까」, 『중앙일보』, 2005년 9월 10일, 12면.
56) 김상훈, 「"기계 아닌 문화를 판다"」, 『동아일보』, 2005년 10월 14일, B3면.
57) 이상록, 「삼성 "MP3 다운로드 SW 개발 추진": 애플 '아이튠스' 에 대응」, 『동아일보』, 2005년 10월 31일, B4면.

10대의 선점과 디자인 전쟁

『문화일보』 2005년 10월 7일자는 "휴대용 음악재생장치의 대명사였던 CD 플레이어가 역사 속으로 사라지고 있다. 이로 인해 음악 CD 시장도 고사위기에 처했다. 이제 음악을 소장하는 시대가 아니라 MP3로 듣고 버리는 '소비 시대'가 본격화된 셈이다"라고 보도했다. 전자전문점 하이마트에 따르면, 오디오 부문 매출 중 CD 플레이어의 판매 비중이 2002년 7%에서 2005년 9월 0.018%까지 떨어진 반면, MP3 플레이어는 2002년 8%에서 2005년 9월 52%를 차지하며 음악 재생기 부문의 왕좌에 올랐다.[58]

MP3 플레이어 시장에 글로벌 IT 기업들이 뛰어든 이유는 2003년까지 매년 50% 이상 성장하던 MP3 플레이어 시장이 2004년 두 배 가까이 성장했고 2005년에는 그 폭이 더 늘어날 것으로 전망되는 상황에서, 애플이라는 한 기업이 전체 시장의 70% 이상을 점유한다는 사실과 더불어 MP3 플레이어 고객의 특성 때문인 것으로 분석되었다. MP3 플레이어는 10대들이 가장 처음 돈을 주고 사는 대표적인 디지털 제품으로 브랜드 홍보와 다른 제품 구매에 미치는 영향력이 크다는 것이다.[59]

MP3 플레이어는 세계적인 '디자인 전쟁'의 주요 무대이기도 하다. 애플을 창업한 스티브 잡스의 디자인 전략은 "디자인은 디자이너에게 맡기고 기술자는 디자인에 따라 만들면 된다"는 것이다. 그 전략의 결과물이 바로 아이맥에서 아이팟으로 이어지는 애플의 히트 상품들이

---

58) 우승현, 「굿바이! CD 플레이어」, 『문화일보』, 2005년 10월 7일, 1면.
59) 안은주, 「IT 명가들의 'MP3 대회전'」, 『시사저널』, 2005년 6월 21일, 58~59면.

었다.[60]

'디자인 우선 전략'에선 레인콤의 아이리버 MP3 플레이어도 알아줄 만하다. 레인콤 경영진은 엔지니어팀장이 몇 번이나 경영진을 찾아가 제품 사이즈를 단 1mm라도 늘려줄 수 없냐고 요청하면 그때마다 대답은 한결같았다. "꾸겨 넣어!"[61]

레인콤 사장 양덕준은 "우리 회사의 경쟁자는 애플이나 소니가 아니라 조르지오 아르마니"라며, "아르마니가 경쟁 상대라는 것은 레인콤이 디자인과 패션을 파는 업체라는 의미"라고 말했다. 그는 맥도널드는 햄버거 체인으로 알려졌지만 정작 수익은 콜라 등 음료수와 감자튀김에서 올린다는 걸 지적하면서, "맥도널드에게 햄버거가 감자튀김과 콜라를 팔기 위한 수단이듯 MP3 플레이어는 레인콤이 디자인 · 스타일 · 트렌드를 팔기 위한 매개체"라고 말했다.[62]

애플과 신경전을 벌이는 빌 게이츠는 "음악 파일만을 재생하는 독립적인 형태의 MP3 플레이어가 아예 사라지지는 않겠지만 음악 재생 기능을 아우르는 휴대전화가 대표적인 휴대형 멀티미디어 기기로 선택받을 것"이라고 전망했다.[63]

PMP의 도전

PMP의 도전도 만만치 않다. PMP(Portable Multimedia Player)는 휴대용 미디어 재생장치로 음악부터 동영상에 이르는 다양한 멀티미디

---

60) 김영세, 『트렌드를 창조하는 자 이노베이터』, 랜덤하우스중앙, 2005년, 171쪽.
61) 김영세, 같은 책, 28~30쪽.
62) 권혁주, 「"레인콤 경쟁 상대는 애플 아닌 아르마니"」, 『중앙일보』, 2005년 10월 13일, E4면.
63) 안은주, 「'MP3 제국'에 해는 지는가」, 『시사저널』, 2005년 6월 21일, 54~56면.

PMP 인기몰이 MP3 넘본다

최근 휴대용 멀티미디어 플레이어(PMP)를 구입한 서 모씨(33)는 운전이 즐겁다.

내비게이션 서비스가 제공돼 모르는 길을 쉽게 찾아갈 수 있고 졸음이 오면 음악도 들을 수 있기 때문이다. 경상시에는 동영상 기능을 통해 최신 영화를 관람하고 가족 사진을 포토 앨범으로 편집하면서 PMP의 매력에 흠뻑 빠졌다.

PMP 시장이 성장 조짐을 보이고 있다. 8일 관련업계에 따르면 지난해 하반기 출시 후 판매부진에 시달리던 PMP 제품들이 최근 월 1만대 이상 판매되면서 시장 확대 기대감을 높이고 있다.

국내 PMP 시장 60%를 점유하고 있는 디지털큐브 'i2'는 지난 5월 출시와 함께 1만2000대가 판매됐다. 대만 POI '엠팩(mPack)' 1500대, 에스캠과 아이워드 PMP 제품도 500대 이상 팔리며 PMP 월 판매량이 5월과 6월 연속 1만대를 돌파했다.

매월 20만대 이상이 판매되고 있는 MP3플레이어와 비교하면 아직 걸음마 수준이지만 지난해 하반기 월 판매량이 1000대에도 못 미쳤던 점을 감안할 때 괄목할 만한 성장세다.

업계 관계자는 "PMP의 전망에 대한 이견에도 불구하고 최근 PMP 시장이 두드러진 성장세를 보이고 있다"며 "특히 2000년 초반 MP3플레이어 시장이 처음 형성됐을 때보다 판매량이 많다는 점이 고무적"이라고 얘기했다.

전문가들은 대용량 디지털 제품을 선호하는 최근 추세를 PMP 판매 증가 배경으로 잡고 있다.

동영상, 이미지 재생, 디지털카메라 등 다양한 기능을 하나의 디지털 기기에 구현하는 디지털 컨버전스 현상이 본격화하면서 20~40GB 대용량에 이들 기능을 실현하는 PMP가 각광받고 있다는 설명이다.

디지털큐브 'i2'는 자동차 내비게이션 기능을 첨가한 세계 최초의 내비게이션 PMP다.

운전중 터치스크린 방식으로 음성 경로 안내 서비스를 제공하며 출시 후 인기몰이를 하고 있다.

PMP와 MP3P 비교

구분	PMP	MP3플레이어
용량	20~40GB	256MB~10GB
기능	MP3P + 동영상 재생, 내비게이션	음악재생, FM 라디오, 음성녹음, 게임
가격	30만~80만원	10만~40만원
판매규모	월 1만5,000대	월 20만대
특징	대용량 동영상 재생	저렴한 가격 뛰어난 휴대성

디지털큐브는 이와 함께 9월 출시를 목표로 지상파 DMB TV 수신기를 탑재한 PMP 개발에도 박차를 가하고 있다.

POI와 블루닉스도 이달중 내비게이션 서비스를 지원하는 PMP를 선보일 예정이다. 사이텍시스템도 카메라와 USB호스트 기능을 없앤 슬림형 PMP를 곧 출시한다.

제품 가격 하락세도 소비자들을 유혹하고 있다.

디지털큐브가 i2(20GB)를 39만9000원에 내놓은 것을 시작으로 이달 출시되는 에스캠 '소렐 SV-15', 사이텍시스템 '센트릭스 MVP-120'은 모두 40만원 이하로 책정될 전망이다.   방정환기자

지하철 등에서 시간 날 때마다 짬짬이 볼 수 있기 때문에 PMP 마니아들은 PMP를 '짜미짜미'라고 부른다. 『매일경제』 2005년 7월 9일.

어를 재생할 수 있는 MP3에서 한 발 더 진화한 제품이다. PMP는 "음악만 듣는 MP3 플레이어는 가라!"고 외친다. 크기가 손바닥만한 이 제품은 일종의 하드디스크형 MP3 플레이어로 저장 용량이 20GB를 웃돌아 음악 1만여 곡, 수능 방송 50~100회분 정도를 담아둘 수 있다.

DMB(Digital Multimedia Broadcasting)를 TV라 한다면 PMP는 DVD나 VTR이라고 할 수 있다. PMP 국내 시장을 60% 점유하고 있는 디지

털큐브의 사장 손국일은 "앞으로는 PC에서 콘텐트를 다운로드받는 것이 아니라 PMP로 방송국 홈페이지에 바로 접속해 동영상을 즐길 수 있는 시대가 올 것"이라고 말했다.[64]

디지털큐브의 첫 제품인 '아이스테이션 PMP 1000'은 2004년 10월 출시 당시 가격이 59만 9,000원이었으나 2005년 5월 신제품 '아이스테이션 i2'를 출시하면서 기존 제품을 20만 원가량 인하했다. 다른 업체들도 가격을 인하하고 있어 PMP 시장은 점점 더 팽창하고 있다.[65]

2005년 10월 현재 국내 시장엔 10여 종의 PMP가 판매되고 있으며, 가격은 40만~50만 원대로 하반기 월 판매량은 1만 5,000~2만 대 수준이었다. PMP 애호가인 회사원 김아람은 "출근하면서 영화 한 편을 절반쯤, 퇴근하면서 나머지를 보는데, 졸리고 따분할 때 최고"라고 말했다.[66]

MP3 플레이어가 동영상 재생 기능을 제공하면서 MP3 플레이어와 PMP의 경계는 희미해지고 있다. 실제로 '비디오 아이팟'을 내놓은 애플 측은 "음악 감상은 물론 뮤직비디오나 영화 감상도 가능해 별도의 PMP가 필요 없다"고 주장했다.[67]

광고대행사 LG애드의 영상사업팀 대리 정성욱은 PMP·DMB·3세대 휴대용 비디오 게임기 등 개인 멀티미디어가 누리는 인기의 이유를 '공백(Blank)에 대한 증오'라는 개념으로 설명했다.

"예전에는 사건과 사건 사이의 아무 것도 벌어지지 않는 시간을 당

---

64) 윤창희, 「PMP 그들의 한 박자 빠른 감각 디지털 시장 이끈다」, 『중앙일보』, 2005년 5월 30일, E6면.
65) 손일선, 「PMP: 동영상에 녹음 기능까지 "MP3 비켜라"」, 『매일경제』, 2005년 9월 6일, B2면.
66) 박창신, 「PMP 대중화: 출퇴근하며 매일 영화 한 편 보죠」, 『조선일보』, 2005년 10월 26일, D3면.
67) 장정훈, 「IT, 합칠 수 있는 건 다 합친다」, 『중앙일보』, 2005년 10월 27일, 2면.

연하게 받아들이며 살았으나, 지금의 세대는 그러한 순간을 극도로 혐오하는 듯하다. '심심함' 을 퇴치의 대상으로 여기는 문화는 그렇게 기술 발달과 손잡고 우리 생활의 여백을 '재미' 로 꽉꽉 채워가고 있다. 어린 자녀의 두뇌를 마치 스펀지 쪼가리인 듯 맹신한 채 자기가 배우지 못한 여러 가지 지식을 넘치도록 우겨넣는 부모들의 모습들처럼 이 세대가 정보의 과잉과 오락의 과잉에 진하게 찌들어 있음을 보여주는 또 다른 모습일 수도 있다. 그러나 그런 부질없는 감성적 한탄의 너머에는 개인 멀티미디어의 도래로 펼쳐질 심대한 변혁의 이야기가 있다." [68]

사회학적 관점에서 '공백에 대한 증오' 에 관한 이야기는 '부질없는 감성적 한탄' 이상의 것임에 틀림없을 것이다. 잠시도 심심하거나 지루한 걸 견디지 못하고 디지털 기술의 힘을 빌려 스스로 만들어 낸 허기를 채워야만 직성이 풀리는 현대인의 모습을 마냥 예찬할 수만은 없지 않을까?

그러나 이런 의문은 MP3 플레이어를 '모든 연령층과 기호층을 이음매 없이 아우른 테크놀로지' 로 여기면서 '인류의 축복' 으로 찬양하는 애호가들에겐 부질없는 것이리라. 다만 그 찬양의 이면엔 방대한 양의 음악과 그림을 손쉽게 소유하고 검색할 수 있다는 뿌듯함이 자리잡고 있다는 건 분명하다. MP3 플레이어는 청각과 시각의 욕구 충족 차원에서나마 모든 사람을 부자로 만들어 주는 혁명적 미디어라 할 수 있겠다.

---

68) 정성욱, 「개인의 품에 안긴 미디어, 그 미래가 짐작되는가?」, 『LG Ad』, 2005년 5 · 6월, 4~5쪽.

정보 아파르트헤이트

인터넷 시대에 이르러 가장 문제가 되고 있는 '디지털 격차' 또는 '디지털 디바이드(Digital Divide)'는 경제적, 지역적, 신체적 또는 사회적 여건으로 인해 정보통신망을 통한 정보통신 서비스에 접근하거나 이용할 수 있는 기회에 있어서의 차이를 말한다. 과거 남아프리카공화국의 인종 차별·격리 정책인 아파르트헤이트(Apartheid)에 빗대 속칭 '정보 아파르트헤이트'라고도 한다.

2003년 10월 정보통신부 자료에 따르면, 2002년 말 인터넷 이용자 수는 2,627만 명이고 전체 국민의 인터넷 이용률은 59.4%로 나타났다. 성별로는 남성 65.2%, 여성 53.6%였다. 인터넷 이용률은 1999년 22.4%·2000년 44.7%·2001년 56.6% 등으로 꾸준한 증가세를 보였

---

69) 강준만, 「'디지털 격차'는 기우인가」, 『대중문화의 겉과 속 II』, 인물과사상사, 2003년, 285~291쪽도 참고할 것.

으나 연령별·학력별 이용률 격차는 갈수록 깊어지고 있다.

150만 원 미만 소득자의 인터넷 이용률은 38.5%인 반면, 250만 원 이상의 이용률은 71.2%인 것으로 나타났다. 또 학력별로 보면 중졸 이하 인터넷 이용률은 5.1%인 반면 대졸 이상 이용률은 80.0%였다.

50대 이상 장년층의 이용률은 9.3%에 그쳤으나 6~19세는 91.4%의 이용률을 기록했다. 20대는 89.8%, 30대 69.4%, 40대는 39.3%를 각각 나타내 연령이 높을수록 이용률이 떨어졌다. 10대의 이용률은 93.4%로 미국 18~24세의 65.0%보다 높았지만 50대 이상 인터넷 이용률은 9.3%로 미국의 같은 연령대 이용률 37.1%에 비해 크게 낮았다.[70]

세대 간 정보 격차

한국의 세대 간 정보 격차는 세계 최고 수준이다. 한국인터넷정보센터의 '정보화 실태 조사'에 따르더라도, 20대와 50대 이상의 인터넷 이용률 격차는 1999년 39%에서 2003년 84%로 벌어졌다. 20대 인터넷 이용률은 94.3%인데 50대 이상은 10.6%에 불과하기 때문이다. 영국의 세대 간 격차율 12%, 미국의 27.9%보다 크게 높은 수치다.

『중앙일보』 2003년 9월 30일자는 세대 간 정보 격차가 일으키는 문제에 대해 "당장 전자정부 서비스같이 전 국민을 대상으로 한 공공서비스에서 노년층은 철저하게 소외되고 있다"고 보도했다. IT가 강조되는 한국 사회에서 정보화에 취약한 50세 이상 노년층은 재취업 등에서도 상대적인 불이익을 받는다는 것이다. 이 기사는 IT 산업의 왜곡

---

70) 김희연, 「인터넷 이용률 계층 간 격차 심화」, 『경향신문』, 2003년 10월 2일, 18면.

현상도 심각하다고 말했다.

"현재 빠르게 확산되고 있는 무선 인터넷은 노인층 이용이 전무하다. 네이트(www.nate.com)의 경우 거의 모든 콘텐츠가 젊은층을 위한 것으로 SK텔레콤은 50대 이상은 아예 연령별 조사 분석 대상에 넣지도 않는다. SK텔레콤 관계자는 '노인 대상 콘텐츠가 수익성이 없기 때문' 이라고 설명한다. 수익성이 없어 콘텐츠가 공급되지 않고 콘텐츠가 부실해서 노년층 이용률이 떨어지는 악순환이 계속되고 있는 셈이다. 인터넷기업협회 허진호 회장은 '구매력이 높은 중장년 이상을 인터넷으로 끌어오지 못하면 인터넷 산업은 더 이상 발전하기 어렵다' 며, '노인 등을 대상으로 한 수익 모델 개발이 시급하다' 고 말했다. 하지만 정보 격차 해소 예산은 오히려 줄고 있다. 정보통신부 관계자는 '올해 260억 원 수준인 정보 격차 해소를 위한 예산이 내년에는 20~30%가량 줄 것으로 보인다' 며, '컴퓨터나 인터넷보다는 다른 현안들이 더 중요하다는 게 예산부처의 시각' 이라고 말했다."[71]

정보통신부 산하 한국인터넷진흥원이 2005년 6월에 실시한 '2005년 상반기 정보화 실태 조사' 에 따르면, 연령대별 인터넷 이용률은 6~19세와 20대 인구가 97%, 40대는 67.2%, 50대는 34.7%로 나타났다. 2004년 말 조사와 비교하면 40대의 경우 8.9% 포인트, 50대는 7.1% 포인트 높아진 것이다. 직업별로는 학생의 98%, 사무직의 93%, 전문직·관리직의 92.5%, 생산직의 45.8%가 인터넷을 이용하고 있다.[72]

71) 염태정·조민근, 「인터넷 '노인 홀대' 극심: IT 강국 한국, 세대 간 정보 격차도 '최고'」, 『중앙일보』, 2003년 9월 30일, E1면.

제2의 디지털 디바이드

디지털 기술의 끊임없는 진화는 디지털 격차를 좁히는 걸 거의 불가능하게 만든다. 구기술이 널리 보급돼 격차가 사라질 때가 되면 새로운 기술이 또 나타나기 때문이다. 마누엘 카스텔(Manuel Castells)이 지적했듯이, "기술적인 불평등의 한 근원이 사라져 가고 있는 듯하니까, 또 다른 문제인 고속 광대역 서비스가 고개를 든다. 물론 속도와 대역폭은 인터넷의 약속을 실현하는 데 필수적이다. 사람들이 진정으로 업무와 생활에 필요할 것으로 예측된 모든 응용프로그램들은 이런 새로운 전송 기술에 달려 있다. 따라서 대거 몰려든 대중들이 전화선 인터넷에 접속하는 동안 지구적 엘리트들은 이미 사이버 공간의 상류층으로 도피해 버리는 일이 발생할 수도 있다."[73]

KT가 2004년 1~7월에 인터넷(메가패스 프리미엄 서비스) 사용량(사용 시간이 아닌 사용 데이터의 양)을 조사한 결과에 따르면, 인터넷 사용량 기준으로 상위 5%의 가입자가 전체 사용량의 50.6%, 상위 50%가 94.9%를 사용한 반면 하위 50%는 5.1%만 사용하는 데 그쳤다. 『동아일보』 2005년 5월 6일자는 1면 머리기사로 이걸 다루면서 기존의 '디지털 디바이드'에 이어 인터넷 사용자 사이에서도 정보 활용 격차가 벌어지는 '제2의 디지털 디바이드' 현상이 나타나고 있다고 분석했다.[74]

'디지털 격차'는 정치 영역에까지 침투하여 정치에 큰 영향을 미치

72) 이희성, 「2005 상반기 한국 정보화 수준은」, 『중앙일보』, 2005년 8월 11일, E3면.
73) 마누엘 카스텔, 박행웅 옮김, 『인터넷 갤럭시』, 한울아카데미, 2004년, 338쪽.
74) 홍석민, 「인터넷 이용자의 5%가 데이터 사용량 50% 차지: 제2의 Digital Divide」, 『동아일보』, 2005년 5월 6일, 1면.

제2의 Digital Divide

경제적인 이유 등으로 정보기술(IT)에 접근할 수 없는 계층이 문제였던 '디지털 디바이드'에서 한 발 더 나아가 인터넷 사용자 간에 정보 활용에서 격차가 벌어지는 현상을 뜻하는 개념.

인터넷 이용자의 5%가 데이터 사용량 50%차지

KT 국회제출 자료

"상위 5%가 전체의 50%를 차지한다."

부동산 시장 얘기가 아니다. '인터넷 강국' 한국의 인터넷 사용 실태다.

본보가 5일 입수한 KT의 '초고속인터넷 종량제 관련 KT 입장' 자료에 따르면 인터넷 데이터 사용량 기준 상위 5%의 누리꾼(네티즌)이 전체 인터넷 데이터 사용량의 약 50%를 차지하는 것으로 나타났다. ▶A3면에 관련기사

지금까지 인터넷 사용량을 놓고 '20%가 80%를 쓴다'는 식의 추측은 많았지만 통신업체에서 실제로 조사한 구체적인 수치가 나온 것은 처음이다. 이 자료는 최근 정보통신부와 국회에도 제출됐다.

KT 차세대통신연구소는 지난해 1~7월에 이 회사의 비대칭디지털 가입자회선(ADSL) 인터넷 서비스인 메가패스 프리미엄과 라이트의 두 가지 서비스 가입자를 대상으로 인터넷 사용량을 조사했다.

이 자료에 따르면 메가패스 프리미엄 서비스는 인터넷 사용량 기준으로 상위 5%의 가입자가 전체 사용량의 50.6%를 차지한 것으로 나타났다. 또 상위 50%가 94.9%를 차지한 반면 하위 50%는 5.1%만 사용하는 데 그쳤다.

인터넷 사용량은 사용 시간과는 다른 개념으로 가입자가 인터넷에 올리거나 인터넷에서 내려받는 데이터의 양을 뜻한다.

메가패스 프리미엄 서비스의 사용량 상위 5% 가입자가 한 달간 사용하는 데이터의 양은 1인당 평균 47.9GB(기가바이트)에 이른다. 80여 편의 영화를 인터넷에서 내려받는 정도의 용량이다.

국내 시장점유율 1위 업체인 KT의 초고속 인터넷 가입자는 4월 말 현재 610만 명. 이 가운데 조사 대상인 ADSL 가입자는 약 400만 명이다.

일부에선 이 같은 불균형 상황이 새로운 '디지털 디바이드(정보 격차)'를 상징하는 것으로 보고 있다.

경제적인 문제 때문에 인터넷이나 PC를 사용하지 못하는 계층이 문제였던 '디지털 디바이드'에 이어 인터넷 사용자 사이에서도 정보 활용 격차가 벌어지는 '2단계 디지털 디바이드' 현상이 나타나고 있다는 것.

정보통신정책연구원(KISDI)이 지난해 2월 발표한 보고서에 따르면 전문직 직장인은 일주일에 평균 20.2시간 인터넷을 사용하는 데 비해 농어업 종사자는 5.0시간에 그친 것으로 나타났다.

홍석민 기자 smhong@donga.com

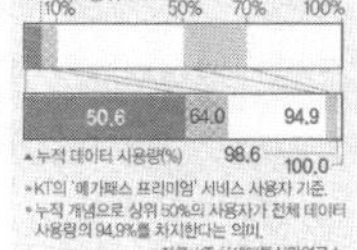

디지털 격차는 정보 활용 격차를 넘어 민주적 격차를 낳을 수도 있다. 『동아일보』 2005년 5월 6일.

고 있다. 노무현정권의 핵심 인사들이 이른바 '노인 폄하' 또는 그에 근접하는 발언들을 했던 건 노인들의 이념이나 정치 지향성 때문만은 아니었을 것이다. 그들이 부르짖는 '세대교체'를 위해서만도 아니었을 것이다. 그런 점도 전혀 없지는 않았겠지만, 더욱 중요한 건 '디지털 격차'에 의한 국민 대표성의 문제다. 정치인은 선진적이라는 말을 듣기 위해서라도 디지털 친화적인 모습을 보여야 하고 또 실제로 그렇게 하고 있기 때문에 이들을 둘러싼 환경은 '디지털 격차'가 그대로

반영된 가상 현실일 수 있다. 이는 그들이 젊은 네티즌들에게 잘 보이려고 무진 애를 쓰는 모습에서도 여실히 드러난다.

정치적 측면에서의 디지털 격차는 이른바 '민주적 격차(Democratic devide)'를 낳을 수도 있다. 이는 인터넷 이용 시간은 비슷하더라도 주로 무엇을 이용하느냐에 따라 발생할 수도 있다. 인터넷을 통한 정치 참여를 많이 하는 사람은 강한 당파성을 갖게 될 가능성이 높은 반면, 그렇지 않은 사람은 아예 정치에 대해 무관심해질 수 있다. 이를 '민주적 격차'로 볼 수 있다는 것이다.[75]

그런 점에서 '디지털 격차'는 정치학도들의 중요한 연구 주제임에 틀림없다 하겠다. 또한 오락 코드 중심으로 발달된 한국의 디지털 문화에선 디지털 격차가 다른 나라들과는 좀 다른 의미를 가질 수 있다는 점도 흥미로운 연구 주제가 될 것이다. 또 능력보다는 취향에 의해 디지털 문화를 꺼리는 이른바 탈디지털주의자(Out-Digital)[76]들에게서 나타나는 디지털 격차는 어떤 성격의 것일까 하는 점도 다뤄볼 만한 연구 주제일 것이다.

---

75) 강미은, 『인터넷 속의 정치』, 한울아카데미, 2005년, 48쪽.
76) 탈디지털주의자는 디지털 지체자(Digital Lagger)와는 달리 고학력의 지식인이나 문화·예술인 등으로서 자발적으로 디지털화에 반기를 들고 아날로그 시대의 가치와 라이프스타일을 고수하는 유형의 사람을 가리킨다. 김용섭, 『디지털 신인류』, 영림카디널, 2005년, 145쪽.

유비쿼터스란 무엇인가

빨리 빨리 체질에 맞는 유비쿼터스

유비쿼터스(Ubiquitous)는 '언제 어디에나 있는, 편재(遍在)하는' 이라는 뜻을 가진 라틴어로 흔히 "하나님은 언제 어디서나 존재한다"는 의미로 사용된다. 그런 유래를 가진 유비쿼터스는 오늘날 사용자가 네트워크나 컴퓨터를 의식하지 않고 장소에 상관없이 자유롭게 네트워크에 접속할 수 있는 정보통신 환경을 가리킨다. 1988년 미국의 사무용 복사기 제조회사인 제록스의 마크 와이저(Mark Weiser)가 '유비쿼터스 컴퓨팅'이란 용어를 사용하면서 쓰이기 시작한 용어이며, 국어연구원이 권장하는 우리말은 '두루누리'다. 유비쿼터스 환경을 적극 이용하는 사람을 유비쿼터스족 또는 유티즌(Utizen)이라 부른다.

유비쿼터스 컴퓨팅을 좀더 구체적으로 표현하는 개념으로 5C와 5Any가 있다. '5C'는 컴퓨팅(Computing)·커뮤니케이션(Communication)·접속(Connectivity)·콘텐츠(Contents)·조용함(Calm)을 의

유비쿼터스 세상을 긍정적으로 바라보는 시각뿐만 아니라 부정적인 시각도 있다. 유비쿼터스 세상에서 야
기될 부정적인 현상으로는 가정의 친밀성 약화, 노동강도 강화, 노동종량제 도입, 고용불안정 심화, 개인의
고립화, 노동과 여가의 분리가 안 돼 여가시간 감소, 감시 사회 등을 들 수 있다. 『스포츠서울』 2005년 1월
1일.

미하며, '5-Any'는 어디서나(Anywhere)·언제나(Anytime)·어느 장
소(Anyplace)·어느 장치(Anydevice)·어느 네트워크로나
(Anynetwork) 원하는 서비스를 받을 수 있다는 걸 의미한다.[77]

매일경제신문 산업부장 조현재는 유비쿼터스 세상이 한국인에게

77) 정기욱, 『U Dream: 유비쿼터스드림』, 매일경제신문사, 2005년, 31~32쪽.

체질적으로 잘 맞는 것 같다고 주장했다. '언제 어디서나' 란 의미가 들어가 있는 유비쿼터스가 '빨리 빨리' 가 체질화돼 있는 한국인과 뭔가 어울린다는 생각이 들기 때문이라는 것이다.[78]

2005년 5월 4일 광주시는 '유비쿼터스 도시' 를 만들기 위한 10대 전략을 내놓았다. '유비쿼터스 도시' 또는 'U-시티' 는 국내에서 유일하게 유무선 통신망이 있는 통신사업자 KT가 차세대 성장 동력으로 주력하는 분야이기도 하다. 이 사업을 주도하고 있는 KT의 U-시티 추진단장 전인성은 "경기도 용인 흥덕지구는 새롭게 개발된 신도시로는 처음으로 U-시티 개념이 적용된 도시" 라며, "1만 2,000여 가구가 입주하는 내년 말 국내 최초로 U-시티로 탄생하게 된다" 고 말했다.[79]

기업 10곳 중 8곳이 컴퓨터와 네트워크 등을 이용, 언제 어디서나 고객이 원하는 서비스를 지원하는 '유비쿼터스 비즈니스(U-비즈니스)' 가 향후 경제사회적 변화를 주도할 것으로 전망했다. 2005년 10월 11일 대한상공회의소 전자상거래 표준화통합포럼이 국내 200개 기업을 대상으로 '기업의 U-비즈니스에 대한 수요 실태' 를 조사한 결과, 응답 업체의 83.2%가 U-비즈니스가 앞으로 기업 경영은 물론 사회 변화의 중요한 변수가 될 것으로 예상했다.[80]

유비쿼터스의 다양한 용도

'유비쿼터스' 의 인기와 영향력이 커지면서 '유비쿼터스' 는 자주

---

78) 매일경제신문 산업부 IT팀, 『펌킨족, 싸이질, 디지털 U목민…이게 뭐야?』(매일경제신문사, 2004), 5쪽.
79) 장정훈, 「'U-시티' 탄생 기대하세요: 전인성 KT 추진단장」, 『중앙일보』, 2005년 5월 30일, E8면.
80) 박일근, 「"U-비즈는 제2산업혁명"」, 『한국일보』, 2005년 10월 12일, 18면.

접두 · 접미어로 쓰이고 있다. 2005년 2월 IMF는 한국 공직자들이 사사건건 경제에 개입하는 행태를 '유비쿼터스 핸드'라는 신조어까지 만들어 꼬집었다. 언제 어디서나 접근할 수 있는 시장 개입의 손이라는 것이다. IMF는 2006년부터 한국 경제가 내수회복 등에 힘입어 5%대의 성장세를 이어나갈 것이라고 밝게 전망하면서도 "관료집단의 '유비쿼터스 핸드'가 최대의 걸림돌"이라고 말했다. 2005년 3월 『국민일보』는 "성매매특별법은 성을 사고 파는 행위를 근절하기는커녕 오히려 '성매매 유비쿼터스' 현상을 불러왔다는 지적을 받고 있다. 성매매 종사자들이 대거 음지로 숨어들면서 예전보다 더 은밀하게 언제 어디서든 성매매를 할 수 있게 됐다는 것이다"라고 보도했다.[81]

2005년 5월 4일에 문을 연 새 세브란스병원에 대해 언론은 "의료진과 시설, 환자 정보 등이 무선 네트워크로 연결된 국내 최초의 유비쿼터스 병원"이라고 보도했다.

2005년 5월 11일 SBS 사장 안국정은 소비자가 필요로 하는 콘텐츠를 원하는 시각에 원하는 매체를 통해 바로 접할 수 있는 '유비쿼터스' 매체로 방송을 재정립하기 위해 시민기자제도를 도입한다고 밝혔다. 이를 위해 SBS는 시민기자인 '유포터'를 공개 모집하겠다고 했다.[82]

그러나 방송계는 '유포터' 제도에 대해 회의적이다. MBC와 KBS가 2003년과 2004년 시민기자제를 운영했지만 양질의 콘텐츠 확보와 참여 저조 등의 문제가 불거지면서 별 성과를 거두지 못하고 흐지부지됐었고, 또 시간적인 제약이 있는 방송의 특성상 신뢰도를 보장하기 어렵고 선정적인 소재에 치우칠 우려가 있다는 이유에서다.[83]

---

81) 권기석, 「현장기자: '성매매 유비쿼터스'」, 『국민일보』, 2005년 3월 23일자.
82) 윤영미, 「에스비에스, 시민기자제도 도입」, 『한겨레』, 2005년 5월 12일, 33면.

『서울신문』 2005년 5월 27일자 1면 기사 「유비쿼터스 정치」는 "한나라당 강재섭 원내대표와 열린우리당 이광재 의원 등은 모바일 홈페이지를 개설해 언제 어디서나 유권자들과 쌍방향 통신이 가능한 '유비쿼터스 정치'에 첫발을 디뎠다. 급기야 열린우리당 임종석 의원은 다음달 초 의원으로는 처음으로 '모바일 의정보고대회'를 개최할 예정이다. 동영상·모바일 다큐멘터리 등 첨단 자료로 콘텐츠를 업그레이드해 '유비쿼터스 세상' 속으로 성큼 다가간다. 한나라당 원희룡 의원 등은 블로그 회원들에게 모바일 문자 서비스(SMS)로 주요 뉴스를 제공하고 있다"고 보도했다.

모바일과 책임의 만남은 U-book(유비쿼터스 북)을 탄생시켰다. 휴대전화·PDA·DMB 등 각종 단말기로 책의 콘텐츠를 내려받을 수 있다는 것이다. 2005년 10월 프랑크푸르트 도서전 주빈국 조직위원회 총감독인 황지우는 도서전에서 선보인 '한국의 책 100·유비쿼터스 북' 프로젝트를 통해 "디지털 영상매체에 흘려 젊은이들이 책을 멀리하는 이 '화려한 문맹'의 시대에 어떻게 책이 부활할 수 있는지에 대한 도전적 고민과 몇 가지 대안을 함께 제시하려 한다"고 말했다.[84]

유비 노마드족

'디지털 노마드족'은 '유비 노마드족'으로 진화하고 있다. 무선랜 노트북과 PDA(개인휴대단말기)폰, 외장형 하드디스크 등 최신 전자제품으로 무장하고 공간 제약 없이 업무를 처리하는 디지털 노마드족의

---

83) 김상만, 「SBS, 시민기자제 '유포터' 본격 시동」, 『미디어오늘』, 2005년 5월 25일, 4면.
84) 노현, 「세계가 놀란 'U-book 코리아'」, 『매일경제』, 2005년 10월 20일, A34면.

개념이 컴퓨터 접속 네트워크로 모든 일을 처리하는 '유비쿼터스' 환경에 맞게 더욱 정교화되었다는 것이다. 유비 노마드족은 텔레매틱스가 장착된 자동차로 처음 가는 곳도 지름길로 척척 찾아가고, 무선전파식별 장치가 내장된 휴대전화로 정류장에서 기다리는 버스가 어디쯤 오고 있는지 알아본다. 밖에서도 휴대전화로 집 안의 가스밸브를 잠글 수 있고 목욕물도 미리 데워놓는다.[85]

2004년 4월 휴대전화에서도 싸이월드 홈피를 관리할 수 있는 '모바일 싸이월드'가 시작된 지 1년 6개월만인 2005년 10월 현재 모바일 싸이월드 이용자가 100만 명을 넘어섰다. 휴대전화에서 실시간으로 대화를 주고받는 '모바일 메신저'도 인기다. 모바일 서비스가 인기를 끌자 이동통신사들은 모바일족을 겨냥해 서비스를 잇따라 내놓고 있다.[86]

2004년 12월 7일 팬택앤큐리텔은 2004년 9월 출시한 '말하는 디카폰'에 근거리 무선통신기술인 '지그비'를 탑재해 집 안이나 사무실의 각종 전원과 PC를 켜고 끄고, 온·습도 조절, 외부 침입 여부 탐지 등을 할 수 있는 유비쿼터스형 휴대전화를 내놓으면서, "현재는 무선 인터넷을 통해 통제하는 형식이 대부분이지만 지그비를 사용하면 자체 기능으로 통제가 가능하다"고 밝혔다.

그러나 유비쿼터스의 비전이 아름다운 것만은 아니다. 서울대 행정대학원 교수 홍준형은 "유비쿼터스 사회의 비전은 가슴을 설레게 하지만 사생활과 비밀의 보호라는 관점에서는 악몽의 전조일 수도 있다"며, "프라이버시와 개인정보 보호의 사회문화적 인프라가 상대적

---

85) 유지혜, 「노마드족도 가지가지」, 『서울신문』, 2005년 4월 27일, 25면; 유지혜·이재훈, 「"우리는 21세기 노마드"」, 『서울신문』, 2005년 4월 27일, 25면.

86) 이명희, 「난 휴대전화로 다~한다: 미니홈피·메신저 아직도 인터넷으로 하니?」, 『국민일보』, 2005년 10월 12일, 18면.

으로 매우 취약한 우리나라의 경우 유비쿼터스의 위협은 훨씬 더 심각하게 다가올 것이다"라고 우려했다.

> "유명 연예인의 스캔들을 넘어 이제 보통 사람들의 부부생활까지 넘보게 된 '몰카 동영상' 이 인터넷에 돌아다니는 곳, '개똥녀' 니 '왕따 가해자' 니 하며 개인의 프라이버시를 사이버 집단 따돌림으로 마구 짓밟는 일이 벌어지는 곳, 이런 나라에서 유비쿼터스의 멋진 신세계만을 상상하는 것은 천진난만한 일이다. …… 우여곡절 끝에 국회에 상정된 개인정보보호법의 제정을 서두르는 것이 무엇보다도 시급하다. 이 법은 유비쿼터스 정보사회의 권리장전이다. 프라이버시 없인 정부도 없다는 각오가 그 어느 때보다도 절실한 시점이다."[87]

사실 유비쿼터스의 원래 의미가 유비쿼터스에 내재돼 있는 위험을 시사해 준다고 볼 수 있다. 하나님은 언제 어디서나 존재하는 게 당연하지만, 인간이 만든 기술이 언제 어디서나 존재한다는 건 그 기술이 어떻게 쓰이느냐에 따라 불행한 결과를 가져올 수도 있다는 말이다.

각 분야에서 맹렬하게 전개되는 유비쿼터스 예찬론을 듣다보면 놀라운 기술 진보에 감탄을 금치 못하다가도 "꼭 그렇게까지 해야만 하는가?"라는 의문이 드는 건 어쩔 수 없다. 예컨대, 휴가를 떠났으면 모든 걸 다 잊고 푹 쉬면서 자연을 바라보고 홀로 조용히 생각하는 시간을 갖는 게 좋을 것 같은데, '유비쿼터스 예찬론' 은 그 순간에도 치열한 생존 경쟁의 무대와의 끈을 놓으면 안 된다고 역설하고 있으니 말이다.

---

87) 홍준형, 「유비쿼터스의 위협」, 『한국일보』, 2005년 8월 18일, 27면.

제5장 휴대전화 문화

사람들은 왜 휴대전화에 미치는가

한국 휴대전화의 쿠데타

한국 IT 산업의 국가 경제 기여도는 경제협력개발기구(OECD) 국가 중 1위로 수출의 34%(2002년), 국내총생산(GDP)의 16%(2004년)를 차지한다. 특히 D램 반도체는 세계 시장의 42%, 초박액정표시장치 (TFT-LCD)는 30%, 휴대전화는 25%를 차지하며 IT 산업을 연간 20% 씩 키우는 성장 동력이다. 중앙일보경제연구소 부소장 곽재원은 영어권 국가에서는 통신 서비스 지역을 마치 세포처럼 나눠놨다 해서 휴대전화를 '셀룰러 폰(Cellular phone)' 이라고 부르는 점에 착안해 한국 경제를 '셀룰러 이코노미' (세포의 경제)라고 불렀다.[1]

그렇게 부를 만도 하다. 2004년 휴대전화 수출은 모두 1억 4,800만

1) 곽재원, 「경제 살리는 '셀룰러 이코노미'」, 『중앙일보』, 2005년 6월 23일, 35면. 이 글의 기타 참고자료는 이효용, 「사회생활 때문 어쩔 수 없이 … 다시 없애고 싶을 때 많아요: 휴대전화 안 쓰다 '항복' 한 사람들」, 『서울신문』, 2005년 2월 16일, 25면이다.

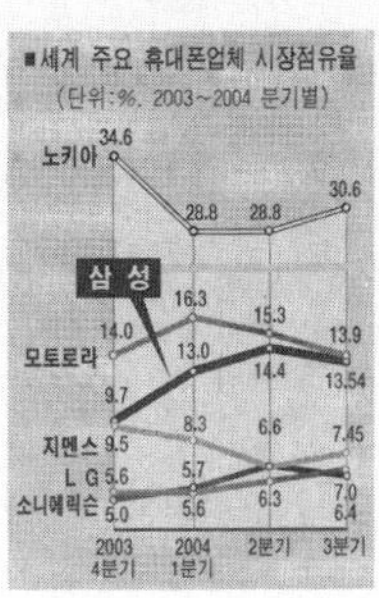

내년이면 전세계 3대중 1대가 한국산

한국 휴대폰의 '쿠데타'

삼성, 연내 모토로라 추월 2위가 눈앞
LG 4위 예약… 팬택은 내년 5위 예고

세계 휴대폰 시장에 한국발(發) 지각변동이 예고되고 있다. 삼성전자를 필두로 LG전자, 팬택앤큐리텔 등 국내 업체들의 시장점유율이 급상승하면서 세계 휴대폰 업체 '빅5' 순위가 대거 바뀔 전망이다. 내년이면 전세계 휴대폰 3대중 1대가 한국산이 되고 한국이 세계 최대 휴대폰 생산 국가로 등극하리란 예측도 나오고 있다.

삼성전자는 27일 미국 시장조사업체 스트래티지어널리틱스(SA)의 자료를 인용, 자사의 2004년 3·4분기 세계 시장 점유율이 13.54%라고 밝혔다. 이는 지난해 같은 기간(11.2%)에 비해 2.34% 높아진 것이다. 2위 업체인 미국 모토로라(13.9%)와의 격차도 0.4%로 줄었다. 삼성전자측은 "모토로라의 4분기 실적이 변수지만 최근까지의 추세가 계속되면 세계 2위 진입이 가능할 것으로 본다"고 밝혔다. 모토로라는 올들어 분기마다 시장 점유율이 0.9~1.0%가량 계속 떨어지는 부진을 보인 반면, 삼성전자는 3분기까지 6,550만대의 휴대폰을 판매하면서 연간 목표인 8,600만대에 바짝 다가섰다. 이 경우 사상 처음으로 한국 기업이 휴대폰 기술 종주국인 미국 업체를 꺾고 핀란드 노키아와 함께 세계 양대 휴대폰 업체로 이름을 올리게 된다.

'한국 휴대폰의 쿠데타'라고 불릴 만한 이 사건에는 LG전자의 활약이 숨어있다. LG전자는 2003년 1분기 5.2%를 시작으로 꾸준히 시장점유율을 확대해 지난 분기 7.0%로 독일 지멘스에 이어 세계 5대 휴대폰 업체의 자리를 지켰다. 점유율로는 1.8% 차이지만 분기별 판매량에 있어서는 560만대에서 1,180만대로 두 배 이상 늘어난 성과다.

LG전자 역시 지멘스와의 격차를 0.45%로 좁히면서 4위 업체 자리를 예약했고 모토로라의 텃밭인 북미 시장에서 승승장구, 삼성전자의 순위 상승에 일조했다. LG전자 관계자는 "(고가제품에 치중하는 삼성전자 보다) LG전자와 모토로라의 경쟁 관계가 더 치열하다"며 "모토로라의 부진은 LG전자 때문이라고 해도 과언이 아니다"고 말했다. 실제로 LG전자와 모토로라의 2·4분기 휴대폰 대당 평균판매가격(ASP)은 각각 167달러와 161달러로 비슷한 가격대를 형성하고 있다.

'국내 빅3'를 벗어나 '월드 빅5' 도약을 꿈꾸는 팬택계열의 무서운 성장세도 변수다. 이 회사는 올해 2,000만대의 휴대폰을 판매해 세계 6위 업체로 올라설 목표를 세웠다. 내년에는 3,000만대 이상으로 소니·에릭슨을 꺾고 5위 업체가 된다는 계획이다. 업계 관계자는 "팬택계열이 목표치를 달성하면 한국 업체들의 2005년 세계 시장점유율은 30%에 육박할 것"이라며 "한국이 핀란드를 제치고 세계 최대 휴대폰 생산국이 될 날이 마지 않았다"고 말했다. 정철환기자 plomat@hk.co.kr

한국은 휴대전화 천국이 되어야 했다. 국내 휴대전화 시장은 급속히 성장했고, 단말기 수출도 급격히 증가했다. 휴대전화는 우리에게 무엇인가?『한국일보』 2004년 10월 28일.

여 대로 200억 달러를 넘어서 자동차 분야를 제치고 반도체(약 250억 달러)에 이어 2위 수출품목으로 올라섰는데, 이 중 삼성전자의 애니콜이 130억 달러나 차지했다.[2]

2005년엔 전 세계 휴대폰 3대 중 1대가 한국산이 될 것이라는 전망이 제시되면서 삼성전자·LG전자·팬택앤큐리텔 등이 '한국 휴대전화의 쿠데타'의 주역이라는 말까지 나왔다. 팬택앤큐리텔이 목표치를 달성하면 한국 업체들의 2005년 세계 시장점유율은 30%에 육박할 것

---

2) 2004년 12월 초 애니콜은 모토롤라를 제치고 노키아에 이어 세계 2위로 등극했다. 이태희, 「휴대폰은 역시 한국산!: 작년 1억 4,800만 대 세계 1위」, 『한겨레』, 2005년 1월 20일, 27면.

이며 한국이 핀란드를 제치고 세계 최대 휴대폰 생산국이 될 날이 머지않았다는 것이다.[3]

국내 휴대전화 시장도 그간 고속 성장을 거듭해 왔다. 2004년 10월 말 현재 휴대전화 가입자는 3,625만 2,676명이다. 1984년 3월에 휴대전화가 국내에 첫선을 보인 뒤 휴대전화 가입자수는 1990년대 중반 이후 폭발적으로 증가해 1997년 9월 500만 명·1998년 6월 1,000만 명·1099년 2월 1,500만 명·1999년 8월 2,000만 명·2002년 3월 3,000만 명을 돌파했다. 6~9개월 만에 500만 명씩 늘어난 셈이다. 이동통신사로 보면 SK텔레콤이 1,864만 명(51.4%)으로 가장 많고 그 다음으로 KTF 1,170만 명(32.3%)·LG텔레콤 590만 명(16.3%)의 순이다.

휴대전화 때문에 공중전화가 수천억 원대의 유지관리비만 축내는 '돈 먹는 하마'로 전락했다. 최근 4년간 적자 운영이다. 공중전화 숫자도 2000년 53만 8,983대에서 2004년 8월말 현재 33만 3,629대로 대폭 줄어들었다. 휴대전화 이용자가 3,600만 명에 이른 상황에서 사업 주체인 정보통신부와 KT는 공중전화 문제로 고민하고 있다.[4]

그런 '쿠데타'와 '셀룰러 이코노미'를 가능케 한 밑거름은 두말할 필요 없이 한국인들의 헌신적인 휴대전화 사랑이다. 그러나 그 사랑은 저절로 이루어진 건 아니다. '정보기술(IT) 선진국'을 이루기 위한 정치경제적 목적으로 사실상 강요된 사랑이다. 한국인 특유의 '쏠림' 현상을 순수한 자발성으로 보긴 어려우며 그런 '쏠림'을 유도한 거대 권력의 전투적 노력이 있었다는 데에 동의한다면 말이다. 한류의 경우처럼 여전히 수출에 열광하는 한국인의 '수출 민족주의'를 위해서

---

3) 정철환, 「한국 휴대폰의 '쿠데타'」, 『한국일보』, 2004년 10월 28일, 16면.
4) 이상범, 「공중전화 이러지도 저러지도…」, 『세계일보』, 2004년 10월 7일, 8면.

"너 없으면 하루종일 불안해"

⑥ 족쇄 되어버린 '휴대전화'

출퇴근 길 지하철 등 여기저기서 휴대전화로 무언가를 하고 있는 학생들을 쉽게 볼 수 있다. 휴대전화로 문자를 보내고, 통화를 하고, 음악을 듣고, 게임을 하고, 그냥 휴대전화기를 만지작거리기도 한다. 이런 모습들은 우리의 아이들이 휴대전화에 너무 집착하는 것이 아닌가, 혹시 휴대폰 중독은 아닌가 하는 걱정을 불러일으키곤 한다.

청소년들이 휴대폰에 열광하고 많은 시간을 휴대폰과 함께 보내는 것은 대부분의 경우 병적인 증상이라기보다 이전 세대들처럼 라디오, 텔레비전, 인터넷 등 새로운 기기와 미디어 등에 적응해 가는 과정이라고 보는 것이 타당할 것이다.

그러나 병적인 휴대폰 중독도 분명히 존재한다.

**친구와 수시로 문자 주고받아도
실제 인간관계 맺기에는 어려움
귓가에 '따르릉' 환청 금단 현상**

아이들이 휴대폰에 병적으로 집착하게 되면 휴대폰은 의사소통을 위한 도구가 아니라 아이들의 삶을 모두 지배하는 무언가가 되어버린다. 아이들은 가족들과 이야기하지도 않고, 하루 종일, 심지어 밤폰에 집착하고 매달리는 아이들일수록 진정한 인간관계를 맺기 힘든 경우가 많다.

또한 휴대폰에 지나치게 집착하는 아이들 중에는 우울, 불안, 적응장애와 같은 정신적인 문제가 동반되어 있는 경우가 많다. 휴대폰 중독 이전에 실제 우울증이나 불안장애가 있는 청소년들이 일상생활에 적응이 어려워지면서 휴대폰에 집착하는 증상을 보이는 경우다. 이때에는 우울증이나 불안장애를 적절히 치료해주는 것이 중요하다.

휴대폰 중독을 의심해 볼 수 있는 증상은 여러 가지가 있다. 일단 문자를 보내거나 통화를 하거나 모바일 서비스를 하느라 상당히 많은 시간을 보내고 거의 대부분의 시간을 휴대폰을 손에 쥐고 살아야 한다면 그것이 첫 번째 증상이 될 수 있다. 하지만 휴대폰 중독이라고 하면 인터넷 중독, 쇼핑중독, 알코올 의존과 같은 맥락으로 금단 증상과 내성을 보이는 게 특징적이다.

휴대폰을 사용하느라 보내는 시간이 점점 늘어나는 것을 내성이라고 한다면 금단 증상은 휴대폰을 사용하지 못하는 경우에 불안, 초조감이 생기고 휴대폰 벨소리가 울리는 것 같은 느낌이 든다든지, 반복적으로 휴대폰을 사용하는 장면이 떠오른다든지, 나도 모르게 손가락으로 문자를 보내고 있는 경우를 말한다. 그 외에도 휴대폰 사용을 자제하려고 해도 잘 안 된다든지 휴대폰 사용으로 인해 중요한 일을 하지 못하는 경우 등도 의존도가 높다고 할 수 있다. 특히, 휴대폰 요

현대인의 의사소통을 위해 필수품이 되다시피 한 휴대폰도 내성과 금단현상이 특징인 중독을 일으킨다. 내성은 휴대폰 사용시간을 점점 늘려가는 쪽으로, 금단현상은 휴대폰을 사용하지 못할 경우 초조감을 느끼게 하는 쪽으로 작용한다. 〈한겨레〉 자료사진

수출 민족주의를 위해 한국은 휴대전화 왕국이 되어야 했다. '이동성' 과 '개인성' 을 한 몸에 겸비한 휴대전화는 필수품이 되었고 모든 미디어를 장악하고 있다. 사람들은 점점 더 휴대전화에 중독되고 있다. 커뮤니케이션 학자들은 휴대전화를 떼어놓지 못하는 사람들을 보면서 '접속에의 갈망 혹은 집착' 을 읽어낸다.
『한겨레』 2005년 3월 30일.

라도 한국은 휴대전화의 천국이 되어야만 했다.

우리는 휴대전화의 주인인가, 노예인가? 아무리 봐도 사람이 휴대전화를 쓴다기보다는 휴대전화가 사람을 쓰는 형국이 되었다고 보는 게 옳을 것 같다.

2005년 3월 소비자조사전문업체인 마케팅인사이트가 이동통신 소비자를 대상으로 휴대폰 사용 습관을 조사한 결과, 집 안에서 유선전화 대신 휴대폰으로 통화를 하는 빈도가 51%나 됐으며, 전화를 받는 경우(56.3%) 못지않게 거는 경우(45.7%)도 많았다. 집전화가 휴대폰보다 요금이 저렴하고 통화 품질도 좋지만 습관적으로 휴대폰을 사용하

고 있는 것이다. 또 영화정보 사이트 시네티즌이 네티즌을 대상으로 휴대폰 사용 실태를 조사한 결과, 76.5%가 자신의 벨소리나 진동이 울린 것 같은 환청을 들은 경험이 있다고 답했다. 또 전화가 올까봐 집에서도 항시 휴대폰을 들고 다닌다는 응답자가 53.9%, 전화가 오지 않았는데도 수시로 주머니 속의 휴대폰을 꺼내 확인하는 경우도 59.2%에 달했다.[5]

2년 넘게 쓰면 안 된다

셀룰러 이코노미엔 자주 희비가 교차한다. 1년 전의 장밋빛 전망과는 달리 2005년도 2분기 매출에서 삼성의 애니콜은 '최악의 부진'을 면치 못했다. 휴대전화 시장조사 기관 IDC에 따르면 세계 휴대전화 시장점유율은 노키아 32.2% · 모토로라 18% · 삼성전자 12.9% · LG전자 6.4%였다. 4대 업체 중 점유율이 눈에 띄게 줄어든 건 삼성전자뿐이었다. 이에 대해 『주간동아』는 다음과 같은 분석을 제시했다.

"문제는 유럽 · 미국 등 선진국의 휴대전화 보급률이 포화상태에 이르면서 고가 휴대전화 시장이 많이 축소된 것. 대신 중국 · 동남아 · 중남미 · 동유럽 등 신흥 시장에서 저가 휴대전화에 대한 요구가 커지기 시작했다. 노키아 · 모토로라 등은 이 같은 흐름에 발 빠르게 대응, 다양한 가격대의 중 · 저가 휴대전화를 다수 생산했다. 특히 모토로라는 2분기에만 15종의 신모델을 출시하는 기염을 토했다. 하이엔드 시

---

5) 정철환, 「휴대폰 중독: "환청 경험했다" 77%, "집에서도 사용" 51%」, 『한국일보』, 2005년 7월 23일, 14면.

장에 주력해 온 삼성으로서는 고전할 수밖에 없는 상황이었다."[6]

그러나 너무 걱정할 건 없다. 얼마 후면 다시 장밋빛 전망이 나올 것이다. 휴대전화 의존도가 높은 셀룰러 이코노미에선 변덕 많은 시장 상황에 따라 일희일비하게 돼 있으니까 말이다.

그야말로 자고 나면 '신형 휴대전화'가 나올 정도로 전자 업체들은 숨 가쁘게 다양한 종류의 휴대전화를 양산해 내고 있다. 심지어 '음주측정폰'까지 나와 4개월 만에 20만 대가 팔리는 '대박'을 터뜨리기도 했다. LG전자의 '스포츠카폰'은 음주측정뿐만 아니라 노래방·음식점·술집 등에서 노래방 기기나 텔레비전 리모컨 구실도 한다.[7] 언론은 소비자들에겐 '행복한 고민'이라고 주장하지만,[8] 꼭 그런 것만도 아니다. 돈 들어갈 일만 더 늘어나기 때문이다.

휴대전화는 2년만 쓰면 버튼이 잘 눌러지지 않고 고장이 난다. 그러나 기술력이 모자라서 그런 게 아니다. 그런 불만을 토로하는 소비자에게 휴대전화 제조업체 관계자는 "몇 년 전 일본의 한 휴대전화 제조업체가 몇 년 써도 흠집조차 나지 않을 정도로 내구성이 뛰어난 제품을 내놨다가 망했다"며, "휴대전화 산업을 살린다 생각하고 새것으로 바꾸라"고 권고한다.[9]

학생들에겐 굳이 그런 권고를 할 필요가 없다. 2년도 길다며 스스로 알아서 1년 내에 바꾸기 때문이다. 2004년 YWCA의 조사에 따르

---

6) 이나리, 「'애니콜' 부진 언제쯤 탈출할까: 삼성 휴대전화 왜 이러나」, 『주간동아』, 2005년 8월 16일, 26~27면.
7) 김재섭, 「음주측정폰 '대박'」, 『한겨레』, 2005년 10월 28일, 14면.
8) 김태윤, 「자고 나면 '신형 휴대전화'가 … 소비자 '행복한 고민'」, 『중앙일보』, 2005년 10월 27일, C7면.
9) 김재섭, 「휴대전화, 오래 쓰면 망한다?」, 『한겨레』, 2005년 9월 27일, 20면.

면, 휴대전화를 가진 중고등학생의 38.6%가 1년 이내에 휴대전화를 바꾸는 것으로 나타났다. 학교에서 압수될 때를 대비해서 사용하지 않는 구형 휴대전화를 여분으로 지니고 다니는 학생들도 있을 정도라고 하니, 참으로 기특한 애국자라 아니할 수 없겠다.[10]

휴대전화를 분실하는 사람들도 많아 이 또한 '셀룰러 이코노미'에 기여한다. 2004년 한 해 동안 분실 휴대폰은 전체의 12.5%인 458만 대로 개당 20만 원으로 환산했을 때 총액은 1조 3,700억 원이었으며, 이 중 주인을 되찾은 건 6만 3,300여 대에 지나지 않은 것으로 밝혀졌다. 2005년 3월 현재 휴대폰 보급률은 76%로 쓰지 않고 사장(死藏)된 휴대폰만 4,000만 대에 이르는 걸로 추산되었다. 이른바 'e-쓰레기'의 문제도 심각하다. 평균 무게가 140g인 휴대폰 1대에는 30가지가 넘는 물질이 들어 있는데, 이것이 일반 쓰레기와 섞여 태워지거나 땅에 묻히면 인체에 큰 피해를 줄 수 있다. 제조업체에 반납하면 70억~80억 원의 수입을 얻을 수 있다지만 그런 수거 시스템은 제대로 작동하지 않고 있다.[11]

이동통신사의 공격적 마케팅

휴대전화 열풍이 저절로 이루어진 건 아니다. 한국의 이동통신 문화가 세계에서 최첨단을 달리는 데엔 여러 이유가 있겠지만, 그중 빼놓을 수 없는 것은 앞서 지적한 국내 전자 업체들의 맹활약 이외에 이동통신사들의 공격적인 마케팅이다.

---

10) 고재열, 「마약 중독 빰치는 '모바일 중독'」, 『시사저널』, 2004년 12월 23일, 62~63면.
11) 홍현표, 「위험! 버려진 휴대전화 4,000만 대」, 『조선일보』, 2005년 3월 10일, A15면.

1996년부터 이동통신사들의 가입자 유치 경쟁이 거세지면서 휴대전화 단말기 보조금이 등장했는데, "휴대전화를 돈 주고 사면 바보"라는 말이 나올 정도로 경쟁이 치열해졌고 1999년 이동통신 업계의 보조금 규모는 3조 원이나 되었다. 그로 인한 부작용이 커지자 2000년 5월부터 보조금 지급이 금지됐으며 2003년부터는 아예 3년 동안 법으로 금지됐다.[12]

2004년 9월 SK텔레콤·KTF·LG텔레콤 등 이동통신 3사는 불법적인 단말기 보조금 지급 등으로 영업정지를 먹고 나서 앞으로 깨끗한 경쟁을 펼치겠다는 마케팅 공세를 펼쳤다.[13] 그러나 그 말을 믿는 사람은 거의 없었다. 1년 후인 2005년 9월 5일 통신위원회는 불법 휴대전화 단말기 보조금을 지급한 SK텔레콤과 KTF에 대해 각각 93억 원과 53억 원 등 146억 원의 과징금을 부과했다.

2005년 10월 25일 정보통신부는 3년 이상 장기 가입자에 한해서 휴대전화 보조금을 일부 허용하는 정책 안을 발표했다. 3년 이상 장기 가입자는 전체 가입자 3,700만 명의 41.1%인 1,500만 명에 이르며, 이들에게 1인당 10만 원씩 보조금을 지급한다고 가정할 경우 이동통신사들은 약 1조 5,000억 원을 부담하게 된다.[14]

KTF·LG텔레콤 등 후발 사업자들은 자금 여력이 많은 SK텔레콤이 돈의 힘으로 고객을 그러모을 수 있다고 우려했다. 그러나 통신 업계의 한 관계자는 "현재 이동통신회사를 바꾸면 30만 원짜리 단말기를 8

---

12) 김두영, 「내년 3월이면 끝나는 휴대전화 단말기 보조금 금지」, 『동아일보』, 2005년 10월 25일, B4면.

13) 김병국, 「클린 마케팅 시장 기반 마련: '이동 3사 영업정지' 통신 시장 무얼 남겼나」, 『내일신문』, 2004년 9월 23일, 16면.

14) 최연진·정철환, 「장기 가입자만 혜택 '이통사 희비': 휴대폰 보조금 2년 7개월 만에 부활」, 『한국일보』, 2005년 10월 26일, A17면.

만 원에 살 수 있다"며, "정부의 이번 조치는 별다른 효과는 없을 것"이라고 전망했다.[15]

2005년 1~3월 SK텔레콤·KTF·LG텔레콤 등 이동통신사 3사가 지출한 마케팅비는 7,690억 원에 달한 반면, 통신망과 신기술 개발 등을 위한 투자비는 2,370억 원에 그친 것으로 나타났다. 이동 3사의 마케팅비는 2002년 2조 8,610억 원에서 2003년 2조 5,130억 원·2004년 3조 3,090억 원이었다. 반면 투자비는 2002년부터 2004년까지 각각 3조 4,420억 원·3조 1,180억 원·2조 9,410억 원으로 매년 감소하는 추세를 보였다. 이는 번호이동성제가 부분적으로 시행된 2004년 마케팅비 규모가 투자비를 추월했고, 완전 자유화된 2005년 이 같은 현상이 더욱 두드러지고 있는 것으로 분석되었다.

이에 대해 YMCA 간사 채수민은 "이통사들이 WCDMA(광대역 코드분할다중접속)와 휴대 인터넷 등에 투자해야 하기 때문에 요금을 못 내린다고 주장하지만 실제 속을 들여다보면 연구개발비를 포함한 시설투자비는 매출의 10%밖에 안 되고 마케팅비가 20%에 달했다"며, "업체 논리대로 가더라도 소비자들이 계속해서 불합리한 요금을 내는 것은 옳지 않다"고 말했다.[16]

통신 업체들은 2004년 9월부터 중국의 고구려사 왜곡, 이순신장군 재평가 논란, 일본의 독도 영유권 주장 등 역사적 문제를 마케팅 소재로 적극 이용하고 나섰다. 데이콤은 정부가 주도하는 광대역통합망 서비스 모델 개발과 시범 서비스를 위한 컨소시엄에 '광개토 컨소시

---

15) 이희성, 「'휴대폰 보조금' 내년 3월 부활할 듯」, 『중앙일보』, 2005년 10월 26일, E1면.

16) 이명희, 「이통사들 마케팅비 펑펑」, 『국민일보』, 2005년 6월 16일, 14면; 김창덕, 「투자는 '찔끔' 마케팅엔 '펑펑'」, 『세계일보』, 2005년 6월 16일, A18면.

엄'이라는 이름을 붙였는데, 이는 고구려 광개토대왕처럼 강력한 힘을 바탕으로 시장을 주도하겠다는 뜻이라고 했지만, 최근 중국의 고구려사 왜곡 문제도 염두에 둔 것이었다. KTF는 요금의 일부를 고구려역사 지키기 기금으로 돌리는 '고구려 요금'을 내놓았다. LG텔레콤은무선 인터넷 게임 '독도를 지켜라'를 서비스했다. 통일부가 "일본을자극할 우려가 있다"고 해서 "섬을 지켜라"라는 제목으로 서비스가시작됐으나 네티즌들의 항의로 원래의 이름을 되찾았다.[17]

『서울신문』 2005년 3월 21일자 기사 「통신·인터넷 업체 '얄미운 상혼': '독도 사랑' 내세워 통화료 챙기고 물건 팔고…」는 통신·인터넷 업체들이 일본의 '독도의 날' 제정으로 악화된 국민감정을 이용해 잇속만 챙기고 있다고 비판했다.

이벤트 · 할인 · 체험 마케팅

2005년 여름 휴가철을 맞아 이통사들의 마케팅 공세가 이벤트 중심으로 더욱 뜨거워졌다. LG텔레콤은 자사 가입자를 대상으로 수영장 입장료를 50% 할인해 주는 '썸머 페스티벌'을 열었고, SK텔레콤은 연말까지 매월 선착순 10만 명에게 6개 제휴 업소에서 40% 할인 혜택을 제공하는 '레인보우 클럽데이' 행사와 더불어 '현장체험학습', '문화 유적답사' 등 가족참여 프로그램을 실시했고, KTF는 자사 사이트에 가입해 온라인 복권을 긁어 당첨되면 동남아 여행 등 다양한 경품을 주는 마케팅 공세를 폈다.[18]

---

17) 이태희, 「통신 업체 '역사 마케팅' 활발」, 『한겨레』, 2004년 9월 22일, 28면.
18) 이명희, 「이통사 "고객마음 뺏어볼까"」, 『국민일보』, 2005년 7월 25일, 14면.

"빌어먹을 제휴카드
동네 빵집 다 죽이네"

이동통신사 과다 마케팅 생존권 위협 … "남의 돈으로 고객에게 생색" 비난 빗발

이나리 기자 byeme@donga.com

"대기업의 제휴카드로 인해 더 이상 자영 제과점주들이 피눈물을 흘려서는 안 됩니다. 우리의 생존권 수호를 위해 분연히 일어서야 합니다…."

제과점 사장님들이 단단히 화가 났다. 7월 26일 서울 양재동 대한제과협회. 전국에서 몰려온 100여명의 각 시도 지부·지회 임원들은 '이동통신사 제휴카드 폐지 및 생존권 보호 비상대책위원회'(이하 비대위)를 결성하고 그 구체적 활동 방안을 논의했다.

제과업 생존권 보호 비대위 결성

이들은 "파리바게뜨, 크라운베이커리, 뚜레쥬르 등 프랜차이즈 업체들이 SK텔레콤(이하 SKT), KTF, LG텔레콤(이하 LGT) 등 이동통신업체 카드 소지자에게 20~40%의 할인 혜택을 주는 바람에 전국 자영 제과점들이 존폐 기로에서 있다"고 목소리를 높였다. "이동통신사들이 고객에게 이윤을 돌려주고자 한다면 비싸기로 소문난 통신요금을 낮추는 것

크라운베이커리와 뚜레쥬르는 "우리는 40%의 할인의 경우에도 가맹점주들에게 20%의 할인과 같은 수준의 부담만 지운다. 하지만 그렇지 않은 업체의 점주들은 손해가 이만저만이 아닐 것"이라며, "이동통신사 제휴 카드는 이제 제과 업체의 계륵이 됐다"고 말했다. 『주간동아』 2005년 8월 9일.

이동통신사들의 할인 마케팅 공세가 영화관·외식 업체·놀이공원 등을 넘어 제과점까지 파고들어 원성을 샀다. 2005년 7월 26일 서울 양재동 대한제과협회에선 전국에서 몰려온 100명 이상의 각 시도

지부·지회 임원들이 '이동통신사 제휴카드 폐지 및 생존권보호 비상대책위원회'를 결성하고 그 구체적 활동방안을 논의했다. 이들은 "파리바게뜨·크라운베이커리·뚜레쥬르 등 프랜차이즈 업체들이 SKT·KTF·LGT 등 이동통신사 카드 소지자에게 20~40%의 할인 혜택을 주는 바람에 전국 자영 제과점들이 존폐의 기로에 서 있다"며, "이동통신사들이 고객에게 이윤을 돌려주고자 한다면 비싸기로 소문난 통신요금을 낮추는 것이 순리 아니냐"고 비판했다.[19]

이동통신사들의 '빵 마케팅' 덕분에 2005년 9월 기준으로 파리바게뜨 등 프랜차이즈 제과점은 2002년보다 357점이 늘어난 반면, 자영 제과점은 전국적으로 1,665개 점이 문을 닫았다. 2005년 10월 27일 동네 빵집 주인들로 구성된 '이동통신사 제휴카드 폐지 및 생존권보호 제과인 비상대책위원회'는 "베이커리 시장의 55%를 차지하는 파리바게뜨가 SK텔레콤과 제휴해 빵 값의 20~40%까지 할인해 주는 것은 불공정거래행위"라며, 파리바게뜨와 SK텔레콤을 공정거래위원회에 제소했다.[20]

이동통신사들은 체험 마케팅에도 적극 공세를 폈다. LG텔레콤은 벨소리 내려받기·무선 인터넷 등 각종 휴대폰 서비스를 무료로 이용할 수 있는 '폰&펀' 체험 마케팅 공간을 50곳 이상 운영하고 있으며, SK텔레콤은 자사 가입자들에게 농심·도루코·피죤 등 24개 업체의 5,400개 제품을 매달 무료로 사용해 볼 수 있는 기회를 제공하는 체험 마케팅 '해피테스터'를, KTF는 이동식 체험 마케팅관을 만들어 운영하고 있다.[21]

---

19) 이나리, 「"빌어먹을 제휴카드 동네 빵집 다 죽이네"」, 『주간동아』, 2005년 8월 9일, 40~42면.
20) 정세라, 「동네 빵집들, 이통사 할인에 '발끈'」, 『한겨레』, 2005년 10월 28일, 14면.

이동통신사들은 수능을 100일 앞두고 두뇌 활동 증가시키고 졸음 쫓는 기능 등 공부의 효율성을 높이는 서비스를 앞 다투어 내놓았다. SK텔레콤은 뇌에 유익한 알파파를 발생시킨다는 '모바일 총명탕'·'수능에 필요한 영어단어 3,000개 서비스'·'2006년도 수시모집 경쟁률 속보 서비스'를, LG텔레콤은 '소화불량 도우미'·'수면 도우미' 등을, KTF는 MP3폰으로 듣는 '캡션 어학 서비스' 등을 내놓았다.[22]

이동통신사들은 시계나 달력 구실에 머무르던 휴대전화 대기화면에 정보제공 서비스를 실시함으로써 새 수입원을 창출했다. 2005년 8월 15일 SK텔레콤은 '두 줄' 서비스를 시작했는데, 이 프로그램을 내려받으면 휴대전화 대기화면 상하단에 두 줄로 흘러가는 방식으로 정보가 제공되며, 상단에는 연예(월 2,000원)·증권(월 3,000원) 등 유료정보가, 하단에는 날씨·뉴스·광고 등 무료 정보가 제공된다. 사용자가 대기화면에 흐르는 정보 중 관심 있는 내용의 상세 정보를 보기 위해서는 추가 통화료를 내야 한다. 다른 이통사들도 경쟁적으로 '대기화면 마케팅'에 임하고 있다.[23]

청소년에 약인가 독인가

휴대전화와 관련된 중요한 쟁점 중의 하나는 청소년의 휴대전화 이용이다.

휴대전화가 수능 부정 사건의 주범으로 지목된 가운데 이동통신 업

---

21) 최연진, 「무료 체험 마케팅 바람」, 『한국일보』, 2005년 8월 10일, 18면.
22) 정기홍, 「이통 3사 "수험생 파이팅"」, 『서울신문』, 2005년 8월 17일, 22면.
23) 서수민, 「휴대전화 '대기화면 마케팅'」, 『한겨레』, 2005년 8월 16일, 17면.

체들은 이른바 '모티켓(모바일+에티켓) 운동'을 전개했다. 『문화일보』 2004년 12월 4일자는 1면 머리기사로 「휴대전화, 청소년에 약인가 독인가」를 다뤘다.

부정론이 만만치 않은 가운데 긍정론도 나왔다. 중앙대 청소년학과 교수 최윤진은 "아이들의 의사소통체계인 모바일은 이들이 성인이 되어서도 이를 바탕으로 한 의사소통체계가 될 것이라는 것이 대세"라며, "한글 파괴·욕설 등으로 기성세대들이 갖고 있는 언어체계를 훼손하기도 하지만 이모티콘 활용·의사소통의 경제화·시간축약 등 새로운 소통체계를 만들어 가는 긍정적인 측면이 있다"고 주장했다. 문화평론가 김종휘도 "휴대전화는 아이들이 세상과 소통하는 통로다. 아이들과 어른들의 사용방법에 차이가 있을 뿐인데 이를 수능 부정이나 사고력 결핍의 원인으로 연결시키는 것은 억측"이라고 주장했다.

KAIST 교수 정재승은 "요즘 중고등학생들에게 가장 무서운 체벌은 때리는 것이 아니라 '휴대전화를 일주일간 압수' 하는 벌이란다. 수업시간에 문자를 보내다 걸려 '휴대전화 압수' 라도 당하면 그 주는 지옥 같은 한 주가 된다. 단 하루라도 휴대전화가 없으면 못 견디는 학생들, 이미 그들에게 휴대전화는 세상과 소통하는 입이자 귀인 것이다. 이런 상황에서 수능 부정 사건을 단지 '과열 입시경쟁이 만든 불행이며 모두가 희생자' 라는 논리나 '시험 감독이 소홀한 탓' 이라며 정부를 질책하는 일은 무책임하고 공허한 말장난일 뿐이다. …… 과학기술을 올바르게 활용하는 교육. 진작 했어야 할 이런 교육과 토론을 소홀히 한 우리 세대의 무책임은 머지않아 다음 세대에게 더욱 끔찍한 사회문제를 안겨주는 '치명적인 대가' 를 치르게 될 것이다"고 주장했다.[24]

『시사저널』 2004년 12월 23일자는 휴대전화에 새로운 색을 입히거나, 키패드·안테나 등에 불이 들어오도록 광섬유를 넣거나, 혹은 벨 소리를 증폭시키는 등 휴대전화를 개조하는 서비스를 제공하는 휴대 전화 튜닝 가게가 성업 중이라고 보도했다. 원래 일본에서 시작됐지 만 한국에서 더 발달했고, 보통 2만~3만 원이 들며 풀옵션으로 하려 면 20만 원 이상이 든다고 한다.[25]

휴대전화 신용불량·음란·폭력

2004년 9월 말 현재 휴대전화 신용불량자는 258만 359명으로 전체 휴대전화 가입자의 7.1%에 이르렀으며, 10대 휴대전화 신용불량자는 11만 2,374명이었다.[26] 2004년 한 해 동안 국내 이동통신 3사들이 연예 인 누드 등 성인 콘텐츠 서비스로 올린 매출은 SK텔레콤 860억 원· KTF 200억 원·LG 70억 원 등 총 1,130억 원인 것으로 집계되었다.[27]

2005년 7월 학부모정보감시단 단장 주혜경은 "음란·폭력 콘텐트 에 노출되는 나이가 유치원생까지 확대됐고 부모가 신경 써야 할 매체 가 컴퓨터뿐 아니라 휴대전화(특히 모바일 서비스)까지로 늘어난 것이 지금의 현실"이라고 말했다. 한 학부모의 하소연이다.

"초등학교 4학년인 딸이 휴대전화를 사달라고 올 초부터 계속 졸 랐다. 학원 갔다 집에 오는 시간이 늦어지는 게 염려돼 결국 마련해

---

24) 정재승, 「수능 부정이 주는 교훈」, 『중앙일보』, 2004년 12월 3일, 34면.

25) 고재열, 「마약 중독 뺨치는 '모바일 중독'」, 『시사저널』, 2004년 12월 23일, 62~63면.

26) 양재찬, 「휴대전화 신용불량자만 258만 명」, 『월간중앙』, 2005년 1월, 115쪽; 권선무, 「휴대전화료 '신 불자' 10대가 10만 명 넘어」, 『문화일보』, 2004년 10월 1일, 8면.

27) 류영현, 「이통사, 연예인 누드로 돈벌이?」, 『세계일보』, 2005년 2월 16일, A19면.

줬다. 요금은 2만 원 정액제로 했다. 그런데 지난달 부과된 요금은 무려 20여만 원. 2만 원을 초과한 뒤 친구들끼리 콜렉트콜(수신자 부담)을 걸어가며 몇 시간씩 수다를 떤 결과였다. 딸을 야단쳤더니 어떤 아이들은 게임·동영상 서비스 보느라 휴대전화 요금을 자기보다 더 많이 쓰기도 한다며 울먹였다."[28]

'청소년 요금제'는 18세 이하 미성년자를 대상으로 매월 일정액의 통화료 한도를 두고 그 이상 통화할 수 없도록 한 요금제도다. 이동통신사들은 "자녀들의 무분별한 통화를 방지할 수 있는 요금제도"라고 홍보해 왔는데, 충전제도가 있어 상한제는 의미가 없다는 비난의 소리가 높다. '충전'이란 나중에 돈을 더 지급하겠다고 약속하고 한도를 넘어 사용하는 것인데, 이통사들이 이 과정에서 부모 동의를 생략한 것이다. 그래서 1만 5,000원짜리 정액요금에 가입해도 통화요금이 10만 원이나 나오는 일들이 벌어지고 있다.[29]

환경단체인 환경정의는 2005년 5월 5일 어린이날을 맞아 '부모들

이동통신 3사 성인콘텐츠 매출액						(단위:억원)
	2003년			2004년		
	SKT	KTF	LGT	SKT	KTF	LGT
무선 인터넷 매출액	7,802	3,618	555	11,384	5,236	750
성인 콘텐츠 매출액	142	200	32	333	206	56

〈자료:정보통신부〉

'야한 휴대폰'

이통3사 누드·동영상 조회
작년 한해 최소 2975만건

국회 과학기술정보통신위 소속 한나라당 진영 의원이 11일 이색적인 분석자료를 공개했다. 지난해 한 해에만 연예인 누드와 성행위 동영상 등 휴대전화로 볼 수 있는 '성인 콘텐츠'가 최소 2975만건 조회됐다는 것이다. 이용자가 모두 가장 비싼 2000원짜리 콘텐츠를 봤다고 가정해 계산한 수치다.

●최대 19억 8300만건 추정

진 의원은 최근 정보통신부로부터 제출받은 '이동통신사 성인 콘텐츠 매출현황'을 분석해 이같은 수치를 산출했다. 지난해 SKT, KTF, LGT가 올린 성인 콘텐츠 매출액은 각각 333억, 206억, 56억원으로 전체 595억원에 달했다. 매출액은 전액이 정보 이용료다.

진 의원은 정보 이용료가 그 '수위'에 따라 30~2000원으로 다양하다는 점에 착안했다. 만일 이용자 모두가 최고가인 2000원짜리 콘텐츠를 열람했다고 가정하면 매출액 595억원을 2000원으로 나눠 조회수가 '2975만건'이라는 결과를 얻는다.

반면 가장 저렴한 30원짜리를 기준으로 하면 음란물 열람횟수가 19억 8300만건에 달한다는 추정치가 나온다. 지난 연말 기준으로 전체 휴대전화 가입자가 3600만명임을 감안하면 실로 엄청난 숫자다.

휴대전화를 통한 성인 콘텐츠 이용이 급증했다. 청소년 역시 별 어려움 없이 성인 콘텐츠에 접근할 수 있어 문제가 되고 있다. 『서울신문』 2005년 4월 12일.

---

28) 홍수현, 「혹시 우리 애 휴대폰·PC도 '울긋불긋'?」, 『중앙일보』, 2005년 8월 1일, 19면.
29) 백승제·류승균, 「당신은 '이통사 함정'에 빠졌네요」, 『조선일보』, 2005년 8월 23일, B1면.

이 지켜야 할 10계명’ 중의 하나로 휴대전화를 선물하지 말 것을 권고했다. 어머니들의 모임인 환경정의 ‘다음을 지키는 사람들’ 국장 박명숙은 “휴대전화에서 나오는 전자파는 아이의 뇌세포를 파괴할 수 있어서 영국에서는 4세 미만의 아이에게 휴대전화를 주는 것만으로도 아동학대죄가 적용된다”면서, “어린이들이 가장 받고 싶어하는 선물이 휴대전화라고 하지만 꼭 필요한 것인지 살펴보고 건강을 위해 되도록 사주지 않는 것이 좋다”고 말했다.[30]

그러나 미국과 유럽에서 ‘키즈폰’ 바람이 불고 있어 한국도 견디기 어려울 것 같다. 미국에선 자녀들과 항상 연락을 취하려는 부모가 늘어나면서 6~13세 어린이용 휴대전화(키즈폰) 시장이 급성장하고 있다. 키즈폰은 번호패드 없이 미리 입력된 전화번호에만 전화를 걸 수 있고 보호자가 온라인으로 사용시간을 예약할 수 있다. 국내에선 벨웨이브가 2004년 8월에 내놓은 ‘아이키즈’가 유일한 키즈폰인데 삼성전자 · LG전자 등도 키즈폰 출시를 검토하고 있는 것으로 알려졌다.[31]

휴대전화는 삶의 문법이다

청소년에겐 ‘과잉’이 문제지만 노인들에겐 ‘과소’가 문제다. 전주시 평생학습센터와 전북도 노인복지회관 등 전주시내 3개 노인복지회관은 2005년 8월 22일부터 10월 말까지 매일 오후 60세 이상 노인들을 대상으로 ‘휴대전화 활용 무료 강좌’를 열기로 했다. 강좌에서는 휴대전화 문자 메시지 보내기와 게임, 벨 소리 종류 변경 및 음량 조절, 단

---

30) 정희정, 「“핸드폰 선물은 어린이 학대”」, 『문화일보』, 2005년 5월 4일, 7면.
31) 홍석민, 「휴대전화 “애들아 놀자”: ‘키즈폰’ 해외서 뜬다」, 『동아일보』, 2005년 8월 11일, B1면.

축 키 활용, 첫 화면 창 만들기, 스케줄 관리, 알람·시계·전자계산기 기능 등을 가르친다고 한다. 노인들이 휴대전화로 외로움을 달랠 수 있도록 하기 위해 이 프로그램이 마련됐다고 한다.[32]

경향신문 출판본부장 김택근은 "휴대전화가 울리지 않으면 불안하다. '왜 아무도 나를 찾지 않는 것일까?' 그건 유배에 다름 아니다. …… 휴대전화는 인간에게서 자꾸 여백을 앗아간다. 전화를 지니고 다니면 누군가에게 들키게 되어 있다. '거기 어디야? 지금 뭐해?' 그렇다. 내가 누굴 엿보는 것처럼 누군가가 날 훔쳐보고 있다. 우리 삶은 더욱 고달파졌다"고 말했다.[33]

사람들이 휴대전화에 미치는 건 스스로 미치고 싶어서가 아니다. 셀룰러 이코노미라는 동력에 의해 만들어진 새로운 라이프스타일이자 '삶의 문법'의 가공할 위력 앞에서 홀로 저항한다는 건 사실상 불가능한 일이다. 그래서 노인들은 휴대전화 사용법을 배우는 것이고, 휴대전화가 울리지 않으면 불안해지는 것이다. 홀로 무인도에 남는 기분을 어찌 견뎌낼 수 있겠는가?

스스로 물어보자. 나는 내 휴대전화의 주인인가, 노예인가? 혹 나는 셀룰러 이코노미의 번영을 위해 충실히 봉사하는 소비자는 아닌가? 휴대전화를 아예 이용하지 않으면 자기밖에 모르는 '이기주의자'라고 욕먹는 세상에서 우문(愚問)일 것이다. 휴대전화 덕분에 우리는 소통의 풍요를 만끽하게 되었는가 하는 질문도 우문임에 틀림없다. 휴대전화는 소통을 위한 매체가 아니기 때문이다. 그건 내가 이 세상과의 끈을 놓지 않고 있다는 환타지를 공급하는 나의 주인이다.

---

32) 이해석, 「노인들에 휴대전화 활용 강좌」, 『중앙일보』, 2005년 8월 9일, 14면.
33) 김택근, 「휴대전화에 묻는다」, 『경향신문』, 2004년 12월 8일, 31면.

엄지의 부활

휴대전화의 문자 메시지 서비스(SMS: Short Messaging Service)와 멀티미디어 메시징 서비스(MMS: Multimedia Messaging Service)는 대인(對人) 커뮤니케이션 방식을 근본적으로 뒤흔들고 있다. SMS의 텍스트 용량은 한글로 된 메시지의 글자 수가 50자 정도로 제한돼 있으나 MMS는 1,000~2,000자 수준까지 지원되며 그림·사진·동영상·음악 등 다양한 멀티미디어 데이터까지 전송할 수 있어 신세대의 사랑을 받고 있다.

문자 메시지를 보내느라 휴대전화 자판을 누르는 일 덕분에 '엄지의 부활'이 이루어졌다. 두 엄지로 1분에 수십 타를 쳐야 엄지족에 들 수 있다. 싱가포르의 한 통신 업체가 주최한 문자 메시지 보내기 대회에서 우승한 23세의 대학생은 26개 영어단어로 이루어진 문장을 43초에 완성했다. 엄지족은 일본에서는 '오아유비 세다이(親指世代)', 미국

문자메시지, 예술의 세계로

'엄지족' 디지털 예술을 창조하다

직장인 문모(26·여) 씨는 요즘 말이 없어졌다. 시시때때로 울리던 휴대전화도 조용하다. 그러나 알고 보면 문 씨는 수다 떠느라 바쁘다. 부지런히 문자메시지(SMS)를 보내고 있는 것이다. 그녀가 하루 평균 '날리는' 문자메시지는 20건, 생일이나 복날처럼 특별한 날엔 50건을 훌쩍 넘는다.

그뿐 아니다. 처음엔 단순히 문자로 용건을 찍어

보내면 문 씨는 요즘 온갖 이모티콘을 동원해 메시지를 보내고 SMS 전송업체 등에서 하는 콘테스트에도 자주 응모한다. 문 씨는 심심찮게 부상으로 무료 SMS를 받자 이동통신사(이하 이통사)에서 운영하는 '메시지사업팀'에서 일해보고 싶은 희망까지 생겼다.

디지털 세대는 휴대전화로 새로운 표현수단을 만들었다.

이통사·포털업체들 다양한 문자메시지 개발 경쟁

"사무실에서 휴대전화 쓰면 눈치 보이잖아요. 문자메시지는 일하는 척하면서 웹에서도 보낼 수 있어 자주 쓰죠. 또 오랜만에 친구들에게 전화하면 '생뚱' 맞은데 문자메시지는 그런 어색함이 없고, 동시에 여러 명에게 연락하기도 편해요."

KTF에 따르면 2005년 6월 문자메시지는 20억8615만건으로 음성전화 20억4669건을 처음으로 앞질렀다. LGT는 2004년과 올해 6월을 비교해보면, 음성 착신이 7억7000만건에서 8억9000만건으로 약간 늘었는데, 문자메시지는 5억5000만에서 9억3000만으로 크게 늘어 음성을 앞질렀다. SKT도 마찬가지 추세를 보이고 있다. 음성전화가 거의 정체-증가를 보이는 데 비해, 문자메시지 사용은 폭발적으로 늘고 있는 것이다.

이 같은 추세에 따라 이통사들과 포털업체들이 다양한 문자메시지 서비스 개발에 나섰다. LGT는 40대 문자메시지 사용자들이 늘고 있는 데 착안, 체험관 '폰앤펀'에서 MJ(mobile-jockey)가 문자메시지 이용법을

가르쳐주기도 한다. SMS 발송 전문업체들도 늘어나 사용자들의 눈과 마음을 사로잡는 문자메시지를 만들기 위해 아이디어를 짜내고 있다.

말 그대로 문자로만 된 문자메시지뿐 아니라 이모티콘으로 이미지를 만드는

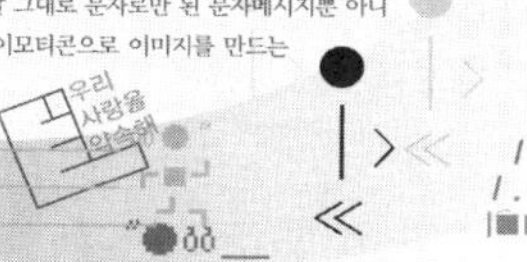

이모티콘 메시지, 컬러 그림이 함께 전송되는 '아이콘 편지', 소리 등이 부가되는 '멀티미디어 메시지(MMS)' 등이 서비스 중이다.

스크롤 하듯 길쭉한 이모티콘 메시지 '키다리', 19세 이상 인증을 받는 야한 메시지 '에로티콘', 유선으로 가입하면 편지지처럼 화면이 합성되는 '메시지코다' 서비스 등은 문자메시지가 포맷 개발을 넘어서 콘텐츠 경쟁 단계에 들어서 있음을 보여준다.

점점 더 단순하고 짧은 것을 선호하는 '디지털 세대'의 출현을 예견하고 2000년 설립된 SMS 전문서비스 업체 ㈜쓴다넷(랭키닷컴 1위)의 송승한 대표는 "이모티콘은 이제 예술작품이다. 지금은 사용자들이나 업체들이 서로 퍼가고 변형해서 쓰지만 향후 저작권 문제를 반드시 해결해야 할 것"이라고 말한다.

이통사 중 KTF는 상대적으로 젊은 사용자가 많아 문자메시지 서비스도 가장 활발한 편이다. 우리나라에 처음 이모티콘을 소개한 '이모티콘 디자이너' 조문주 씨가 있는 ㈜지어소프트가 KTF에 콘텐츠를 제공한다. 이은정 팀장은 "문자메시지 서비스 초기에 저작권 논의가 있었다. 오늘 우리 업체에서 만든 메시지 포맷이 즉시 타 사이트에 오르는 경우가 많아 대책이 필요하다는 생각이 든다"고 말한다.

KTF가 최근에 서비스를 시작한 '스타폰트'는 그래픽디자인 업체인 '윤디자인'과 손잡고 테이, 현빈, 세븐 등 스타들의 글씨체를 가져와 문자메시지에 쓰는 것으로 해당 연예인에게 로열티가 지불되는, 창작 개념의 문자메시지다. 광복 60주년 행사 때도 대형 스크린에

디지털 세대는 휴대전화로 새로운 표현수단을 만들었다. 『주간동아』 2005년 8월 16일.

에선 '엄지 세대(Thumb generation)'로 불린다. 2004년 YWCA 조사 결과 한국의 중고등학생들은 하루 평균 53통씩 문자를 발송하는 것으로 조사되었다.[34]

전 세계 문자 메시지의 4분의 1이 중국에서 보내지데, 2005년 2월 9

~15일 이레에 걸친 중국의 공식 춘절(설) 휴가 기간 중국에서 휴대전화를 통해 발송된 문자 메시지는 100억 통을 넘어섰다. 평균 한 통 발송비를 1마오(약 14원)라고 칠 때 중국인들은 10억 위안(약 1,400억 원)을 새해 인사 문자 메시지로 소비한 셈이다. 2004년 중국인들은 모두 2,178억 통의 문자 메시지를 발송했는데, 문자 메시지가 창출한 매출액은 210억 위안(약 2조 9,400억 원)이었다. 홍콩 『아주주간(亞洲週刊)』 2005년 2월 27일자는 이를 '엄지손가락 경제혁명' 이라고 불렀다. 이는 보도통제를 넘기 때문에 문화혁명이기도 하다.[35]

미국은 문자 메시지 문화가 비교적 발달하지 못한 나라인데, 그 이유는 국토의 크기와 그에 따른 주거 공간의 크기와 관련돼 있다. 사람을 만나도 주로 집에서 만나는 등 사적인 공간의 이용이 많고 거리의 공공 공간을 이용할 기회는 적기 때문이라는 것이다.[36]

그러나 최근 들어 미국의 성인들 사이에서도 문자 메시지 이용이 크게 늘고 있다고 한다. 미국 정보통신컨설팅 업체 양키즈그룹이 조사한 바에 따르면, 25~34세 성인 중 정기적으로 문자 메시지를 이용하는 사람은 2004년 24%에서 2005년 33%로 늘어났다.[37]

문자 메시지의 진화

문자 메시지 문화가 가장 발달한 나라는 단연 한국이다. 기술 개발

---

34) 박방주, 「엄지 부활: 휴대전화 자판 누르는 일엔 "내가 으뜸"」, 『중앙일보』, 2004년 11월 16일, 2면.
35) 이상수, 「중 휴대폰 '엄지족' 혁명 보도통제 넘는 돌파구」, 『한겨레』, 2005년 2월 24일, 11면.
36) 하워드 라인골드, 이운경 옮김, 『참여군중: 휴대폰과 인터넷으로 무장한 새로운 군중』, 황금가지, 2003년, 71쪽.
37) 공종식, 「미국도 '엄지족' 뜬다」, 『동아일보』, 2005년 8월 13일, 12면.

도 세계 최고 수준이다. 2005년 1월 6일 삼성전자는 사용자가 보낼 메시지를 말하면 문자로 변환한 뒤 SMS로 보낼 수 있는 카메라폰을 2005년 2월 말부터 미국에서 시판할 예정이라고 밝혔다. 현재는 영어만 문자 변환이 가능하지만 조만간 한국어 등 다른 언어도 문자변환이 될 수 있도록 할 계획이라고 했다. 2005년 1월 10일 팬택앤큐리텔은 문자·음성인식 기능을 탑재해 문자 메시지가 들어오면 자동으로 메시지 내용을 읽어주는 '말하는 목걸이폰' 을 출시했다.[38]

이통사들과 포털 업체들은 다양한 문자 메시지 서비스 개발에 나서고 있다. LGT는 40대 문자 메시지 사용자들이 늘고 있는 데 착안하여 체험관 '폰앤펀' 에서 MJ(Mobile-jockey)가 문자 메시지 사용법을 가르쳐 주며, SMS 발송 전문 업체들도 늘어나 사용자들의 눈과 마음을 사로잡는 문자 메시지를 만들기 위해 아이디어를 짜내고 있다. 이모티콘으로 이미지를 만드는 이모티콘 메시지, 컬러 그림이 함께 전송되는 '아이콘 편지', 소리 등이 부가되는 '멀티미디어 메시지(MMS)' 등이 서비스 중이다.[39]

그런 극진한 서비스를 어찌 외면할 수 있으랴. 2005년 7월 27일 KTF에 따르면, 2005년 6월 한 달간 SMS 발신 건수는 20억 8,618만 건에 달해 음성통화 발신 건수 20억 4,669만 건보다 많은 것으로 집계됐다. 이는 1998년 국내에서 SMS 서비스가 시작된 이후 처음이다. KTF 관계자는 "10대와 20대를 중심으로 SMS 이용자가 급증하면서 2002년 이후 발신 건수가 네 배가량 증가했다" 고 밝혔다. 2004년 이동통신 3

---

38) 천지우, 「문자 메시지 말로 보낸다」, 『국민일보』, 2005년 1월 7일, 1면.
39) 김민경, 「'엄지족' 디지털 예술을 창조하다: 문자 메시지, 예술의 세계로」, 『주간동아』, 2005년 8월 16일, 38~39면.

사의 SMS 관련 매출은 2003년보다 860억 원 늘어난 4,060억 원을 기록했다.[40]

업계에선 2005년 문자 메시지 시장 규모를 4,500억 원으로 전망했다. 서비스 초기에는 공짜였지만, 건당 10원으로 유료화됐고 이후 20원을 거쳐 지금은 30원으로 올라 추정 원가 3원의 10배가 되는 수익을 올리고 있기 때문이다.[41]

CID(Caller ID: 발신자 번호표시)는 월 1,000~2,000원의 정액제로 서비스되며 2005년 이동통신 업계의 이 부문 매출은 4,100억 원에 이른다. 이동통신 업계가 CID 서비스와 SMS로 2005년에 올린 매출은 8,600억 원으로 총매출 목표 17조 3,000억 원의 5%를 차지한다. 일부 시민단체들은 CID와 SMS 서비스는 이제 부가서비스라고 지칭할 수 없을 만큼 보편화됐고 사용량도 급증하고 있기 때문에 기본요금에 편입해 무료화하거나 요금을 대폭 인하해야 한다고 주장하면서 이를 관철시키기 위한 시위를 전개했다.[42]

이에 SK텔레콤은 2006년 1월 1일부터 CID 서비스 요금을 완전 무료화하겠다고 밝혔다. 이에 대해 『문화일보』는 SK텔레콤의 지난해 당기순이익은 1조 4,900억 원으로 CID 서비스 요금 무료화로 인한 수입 2,000여억 원을 포기함으로써 SK텔레콤에게는 '가벼운 감기'가 될 수 있지만, "KTF에게는 독감, LG텔레콤에게는 폐렴"이 될 수밖에 없다고 했다. 2004년 LG텔레콤의 당기순이익은 226억 원인 반면, CID 부문에서 벌어들인 수입은 891억 원이었기 때문이라는 것이다. 이 신문

---

40) 장정훈, 「휴대전화 발신 엄지가 목소리 눌렀다」, 『중앙일보』, 2005년 7월 28일, 1면.
41) 김재섭, 「'문자공화국' 엄지족에 폭리?」, 『한겨레』, 2005년 3월 11일, 21면.
42) 박광주, 「CID · SMS 요금과 시장원리」, 『문화일보』, 2005년 10월 17일, 30면.

은 SK텔레콤의 결정은 '부자의 오만'일 수 있다며, "이번 CID 요금 무료화로 SK텔레콤의 지배력이 강화되는 건 불 보듯 뻔하다. '나이브'한 소비자 위주의 접근이 초래하는 결과는 그렇게 간단치 않다"고 주장했다.[43]

KTF 가입자들은 2005년 10월 20일 모바일사용자연합과 함께 문자 메시지와 인터넷 쪽지(메신저)를 통해 "우리도 발신자 전화번호 표시 서비스를 무료로 이용하게 해달라"고 요구하는 시위에 돌입했다.[44] LG텔레콤 사장 남용은 "외부 압력에 의한 일률적인 CID 요금 인하는 지금까지 유지돼 온 시장경제를 모두 무너뜨리고 통신 시장의 경쟁구도마저 붕괴시킬 수 있는 매우 위험한 발상"이라고 주장했다.[45]

2005년 8월 『중앙일보』는 창간 40주년 기념으로 '엄지족 정보사냥 대회'를 열었다. 이 대회 위원장을 맡은 경희대 정보통신대학원 교수 진용옥은 "전 세계적으로 한국만큼 휴대전화를 이용한 문자 서비스 이용이 활성화돼 있는 곳이 없습니다. 앞으로 이와 관련한 기술뿐 아니라 문화면에서도 다른 나라를 선도해 나가야 할 것입니다"라고 말했다.

진용옥은 한국에서 엄지족이 급속하게 증가할 수 있었던 가장 큰 이유로 '한글의 우수성'을 꼽았다. 자음과 모음의 구조가 자판 누르는 횟수가 저어도 모든 글자를 표현할 수 있도록 효율적으로 만들어졌다는 것이다. 실제 정보공학적으로 측정해 본 결과 휴대전화 자판으로 한 글자 입력 때 눌러야 하는 버튼 수는 한글 자모의 경우 평균 1.25번이었던 반면, 영어 알파벳 낱자는 2번이었다. 한글이 영어보다 40% 정

---

43) 유회경, 「계산된 CID 요금 무료화」, 『문화일보』, 2005년 10월 19일, 15면.
44) 김재섭, 「KTF 가입자들 '문자' 시위」, 『한겨레』, 2005년 10월 21일, 14면.
45) 정기홍, 「"일률적 CID 요금 인하 땐 통신 시장 경쟁구도 붕괴"」, 『서울신문』, 2005년 10월 21일, 18면.

도 입력 효율이 좋다는 것이다. 또 소리 나는 대로 입력한 뒤 해당 글자를 일일이 찾아가야 하는 중국어와 일본어는 경쟁상대조차 되지 않는다는 것이다. 그는 앞으로 엄지족의 활동이 논문 수준의 긴 문장을 주고받거나 전문 정보 검색을 하는 수준까지 발전해 컴퓨터 기능을 대체하게 될 것이라고 주장했다.[46]

이런 문자 메시지 열풍에 대해 정신과전문의 하지현은 "사람은 직접 만나거나 전화를 받아서 즉시 뭔가를 결정하고 대답해야 하는 '동시성'에 스트레스를 받는다. 그래서 발신자 표시 서비스를 쓰고 문자 메시지를 선호하게 된다"고 분석했다.[47]

수능 부정행위 사건

2004년 11월에 일어난, 휴대폰의 문자 메시지 기능을 이용한 대학수학능력시험의 조직적 부정행위 사건은 한국 사회를 충격으로 몰아넣은 동시에 여러 논쟁거리를 제공했다.

2004년 11월 30일 서울경찰청 사이버범죄수사대는 수능 당일의 문자 메시지 중 숫자로 된 24만 8,000여 건을 조사한 결과 수능 정답과 일치하거나 유사한 550여 건을 확보했고, 이를 통해 전국 21개조 82명을 확인했다고 발표했다.

이에 대해 한동대 교수 김두식은 "아무리 법원의 영장에 의한 수사기관의 요구가 있었다 하더라도, 사기업에 불과한 이동통신사가 가입

---

46) 김필규, 「"논문 수준의 긴 문장도 엄지로 검색하게 될 것": 진용옥 대회위원장」, 『중앙일보』, 2005년 8월 18일, 14면.
47) 김민경, 「'엄지족' 디지털 예술을 창조하다: 문자 메시지, 예술의 세계로」, 『주간동아』, 2005년 8월 16일, 38~39면.

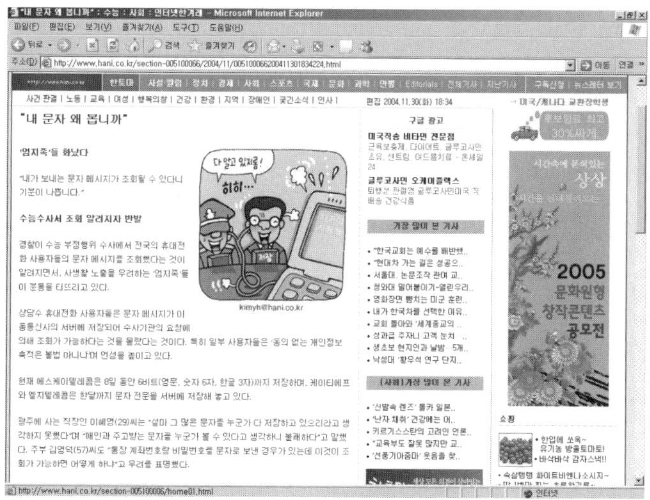

2004년 수능 부정 수사 당시 이동통신사가 고객의 문자 메시지 보관하고 있었고 아무런 고지 없이 수사기관이 휴대전화 사용자들의 문자 메시지를 조회했다는 사실이 알려지면서 사생활 침해를 우려하는 엄지족들이 분통을 터뜨렸다. 『한겨레』(인터넷) 2005년 11월 30일.

자들에게 아무런 통보도 하지 않고 문자 메시지를 직접 열어보는 권한을 갖고 있는지 의문이다"며 다음과 같이 개탄했다.

"심지어 나는 학생상담 실적을 투명하게 만들기 위해 상담 내용을 전산화하여 공동관리하자는 교수도 만나본 적이 있다. 이런 사회이니 수사기관과 법원이 공모하여 벌인 이번 '한 건' 앞에서 유난히 흥분하는 내가 오히려 이상한 사람인지도 모르겠다. 얼마 전 영장 없이 행해진 압수수색에 항의하는 민주노동당 의원들을 향해 행정자치부 장관은 '내가 형사소송법도 알아야 하냐'고 반문했다. 그런 행자부 장관이 존재하는 사생활 불감증의 나라에서 놀라운 기술 발전까지 이루어지게 되면 '개인'은 숨을 쉴 수가 없다."[48]

『한국일보』 2004년 12월 2일자 사설 「휴대폰 수사와 통신비밀의 충돌」은 정보통신당국은 "이동통신사의 문자 메시지 보관 자체를 폐지하거나 용도를 엄격히 제한해 보관 기간과 용량을 최소화하는 등의 대책을 강구해야 할 것이다"라고 말했다.

2004년 12월 2일 이동통신 업체들은 내년부터 휴대폰 문자 메시지 내용을 아예 보관하지 않거나 최소화하기로 했다고 밝혔다.

2004년 12월 6일 교육부는 성적무효처리자 226명을 확정했으며, 경찰은 1,625명의 휴대전화 부정행위의심자를 추가로 가려냈다. 경찰의 수능부정 수사대상 메시지 중 다수가 수능 당일 보낸 일상적인 메시지로 밝혀지는 등 해프닝이 잇따르면서 애꿎은 피해자도 속출했다. 예컨대, '4444'(죽도록 사랑해)와 '2222너2222'(이 안에 너 있다)라는 유행어 메시지를 주고받은 연인이 용의선상에 오르기도 했다.

그러나 여론은 사생활보호보다는 범죄척결 쪽으로 기울었다. '함께하는 시민행동'의 개인정보보호팀장 박준우는 "경찰 수사는 마치 우체국을 통째로 뒤져 편지를 보는 것처럼 걱정스럽다. 그러나 여론이 사생활보호보다 경찰 수사를 지지하고 있어 시민단체도 어쩔 도리가 없다. 이 참에 문자 메시지 수사에 관한 명확한 지침과 규정을 만들 필요가 있다"고 말했다.

『서울신문』 2004년 12월 9일자 사설 「문자 메시지 보관하라는 발상」은 이동통신사들이 검찰의 반발 때문에 고객의 문자 메시지 정보를 다시 저장하는 쪽으로 기울고 있다며, "형사소송법이나 통신비밀법을 거론할 것도 없다. 국민적 분노로 수사는 문자 메시지로까지 확

---

48) 김두식, 「누구에게도 비밀은 없다」, 『한겨레』, 2004년 12월 1일, 23면.

대됐지만 통신사 간 보관정보량 차이로 형평성 문제는 풀 길이 없게 되지 않았는가. 여기에 법 근거도 없이 시행된 문자 메시지 저장을 계속하라니, 이 나라에는 개인의 사생활도 없고 비밀도 없어야 한다는 말인가"라고 말했다.

KTF는 2004년 12월 13일부터 SMS 전송 내용을 저장하지 않고 있으며, 2004년 12월부터 6바이트(한글 3글자, 영문·숫자 6글자)에 해당하는 문자 메시지를 48시간 동안 보관해 왔던 LG텔레콤은 2005년 1월 10일부터 SMS 내용을 보관하지 않고 있다. 2004년 12월부터 앞 3글자를 1주일 동안 보관해 왔던 SKT도 2005년 1월 12일부터 SMS 내용을 저장하지 않고 있다.

메시지는 엄지 운동이다

한국일보 수석논설위원 박래부는 수능 부정의 도구로 이용된 휴대전화에 대한 근본적인 의문을 제기하면서, "미국이 모두 옳을 수는 없으나 미국에서는 고등학교 때까지 학생이 휴대전화를 학교에 가지고 갈 수 없다고 한다. 우리는 대부분 초등학생부터 제한 없이 가지고 다닌다. 덕분에 정보통신 강국이 됐는지도 모르나 교육적으로는 얻는 것보다 잃는 것이 더 많다고 본다"고 말했다.[49]

그러나 이미 늦은 건지도 모르겠다. '중독'이라고 해도 좋을 정도로 청소년의 휴대전화 사랑이 무르익은 상황에서 상호 결별을 요구했다간 수업시간 내내 그 고통으로 인해 공부는 안 하고 휴대전화 생각

---

49) 박래부, 「'커닝' 2문(問)」, 『한국일보』, 2004년 11월 25일, 30면.

만 할지도 모르겠다.

문자 메시지는 일시에 사람들을 불러 모을 수 있는 힘으로 저항의 유용한 수단이 되기도 하지만, 주된 기능은 유희적 행위를 통한 정서의 교류와 공유다. 상호 공감대의 확인과 재확인이다. '4444'(죽도록 사랑해)나 '2222너2222'(이 안에 너 있다)에 무슨 정보적 메시지가 있는 건 아니잖은가?

문자 메시지는 지루하거나 심심할 때에 날리는 것이기도 하다. SK 회장 최태원은 한동안 주요 경제단체 행사에서 늘 나이 많은 원로 회장들과 어울려야 하는 고역을 견디지 못해 테이블 밑에 손을 놓고 휴대전화로 문자 메시지를 보내는 걸 즐겼다고 한다.[50] 재벌 회장도 그럴진대 학생들이 어찌 그런 유혹을 뿌리칠 수 있으랴?

심심한 사람은 혼자서도 주고받을 수 있는 게 바로 문자 메시지다. KTF는 대화 로봇을 이용한 '심심이'란 서비스를 하고 있는데 하루 이용 건수가 8,000건에 달한다. 휴대전화 이용자가 "심심아 나 오늘 시험 봤어"라고 문자 메시지를 보내면 "잘 봤어요? 우와 잘 봤으면 좋겠어요"라는 등의 대화를 건네는 식이다.[51]

문자 메시지는 '메시지'의 의미마저 변화시킨다. 메시지는 더 이상 알맹이가 아니다. 스타일이다. 메시지를 보낸다고 하는 성의 그 자체가 메시지다. 메시지는 운동이다. '최고'라는 표시 이외엔 별로 쓸 일이 없었던 엄지의 복권을 위한 손놀림이다.

---

50) 이종락, 「최태원 회장이 달라졌다」, 『서울신문』, 2005년 8월 26일, 18면; 조형래, 「무뚝뚝남의 변신」, 『조선일보』, 2005년 8월 26일, B1면.
51) 장정훈, 「'사이버 로봇' 하나 키워볼까」, 『중앙일보』, 2005년 9월 30일, E3면.

카메라폰은 세상을 어떻게 바꾸나

필름 카메라를 죽인 디지털 카메라

2002년 국내에서 팔려나간 디지털 카메라는 40만 대였으며 1,800억 원 규모의 시장을 형성했다.[52] 디지털 카메라는 2003년 상반기에만 44만 대가 팔려나갔다. 『이코노믹 리뷰』 2003년 8월 12일자에 따르면, "필름제조사인 후지필름의 한 관계자는 '디지털 카메라가 보급되기 시작한 뒤 필름의 매출이 매년 30%씩 줄고 있다'고 밝혔다. 디카족들은 원하는 사진을 디지털 사진 인화 전문 사이트에 올린 다음 택배나 우편으로 인화된 사진을 받거나 아예 집에서 포토 프린터로 출력해 버린다. 이에 따라 업계는 800억 원 규모의 사진 인화 시장에서 디지털 카메라 인화(출력) 시장이 절반이 넘는 500여억 원 규모로 성장한 것으로 추정하고 있다. 이러한 변화는 당연히 필름 사진의 현상과 촬영

---

52) 임영주, 「휴대폰은 '만능복합 가전기기' : 카메라서 게임기 · TV · PC까지」, 『경향신문』, 2003년 8월 13일, 13면.

'필름 끊기는' 시대 오는가

아그파포토의 몰락을 계기로 본 필름회사들의 현주소
동네 중소 사진관들도 속수무책으로 직격탄 맞는다

김영배 기자 kimyb@hani.co.kr

세세 처음으로 엑스레이 필름을 출시했으며(1898), 컬러 사진 인화지를 역시 세계 처음으로 만든(1942) 회사. 세계적인 필름 생산업체로 한 시대를 풍미한 아그파는 세계 사진 역사에 선명한 발자취를 남겼다. 아그파의 뿌리는 1867년 독일 베를린에 설립된 '아닐린 염료 공장'으로 거슬러 올라간다. 140년 전통이다.

국내 시장 위축이 외국보다 빠르다

100년을 웃도는 전통과 자존심도 새 기술 앞에는 무용지물인 듯 아그파포토가 거대한 디지털 물결에 속수무책으로 휩쓸리고 있다. 아그파포토는 아그파의 소비자영상사업부(카메라 필름 및 인화장비 사업)를 이어받아 지난해 11월 독립한 회사다. 지난 5월27일(현지시각) 독일 언론이 전한 바, 아그파포토는 독일 쾰른 지방법원에 회생보호 신청서를 제출했다. 경영난으로 더 이상 빚을 감당하지 못하겠다며 두 손을 들어버린 것이다. (필름·인화장비 사업을 떼낸 '아그파'는 벨기에에 본사를 두고 의료 화상정보 저장전송 시스템, 신문사 출력 시스템 개발에 주력하고 있으며 독일에 본사를 둔 '아그파포토'와는 이제 별개 회사다.)

필름을 쓰지 않는 디지털 카메라의 등장으로 아그파포토의 몰락은 어느 정도 예견돼온 터였다. 세계 필름 시장에서 두 축을 이루는 일본 후지필름과 미국 코닥도 활로를 뚫기 위해 골머리를 앓고 있다는 소식이다. 코닥이 주력인 필름사업의 위축으로 금융시장에서 냉대를 받고 있는 게 극명한 예다. 지난 5

필름 사진에 애착을 느끼는 마니아층이 존재하는 한, 필름의 명맥은 유지될 것인가. 전자상가에 전시된 디지털 카메라(위)와 현재 판매되는 필름들.

월 코닥의 회사채 신용등급은 정크본드(투기성 채권) 수준인 BB+(S&P 평가)로 추락했다.

세계사진판촉협회 자료를 보면, 올해 카메라용 필름 판매량은 3억1500만롤(통)로 예상된다. 지난 2000년의 판매량 7억8600만롤에 견줘 절반에도 못 미치는 수준이다. 카메라용 필름 시장은 2001년께 꼭대기에 이른 뒤 줄곧 하락세를 이어가고 있으며, 앞으로 추락의 속도가 더욱 빨라질 것으로 관측된다.

이런 흐름은 국내에서도 마찬가지다. 외국계 필름 생산업체의 한국법인 관계자는 "다른 나라들보다 디지털화가 훨씬 빠르게 진행되고 있어 국내 필름 시장은 급속도로 위축되고 있다"고 말했다.

한국후지필름, 한국코닥 등 국내 필름 업계에 따르면 카메라용 필름 시장이 꼭대기에 이른 것은 외환위기 직전인 1990년대 중·후반이었다. 당시 전체 시장 규모는 7천만~8천만롤 수준으로 국민 1인당 1.5롤 정도를 쓴 것으로 추정됐다. 올해 시장규모는 전성기 때의 15~20% 수준인 1100만~1500만롤 정도로 예상된다. 1인당 소비량은 이제 많아야 0.5롤, 적게는 0.3롤에 그치고 있는 셈이다. 한 사람이 1통 반을 쓰던 데서 한 가구가 반통도

디지털 카메라는 우리 일상에 큰 변화를 일으켰다. 필름 비용을 들이지 않고 추억을 무한정 기록할 수 있게 했고, 때와 장소를 가리지 않고 셔터를 눌러대는 디카족이라는 신인류도 만들어 냈다. 그리고 디카족이 폭발적으로 증가했다. 과연 동네사진관은 사라질 것인가? 『한겨레21』 2005년 6월 14일.

에 주력하던 동네사진관의 위기를 낳았다. 하나 둘 문을 닫는 곳이 늘면서 부동산과 생활정보지엔 매물로 쏟아진 지 오래다. 사진관들은 살아남기 위해 안간힘을 쓰면서 패션 사진 전문점이나 어린이 전용 사진관, 심지어 애완견 전문 사진관으로 특화시키고 있지만 극소수다.

아예 디지털 사진 즉석 현상소로 전업하고 있는 곳도 많다."[53]

2005년 상반기 전 세계의 필름 판매량이 전년도 상반기에 비해 31%나 줄어든 가운데, 2005년 8월 영국에서 221개의 매장을 운영하는 영국 최대 규모의 가전 판매점 딕슨은 앞으로 필름 카메라 판매를 중단하고 디지털 카메라 판매만 하기로 결정했다. 1930년대 후반 사진관으로 시작한 딕슨은 "지난해 12월 아날로그 테이프를 사용하는 VCR 판매를 중단하기는 했지만 필름 카메라를 포기하는 것은 정서 상 매우 어려운 결정이었다"고 밝혔다.[54]

그간 외국제품 일색이던 국내 디지털 카메라 시장에서 유일한 국내 업체인 삼성테크윈이 2005년 상반기 판매 실적에서 26%의 점유율로 1위를 차지했다. 2위는 캐논(15%)이었으며, 2002년 이후 3년 연속 1·2위를 차지해 온 올림푸스와 소니는 3·4위로 밀려났다.[55] 삼성테크윈 사장 이중구는 "2007년에는 삼성 디지털 카메라를 전 세계에 1,200만 대 풀겠다"면서, "세계 시장 3위가 절대 꿈이 아니다"라고 말했다.[56]

사우디아라비아 정부의 굴복

디지털 카메라와 더불어 기존 사진 시장에 치명타를 먹인 건 카메라폰이었다. 카메라폰의 진화 속도는 숨이 가쁠 정도로 빨랐다. 2005년 8월 '멀티태스킹 휴대전화'라는 것도 나왔다. 소개 기사에 따르면, "KTF는 동시에 2가지 이상의 기능을 이용할 수 있는 멀티태스킹 휴대

---

53) 이규성, 「디카가 미워! 미워! 미워!」, 『ECONOMIC REVIEW』, 2003년 8월 5일.
54) 김창우, 「매장서 사라지는 필름 카메라」, 『중앙일보』, 2005년 8월 10일, E1면.
55) 정철환, 「디카 시장 '국산 대반란'」, 『한국일보』, 2005년 8월 12일, 15면.
56) 백승재, 「"삼성 디카 2007년에 1,200만대 푼다"」, 『조선일보』, 2005년 9월 1일, B10면.

전화 'EVER 멀티플레이어 KTF-X9000'을 출시했다. 색상은 블루블랙과 실버 2종이며 가격은 50만 원대 초반이다. 이 제품은 멀티태스킹 기능 외에도 FM 라디오 · 적외선 리모컨 · K-Ways 내비게이션 등 생활과 밀접한 편리한 기능을 두루 갖추고 있다. 또 최대 120분까지 촬영할 수 있는 동영상 기능은 물론 EVER Media Player를 이용해 촬영한 파일을 PC에서도 감상할 수 있다."[57]

카메라폰의 등장은 특히 보수적인 국가에 고민을 안겨주었다. 2004년 9월 28일 사우디아라비아는 카메라를 내장한 휴대전화가 악(惡)과 외설을 확산시킨다며 이들 카메라의 사용을 금지했다. 종교지도자와 보수세력은 "카메라폰을 통해 여성의 사진이 은밀히 유통되면서 사회문제가 일어나고 있다"고 주장하면서 위반자는 엄중히 처벌하겠다고 경고했다.

이는 보 · 혁 갈등으로 비화되었다. 『파이낸셜타임스』 2004년 11월 23일자는 사우디의 통상부 · 재무부 · 과학기술부 · 내무부 등 4개 부처 장관이 "휴대전화는 이미 TV와 인터넷처럼 필수품이 됐기 때문에 금지보다는 바른 사용법을 국민들에게 적극적으로 알리는 편이 낫다"며 국왕 파드에게 직접 해금조치를 요청했고, 종교계 등 보수파와의 일대 충돌이 예상된다고 보도했다.[58]

그러나 그런 갈등은 오래 가지 않았다. 2005년 1월 금지령에도 불구하고 밀수된 한국산 카메라폰이 정가의 2~3배에 팔리는 등 수요가 줄지 않아 골머리를 썩여온 사우디 정부가 '카메라폰 금지법'을 전격 철회하는 조치를 취했다. 이에 따라 국내 업체들은 2005년 대(對) 중

---

57) 「멀티태스킹 휴대전화」, 『세계일보』, 2005년 9월 1일, 24면.
58) 오애리, 「사우디 카메라폰 보 · 혁 갈등」, 『문화일보』, 2004년 11월 23일, 21면.

동 수출 규모가 2배 이상 늘어날 것으로 전망했으며, LG전자 관계자는 "올해 중동 지역 판매 목표를 지난해(90만 대)의 3배에 가까운 250만 대로 높여 잡았다"고 말했다.[59]

해피 슬래핑과 시민 파파라치

2005년 6월 현재 영국에선 12~16세 어린 학생의 97%가 휴대폰을 소유하고 있고, 이 가운데 400여만 명의 휴대폰은 카메라폰이다. 그 부작용이 만만치 않다. 영국의 어린 학생들 사이에서 휴대폰을 이용한 괴롭히기가 새로운 학교폭력 문제로 대두되고 있기 때문이다. 한 조사 결과, 14%의 어린이가 위협적인 문자 메시지나 동영상 등 휴대전화를 이용한 괴롭힘을 당하고 있는 것으로 나타났다. 가장 극단적인 예는 '해피 슬래핑'으로 불리는 행위로 피해 학생이 맞는 장면을 사진이나 동영상으로 찍어 보내는 것이다.[60]

7·7 런던 테러의 현장 모습은 시민이 카메라폰으로 찍은 거친 동영상을 통해 처음으로 TV 전파를 탔다. 당일 BBC 웹사이트가 목격담과 현장 사진을 받는 전화번호를 내보내자 24시간 만에 글 2만 건·사진 100장·비디오 20건이 들어왔다. 칼럼니스트 마이크 글레이서는 초미니 카메라와 폰카 등 기술의 발달은 우리가 살면서 겪는 다양한 경험을 포착하고 나눌 수 있게 하지만 이들 '전자 눈'의 확산으로 인한 문제점도 있다며 다음과 같이 말했다.

---

59) 정철환, 「"한국 카메라폰 못 막겠어": 사우디정부 금지법 철회 … 이슬람 개방의 상징될 듯」, 『한국일보』, 2005년 1월 7일, A19면.
60) 김보영, 「영국 어린 학생들 '휴대폰 이지메' 극성」, 『한겨레』, 2005년 6월 14일, 8면.

"한 블로거는 런던 테러가 일어난 참사 현장을 빠져나올 때 일부 폰카를 지닌 생존자들이 끔찍한 장면들을 촬영하느라 여념이 없었다며 '위기 속에서 잔인한 사람들이 있었다'고 썼다. 시민 저널리즘의 바이블로 통하는 책 『누구나 미디어 제작자(We the Media)』의 저자 댄 길모어는 '시민 파파라치'에 대해 '행동규범을 논하기에 너무 이른 단계며 순간을 포착하는 것과 우매한 행동의 구분이 어렵다'고 했다."[61]

카메라폰은 총과 같다

2005년 7월 SK텔레콤은 휴대폰을 생활화한 모바일 시대를 살아가는 현대인들의 에피소드들을 담은 '현대생활백서'를 발간했다. 이 백서에 소개된 고교생들의 '폰카' 문화에 따르면, 학생들은 교사가 칠판에 필기하면 과거 세대들처럼 노트에 받아쓰는 대신 폰카의 촬영버튼을 눌러 필기 내용을 저장한다.[62]

목사 이현주는 '아무데서나 터지는 휴대전화 카메라'가 "사람의 프라이버시를 침해한다는 비난도 있긴 하지만 내 눈에는 좋은 징조로 보인다. 그만큼 사람들이 켕기는 짓을 덜하지 않겠는가?"라고 주장했다.[63] 실제로 카메라폰은 그간 긍정적인 사회 고발 기능을 잘 수행해 왔으며 앞으로도 그럴 것이다. 그러나 마냥 반길 수만은 없는 심각한 문제가 있다는 것도 분명하다.

---

61) 마크 글레이서, 「폰카로 무장한 시민기자들」, 『중앙일보』, 2005년 8월 2일, 26면.
62) 최연진, 「"카메라폰 있는데 필기 왜 하나요"」, 『한국일보』, 2005년 7월 30일, 12면.
63) 이현주, 「다시 맑게 흐르는 청계천의 메시지」, 『서울신문』, 2005년 10월 17일, 26면.

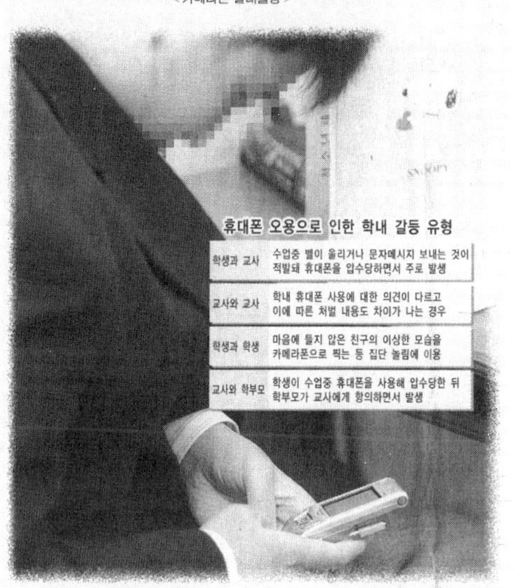

휴대폰 오용으로 인한 학내 갈등 유형	
학생과 교사	수업중 벨이 울리거나 문자메시지 보내는 것이 적발돼 휴대폰을 입수당하면서 주로 발생
교사와 교사	학내 휴대폰 사용에 대한 의견이 다르고 이에 따른 처벌 내용도 차이가 나는 경우
학생과 학생	마음에 들지 않은 친구의 이상한 모습을 카메라폰으로 찍는 등 집단 놀림에 이용
교사와 학부모	학생이 수업중 휴대폰을 사용해 입수당한 뒤 학부모가 교사에게 항의하면서 발생

카메라폰은 다양한 사회 경험을 전달하고 사회 고발 기능도 한다. 하지만, 괴롭힘이나 '몰카'를 위한 수단으로 사용되는 부작용이 있다. 카메라폰에 피사체를 담아두려는 것은 소유 욕구 때문일까, 아니면 평등 욕구 때문일까? 『매일경제』 2005년 3월 16일.

카메라폰과 캠코더폰은 대중목욕탕이나 숙박업소 등에서 ‘몰래 카메라’로 악용될 수 있다는 점에서 심각한 사회문제로 떠올랐지만 그것도 옛날얘기다. 한 여가수가 찜질방에서 겪은 사건은 카메라폰의 본질에 대해 많은 것을 말해준다.

여가수가 라커룸으로 가서 옷을 입으려고 하는 순간 플래시 불빛이 번쩍 했다. 중학생 정도 되어 보이는 여학생이 카메라폰을 누르고 있었다. 여가수가 깜짝 놀라 쳐다보는데도 아랑곳하지 않고 여학생은 몇 장을 더 찍고 있었다. 여가수는 여학생에게 재빨리 다가가 카메라폰을 뺏고 그러면 안 된다고 타이르면서 사진을 찍은 이유를 물었다.

답은 '그냥'이었다.[64]

사진학자 정한조는 이 사건을 언급하면서 '그냥'이라는 말에 주목했다. 그는 '찍고 찍히고 퍼가는 세상'에서 그냥 아무 생각 없이 사진을 찍는 젊은이들에게 호소했다. 그는 "우리는 너무 중요한 것을 배우지 못하고 자랐습니다. 사진으로 찍어도 되는 것, 사진으로 찍으면 안 되는 것, 사진으로 찍을 필요가 없는 것, 이런 것들을 구분하고 판단하는 방법을 배우지 못했습니다"라면서, "여러분은 정말, 여러분이 카메라를 갖고 있다면, 여러분이 사진을 찍을 줄 안다면, 이 세상의 모든 것을 다 찍어도 된다고 생각하십니까?"라고 물었다.[65]

정한조는 "우리의 사진은 물론 영상 문화 전체가 병들어 있다"고 진단했다. 그는 "우리에게 인터넷은 '정보의 바다'라기보다는 '정보의 쓰레기통', '포르노의 바다'에 가깝습니다"라고 지적하면서, 그렇게 된 이유는 "'아무 생각 없이' 막 찍는 행위의 연장선에서 '아무 생각 없이' 보고 보여주기 때문이라고 생각합니다"라고 말했다.[66]

정한조는 "사진을 한다는 것은 다른 세계로 들어가는 행위"라는 정의를 내리면서, 반드시 노크를 하고 들어가야 한다고 역설했다. 초상권 침해와 사생활 침해를 해서는 안 되며 피사체에 대한 존중심을 가져야 한다는 것이다.[67]

카메라폰은 총과 같다. 수전 손택이 잘 지적했듯이, "카메라를 사용할 때에는 항상 공격성이 내재한다"는 점 때문이다. 손택은 "사람들을 촬영하는 것은 그들을 폭행하는 것"이며, "총이나 자동차와 마찬가

---

64) 정한조, 『대한민국 사진공화국』, 서지락, 2005년, 83~85쪽.
65) 정한조, 같은 책, 95쪽.
66) 정한조, 같은 책, 106~108, 125쪽.
67) 정한조, 같은 책, 141~153쪽.

지로 카메라는 그 기계를 사용하는 사람을 중독시키는 환상적인 기계이다"고 말했다.[68]

카메라폰의 공격성은 긍정적인 고발 이상의 것을 추구한다. 무언가 튀는 걸 카메라폰에 담아두려는 강렬한 욕구는 "나는 찍는다, 고로 나는 존재한다"라는 말을 낳게 할 정도다. 이제 카메라폰을 가진 모두가 카메라 기자가 되는 세상이 되었다. 눈에 잘 보이는 풍경도 카메라폰에 저장한 뒤에 다시 보아야만 직성이 풀리는 카메라폰 애호가들의 세상 관찰법은 궁극적으로 어떤 효과를 낳아 세상을 어떻게 바꿀 것인가? 휴대전화는 이미 인간 두뇌의 기억 기능의 일부를 빼앗았다. 이제 눈의 기능까지도 침범하려는 걸까? 소유의 욕구 때문인가, 아니면 그간 프로만이 누릴 수 있었던 기존 영상 권력에 대한 도전을 추동하는 평등 욕구 때문인가?

---

68) 수전 손택, 유경선 역, 『사진이야기』, 해뜸, 1986 · 1992년; 롤랑 바르트 · 수전 손택, 송숙자 옮김, 『사진론』, 현대미학사, 1994년; 수전 손택, 김안례 옮김, 「플라톤의 동굴에서」, 『시각과 언어 1: 산업사회와 미술』, 열화당, 1982 · 1991년, 193~229쪽.

기억의 사회학

철학자 조지 산타야나(George Santayana)는 과거를 망각하는 자는 그걸 다시 반복하도록 심판받을 것이라고 말했다. 불행한 과거를 갖고 있는 사람들에겐 섬뜩한 경고가 아닐 수 없다. 그러나 망각은 축복이기도 하다. 불행한 과거를 잊지 않고 내내 기억만 하고 살다간 삶은 너무도 피폐해져 결국엔 망가질 수도 있다.

그래서 불행한 기억을 지워버리자는 건 자주 쓰는 인사말이 되었다. 예컨대, 한나라당 대표 박근혜는 당원과 지지자 33만여 명에게 보낸 을유년 신년 인사장과 이메일에서 "슬프고 힘들었던 기억은 저문 강물에 흘려보내고 새날 떠오르는 태양처럼 힘찬 한 해가 되기를 기원한다"고 말했다.

특정 기억을 지워버릴 수 있는 '망각의 알약'을 학수고대하는 사람들도 많다. 미국에선 9·11 테러 참사 현장이나 전쟁터의 기억처럼 평

생 시달려야 하는 '외상 후 스트레스 장애(PTSD)'를 치료하는 '망각의 알약'에 대한 연구가 성공적으로 진행되고 있지만 망각 요법의 부작용에 대한 논란도 커지고 있다.[69]

그러나 기억이 사라져 겪게 되는 고통도 있다. 치매를 생각해 보라. 2004년 10월 스웨덴 우메아대학의 연구팀은 치아를 뽑으면 기억력이 쇠퇴한다는 연구 결과를 발표했는데, 이 연구 결과에 따라 치매에 걸리기 쉬운 노인들에겐 '씹는 운동'이 권장된다. 2005년 9월 14일 서울에서 열린 세계 치매의 날(9월 21일) 기념 국제심포지엄에서 일본 도호쿠대 대학원 치의학부장 와타나베 마코토는 '치아는 생명의 원천'이라는 논문을 통해 "씹는 운동이 뇌 활동과 긴밀한 관계가 있다는 사실이 과학적으로 증명되고 있다"며, "일본에서는 치매 예방을 위해 80세까지 치아를 20개 이상 유지하자는 취지의 '2080운동'이 활발히 펼쳐지고 있다"고 소개했다.[70]

서울대 의대 교수 조수철은 기억 장애엔 기억과다증·기억상실증·기억착오 등이 있는데, 가장 무서운 것은 자신도 모르게 기억되었다가 그 기억이 나중에 그 사람의 생각이나 감정 그리고 행동에 영향을 미치게 되는 경우라고 말했다.

"어려서부터 부모·형제자매·친구 등 중요한 사람들과 관계에서 많은 어려움을 겪은 사람의 뇌 속에는 이러한 경험이 축적되어 있는데, 자신이 통제하지 못하는 뇌의 부위에 저장되게 된다. 이러한 기억은 평소에는 자신도 모르는 상태에 있다가 나중에 비슷한 경험을 하

---

69) 김영식, 「"기억 지우는 '망각의 알약' 개발 중"」, 『동아일보』, 2004년 10월 21일, A30면.
70) 배병우, 「"치아 유지가 치매예방 도움"」, 『국민일보』, 2005년 9월 15일, 7면.

게 되면 다시 활성화되는 특징이 있다. 이렇게 되면 평소에는 잘 지내던 사람이 어느 날 갑자기 자신도 모르게 화를 낸다거나 공격적 또는 충동적 행동을 나타내는 형태로 표현된다. 자신의 통제 밖에 있기 때문에 아주 위험한 상태에 놓이게 된다."[71]

이는 집단적 기억에도 작용할 수 있는 걸까? 예컨대, 6·25 전쟁이나 유신독재나 5·18 학살과 관련된 그 무엇이 한국인들 자신도 모르게 기억되었다가 나중에 어떤 계기를 통해 그것이 되살아날 수도 있는가 하는 것이다. 쉽게 답은 나오지 않겠지만 연구해 볼 만한 주제임에 틀림없을 것이다.

인도의 사상가 크리슈나무르티는 새로운 경험을 몰아내고 낡은 기억만을 갖게 되는 걸 막기 위해선 '사실적 기억' 과는 다른 '심리적 기억' 을 포기해야 한다고 말한다.[72] 그러나 사람들이 꼭 어떤 이유 때문에 기억을 포기하거나 지우는 건 아니다. 인간의 두뇌 용량이 한정돼 있다는 것이 더 큰 이유일 것이다.

하버드대학의 심리학자 조지 밀러(George A. Miller)는 「마술적인 숫자 7」이라는 제목의 논문에서 보통 사람의 정신 능력은 한 번에 일곱 단위 이상을 다룰 수 없다고 주장한다. 일곱 자리 전화번호·세계 7대 불가사의·일곱 장으로 승패를 겨루는 세븐 카드 포커 게임·백설공주와 일곱 난쟁이 등 우리 주변에 7이 많고, 기억해 둘 필요가 있는 목록에 가장 많이 쓰이는 숫자가 일곱 자리인 것도 바로 그런 이유 때문이라는 것이다.[73]

---

71) 조수철, 「기억의 무서움」, 『세계일보』, 2004년 12월 17일, 22면.
72) 수전 손택, 이병용·안재연 옮김, 「침묵의 미학」, 『급진적 의지의 스타일』, 현대미학사, 2004년, 40쪽.

사회학자 윌리엄 구디는 어떤 특정한 분야(심지어 자기 자신이 속한 분야)에 대해서 개개인이 관심을 가지는 것은 극히 제한되어 있다고 말한다. 대부분의 사람들은 몇 안 되는 야구선수·과학자·바텐더·조각가·정치가들의 이름만 알아도 만족한다는 것이다. 심리적인 면에서 그리고 시간적인 면에서 사람들은 일류 경쟁자들을 제외한 나머지 것들에 대해서는 초점을 맞출 만한 충분한 시간적 여유와 에너지(충분한 '여분의 공간')를 전혀 갖고 있지 않다는 것이다.[74]

휴대전화·컴퓨터를 잃어버린다면?

게다가 인간의 기억 능력은 점점 더 약화될 운명에 처해 있다. 컴퓨터와 휴대전화가 인간의 기억 기능을 대신하고 있기 때문이다. 그래서 디지털 치매(Digital Dementia)라는 말까지 나오게 되었다. 디지털 치매는 컴퓨터나 휴대전화 등 디지털 기기의 사용이 보편화되면서 자신이 기억하고 있던 전화번호나 기념일·중요한 약속 등을 잊어버리는 현상을 말한다.[75]

경향신문 출판본부장 김택근은 "얼마 전 휴대전화를 잃어버린 한 친구가 며칠 동안 낙담을 했다. 하나 다시 사라고 하자 모르는 소리 말라고 했다. 그 속에 입력한 연락처들을 다 잃어버렸다면서 '그동안 쌓아온 인적 네트워크를 분실했다'고 눈물까지 글썽거렸다"고 말했다.[76]

73) 잭 트라우트·알 리스, 안진환 옮김, 『포지셔닝』, 을유문화사, 2002년, 53쪽.
74) 로버트 프랭크·필립 쿡, 권영경·김양미 옮김, 『이긴 자가 전부 가지는 사회: 우리 사회·경제의 자화상』, CM비지니스, 1997년, 75~76쪽.
75) 김용섭, 『디지털 신인류』(영림카디널, 2005), 299쪽.

디지털 치매는 삶의 편의를 도모하기 위해 마련된 다양한 디지털 기기들에 의해 기억력이 퇴화되어 가는 현상을 말하는 것으로, 휴대폰이나 디지털 카메라와 같은 기계들의 사용이 잦은 대학생들에게서 가장 두드러지게 나타나는 현상이다.

그런 분실의 위험은 사회적 차원에서도 발생할 수 있다. 페이스 팝콘(Faith Popcorn)은 디지털 치매와 유사한 개념으로 '저장 알츠하이머병(Storage Alzheimmer's)'이라는 개념을 제시하면서, "우리는 기술 발전 시대에 얻어진 모든 데이터가 영원히 저장될 것이라고 생각한다. 그러나 과연 그러한가?"라는 의문을 제기했다.

"다시 한 번 생각해 보면 하드 드라이브 파손·양립 가능 기술 그리고 저장 매체 파괴 등의 심각한 문제들이 있음을 깨달을 수 있을 것이다. (예를 들어 백업이나 파일 보관 등에 사용되는 zip 드라이브의 보증 기간은 겨우 5년이고 플로피 디스크는 18개월이 되면 손상될 수 있다.) 스미소니언박물관의 정보산업부 관리자가 다음과 같이 말한 것도 당연하다. '우리는 정보를 저장하는 최고의 기술을 가졌음에도 영구적인 정보가 19세기 때보다 더 부족한 시대에 살고 있는지도 모른다.' 이것이 바로 이 문제점을 저장 알츠하이머병이라 부르는 이유이다. 그리고 이 때문에 우

---

76) 김택근, 「휴대전화에 묻는다」, 『경향신문』, 2004년 12월 8일.

리는 총체적 메모리를 상실하게 되는 사례에 대해 앞으로 더 많이 듣게 될 것이다."[77]

바로 그런 이유 때문에 POD(Publishing on Demand)라는 것도 나오게 된 건지 모르겠다. POD는 인터넷 블로그를 오프라인 매체인 책으로 만들어 주는 이색 상품 서비스로 업계 최초로 온네트가 시작했다. 이 서비스는 온네트의 블로그 사이트인 이글루스닷컴에 블로그를 개설한 가입자가 원할 경우 사진을 포함한 블로그 내용을 컬러 인쇄해 책으로 장정까지 해주는 유료 서비스로, 비용은 100페이지당 2만 원이다. 온네트 사장 홍성주는 블로그를 만드는 네티즌들의 자료 보관 욕구를 읽고 POD를 시작하게 됐다고 말했다.

"네티즌들은 자신들이 만든 소중한 블로그 내용을 보관하기를 원합니다. 그렇지만 인터넷도 완벽한 미디어가 아니어서 해킹 등 각종 사고로 내용을 잃어버릴 수가 있습니다. 사고를 대비한 백업용으로 POD 서비스를 준비했지요."[78]

기억력 단련이 필요하다

삼성그룹 회장 이건희는 "정보 시대에는 '어떻게 해야 하는가' 라는 노하우(Know-how)보다 엄청난 정보의 홍수 속에서 '어디에 가면 정보를 구할 수 있는가' 를 아는 능력인 노웨어(Know-where)가 더 중

---

77) 페이스 팝콘 · 애덤 한프트, 인트랜스번역원 옮김, 『미래생활사전』, 을유문화사, 2003년, 623쪽.
78) 최연진, 「"블로그, 책으로 만들어 드립니다"」, 『한국일보』, 2005년 8월 10일, 18면.

요해진다"고 역설했다.[79]

이는 디지털 시대의 철칙처럼 통용되고 있는 말이지만, 디지털 치매는 좀 달리 볼 걸 요구한다. 김용섭에 따르면, "디지털 기기가 노하우가 아닌 노웨어 시대를 열면서 인간에게 보다 많은 정보 수용 기회를 주긴 했지만 노웨어에만 의존하는 것이 위험하다는 경고도 주는 것이다. 우리의 뇌에도 쓰면 더 개발되고 안 쓰면 퇴화한다는 용불용설이 유효함을 새삼 인식하게 된다."[80]

삼성전자 반도체 총괄사장 황창규는 한걸음 더 나아가 아예 '기억하지 말라' 고 주장했다. 그는 2005년 11월 3일 '2005 삼성애널리스트 데이' 에서 낸드플래시메모리의 성장을 강조하면서, "이제는 기억하지 마십시오. 곧 일상생활은 수십 기가의 플래시메모리가 동영상으로 24시간을 저장할 수 있습니다. 기억할 에너지를 창조적인 일에 사용하고, 가족과 보내십시오" 라고 말했다.[81]

그러나 움베르토 에코(Umberto Eco)는 바로 그런 관점에서 컴퓨터가 큰 위험을 낳고 있다고 주장했다. 문자 없이 오로지 구술로만 문화를 전승하던 시대에 살던 사람들은 우리가 상상할 수 없을 정도로 고도의 기억력을 갖고 있었지만, 컴퓨터 및 인터넷으로 자신이 원하는 정보를 클릭 몇 번으로 찾는 현대인들에게는 더 이상 기억하려는 노력과 수고가 필요 없게 되었다는 것이다.

이로 인해 야기된 기억술 훈련의 부재에 대해서 우려하는 목소리가 나오고 있다. 에코는 기억의 문제는 결국 교육의 문제라고 말한다. 우

---

79) 이건희, 『이건희 에세이: 생각 좀 하며 세상을 보자』, 동아일보사, 1997년, 157~158쪽.
80) 김용섭, 『디지털 신인류』, 영림카디널, 2005년, 300쪽.
81) 「사람과 말 - 뇌수술 한다고 머리 좋아집니까」, 『문화일보』, 2005년 11월 5일, 17면.

리가 선천적으로 지닌 기억 능력을 상실하지 않기 위해서 기억을 훈련하고 기억의 위상을 다시 회복하는 일은 시급하고 중요한 일이라는 것이다. 그는 앞으로 인간들이 스포츠를 만들어 신체를 단련하는 것처럼 기억력을 보강할 훈련 방법을 고안해 낼 것이라고 예견한다. 벌써 몇몇 TV 프로그램에서 기억력 테스트 시합을 개최하기도 하는 게 그걸 시사해 주고 있다는 것이다.

에코는 인간 기억력을 단련할 수 있는 수단들이 고안되지 않으면 인류의 진화에 있어서 참으로 부정적인 상황이 발생할 수 있다고 우려한다. 예컨대, 이탈리아의 젊은이들에게 이탈리아 역사에서 20년 전에 어떤 사건이 발생했는지 물어보면 전혀 대답을 못한다는 것이다.[82]

기억이 사라지면 영혼도 사라지는 거야

우리는 자주 우리 국민의 역사에 대한 망각 또는 빈혈(貧血)을 개탄하곤 하지만, 그게 뇌 용량의 한계에서 비롯된 건 아닌지 다시 생각해 볼 필요가 있겠다. 기억해야 할 사실들이 기쁨을 가져다 주기보다는 고통을 가져다 주는 것일 경우, 기억을 피하고자 하는 무의식적인 노력도 적잖이 작용할 것이다.

게다가 정보 폭발 현상도 기억을 더욱 어렵게 만들고 있다. 1년 365일 내내 수많은 매체에서 수많은 정보가 홍수처럼 폭포처럼 우리의 뇌를 향해 총공세를 퍼붓고 있다. 어떤 것이 중요하고 중요하지 않은지 그런 구분을 하는 건 불가능하다. 그런 구분이 가능하다 하더라도 사

---

82) 김성도, 「움베르토 에코: 차이는 긍정적 가치」, 『하이퍼미디어 시대의 인문학: 김성도, 세계 지성과의 대화』, 생각의나무, 2003년, 45~50쪽.

람들은 중요성보다는 흥미성에 더욱 큰 관심을 보일 것이다.

정보의 과잉은 관심의 빈곤을 가져온다. 눈이 어지러울 정도로 정보가 흘러넘치는데 관심을 어디에 두어야 할지 헷갈리지 않겠는가? 조지프 나이(Joseph Nye)는 이를 가리켜 '과잉의 역설(Paradox of plenty)' 이라 부르면서, 앞으론 사람들에게 관심을 집중시킬 대상을 알려주는 일이 권력의 원천이 될 것이라고 예견했다.[83]

인포마니아(Infomania)라는 말까지 나왔다. 인포마니아는 정보화 기기에 매몰돼 일시적으로 주의가 산만해지고 IQ가 떨어지는 현상을 의미한다. 2005년 4월 영국 런던대 심리학연구팀은 문자 메시지 또는 이메일의 과도한 사용이 마리화나를 피울 때보다 2배 이상 IQ를 떨어뜨리는 것으로 나타났다며, 정보화 시대의 후유증을 최소화할 수 있는 새로운 라이프스타일의 개발이 필요하다고 지적했다.[84]

이처럼 기억은 디지털 시대의 새로운 화두가 되었다. 최근 들어 '기억' 의 문제를 다루는 대중문화 상품이 크게 늘고 있는 것도 결코 우연이 아닐 것이다. "기억이 사라지면 영혼도 사라지는 거야." 《내 머릿속의 지우개》라는 영화에 나오는 대사다. 대중문화 속의 '기억' 과 관련, 천지우는 다음과 같이 말했다.

　　"드라마 《마지막 춤을 나와 함께》에서 남자 주인공 지성은 교통사고로 이전의 기억을 잃고 시골에서 유진과 함께 지낸다. 그러다 다시사고를 당해 재벌가 아들이었던 예전 기억을 되찾지만, 유진과 함께

---

83) 조지프 나이, 홍수원 옮김, 『제국의 패러독스: 외교전문가 조지프 나이의 미국 진단』, 세종연구원, 2002년, 114쪽.
84) 김도연, 「"문자·e메일 많이 하면 머리 나빠져"」, 『문화일보』, 2005년 4월 23일, 13면.

한 최근 기억은 잊고 만다. 기억상실의 세계는 참 복잡하기도 하다. 영화 《내 머릿속의 지우개》의 손예진, 드라마 《천국의 계단》의 최지우, 《아내》의 유동근, 《겨울연가》의 욘사마까지 몽땅 기억상실증 환자다. 외화도 마찬가지다. 최근 흥행한 《나비효과》와 《노트북》 그리고 《포가튼》·《노보》·《본 아이덴티티》·《메멘토》 등등. 기억상실증은 불치병과 맞먹는 멜로드라마의 필수 구성요소로 떠올랐고 스릴러의 이야기 코드로도 각광받고 있다."

이어 천지우는 "기억을 잊지 않게끔 저장할 수 있는 매체가 많아졌고 사람들은 그 속에 필사적으로 기억을 담고 있는 것처럼 보인다"고 말했다.[85] 그렇다. 정말 필사적이다. 카메라폰을 쉴 새 없이 누르는 사람들을 보면 안스럽기까지 하다. 그러나 그 기억은 자신의 뇌 속에 남는 게 아니다. 소크라테스는 '기억력 저하'를 이유로 문자의 사용에 반대했지만, 이제 현대인은 디지털 시대를 맞아 기억을 몸과 분리시켰다. 정보를 다운로드받듯이, 언젠가는 인간의 기억을 다운로드받을 수 있다는 과학적 예측이 난무하는 세상이다. 그래서 알게 모르게 기억상실에 대한 불안과 공포에 떠는 건지도 모르겠다.

기억이 사라지면 영혼도 사라지는가? 이런 의문은 영화나 드라마에 맡기고 우선 당장 일상생활에선 기억 관리에 충실할 일이다. 언젠가 휴대전화를 잃어버릴 수도 있다는 생각을 해보면서 평소 중요한 기억 관리에 신경을 쓸 필요가 있을 것이다.

---

85) 천지우, 「기억상실을 두려워하는 현대인」, 『국민일보』, 2004년 12월 27일, 16면.

DMB의 난폭 운전

DMB(Digital Multimedia Broadcasting)란 위성이 중계하는 디지털 신호를 일반 TV는 물론 휴대전화 · 개인휴대단말기(PDA) · 차량용 TV 등으로 받아 여러 채널의 멀티미디어 방송을 시청할 수 있는 서비스다. 프로그램 제작과 전송 · 수신 등의 전 과정을 디지털로 처리, 신호의 손상이나 잡음이 없어 화질과 음질이 선명할 뿐만 아니라 전송 정보의 용량이 확대돼 다양한 데이터 정보 서비스가 가능한 멀티미디어형 방송이다. 흔히 '손안의 TV' 또는 '테이크아웃 TV'로 불리는 DMB는 위성 DMB와 지상파 DMB로 나뉜다.

이 새로운 매체의 도입을 위해 그간 일어났던 일들의 전개 과정을 살펴보기로 하자. '손안의 TV' 서비스를 즐기면서 감동받더라도 그

---

86) 강준만, 「DMB」, 『한국인을 위한 교양사전』, 인물과사상사, 2004년, 551~556쪽도 참고할 것.

DMB, 그 거대한 탄생 이면엔 치열한 자본의 경쟁이 있었다. 『한겨레21』 2005년 1월 11일.

이면엔 치열한 자본 경쟁이 동력으로 작용했다는 걸 이해하는 것이 필요하다고 보기 때문이다.

2004년 12월 14일 방송위원회는 위성 DMB 사업자로 TU미디어를 최종 선정했다. SK텔레콤이 대주주인 TU미디어는 앞으로 5년간 모두

7,052억 원을 투자할 계획이라고 밝혔다.[87] TU미디어는 2005년 1월 10일부터 휴대폰으로 TV를 볼 수 있는 위성 DMB 시험 서비스를 개시했다. 위성에서 쏜 전파가 벽을 뚫지 못하기 때문에 지하나 건물 내에선 방송을 볼 수 없지만 지하철엔 전파수신보조장치(Gap filler)가 설치돼 시청이 가능하다. 삼성전자가 만든 위성 DMB폰 액정화면의 크기는 가로 4.5cm 세로 3.4cm로 가격은 85만 원선에 출시되었다.

2005년 3월 말 사업자 선정을 앞두고 지상파 DMB의 유료화 문제가 논란이 된 가운데 한국예술종합학교 영상원 교수 전규찬은 DMB 관련 기사의 대부분이 산업적 각도에서 접근하고 있으며 지상파 방송사들은 분위기를 띄우기 위해 호들갑을 떨고 있다고 비판했다. 그는 이념을 초월한 합종연횡, 유리한 위치를 점하려는 싸움이 한창이라며, 이를 'DMB의 난폭 운전'이라 불렀다.

"한겨레가 SBS와 제휴하는 깜짝쇼가 벌어지고, 또 EBS가 SBS와 감정적으로 으르렁댄다. 지상파 DMB 사업자 당첨을 앞두고 난리다. 이념도, 체면도 없다. 소위 언론사로서의 비판의 역할, 견제의 책임도 일찌감치 포기했다. 시민의 시각에서 문제를 따져보는 기사·칼럼·사설은 찾아볼 수가 없다. 자본이 서두르고 '전문가'들이 분위기를 잡으면 국가가 전폭 지원에 나서고, 방송위원회는 허겁지겁 허가하는 졸속의 과정에 매체도 적극 동참한다. 자본의 난폭 질주, 그 운전대를 언론사들이 다투어 맡는다. 시민의 의사를 무시한 위험스런 담합구조, 시민의 안녕을 해칠 불안한 운행이다. 그 실패를 신문과 방송은 대체 어

---

87) 이진영, 「위성 DMB 사업자에 TU미디어 선정」, 『동아일보』, 2004년 12월 15일, A2면.

떻게 감당하려는 것일까? 사업을 위해 언론을 희생시킨 대가에 대해 어떻게 책임질 것인가? 소외된 시민이 불만의 목소리를 내지를 때, 한겨레는 과연 어떻게 응대할 것인가? 똑같은 침묵으로? 지금처럼 비판정신, 균형감각을 상실해 버린 신문과 방송에 '언론'이라는 말을 과연 붙일 수 있기는 한가?"[88]

언론사들 간 치열한 경쟁

6개 지상파 DMB 사업자 중 기존 지상파 방송사에 3개가 배분되는데, 이 중 KBS와 MBC가 하나씩 차지할 가능성이 높은 반면 나머지 하나를 놓고 SBS와 EBS는 치열한 경쟁을 벌였다.

2005년 3월 17일 EBS 노조는 "SBS와 한겨레신문 교육부 출입기자들이 교육부에 사실상의 압력을 행사하여 '지상파 DMB 사업자 선정과 관련, e-learning 활성화를 위한 정책적 배려를 해달라'는 교육부 건의문 발송을 막았다"고 주장하는 성명을 냈다. 이에 대해 SBS는 "지상파 DMB 사업자 선정을 앞두고 EBS 측이 교육부에 이런 내용의 건의문을 발송토록 요구한 것이 문제의 시발"이라고 반박했다. 지상파 DMB 수용자들이 무엇을 원하는가를 놓고도 EBS와 SBS는 각기 '교육선호도'와 '뉴스와 시사정보 선호도'가 높다는 상이한 설문조사 결과를 내놓았다.

2005년 3월 18일 한국교직원단체총연합회 회장 윤종건과 전국교직원노조 위원장 이수일 등 양대 교원단체 대표들은 방송위원회를 방문

---

88) 전규찬, 「'DMB'의 난폭 운전」, 『한겨레』, 2005년 3월 4일, 17면.

해 부위원장 이효성과 면담을 갖고 공익적인 교육 기능을 갖고 있는 컨소시엄을 지상파 DMB 사업자로 선정해 줄 것을 요구했다.[89]

『국민일보』 2005년 3월 18일자는 일부 인터넷 언론사들이 2005년 3월 말 사업자가 선정될 지상파 DMB 사업에 지분 참여를 한 것으로 뒤늦게 확인됐다고 보도했다. 방송위원회 관계자는 최근 "오마이뉴스와 프레시안이 비지상파 사업자 컨소시엄을 통해 지분 투자를 했다"고 인정하고, "그러나 이들의 투자 지분율이 5% 미만이었기 때문에 공개하지 않았다"고 밝혔다는 것이다.

이 기사는, 그러나 2004년 12월 방송위원회는 DMB 사업에 대한 인터넷 언론의 지분 투자가 가능하냐는 질문에 대해 "2005년 1월 정간법(신문법) 개정으로 인터넷 언론이 언론으로서의 지위를 취득하기 때문에 일간신문과 같이 지분 참여가 불가능하다"는 입장을 밝힌 바 있다고 지적하면서 다음과 같이 말했다.

"결국 방송위는 지난해 12월 잘못된 법 해석으로 당시 DMB 사업에 큰 관심을 가지고 있었던 수많은 인터넷 언론사들의 지분 참여를 막은 꼴이 됐다. 또 지난 2월 새로운 유권해석을 받고도 이 사실을 공표하지 않았을 뿐만 아니라 이 사실을 특정 인터넷 언론사에만 알려 특혜를 준 소지가 있다. 게다가 방송위는 규정에도 없는 '5% 이하의 주주는 공개하지 않는다'는 내부 규정을 새로 만들어 지금까지 일부 인터넷 언론사의 지분 참여 사실을 숨겨왔다."[90]

89) 김상철, 「"공익교육 컨소시엄 DMB 사업자로": 교총·전교조, 방송위 건의」, 『경향신문』, 2005년 3월 22일, 21면.
90) 모규엽, 「현장기자: DMB와 인터넷 언론」, 『국민일보』, 2005년 3월 18일, 26면.

DMB의 탈선

2005년 3월 28일 방송위원회는 지상파 DMB 6개 사업자를 선정해 발표했다. 지상파 TV 사업자군에서는 KBS · MBC · SBS 등 3개 방송사, 비지상파 TV 사업자군에서는 YTN DMB · 한국 DMB · KMMB 등 3개 컨소시엄이 선정되었다. 신문들은 이를 '방통(放通) 혁명'의 시작이라며 대서특필했다.

『문화일보』 2005년 3월 29일자는 "DMB 사업 참여 신문 · 통신사의 경우 한겨레신문은 상대적으로 껄끄러운 관계였던 민간상업방송 SBS 컨소시엄에 막판 합류해 좋은 결과를 얻었다. 그러나 연합뉴스와 경향신문의 경우 교육전문 DMB라는 명분 아래 EBS 컨소시엄에 합류했지만 결과적으로 고배를 마셨다"고 보도했다. EBS는 "심사과정과 심사위원 선정에 문제가 있어 곧 법적 조치 등 모든 대응방안을 논의하겠다"며 강력 반발했다.[91]

2005년 3월 30일 한나라당 최고위원 김영선은 DMB 방송사업자 중 하나로와 오마이뉴스가 참여한 '한국 DMB-CBS'가 선정되는 과정에서 특혜 의혹이 있었다고 주장했다. 김영선은 인터넷 매체 지분 참여 금지와 관련된 방송위의 새로운 유권해석과 그걸 특정 인터넷 매체에게만 알려준 걸 문제 삼았다. 이에 오마이뉴스는 "공식 사과를 요구하며 사과하지 않으면 법적 대응할 것임을 명백히 해둔다"고 밝혔다.[92]

『미디어오늘』 2005년 3월 30일자 사설 「'손안의 TV'는 우리에게 무엇인가」는 "유료화를 기본으로 하고 있는 위성 DMB는 보다 많은

---

91) 이인표, 「EBS "선정과정에 문제 … 법적 대응"」, 『문화일보』, 2005년 3월 29일, 11면.
92) 이승헌, 「"오마이뉴스 DMB 사업 참여 특혜 의혹"」, 『동아일보』, 2005년 3월 31일, A6면.

가입자를 확보하기 위해 '재미' 와 '자극' 의 강도를 최대한 높이는 전략을 구사할 개연성이 크다. 거의 대부분을 광고 수입에 의존해야 하는 지상파 DMB 또한 사정은 마찬가지다. 막대한 초기투자비까지를 감안하면 기존의 언론 사업자들에게 DMB는 '새로운 기회' 가 아니라 '끔찍한 재앙' 이 될 가능성도 적지 않다. …… 그런데도 대다수 언론이 DMB의 낙관적 전망에만 초점을 맞추는 식으로 보도하는 것은 너무 일면적이고 근시안적 태도다"라고 비판했다.

'DMB의 난폭 운전' 을 지적했던 전규찬은 'DMB의 탈선' 을 규탄했다. 그는 "누구 말대로 늦긴 했다. 그렇지만 오래된 삶의 터를 밀어내고 세워지는 DMB 뉴타운 현장을 그냥 뻔히 지켜볼 순 없지 않는가? 자본·국가·매체의 불도저를 앞세운 마구잡이 개발에 맞서, 이게 정말 인민의 행복한 파라다이스 건설은 아닐 거라는 생각을 해봐야 하지 않나? 그래야 미련 없는 대책이 가능하지 않나?"라고 꼬집었다.[93]

위성 DMB의 지상파 재송신 문제

위성 DMB의 지상파 재송신 문제도 뜨거운 쟁점이었다. 2005년 3월 10일 방송위원회 위원장 노성대는 "위성 DMB에서 지상파 프로그램을 일부 활용할 수 있는 방안을 검토하고 있다"고 밝힘으로써 오랫동안 논란이 돼온 지상파 재전송 문제에 불을 붙였다.

2005년 4월 12일 전국언론노조는 위성 DMB의 지상파 재송신 문제와 관련한 성명에서 반대 이유를 다음과 같이 밝혔다.

---

93) 전규찬, 「DMB는 탈선했다」, 『시민의 신문』, 2005년 4월 4일.

"위성 DMB의 지상파 재송신 문제가 허용하는 쪽으로 가닥이 잡힐 경우, 권역을 근간으로 하고 있는 지역 지상파 방송에게 치명적인 악영향을 미칠 것으로 예상된다. 즉, 위성 DMB를 통해 MBC 본사 방송과 SBS 방송을 전국 어디서나 시청할 수 있게 된다면 수도권 지역의 지상파 방송이 전국으로 송출 확대된다는 것을 의미한다. 이는 방송위 채널 정책의 목표, 즉 방송매체 간 균형발전, 방송의 지역성 구현 확대라는 정책목표와 정면 배치되는 문제로 단순히 위성 DMB 한 사업자만의 문제가 아니라 방송정책 큰 물줄기에 위배되는 것이라 판단한다. 우리는 방송법 제78조의 개정취지가 '시청자의 볼 권리 보장, 지역방송의 로컬리즘 구현, 매체 간 균형발전'이라는 세 가지 정책목표에 있음을 분명히 알고 있다. 위성 DMB의 지상파 재송신 문제도 예외일 수는 없다. 이제 막 싹트기 시작한 방송의 지역성 구현이 보장될 수 있게끔 노력하여야 할 것이다."

그러나 2005년 4월 19일 방송위원회는 방송사업자 간 자율계약을 전제로 위성 DMB의 지상파 방송 재송신을 허용하기로 결정했다. KBS는 재송신 불가를 거듭 밝혔고, TU미디어의 지분을 6.05%씩 갖고 있는 MBC와 SBS는 "노조와의 협의가 필요하다"며 신중한 태도를 보였다. 전국언론노조와 지역방송협의회는 성명을 통해 "총파업 등 모든 수단과 방법을 동원해 이번 결정을 무력화하겠다"고 밝혔다. KBS PD 연합회와 기술인연합회·MBC 노조는 성명을 통해 "방송위가 지상파 재전송 문제를 무책임하게 방송사의 문제로 떠넘긴다"고 비난했다.[94]

손안의 TV 시대의 개막

2005년 5월 1일 위성 DMB가 첫 전파를 발사해 이른바 '손안의 TV' 시대를 열었다. 개막일 현재 서비스 채널은 비디오 7개 · 오디오 20개이며, TU미디어는 앞으로 비디오 14개 · 오디오 20개 · 데이터 방송 등 40여 개 채널로 확대한다는 계획을 밝혔다.

위성 DMB 사업자인 TU미디어는 2005년 6월 29일부터 채널 블루(7번)에서 매주 수 · 목요일 오후 7시부터 15분 동안 시트콤 《얍!》(52부작)을 방송하기 시작했다. 모바일만을 위한 세계 최초 시트콤인 《얍!》은 초능력 세계에 살던 남자들이 초능력 시험에 낙방한 벌로 인간세계에 내려와 평범한 여대생들과 한 집에 살면서 벌어지는 에피소드를 다룬 로맨틱 판타지물이다.[95]

미국에선 인기 드라마나 공연 실황을 휴대전화용으로 재가공한 콘텐츠를 '모비소드(Mobisode: Mobile+episode)'라 부른다. 4,300만 명의 가입자를 확보한 버라이존 와이어리스는 20세기 폭스사가 제작한 유명 TV 시리즈물인 《24》를 휴대전화용 동영상으로 서비스해 큰 인기를 모았다. 미국 방식은 전용 단말기가 필요 없이 휴대전화 단말기를 그대로 사용할 수 있는 점이 장점으로 꼽히고 있다.[96]

TU미디어는 본방송 개시 2개월 22일 만인 2005년 7월 22일 가입자

---

94) 안용성, 「"면피행위" 비난 고조: 방송위 위성 DMB 지상파 재송신 허용」, 『세계일보』, 2005년 4월 21일, A24면; 이희정, 「지상파 재송신 위성 DMB에 허용」, 『한국일보』, 2005년 4월 20일, 1면.

95) 이지영, 「모바일 전용 시트콤 선보인다」, 『중앙일보』, 2005년 6월 23일, E15면. 이 글의 기타 참고자료는 서정보, 「DMB '손안의 TV' 미래는」, 『동아일보』, 2005년 3월 22일, A5면; 신동흔, 「KBS · MBC '느긋', SBS · EBS '초조': 지상파 DMB 이달 말 확정」, 『조선일보』, 2005년 3월 21일, A27면; 차정인, 「EBS · SBS '이전투구' 양상」, 『기자협회보』, 2005년 3월 23일, 7면; 한태욱, 「DMB 경쟁 노조 대리전 양상」, 『PD연합회보』, 2005년 3월 23일, 7면 등이다.

96) 김창우 · 권호, 「미국서 모비소드 뜬다」, 『중앙일보』, 2005년 8월 9일, E9면.

"TV 집에서 보기 이젠 귀찮아…"

이용자들이 말하는 생활변화

'멀리'라는 뜻의 그리스어 'Tele'와 '본다'라는 뜻의 라틴어 'Videre'에서 유래한 텔레비전(Television). 영국인 존 로지베어드(1888~1946)가 1924년 텔레비전 수상기를 발명한 이래 채널 수가 늘고 화질이 향상되는 변화는 있었지만 TV 앞에 모여 앉아 보는 시청 형태는 반세기 이상 유지돼 왔다.

그러나 디지털멀티미디어방송(DMB)시대의 개막은 TV 보기의 패러다임을 근본적으로 바꾸고 있다. TV가 거리를 활보하기 시작한 것이다.

사라진 TV수상기와 들고 다니는 TV(DMB)

'운동량이 줄어들어 배가 나오기 시작했다. 오른쪽 엄지손가락에 퇴행성관절염이 우려된다. 드라마를 순차적으로 보지 않고 띄엄띄엄 잘라 보아도 이해가 잘 된다.'
대학생 한상호(27·서울 마포구 망원동)

지하철에서… 위성 DMB 애용자 한상호 씨가 지하철 6호선 열차 안에서 위성 DMB폰을 사용하던 중 호기심을 갖고 쳐다보는 옆 사람에게 방송 내용을 보여 주고 있다. 한 씨는 통학시간에 지하철이나 버스 안에서 주로 DMB를 이용한다고 밝혔다. 권주훈 기자 kjh@donga.com

박주영 축구경기 보려고
허겁지겁 귀가 안해도 돼

'손안의 TV 시대' 가 열렸다. 미디어는 우리 몸의 일부가 되었고 한시도 우리와 떨어질 수 없는 존재가 되었다. 왜 우리 시대의 사람들은 잠시라도 미디어와 접촉하지 않으면 불편하게 여기는 걸까? 이동 중에 세상 풍경을 바라보거나 홀로 생각하면 큰일이라도 나는 걸까? 자신의 공백을 스스로 채울 의지와 능력을 상실한 걸까? 『동아일보』 2005년 7월 6일.

10만 명을 돌파했다고 밝혔다. 단말기 유형별로는 휴대전화 겸용이 9만 3,400명, 차량용은 6,600명이었다. TU미디어 관계자는 "지상파 재송신의 유보, 고가 단말기 등 힘든 조건에도 불구하고 일평균 약 1,200명이 가입한 것" 이라며, "8월부터 KTF · LGT 등 PCS 단말기를 포함한 다양한 유형의 단말기 출시와 음영지역 해소 및 마케팅 강화로 가입자가 크게 늘어날 것" 이라고 기대했다.[97]

---

97) 「TU미디어, 가입자 10만 돌파」, 『내일신문』, 2005년 7월 26일, 17면.

그러나 일부 언론은 SKT·KTF 등 이동통신 사업자가 위성 DMB에 대한 무리한 출시와 강제 가입 권유로 소비자 불편을 가중시킨다는 비판을 듣고 있다며 '막가파식 마케팅'이라고 비판했다.[98]

2005년 10월 10일 LG전자는 TV 방송을 60분간 녹화할 수 있는 위성 DMB 휴대전화기인 '타임머신 DMB폰'을 개발했다고 밝혔다. 기존의 DMB폰으로는 통화 도중에 중단된 방송을 다시 볼 수 없는 불편을 해소하기 위해, LG전자는 방송시청 도중 전화가 걸려오면 자동으로 휴대전화 저장장치에 방송이 녹화되는 기능을 부여했다. 통화가 끝나면 앞서 보던 시점부터 자동으로 재생돼 끊김 없이 시청할 수 있다.[99]

이에 질세라 2005년 10월 23일 삼성전자는 지상파 DMB 휴대전화로 시청 중에도 필요한 정보를 검색하거나 상품구매를 할 수 있는 양방향 데이터 방송 솔루션을 개발해 이를 처음으로 지상파 DMB폰에 구현하는 데 성공했으며, 2005년 12월 지상파 DMB 본방송 시작에 맞춰 이 기술을 적용한 제품을 내놓겠다고 발표했다.[100]

꼭 그런 기능들까지 필요할까 하는 의구심이 들긴 하지만, 일반 소비자들이 그런 지극 정성을 기울이는 DMB를 거부하긴 어려울 것이다. 전자 업체들의 사활이 바로 이 DMB에 달려 있기 때문이기도 하다. 삼성전자 관계자는 "이동 멀티미디어 시대에는 '움직이는 눈'을 사로잡는 기업만이 경쟁에서 살아남을 수 있을 것"이라고 말했다.[101]

---

98) 황현택, 「위성 DMB '막가파식 마케팅'」, 『세계일보』, 2005년 9월 20일, 19면.
99) 이희성, 「폰으로 'TV 녹화' 까지」, 『중앙일보』, 2005년 10월 11일, E3면.
100) 「지상파 DMB폰으로 TV보며 상품구매」, 『매일경제』, 2005년 10월 24일, A15면.
101) 김준모, 「'걸어다니는 TV'를 선점하라」, 『세계일보』, 2005년 10월 18일, 15면.

전자 업체들이 살아남기 위해 펼치는 총력전 앞에서 DMB를 거부할 수 있는 사람이 얼마나 되겠는가?

공백에 대한 증오

동아대 철학과 교수 이병창은 DMB는 "과거 눈앞에 대상화될 수 있던 TV를 몸 안으로 이식시키면서 동시에 권력을 몸 안에 집어넣은 것"으로, "푸코가 말한 '생체적 권력'의 실현이다"라고 주장했다.[102] 생체권력(Biopower)이란 권력이 신체를 비롯한 일상적인 삶 자체 속에 스며들어와 작동하고 있는 것을 나타내기 위해 쓰는 개념으로 권력의 미시적인 작동을 강조한다.[103]

앞서 지적한 바 있는 '공백에 대한 증오'가 그런 생체권력을 불러들이는 걸까? '손안의 TV'로는 만족할 수 없어 '눈앞의 TV'가 필요하다는 사람들도 있기에 이런 의문은 전혀 부질없는 것 같지는 않다.

2005년 5월 안경에 0.24인치 크기의 초소형 스크린을 부착해 걸어다니면서 영화를 볼 수 있는 장치가 일본에서 개발되었다. '텔레글라스'로 이름 붙여진 이 장치는 도쿄의 현미경 제조업체 스칼라사와 디스플레이 업체인 아리사와사가 공동으로 개발했다. 화면의 크기가 너무 작다는 지적에 대해 스크린이 바로 눈앞에 있기 때문에 1미터 거리에서 14인치 텔레비전 화면을 보는 것과 같은 효과를 낸다고 제조업체는 설명했다. 주변 사람들은 안경을 통해 어떤 영화를 보고 있는지 전

---

102) 이병창, 「DMB, 생체적 권력」, 『교수신문』, 2005년 5월 23일, 11면.
103) 생체권력에 근거한 징치를 생체정치(Biopolitics)라 한다. 보통 정치라고 하면 대표를 만들어 가는 과정과 권력을 집중화하는 과정을 말하는데, 생체정치는 일상적인 삶의 변형 자체에 관심을 갖는다. 안토니오 네그리 · 마이클 하트, 윤수종 옮김, 『제국』, 이학사, 2001년, 534쪽.

혀 알아챌 수 없으며, 영화를 안 볼 때는 스크린 장치를 떼서 일반 선글라스 용도로 쓸 수 있다. 이 제품의 가격은 5만 엔(47만 7,000원) 선으로 책정됐다. 1979년 소니 워크맨의 등장으로 출퇴근·통학 길이 즐거워진 이후 26년 만에 이 텔레글라스를 통해 일본인들은 지하철에서도 영화를 즐길 수 있게 됐다나?[104]

하여튼 일본인들의 이상한 발명 욕구 하나는 알아줘야 한다. 2005년 8월 일본 총무성은 TV 화면에 나온 음식의 냄새를 맡을 수 있고 상품의 촉감도 느낄 수 있는 입체영상 TV의 개발을 적극 지원키로 했다고 밝혔다. 2020년 실용화가 목표라고 한다. 총무성은 "이 TV의 개발을 위해서는 초음파 진동이나 전기적 자극·풍압(風壓) 등을 영상과 연동시켜 실제로 실물을 만지는 듯한 감각을 느끼도록 하는 기술과 천연 향료를 조합해 향기를 재현하는 장치가 필요하다"고 설명했다.[105]

그러나 일본인들의 이상한 발명 욕구의 산물 중 많은 것이 세계적으로 전파되었기에 일본인들만 이상하다고 말할 건 아니다. DMB도 정색을 하고 보자면 이상하기 짝이 없는 것이다. 왜 우리 시대의 사람들은 잠시라도 미디어와 접촉하지 않으면 불편하게 여기는 걸까? 이동 중에 세상 풍경을 바라보거나 홀로 생각하면 큰일이라도 나는 걸까? 자신의 공백을 스스로 채울 의지와 능력을 상실한 걸까? DMB를 즐기더라도 한번쯤 생각해 볼 만한 의문임에 틀림없다 하겠다.

---

104) 천지우, 「"걸으면서 영화 보자"」, 『국민일보』, 2005년 5월 4일, 12면.
105) 「냄새 맡고, 촉감까지…' 공감각 TV' 개발 추진: 일, 2020년 실용화 목표」, 『중앙일보』, 2005년 8월 17일, 11면.

제6장 생활 · 소비 · 일상 문화

인정의 빈부격차

인간이 타인으로부터 자신의 존재를 인정받고 싶어하는 욕구는 너무나도 깊고 근원적이어서 인류의 역사 발전에 원동력으로 작용해 왔다. 옛날에는 전쟁터에서 이러한 욕구가 발휘되었지만, 오늘날 인정받고자 하는 욕구는 군사영역에서 경제영역으로 옮겨졌다. 우리가 일을 하고 돈을 버는 동기는 먹고살기 위한 것이라기보다는 다른 사람들로부터 인정을 받기 위한 것이다. 우리의 경제생활이 물질적 풍요를 얻는 것뿐만 아니라 인정을 얻기 위해서 추구되는 것이라면, 자본주의와 자유민주주의의 상호의존성은 명백해진다. 자유민주주의는 모든 사람의 '인정욕구'를 충족시켜 줄 수 있는 체제인 바, 오늘날 사실상 모든 선진국이 자유민주주의라는 정치제도를 받아들였거나 받아들이고 있다. 따라서 최종 목표를 향해 나아가는 인류 사회의 폭넓은 진화라는 마르크스주의적·헤겔주의적 의미의 역사는 이제 끝났다.[1]

국내 언론이 대서특필해 준 덕에 누구나 한번쯤은 들어봤음직한 프랜시스 후쿠야마의 '역사의 종언' 론을 요약해 본 것이다. 후쿠야마는 좀 독특한 유형의 본질주의 함정에 한 발을 담그고 있는 것으로 보인다. "다들 밥은 먹고 살잖아?" 사람 사는 걸 '밥'이라는 본질로 환원해 버리면 그 밥의 값이 천차만별이라는 건 사소해진다. 극심한 빈부 양극화 체제에서 빈곤층에 속하는 사람도 그 세계에선 나름대로의 '인정'을 추구하면서 살아가겠지만, 보는 눈과 듣는 귀가 있는데 부유층이 추구하는 '인정'과의 엄청난 괴리에 마음의 평온함을 유지하기는 어려울 것이다. 요컨대, '인정의 빈부격차'가 다시 문제될 수 있다는 것이다.

물론 '인정의 빈부격차'는 아직 심각한 화두로 떠오르지 않고 있다. 보통사람들의 '인정욕구'를 충족시켜 주기 위한 새로운 대안이 아주 자연스러운 시장 논리에 의해 유포되고 있기 때문이다. 이른바 '티티테인먼트(Tittytainment)' 라는 개념도 그런 관점에서 볼 수 있겠다.

즈비그뉴 브레진스키(Zbigniew Brzezinski)는 '세계화'로 인해 '20 대 80' (부유층 20%·빈곤층 80%)이 이루어진 세상에서 티티테인먼트가 판치게 될 것이라고 보았다. 티티테인먼트는 Entertainment와 엄마 젖을 뜻하는 속어인 Titty를 합한 말인데, 기막힌 오락물과 적당한 먹거리의 절묘한 결합을 통해서 이 세상의 좌절한 사람들을 기분 나쁘지 않게 만들 수 있다는 것이다.[2] 인터넷 게임에 몰두하면서 흥분한 나머지 괴성까지 질러대는 어린 아이들을 보면 그게 괜한 말이 아닐 수도

---

1) 프랜시스 후쿠야마, 구승회 옮김, 『트러스트: 사회도덕과 번영의 창조』, 한국경제신문사, 1996년, 19~24, 459~460쪽.
2) 한스 피터 마르틴·하랄드 슈만, 『세계화의 덫: 민주주의와 삶의 질에 대한 공격』, 영림카디널, 1997년, 27쪽.

있겠다는 생각이 들지만, 요즘 그렇게 말했다간 시대착오적인 인간으로 몰매 맞기 십상이다. 게임은 '국민산업'이 아닌가?

우리는 다른 사람들의 인정을 받기 위해 애를 쓰는 '인정투쟁'의 민주화 시대에 살게 되었다. 아니 언제는 그런 시대에 살지 않았었단 말인가? 그렇게 정색을 하고 진투직으로 묻는다면 인류 역사 이래로 그랬었다고 한발 뒤로 물러서야 하겠지만, 겸손한 자세로 이런 질문을 던져볼 수는 있을 것이다.

인터넷 이전과 이후

산부인과 병원에서 착하고 성실하게 일하는 간호조무사가 신생아를 학대해야 할 필요가 있을까? 이 건으로 경찰서에 출두한 어느 간호조무사는 "싸이월드에 있는 인터넷 홈페이지를 예쁘게 꾸미고 싶었다. 영아들의 인상을 특색 있게 해 주변 다른 간호조무사 또는 간호 관련 종사자들의 눈길을 끌 수 있을 것이라 생각해 사진을 찍었다"고 말했다.[3]

자신이 다니던 회사의 여성 동료 3명의 치마 속 등을 디지털 카메라로 찍은 뒤 그걸 그 여성들의 얼굴 사진·주민등록번호·전화번호 등과 함께 인터넷에 올린 김모씨는 직장에서 '천사표'로 통하던 사람이었다고 한다. 그런데 왜 그런 끔찍한 일을 저질렀을까? 그는 경찰에서 "원한은 없으며 다른 네티즌에 대한 경쟁심과 재미로 사진을 올렸다"고 말했다. '주목경쟁'에 정신이 잠시 돌아버린 것이다.[4]

---

3) 김용태, 「'신생아 학대' 병원 3곳 이상 더 있다」, 『문화일보』, 2005년 5월 7일, 7면.

다른 사람들의 눈길을 끄는 것, 이것은 아주 중요한 '인정투쟁'이다. 한 인터넷 포털사이트 게시판에 "연예인 누드 사진을 보고 싶으면 내 홈피로 오세요"라는 글을 올려 작은 소동을 빚었던 주인공도 자신의 홈피 방문자 수를 늘려 인정을 받고 싶어했던 초등학생이었다.[5] 그 말도 많고 탈도 많은 '리플'의 본질도 바로 인정투쟁임은 두말할 나위가 없다.

최근의 '성기 노출' 사건도 그렇지만, 무슨 사건만 터졌다 하면 어디서 그렇게 많은 '삐끼'들이 나타나는지 놀라울 지경이다. "놀러오세요, 보러오세요. 화끈해요. 죽여준다니까요." 아니다. 삐끼는 아니다. 삐끼는 돈을 벌기 위해 그런다지만, 우리 시대의 사이버 삐끼는 자신의 미니홈피 조회 수를 올리려는 소박한 마음에서 그러는 것뿐이다. 보여줄 것도 없으면서 거짓말로 유혹하는 삐끼들도 있다지만, 행여 화를 내선 안 될 일이다. 조회 수 올리는 걸로 인정을 받고 싶어하는 그 소박하다 못해 처절하기까지 한 몸부림에 감히 누가 돌을 던질 수 있단 말인가?

인터넷 이전과 이후가 이렇게 달라졌다. 과거 보통사람들의 인정투쟁은 수단이 미비했다. 인정투쟁의 주요 수단이라 할 미디어는 엘리트의 독무대였다. 학생들의 경우 공부를 빼놓곤 기껏해야 소풍 아니면 수학여행에서 뭔가를 보여주는 것 이외에는 이렇다 할 수단이 없었다. 운동을 잘하거나 주먹을 쓰거나 연애박사가 되는 길로 빠지는 건 아무나 할 수 있는 것이 아니었고, 돈질도 부유층 자제에 국한되었다.

---

4) 한장희, 「동료직원 치마 속 몰카 인터넷 경매: 구속 30대 "재미로 올렸다"」, 『국민일보』, 2005년 8월 19일, 7면.
5) 황인찬, 「고삐 풀린 '나만의 세상' : 청소년 미니홈피 · 블로그 일탈행위 확산」, 『경향신문』, 2005년 5월 10일, 9면.

인터넷 그 자체가 중요하다기보다는 인터넷이 '규범 테크놀로지'로서 새로운 삶의 방식을 보여주었다는 점이 중요하다. 그 파급 효과가 인터넷에만 국한되지 않는다는 것이다. 그래서 무엇이 어떻게 달라졌으며 앞으로 어떻게 더 달라질 것이란 말인가? 인터넷을 중심으로 보자면 ① 유희주의, ② 다문화주의, ③ 극단주의, ④ 근본주의, ⑤ 공동체주의 등 다섯 가지 측면에서 이야기할 수 있겠다.

유희주의 · 다문화주의 · 극단주의

첫째, 유희주의다. '유희주의'란 말은 없다고 시비를 걸 사람도 있겠지만, 이제 유희주의는 자본주의나 사회주의를 찜 쪄 먹을 수준의 새로운 이데올로기로 부상했다는 걸 인정하는 게 좋겠다. 인터넷의 본질은 유희다. 사람에 따라 '오락'이라고도 하고 '엔터테인먼트'라고도 한다.

'엔터테인먼트 경제'는 이미 주류로 등극한지 오래다. 인포테인먼트 · 에듀테인먼트 · 폴리테인먼트 · 도큐테인먼트 · 디지테인먼트 · 마켓테인먼트 · 이터테인먼트 · 처치테인먼트 · 워크테인먼트 · 쇼퍼테인먼트 · 볼런테인먼트 · 티티테인먼트 등등 엔터테인먼트를 물고 들어가는 수많은 합성어들의 양산이 그 위력을 잘 말해준다 하겠다.

미국 캘리포니아주에 있는 미래연구소 소장 폴 사포(Paul Saffo)는 "디지털 기술은 너무나 흡인력이 강해서 '모든 것'을 유희의 도구로 만들어 버릴 위험성이 크다. 로마 제국의 멸망에서 읽을 수 있듯이 위대한 문명의 몰락은 모든 것을 유희화한 데서 비롯됐다"고 경고했다.

그대로 믿을 말은 아니지만, 유희 아닌 것들이 이젠 유희와 더욱 치

열한 경쟁을 하게 되었다는 점에서 한숨을 푹푹 내쉬지 않을 수 없다는 건 분명해졌다. 유희는 인정투쟁의 주요 수단으로 등극하면서 전투성을 획득했기에 더욱 그렇다. 예컨대, 정치가 무슨 수로 유희와 경쟁할 것인가? 하긴 그래서 정치가 자꾸 유희화되는 건지도 모르겠지만 말이다.

둘째, 다문화주의다. 최근 인터넷상엔 "님의 노예로 부려주시옵소서", "어린 '주인님'을 찾습니다", "내 속옷도 팔아요" 등을 외치는 카페가 많아졌나 보다. 가령 인터넷 포털사이트에서 '발'이란 단어를 치면 발을 탐닉하는 카페들을 쉽게 찾아볼 수 있는

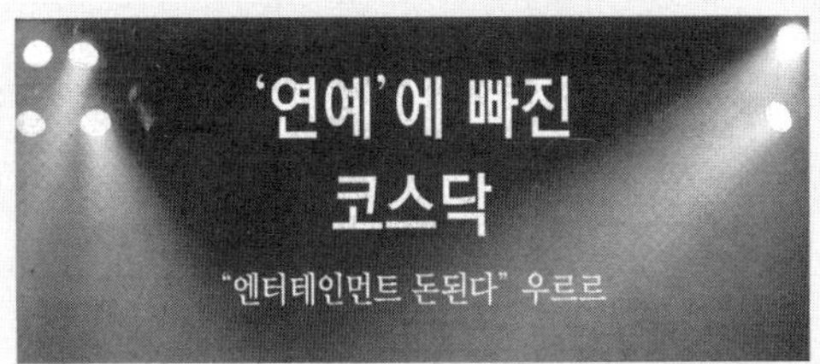

1980년대 중반 문구회사 바른손은 당시만 해도 생소했던 '캐릭터 문구'를 선보였다. 바른손이 내놓은 가위 칼 연필 등 캐릭터 문구는 초중고교생에게 큰 인기를 끌었다. 실용성보다 장식에 더 치중한 이른바 '팬시 문구' 열풍의 진원지가 바른손이다.

그러나 이후 바른손은 경영난에 몰리며 2000년 이후 최대주주가 10여 차례나 바뀌는 우여곡절을 겪었다.

그런 바른손이 최근 증시에서 다시 투자자의 관심 대상으로 떠올랐다. 한때 170원대까지 추락했던 주가도 최근 1700원에 육박하는 등 상승곡선을 그리고 있다. 바른손의 주가 급등 재료는 문구나 캐릭터 사업이 아니라 엉뚱하게 '연예사업 진출'이다.

바른손처럼 최근 코스닥 등록기업들의 연예사업 진출이 활발하다. 올해 들어 코스닥 등록기업들이 연예사업에 진출하겠다고 밝힌 공시도 벌써 10여 건에 이른다.

◈ '돈 된다'에 너도나도 연예사업 진출

연예사업에 나서 외형상 큰 성과를 본 기업은 바른손과 팬텀.

골프공과 골프의류 제조업체인 팬텀은 연예 매니지먼트 업체인 이가엔터테인먼트를 자회사로 편입한다는 소식이 전해지면서 주가가 급등했다. 3월 초 290원이었던 주가가 최근 2500원을 오르내리고 있다.

문구업체인 바른손도 박지윤, 송강호 등 유명 연예인으로 라인업을 구축해 연예 매니지먼트 사업에 진출하기로 한 이후 주가가 급등했다. 심지어 지난해 결산(3월 결산 법인) 결과 영업손실을 내 적자로 전환됐다는 소식이 전해진 9일에도 주가는 장중 한때 13%가량 오르기도 했다.

코스닥 기업들이 '불려가기' 식으로 새 사업을 시작한 사례는 과거에도 있었다.

1999년 말 기업들이 앞 다퉈 인터넷 사이트를 사업모델로 삼았던 '닷컴 열풍' 때가 원조. 2002, 2003년 수십 개의 등록기업이 경쟁하듯 온라인 게임 개발에 나서면서 해당 기업의 주가가 급등락한 경험이 있다.

◈ '도피성' 진출은 모두에게 손해

문제는 이 같은 연예사업 진출이 해당 기업에는 물론 엔터테인먼트 업계에도 부정적 영향을 미칠 가능성이 높다는 점.

연예사업에 진출하는 기업 중에는 주가가 액면가에도 못 미치는 한계기업이 적지 않다. 본업에 실패한 '도피성' 변신이 많아 본래 의미의 사업 다각화와는 거리가 멀다는 평가.

닷컴 열풍이나 게임산업 열풍 때에도 이런 도피성 기업들의 주가는 대부분 잠깐 급등했다가 곤두박질쳤다.

이런 무더기 진출은 엔터테인먼트 업계에도 부담이 된다는 지적이다. 2002년 등록기업들이 대거 게임산업에 진출했을 때 경쟁 심화로 기존 우량 게임업체까지 실적 부진에 시달렸던 경험이 있다.

김종학프로덕션 김승모 기획실장은 "코스닥 등록기업들이 장기적인 사업계획 없이 일단 진출하고 보자는 식으로 연예사업에 뛰어든다면 기존 우수 연예업체에 부정적인 영향을 미칠 수 있다"고 말했다.

증권사 관계자는 "연예사업은 진입장벽이 낮아 진출이 쉽지만 그만큼 경쟁도 심해 성공이 쉽지 않은 분야"라며 "최근 일부 기업의 주가가 많이 오른 것은 단기 투기의 결과인 만큼 신중한 접근이 필요하다"고 조언했다.

이완배 기자 roryrery@donga.com

올해 관련공시 10여건… 바른손-팬텀 주가 폭등
'본업'실패 도피성 진출많아 투자자 피해우려

엔터테이먼트가 인정투쟁의 주요 수단이 되면서 엔터테인먼트 경제는 주류가 되었다. 『동아일보』 2005년 5월 10일.

데, 한 포털사이트에는 이런 카페가 600개 넘게 활동하고 있다. 언론은 이런 카페를 '변태 카페'라고 이름 붙였지만, '변태'의 경계 설정은 이제 날이 갈수록 힘들어질 것이다.[6]

그간 다문화주의는 소수자의 권익 옹호라고 하는 점에서 좋은 의미

로만 여겨져 왔다. 인터넷 이전엔 당당하게 공개적인 활동을 할 수 있는 소수자들 중심으로 소수자를 이해해 왔기 때문이다. 그러나 인터넷은 '소수자'의 폭발을 몰고 왔다. 인터넷 이전엔 뭉치기 어려웠던 소수자들까지 대거 인정투쟁을 위해 독자적인 동아리 또는 커뮤니티를 형성하고 나섰기 때문이다.

서구사회에서 다문화주의는 늘 보수파의 공격 대상이었지만 이젠 일부 진보파도 다문화주의 공격에 합세했다. '성향의 소수자'건 '취향의 소수자'건 이들의 특성은 자신들의 열악한 위치를 타개하기 위해 '단일 이슈 정치'에 몰두하기 때문이다. 즉, 자신들이 내세우는 이슈 한 가지만을 보고 정치적 판단을 내린다는 것이다. 진보파는 이런 정치 행태가 소수집단 간 '연대'를 파괴해 진보정치의 큰 장애가 되고 있다는 판단을 내린 것이다. 이게 바다 건너 다른 나라의 이야기만은 아니다. 점점 한국의 현실이 되어가고 있다.

셋째, 극단주의다. 인터넷은 대중의 전폭적인 참여와 그들의 인정투쟁 욕구로 인해 전반적으로 보아 반(反)지성주의로 흐르게 돼 있다. 지성주의는 좋고 반지성주의는 나쁘다는 게 아니다. 한겨레 문화생활부장 이인우는 "반지성주의—반지식인 정서는 2000년대 초반 한국 사회·문화의 특징적 흐름의 하나로 지적될 수 있다고 본다"며 그 이유 중의 하나로 인터넷을 지목하면서 다음과 같은 진단을 내렸는데, 이게 중립적인 분석이라고 볼 수 있겠다.

"인쇄술이 지식의 생산과 소유의 패러다임을 바꾼 것과 같이 지식

---

6) 백상현·이준덕, 「인터넷 '변태 카페' 극성」, 『스포츠서울』, 2005년 7월 29일, 21면.

과 정보가 급속하게 전파되고 공유되고 가공되는 인터넷 문화가 지식
과 정보의 평균화, 지성의 평등화가 가능한 것 같은 착각을 대중들에
게 확산시키고 있는 것 같다."[7]

화끈한 해결을 선호한다는 점에서 반지성주의에도 좋은 점은 있는
지 모르겠지만, 반지성주의와 사이버 폭력이라는 극단주의가 상호 무
관할 수 없다는 건 분명하다. 정부는 사이버 폭력을 일소하겠다며 '인
터넷 실명제'를 들고 나왔는데, 흥미로운 건 인터넷 실명제를 도입해
야 한다는 네티즌들의 의견이 반대하는 의견보다 최대 4배 가까이 많
은 것으로 나타났다는 사실이다. 야후의 조사에서는 찬성 79%·반대
20%로 나타났으며, 20~30대 이용자가 많은 네이버의 조사에서도 응
답자의 65%가 실명제 도입에 찬성한 반면 반대 입장은 32%에 그쳤
다.[8] 이게 과연 무얼 의미하는 건지 심층 분석해 볼 필요가 있겠다.

근본주의

넷째, 근본주의다. 여기선 독일의 철학자 위르겐 하버마스(Jürgen
Habermas)의 정의에 따라 근본주의를 "자기 자신의 신념이나 근거가
합리적으로 수용되기 어려울 때조차도 그러한 신념이나 근거를 정치
적 주장으로 자리매김하려는 특이한 사고방식이나 고집스러운 태도"
로 이해하기로 하자.[9] 미국 정치판에서는 종교적 근본주의의 득세가

7) 이인우, 「반지성주의는 위험하다」, 『한겨레』, 2004년 11월 17일, 22면.
8) 윤희각, 「"인터넷 실명제 찬성" 79%」, 『국민일보』, 2005년 7월 4일, 12면.
9) 지오반나 보라도리, 『테러시대의 철학: 하버마스, 데리다와의 대화』, 문학과지성사, 2004년, 69쪽.

인터넷과 무관한지 모르겠지만, 정치적 뜻을 같이하는 사람들의 인터넷 사이트에선 근본주의가 득세하기 쉽다. 근본주의의 한 갈래라 할 '순수주의' 파워 덕분이기도 하겠지만, 동질적 집단의 내부 메커니즘 자체가 인정투쟁 원리에 근거한 '집단사고(Groupthink)'의 속성을 갖기 때문이다.

미국 예일대학의 심리학자인 어빙 재니스(Irving Janis)는 '집단사고'를 "응집력이 강한 집단의 성원들이 어떤 현실적인 판단을 내릴 때 만장일치를 이루려고 하는 사고의 경향"이라고 정의하면서, "집단 내부의 구성원들 사이에 호감과 단결심이 크면 클수록 독립적인 비판적 사고가 집단사고에 의해 대체될 위험성도 그만큼 커지게 된다. 그리고 이러한 집단사고는 집단 외부를 향한 비합리적이고 비인간적인 행동을 취하게 만든다"는 결론을 내렸다.[10]

이는 '집단극화(Group polarization)' 현상으로도 설명할 수 있다. 심리학자들은 어떤 문제에 관한 집단토론에 참가한 후에 구성원들은 토론 전보다 더 모험적인 결정들을 지지하려는 성향을 보였다는 걸 발견했다. 이는 집단에 의한 의사결정은 비교적 안정지향적이고 보수적일 거라는 기존의 통념을 뒤집은 결과였다. 그 이유는 사람들이 자신의 입장과 같은 주장들에 더 높은 관심을 보이고, 자신의 입장을 강화하는 새로운 정보를 획득하고, 자신의 견해에 대한 확신이 강해지고, 그래서 점점 더 극단적인 방향으로 치닫게 되기 때문이라는 것이다.[11]

정치적 인터넷 커뮤니티의 생명은 동질성이지만 그건 동시에 폐쇄성을 의미한다. 밖에서 어떻게 돌아가건 말건 별로 신경 안 쓴다. 오히

---

10) 파멜라 J. 슈메이커, 최재완.하봉준 역, 『게이트키핑』, 남도, 1993년, 68~69쪽에서 재인용.
11) Sears, Freedman & Peplau, 홍대식 역, 『사회심리학』 개정판, 박영사, 1986년, 452~453쪽.

려 밖의 사정이 좋지 않으면 그만큼 적(敵)의 도발이 심각하다는 증거로 여겨 더욱 자기들의 신념을 강화하기에 바쁘다. 이른바 '인지 부조화' 이론의 대표적인 사례 연구를 제공한다고 볼 수 있다.

여야 정당들이 자신들을 지지하는 네티즌들을 극진하게 모시다가 최근 들어 "해도 너무 한다"며 발끈 들고 일어섰고, 심지어 '인터넷 프락치론'까지 제기한 것도 눈여겨볼 일이다. 최근 전 열린우리당 고문 정대철이 인터넷을 사랑하는 대통령 노무현에게 인터넷이 오히려 독이 될 수도 있다며 하루 빨리 인터넷에서 빠져나와야 한다고 조언한 것도 바로 위와 같은 이론에 근거한 것으로 보인다. 정대철의 주장은 이렇다.

> "인터넷 여론은 주로 양극단을 대변하고, 그것도 감정적일 때가 많다. 거기 빠지면 자기와 같은 의견에 대해서는 '거 봐라, 내가 맞지' 하며 위안을 삼고, 반대 의견에 대해서는 반감이 앞서면서 어떻게든 설복해야겠다는 승부욕에 사로잡히게 된다. 그러다 보면 말 없는 다수의 여론을 놓치는 우를 범하게 된다."[12]

공동체주의

다섯째, 공동체주의다. 지금은 무분별한 사용으로 오염된 단어가 되었지만 초기의 '해커'를 떠올리면 되겠다. 해커는 원래 '인정' 하나로 먹고사는 사람들이었다. 도덕성 수준도 높았다. 남들이 자신의 기

---

12) 이숙이, 「"노대통령 주변에 쓴소리꾼이 없다": 정대철 병상 고언/연정 제안 등 최근 정치 행보에 우려」, 『시사저널』, 2005년 7월 26일, 26~27면.

술 수준을 인정해 주는 기쁨 하나로 돈도 받지 않고 폐인이 될 정도로 자신을 혹사시켜 가며 프로그램 개발에 헌신했다.

그게 어떻게 가능했을까? 그건 바로 '사이즈'와 '주목'의 문제다. 누군가가 대의를 위해 자신을 희생하는 행위를 할 때에 남들이 얼마나 주목해 주느냐가 미칠 수 있는 영향을 생각해 본다면 간단히 풀리는 문제다. 내가 무슨 희생을 하건 아무도 봐주지 않는다면 희생하고 싶은 마음도 약해질 것이다. 반면 나의 희생이 영웅적 행위로 널리 알려질 수 있다면 애초 마음먹었던 희생의 정도보다 '오버'할 수도 있다. 인터넷은 '사이즈'와 '주목'의 경계를 깬 열린 공간으로 이타성과 협동을 유감없이 발휘할 수 있는 새로운 공동체주의의 가능성을 활짝 열었다.

이렇듯 인터넷을 주요 무대로 삼은 인정투쟁엔 명암이 있다. 세계 각국의 인터넷을 두루 살펴보는 전문가들의 의견을 종합해 보면, 한국 인터넷 문화의 독특성 중의 하나는 네티즌들의 인정욕구가 매우 강하다는 것이다. 왜 그럴까?

그간 한국은 보통사람들의 인정욕구 충족에 무심한 아니 억압적인 사회였다는 점에 주목해 보는 게 좋겠다. 대중의 인정욕구 충족은 다양성을 생명으로 한다. 인정욕구 충족의 방식이 획일적이라면 도대체 무슨 수로 그 많은 사람들의 인정욕구가 충족되겠는가?

그런데 놀랍게도 한국 사회는 인정욕구 충족에 있어 일렬종대로 줄 세우기를 좋아하는 유별난 문화를 갖고 있다. 돈·아파트 평수·자동차 배기량·명품·골프 등 모두 돈으로 환원될 수 있는 한 가지 잣대만으로 인간을 평가하는 데에 익숙한 문화를 갖고 있다는 것이다.

바로 그런 무지막지한 위계가 "한국에서 인간답게 살려면 어찌어

찌 해야 한다"는 수많은 속설들을 낳았고, 또 이것들이 한국인들로 하여금 미친 듯이 공부하고 일하게 만든 동력이 된 게 아닌가 싶어 과거의 민주화 투사들조차 자랑스럽게 뻐겨대는 '세계 10대 경제강국론'에 흔쾌히 박수를 치기가 어려워진다.

인터넷이라는 축복이 인정욕구 충족의 다른 출구를 열어준 것은 그어떤 부작용에도 불구하고 다행스러운 일로 여겨야 마땅하겠건만, 다문화주의의 일부와 공동체주의를 제외하곤 이것마저도 혹 '티티테인먼트' 가 아닌가 싶어 주저하게 된다. 인터넷을 누구 못지않게 사랑하는 많은 인터넷 기업가 · 전문가들이 한국 인터넷은 세계에서 가장 유희 중심적이라고 지적하면서 이른바 '인터넷 강국론' 이 허구라고 주장하는 걸 보면, 그런 주저가 시대착오적인 것만은 아닌 것 같다. 인정투쟁 민주화의 내실화가 우리에게 남겨진 숙제다.

공적 영역에선 이념, 사적 영역에선 삶

"얼마 전 한 언론에 디시인사이드의 중국 진출에 대한 기사가 실렸다. 이 기사가 디시인사이드 내에 게시물로 올라오자 한 이용자가 '유식이가 돈독이 올랐군' 이라는 리플을 달아놓았다. 좀 씁쓸했다."

디시인사이드 대표 김유식의 토로다. 그 리플을 달아놓은 사람이 한국인의 어떤 특성을 대변해 주고 있는 건 아닐까? 김유식은 그 리플을 단 사람의 심리 상태에 대해 이런 해석을 내놓았다.

"우리나라 국민들의 반기업 정서는 세계 1위다. 외국에서는 돈이 많거나 큰 기업을 경영하는 사람들이 존경받지만 우리나라에서 사장은 죄다 도둑놈이라는 인식이 강하다. 워낙 우리 민족성이 콩 한 쪽도 반쪽씩 나눠먹고 혼자 뭐 먹을라치면 치사하다는 소리를 듣기는 하지

만, 남 잘되는 꼴 못 보
는 것에는 챔피언감이
아닐까?"[13]

언뜻 생각하면 그렇게
볼 수도 있겠지만, 이 문
제는 좀더 깊이 있는 분
석을 필요로 한다. 디시
인사이드의 중국 진출에
격려를 보내기보다는 그
것을 '돈독'으로 해석하

한국에서 삶과 이념은 '별거' 상태다. 정치가와 언론은 민심을 잘못 해석하고 착각한다. 2004년 4 · 15 앞두고 투표 참여 운동을 벌이는 디시인사이드 회원들.

는 심리의 저변엔 반(反)기업 정서나 시기심보다는 '삶과 이념의 괴리'를 당연시하는 이중성이 작용했을 법하다. 디시인사이드가 보여준 진보성을 감안하면 더욱 그렇다. 공적 영역을 향해선 '이념'을, 사적 영역에선 '삶'을 절대적으로 우선시하다 보면, '돈'은 늘 은밀하게 다뤄야 할 그 무엇이 된다. 디시인사이드의 죄는 그걸 은밀하게 다룰 수 없었다는 데에 있는 건지도 모른다.

흥미로운 건 '삶과 이념의 괴리'가, 부부관계에 비유하자면, '이혼'은 아니고 '별거'라는 데에 있다. 이혼하기 전에 양쪽 모두 차분한 성찰의 시간을 가져보자는 뜻에서 별거를 해보는 건 바람직하다. 그러나 그런 이유에서가 아니라 다른 이유들 때문에 차마 이혼할 수 없어서 택하는 별거라면?

---

13) 김유식의 『인터넷 스타 개죽아, 대한민국을 지켜라!』, 랜덤하우스중앙, 2004년, 235~236쪽.

한국인의 '삶과 이념의 별거'는 그 양상이나 이유 모두 대단히 복잡하다. 한국인 자신들도 잘 모른다. 그래서 한국인의 겉모습만 보고 착각하는 사람들이 많다. 노무현정권 사람들도 그런 경우다. 이들은 대통령선거, 탄핵사태, 4·15 총선에서 나타난 민심을 아전인수격으로 해석했다. 자기들이 갖고 있는 이념·기질·행태에 지지를 보내준 것으로 생각했다는 뜻이다. 엄청난 착각이었다.

개혁·진보파 중에서도 신문만큼은 보수신문을 구독하는 사람들이 아주 많다. 이거야말로 한국인의 '삶과 이념의 별거'를 말해주는 드라마틱한 증거이지만, 이건 사소한 경우라고 말해도 좋을 정도로 굵직한 증거들이 우리 주변에 숱하게 널려 있다.

보수파들은 한국의 지식·문화계가 좌파에 의해 장악되었다고 호들갑을 떠는데, 이들의 무지를 탓할 일은 아니다. 이들도 착각을 했거나 충격을 받은 나머지 뺑튀기 발언을 한 것으로 이해하면 된다. 이 또한 '삶과 이념의 별거'와 관련된 것이다.

수입 좌파 이데올로기의 한계

쉽진 않겠지만 자신을 낯선 이방인으로 여기면서 한국 사회를 정색을 하고 다시 보기 바란다. 역설 같지만 한국처럼 활짝 열려 있는 사회도 드물다. 당장 떠오르는 사례로 노암 촘스키라는 미국 지식인을 생각해 보자. 촘스키의 이념적 위상은 복잡하지만 미국의 주류 매체가 아예 언급조차 꺼리는 좌파 중의 좌파라는 건 분명하다. 그러나 한국에선 보수신문도 촘스키를 껴안으면서 대서특필하길 주저하지 않는다. 그건 '사대주의', '미국 비판의 상품성', '보수 물타기 전술' 때문

이겠지만 그게 전부는 아니다.

우리는 서구에서 수입된 사회과학적 잣대로 한국 사회의 이념을 평가하는 데에 주저하지 않지만 좀더 생각해 보면 그건 '지식 폭력'일 수 있다. 서구와 한국의 상황이 너무 다르기 때문이다. 지금 우리 사회에서 통용되는 이념적 딱지는 서구적인 것인데, 바로 이게 '삶과 이념의 별거'를 악화시킨 한 요인이기도 하다.

남북분단 · 지역주의 · 서울공화국체제 등과 같은 문제는 서구적 이념 그물에 잡히지 않는다. 그래서 스스로 '좌파'라고 주장하는데도 그 문제들에 있어선 보수파와 비슷한 생각을 하는 사람들도 적지 않다. '수입 좌파'이기 때문이다. 이 땅에서 오랫동안 온몸으로 투쟁해 온 투사일지라도 의식화의 교재를 애초부터 서양 수입품을 써왔고, 그걸 맹종한다면 그런 함정에서 자유로울 수 없다.

여기서 '수입 좌파'는 가상 개념에 가깝다. 그런 사람들이 따로 있다기보다는 그런 성향을 누구나 조금씩은 가지고 있다는 뜻이다. 한국적 특수성만을 강조하는 '국산품 애용자'도 마찬가지다.

'수입 좌파 이데올로기'가 현실적으로 먹혀들기 힘든 또 하나의 이유는 그것이 국제관계를 크게 고려하지 않아도 될 토양에서 생성되었다는 점이다. 한국처럼 경제 · 에너지의 해외의존도가 높은 나라는 드물다. 게다가 그럭저럭 조용히 살았으면 모르겠는데 한(恨) 맺힌 건 많아서 잘살아보겠다고 어찌나 발버둥쳤던지 돈은 좀 벌었지만 그 의존도를 극한으로 몰고 갔다. 그건 이미 굳어진 경로가 되어 그걸 바꾸는 게 이만저만 어려운 게 아니다. 게다가 이미 국민 다수가 돈맛을 봤는데 그런 경로 수정에 동의할 리도 없다.

세계화 시대에 해외의존도가 높은 건 당연하다고 주장하는 '타고

삼성공화국의 최대 방패는 해외의존도다. 이 높은 해외의존도는 국내의 이념 지평에 큰 영향을 미친다.

난 낙관론자'들도 있지만, 여기서 말하고자 하는 건 그 높은 해외의존도가 국내의 이념 지평에 미치는 영향이다. '삼성공화국'은 국내에서 돈질만 잘했다고 이루어진 게 아니다. '삼성공화국'의 최대의 방패가 바로 그 높은 해외의존도다.

한국 사회가 경제의 과도한 지배를 받고 있다고 개탄하는 사람들이 많지만, 그게 바로 '붉은악마'가 자랑스럽게 외쳐대는 대한민국의 정체성인 걸 어찌하랴. 그 정체성은 국민적 지지를 받고 있다. 그러나 이중적이다. 안팎을 보는 시선이 각기 다르다. 밖에서 '경제대국' 대한민국은 자랑스럽지만, 안에서 내 삶을 도모하는 데 '경제대국'이라는 건 아무런 도움이 되지 않는다.

그런 공간적 문제와 더불어 시간적 문제도 있다. 역사에 대한 채무감이다. 일부 한국인의 진보성은 다분히 역사에 대한 부채의식에서 비롯된 것이다. 대의를 위해 고생한 사람들에 대한 보상이 필요하다는 형평의식이 김대중·노무현정권의 탄생과 민주노동당의 약진에 일조했다. 그런 형평의식은 이념지향성과는 좀 다른 성격의 것이다. 그 괴리를 인식하지 못하면 크게 실수할 수 있다.

또 여기에 평등주의까지 가세해 더욱 헷갈리게 만든다. 한국인이 평등주의가 강한 민족이라는 건 분명한 사실이다. 그러나 최근 보수

신문들이 외쳐대는 "평등주의가 나라 망친다"는 선동은 사실과는 거리가 있다.

절차의 폭력은 여전하다

'경제대국' 대한민국의 토대가 된 개발독재는 그 어떤 장점에도 불구하고 '절차의 폭력' 때문에 두고두고 큰 후유증을 남길 수밖에 없다. 무엇보다도 권위와 부(富)의 정당성을 인정할 수 없게 만들었다. 이건 평등주의라기보다는 형평의식이다.

개발독재가 끝났다고 해서 '절차의 폭력'까지 사라진 건 아니다. 한번 세워진 틀은 하루아침에 허물 수 있는 게 아니다. 이는 부동산 문제를 보면 쉽게 알 수 있다. 오랜 세월 뼈 빠지게 노동해도 자기 집 한 칸 마련할 수 없는 노동자가, 여전히 부동산 값 폭등으로 떼돈 버는 사람들이 양산되고 있는 현실을 어찌 수긍할 수 있겠는가?

'절차의 폭력'은 아직도 곳곳에 만연해 있다. 유전무죄(有錢無罪)는 국민의 70%가 믿는 상식으로 통용되고 있으며, 전 · 현직 대통령 친인척, 청와대 직원, 검찰, 경찰 등의 행세를 하며 돈을 챙기려는 '사칭범죄' 사건이 2001년 470건에서 2003년 646건, 2004년 1~10월 567건이나 발생한 것으로 집계되었다. 민주화? 그건 '절차의 폭력'과 별 관계없는 이야기다.

사람들은 '민주주의' 하면 곧장 '선거'를 연상하지만 '선거'에선 고약한 냄새가 진동한다. 정치판 선거만 그런 게 아니다. 여러 노동운동가들이 "선거가 노조를 죽인다"고 증언하고 있다. 대학총장선거는 아예 교육부가 개입을 선언하고 나섰다. 선거는 정치 · 노동 · 대학뿐만 아니라 종교 · 봉사단체마저 타락시키는 괴물이다.

이 모든 게 개발독재 탓이라고 말하는 건 말이 안 되지만, 박정희에게 '절차의 폭력'을 창궐하게 만든 책임을 물을 생각은 않고 그를 일방적으로 예찬하는 건 더욱 말이 안 되는 일이다. 박정희와 싸우면서 닮아산 사람들이 아직 '개혁'과 '진보'의 깃발을 내걸고 사회 곳곳에서 맹활약하고 있는 현실에서 '절차의 폭력'은 당분간 우리의 숙명일 것이다.

'절차의 폭력'을 비난하는 게 아니다. 겪어본 사람은 잘 알겠지만 '절차의 폭력'을 행사하지 않고선 무슨 일을 해내기가 매우 힘들다. 그래서 그게 필요하다고 수긍하는 것도 아니다. 좋건 나쁘건 그게 우리가 처해 있는 삶의 조건이라는 걸 말하고자 하는 것이다.

그건 보통사람들에게도 '삶과 이념의 별거'를 불가피하게 만드는 조건이기도 하다. 사회적 수준에서의 이념은 진보를 향하지만, 개인적 수준에서의 삶은 현실 순응을 요구한다. 이 두 개의 서로 다른 조합은 매우 혼란스러운 결과를 낳는다. 민주화투쟁 시절도 아닌데 여전히 '바람정치'가 맹위를 떨치는 이유도 바로 여기에 있다. 그러나 개인적 일상으로 돌아와선 전혀 다른 문법의 지배를 받는다.

그 문법의 실체는 이기심으로 환원할 수 없을 만큼 복잡한 것이다. 예컨대, 어떤 정치세력이 세상을 화끈하게 바꾸는 진보적 경제정책을 내놓았을 때 지지를 보내는 사람들이 많지 않은 건 이기심이나 탐욕 때문만은 아니라는 것이다. 또 서민들조차 지지를 하지 않는다고 해서 그들을 무지몽매한 사람들이라고 깔보는 것도 금물이다.

이념 인플레이션

이른바 '삼성공화국' 논란에 대한 반응도 그렇게 보아야 할 것이다. 딴지일보 총수 김어준은 도청 X파일 사건과 관련, "삼성, 이번에 처음 알았다. 마지못한 종범인 줄 알았더니, 적극적 기획자인 거"라면서 다음과 같이 말했다.

> "사실 이해 안 가는 건 사람들 반응이다. 별반 분해하지 않는다. 이상하다. 우린 불합리한 건 참아도 불평등한 건 못 참는 사람들인데. …… 잡소리 다 빼면 이거 노예근성이다. 강자의 우산 아래서 덕 보는 대신 내 권리는 내주고 그로 인한 불평등은 끌어안는 노예근성. …… 삼성 비판엔 언제나 삼성 걱정이 따라붙는다. 모두들 삼성 걱정이다. 웃긴다. 삼성 걱정은 삼성더러 하라 해라. 잘못한 건 그냥 잘못했다 하면 된다. 참 걱정도 팔자다. 삼성을 다 걱정해 주고. 내 몸 건사나 잘하자."[14]

이 글은 김어준의 탁월한 풍자로 이해하면 무난할 것이다. 그러나 만의 하나 일부 독자들이 정말 사람들이 노예근성 때문에 삼성에 대해 분노하지 않는다고 생각하면 그건 큰 오해일 것이다. 물론 그런 점이 전혀 없다고 말할 수는 없겠지만, 대중의 그런 이중성에 대해 '노예근성'이라는 표현을 쓰기 시작해 버리면 대한민국과 전체 한국인에 대한 평가에 있어서 불행한 사태가 벌어진다. 그런 식으로 따지기 시작

---

14) 김어준, 「'X파일' 덕에 외친다 미군은 물러가라」, 『한겨레』, 2005년 8월 19일, 책 · 지성섹션 25면.

하면 일부 한국인들이 높게 평가하는 선진국 사람들은 전부 "약한 나라 등쳐먹은 걸로 번영을 이룬 날강도 국민"이라고 부르는 것이 옳지 않겠는가?

진실을 말하자면 한국 사회에서 개인의 이념지향성은 '인정투쟁'의 요소가 매우 상하다. 개혁·진보 진영 내 논쟁에서 "너 보수지?"라는 말이 어떻게 쓰이는가를 생각해 보라. 이념의 보여주기 용도가 크다 보니, 자신의 삶과 이념이 따로 놀아도 그것에 대한 문제의식이 없거나 약하다. 많은 한국인들이 성장 과정에서 또 상황 변화에 따라 이념지향성이 급변하는 것도 바로 그런 이유 때문이다.

인정투쟁으로서의 이념지향성은 사회적으로 좋지 못한 결과를 초래할 수 있다. 애초부터 실천에 별 뜻이 없으므로 현실과 동떨어진 순수를 과시할 때에 인정투쟁에서 유리해질 것이기 때문이다. 이렇게 되면 '이념 인플레이션'이 발생해 삶과의 괴리가 더욱 커지게 되고, 이념은 카타르시스의 영역으로 편입돼 접점 없는 갈등과 분열에 자양분을 공급하게 된다.

삶과 이념은 동거하거나 아니면 이혼하는 게 좋다. 야망 예찬론자들은 야망을 품다보면 그 근처에라도 갈 수 있기 때문에 야망이 꼭 필요하다고 말하지만, 이념을 야망처럼 볼 수 있는 건지는 의문이다.

생태주의에 대해 거리를 두면서도 골프에 대해선 환경적인 이유로 적대적인 사람들은 생태주의를 예찬하면서 골프도 열심히 치는 사람들을 볼 때 그래도 되는 건지 헷갈릴 것이다. 그런 게 하나 둘이 아니다. 그런데 그런 종류의 사안에 대한 '여론'을 들어보면 전자의 사람들이 늘 소수파다. 당연하다. 지금 우리는 삶과 이념의 별거 시대에 살고 있기 때문이다.

백화점 · 할인점 · 편의점은 어떻게 경쟁하나

백화점들의 서바이벌게임

일본의 백화점들이 할인점 등에 밀려 6년째 매출이 하락해 지점 폐쇄가 잇따르는 등 죽느냐 사느냐 하는 서바이벌게임을 벌이고 있다.[15] 한국 백화점들의 서바이벌게임은 2002년부터 나타나기 시작했다. 2003년 대형할인점 시장이 외형 면에서 백화점을 앞질렀으며, 백화점 매출은 매년 3~4%씩 주는 반면 대형할인점은 평균 15% 정도의 고성장을 지속하고 있다.[16]

2002년 11월부터 매출이 계속 감소하고 있는 롯데는 외국서 상품을 직접 들여와 판매하는 방식으로의 변화를 시도하고 있다. 롯데가 기존 매장에서 떼는 수수료율은 30%지만 직매입 상품에서는 10%가 안 됨에도 불구하고 그렇게 하는 것은 할인점과의 경쟁 차원에서 고급품

---

15) 이춘규, 「일 백화점 살아남기 몸부림」, 『서울신문』, 2004년 10월 2일, 6면.
16) 정호재, 「전국은 지금 할인점과 경쟁 중: 할인점 패밀리」, 『주간동아』, 2005년 6월 21일, 28~30면.

을 대규모로 꾸준히 팔기 위해서다. 지금까지 한국 백화점들은 일본식 수수료 장사를 해왔는데 이제는 직매입 비중을 40%까지 높이는 유럽이나 미국 백화점처럼 변신하겠다는 것이다.[17]

그런 변화의 연장선상에서 백화점들은 명품에 몰두하고 있다. 2005년 1월 25일 롯데·현대·갤러리아 백화점은 VIP 고객용 명품 잡지를 일제히 출간했다. 또 백화점들은 집단장·혼수설계·요리강좌 등 다양한 종류의 무료 컨설팅 서비스를 도입하기 시작했다.[18]

코파트먼트(Co-partment) 개념도 도입되었다. 코파트먼트는 제품별로 매장을 나누어 파는 디파트먼트(Department)와는 반대로 한 매장에서 여러 종류의 제품을 함께 파는 새로운 유형의 백화점을 말한다. 예컨대, 침구·침대·조명·탁자·커튼 등 관련 제품을 한곳에 모아서 팔면 소비자들에게 편리하다는 것이다. 롯데·현대·신세계·갤러리아 백화점 등은 2005년 봄 새 단장을 하면서 이런 코파트먼트형 매장을 대폭 확대했다.[19]

어떻게 해서건 예전의 영광을 되찾으려는 백화점 업계의 자구책은 언론의 관심을 돌리게 만들었다. 2005년 6월 22일 한국백화점협회는 각 언론사에 백화점과 무관한 기사에 종종 사용하는 '백화점'의 대체 표현 발굴을 요청하는 의견서를 보내기로 했다고 밝혔다. "ㄱ고교는 비리백화점", "실효성 없는 백화점식 대책" 등의 기사 표현이 백화점의 이미지를 크게 훼손하고 있다는 것이다. 백화점협회는 "백화점을 부정적으로 비유하는 표현방식은 100만 업계 종사자와 가족의 자존심

---

17) 하임숙, 「롯데백화점 "지금 변신 중"」, 『동아일보』, 2004년 10월 12일, B3면.
18) 허진석·김현수, 「백화점 무료상담 "뭘 도와드릴까요"」, 『동아일보』, 2005년 3월 22일, B6면.
19) 홍주연, 「'헤쳐모여' 백화점, 코파트먼트」, 『중앙일보』, 2005년 2월 18일, E3면.

에 상처를 주고 있다"고 주장했다.[20]

매장(賣場)이 아닌 매장(買場)이다

이세탄(伊勢丹) 등 일본의 일부 백화점에서 최근 매장(買場)이란 용어를 사용함에 따라 롯데백화점도 2005년 가을 일본인 쇼핑객을 위한 일본어 가이드북에서 '매장(賣場)'을 모두 '매장(買場)'으로 바꾸기로 했다. 지금까지 백화점 매장은 유통 업체의 시각에서 물건을 파는 장소였지만, 앞으론 고객이 물건은 물론 서비스와 분위기를 사는 장소가 되어야 한다는 소비자 중심의 사고에 따른 것이다.[21]

그런 사고의 전환은 여러 방식으로 나타났다. "우리 백화점 명소에서 약속 잡으세요." 2005년 7월 대형 백화점들은 'ㅇㅇ백화점 하면 바로 그곳'이라는 인식을 고객들에게 심어줄 수 있는 랜드마크 개념의 명소 가꾸기에 경쟁적으로 나섰다.[22]

10~20대가 백화점의 최대 고객층으로 부상함에 따라 백화점들은 인테리어에서부터 상품 구성에 이르기까지 그들의 취향을 고려한 총체적 변신을 시도하고 있다. 롯데백화점의 통계에 따르면, 2003년 20대 이하 계층은 구매고객 수의 20.4%, 구매금액의 18.3%를 차지했지만, 2005년 1~9월에는 구매고객의 23.2%, 구매금액 비중도 21.5%로 높아진 것으로 나타났다. 롯데백화점 상품총괄팀장 황범석은 "예전에는 40~50대 VIP 고객관리에 마케팅의 초점을 맞췄지만, 최근에는

---

20) 문성현, 「'비리백화점' 표현 말라 백화점협 언론에 요청」, 『경향신문』, 2005년 6월 23일, 8면.
21) 이철재, 「'파는' 매장(賣場)이 아니라 '사는' 매장(買場)입니다」, 『중앙일보』, 2005년 7월 7일, E1면.
22) 고형규, 「대형 백화점 '명소 가꾸기' 경쟁」, 『내일신문』, 2005년 7월 14일, 17면.

백화점들이 신규고객 창출을 위한 차별화 전략에 팔을 걷어붙이고 나섰다. 톡톡 튀는 아이디어 상품과 독특한 판매전략이 뒷받침되지 않고서는 사업전략이 비슷한 업태의 특성상 고객들의 눈길을 사로잡을 수 없다는 판단 때문이다.

'위기의 백화점' 차별화로 돌파

업계 관계자들은 "다양한 유통업태가 우후죽순 생겨나면서 업체마다 독특한 사업전략이 없이는 갈수록 치열해지는 생존경쟁에서 도태될 수밖에 없는 상황이 다가오고 있다"고 말했다.

29일 업계에 따르면 롯데백화점 소공동 본점은 외국인 관광객 유치에 총력을 기울이고 있다. 우선 일본인 관광객을 겨

롯데, 김치등 전화주문땐 해외로 배달
현대, 1개월짜리 '단기 생활강좌' 강화
신세계, 상품별 '판매 전문가' 제도 도입

를 도입. 고객에게 맞춤형 판매 서비스를 제공하고 있다. 이 제도는 각 상품별 전문지식을 갖춘 판매사원들이 고객들에게 보다 합리적인 쇼핑을 제안하는 서비스로 '고객만족 경영'을 실현하는 데 목적을 두고 있다. 예컨대 디지털 TV, 냉장고, PC, 밥솥 등 상품군 별로 전문가들이 매장에 포진해 고객들이 구

백화점들은 서바이벌게임에서 살아남기 위해 대대적인 변신을 하고 있다. 『세계일보』 2005년 7월 30일.

백화점 성공이 10~20대에 의해 좌우될 정도로 중요성이 커졌다"고 말했다.[23]

2005년 8월 10일 서울 명동에 신세계백화점 본점 신관(영업면적 1만 4,000평)이 오픈하면서 불과 200여 미터 떨어진 곳에 있는 롯데백화점 본점과의 치열한 한판 승부에 들어갔다. 이날 하루에만 10만 명의 인파가 몰려 백화점 일대 도로는 극심한 교통체증을 빚었다.[24]

신세계가 2005년 8월 11일 보도자료를 통해 본점 신관의 개장 첫날 매출이 68억 4,000만 원으로 업계 최고기록을 세웠다고 밝히자, 롯데는 신세계가 발표한 액수는 정식 오픈날인 10일 매출에 프리 오픈 8~9일 이틀 매출을 합산한 것인데다 매출액도 부풀려졌으며 개장 최고

---

23) 채경옥, 「20대 취향 맞춰 '바꿔 바꿔'」, 『매일경제』, 2005년 10월 17일, A31면.
24) 이호승, 「신세계 본점 개점 매출 60억」, 『매일경제』, 2005년 8월 11일, A30면.

매출은 롯데백화점 대구점이 2003년 2월 27일에 올린 48억 원이라고 반박했다.[25]

이런 설전도 백화점 업계의 서바이벌게임의 치열성을 말해주는 것으로 볼 수 있을 것이다. 그 치열성은 매장 설계에서도 전통으로 확립된 오랜 고정관념마저 깨뜨리는 쪽으로 나아가고 있다. 그간의 고정관념은 ① 화장실만 이용하려고 들어오는 '얌체 방문객'을 최소화하면서 일단 백화점 내부로 들어온 방문객의 쇼핑을 유도하기 위해 1층에 화장실을 두지 않는다, ② 고객들이 시간 흐름이나 날씨 변화 등에 신경 쓰지 않고 느긋하게 쇼핑을 즐길 수 있도록 하기 위해 대형 벽걸이 시계나 창문이 없다, ③ 고객이 거울에 비친 자신의 모습을 보고 화려한 백화점 풍경을 배경으로 서 있는 자신의 초라한 현실을 자각하는 순간 백화점을 떠날 가능성이 높기 때문에 대형 거울도 두지 않는다, ④ 냉정을 되찾게 하는 시간을 주지 않기 위해 최소한의 휴게 공간만 둔다, ⑤ 에스컬레이터는 잠시라도 백화점 매장을 더 둘러볼 수 있도록 상 · 하행선을 바꿔 탈 때 매장을 빙 둘러가게 한다, ⑥ 에스컬레이터 근처에는 각종 할인 행사매장을 배치해 고객들이 한 번 더 지갑을 열게 한다, ⑦ 매장을 보지 못하는 엘리베이터는 가급적 이용하지 못하도록 잘 보이지 않는 곳에 배치하고 출입구도 미로처럼 찾기 어렵게 만든다 등이었다.

그러나 최근 일부 백화점이 이런 마케팅 전략을 하나 둘씩 깨면서 새로운 변신을 시도하고 있다. 단순히 고객을 매장에 오래 머무르게 유도하는 것보다는 고객이 가장 편리하게 쇼핑할 수 있도록 배려하는

---

25) 이경선, 「유통 라이벌 신경전 점입가경」, 『국민일보』, 2005년 8월 12일, 14면.

것이 오히려 매출 신장에 도움이 된다는 판단 때문이다.[26]

백화점들의 그런 치열한 노력에 대해 할인점도 팔짱 끼고 구경만 하고 있는 건 아니다. 할인점 업계는 어떠한가?

할인점 예찬론

1993년 신세계그룹이 서울 창동에 이마트 1호점을 낸 이후 뉴코아백화점의 킴스클럽·외국계 할인점인 프라이스클럽(현재의 코스트코) 등이 가세하면서 시작된 대형 할인점 붐이 한국인의 라이프스타일까지 바꾸는 거대한 힘으로 작용하고 있다. 2005년 할인점은 전체 유통시장의 50%(15조 원)를 차지하고 있다.

2001년 운송 업계의 반발 때문에 이루어진 셔틀버스 폐지는 '주부들의 영역' 이었던 할인점 쇼핑을 '가족 문화' 로 바꾸는 결정적인 계기가 되었다. 새 운송수단이 필요해진 주부들이 쇼핑에 남편을 끌어들이기 시작했기 때문이다. 이로써 '할인점 패밀리' 라는 말이 나올 정도로 할인점 쇼핑은 가족 나들이의 주요 행사가 되었다. 중산층의 새 풍속도로 '할인점 패밀리' 를 커버스토리로 다룬 『주간동아』는 주부들의 '할인점 예찬론' 을 다음과 같이 소개했다.

"온갖 식재료며 신선한 생선이 가득한 걸 보고는 마치 내 삶이 격상되는 듯한 느낌을 받았다." "이전에는 '싸서 간다' 는 사람들이 많았지만 지금은 꼭 그런 것만도 아니다. 주부들에게 할인점은 스트레

---

26) 신재연, 「백화점 매장 고정관념이 깨진다」, 『한국일보』, 2005년 10월 21일, A18면.

스 해소처다." "주부들이 반바지 입고 화장 안 하고, 애 둘 데리고 들어가서도 귀부인 대접받을 수 있는 곳이 얼마나 있겠어요. 아이들 떠들어도 눈총 안 받죠. 하루 종일 죽치고 있어도 뭐라 그러는 이 없죠. 또 놀이방에 푸드 코트까지 있으니 어린아이 둔 주부들한테는 더 이상의 사교장이 없지요. 제 생활에서 차지하는 비중이 너무나 커요."

할인점 예찬론을 펴는 남편들도 있다.

"제품이 잘 구비된 할인점에서 쇼핑을 하다 보면 삶이 업그레이드된 듯한 느낌을 받게 된다." "이번 주 내가 먹을 음식을 직접 고를 수 있다는 게 좋고, 힘들여 번 돈으로 아내와 여유 있는 쇼핑을 즐길 수 있다는 것도 행복하게 느껴지고요." "백화점은 사방이 꽉 막힌데다 괜히 격식을 따지는 것 같아 숨이 막히고 불편하다. 재래시장은 더 짜증난다. 하지만 할인점은 이것저것 구경할 것도 많은데다 아내와 아이들이 함께 나들이하는 것을 무척 좋아해 즐거운 마음으로 다니는 편이다."[27]

이마트는 2005년 6월 1일을 기점으로 구매고객 수가 10억 명을 돌파했다고 발표했는데, 이는 4인 가족 기준으로 한국의 모든 가구가 이마트 매장을 83회씩 이용한 것과 맞먹는 수치이다. 안양대 무역유통학과 교수 김동환은 "초기 대형 할인점의 등장은 대한민국의 유통 단계를 축소해 물가 안정에 기여한다는 정도의 평가가 일반적이었지만 유통업 자체의 효율성을 10배 이상 혁신하면서 사회 전체의 효율성을

---

27) 이나리, 「"우리 가족은 할인점으로 나들이 간다": 할인점 패밀리」, 『주간동아』, 2005년 6월 21일, 16~20면.

높이는 효과로 나타나고 있다"고 평가했다.[28]

할인점들의 대형화 · 고급화 경쟁

2005년 5월 현재 할인점 업계 1위는 2004년 69개 점포에 7조 2,000억 원의 매출을 기록한 이마트이며, 2위는 31개 점포에 3조 9,000억 원의 매출을 올린 삼성테스코 홈플러스다. 3위는 롯데마트다. 이마트는 2009년까지 점포 수를 130개로 대폭 늘려 상권을 장악하겠다는 계획이다.[29]

2003년 7월에 처음 국내 매장을 연 까르푸는 매장 30개로 업계 4위이며, 월마트는 전국 16개 매장에 업계 5위로 다소 침체돼 있다. 2005년 4월 17일 월마트 코리아는 올해 500억 원을 투자해 5개 매장을 리모델링하고 공격적 마케팅을 추진할 뜻을 밝혔다.[30]

청춘남녀의 미팅 행사까지 여는 할인점 마케팅이 등장했다. 월마트는 2005년 7월 22일 부천 중동점에서 싱글 남녀가 함께 쇼핑도 하고 게임도 하면서 만남의 기회를 갖는 행사인 '싱글 쇼핑 나이트'를 개최했다.[31]

2005년 9월 8일 개장한 홈플러스 서울 강서점은 30평 규모의 갤러리를 유치했다. 갤러리 운영비로 인해 판매가가 높아질 것이라는 우려에 대해 홈플러스 측은 4층 갤러리가 고객들을 위로 끌어올리는 역

28) 정호재, 「전국은 지금 할인점과 경쟁 중: 할인점 패밀리」, 『주간동아』, 2005년 6월 21일, 28~30면.
29) 이경선, 「업계 1위 이마트, 홈플러스엔 '머쓱'」, 『국민일보』, 2005년 5월 16일, 14면.
30) 김희원, 「까르푸 한국 공략 재시동」, 『한국일보』, 2005년 5월 13일, A17면; 전예현, 「이 사람: 산티아고 로세스 월마트 코리아 사장」, 『내일신문』, 2005년 4월 20일, 15면
31) 김덕한, 「마트에서 반쪽 찾기」, 『조선일보』, 2005년 7월 8일, B3면.

명품아웃렛·갤러리·피트니스센터·와인숍…

할인점 고급화 경쟁 '점입가경'

할인점들의 대형화·고급화 경쟁이 갈수록 점입가경이다.

5000평이 훨씬 넘는 대형 점포에 백화점에나 들어설 법한 편집매장이나 명품 아웃렛 매장이 들어서는가 하면 멀티플렉스 영화관, 패밀리레스토랑, 피트니스센터, 갤러리 등 편의시설을 대거 유치하고 있는 것.

8일 낮 경기 용인 이마트 죽전점. 오픈(9일) 하루 전날 찾은 죽전점은 외관부터 기존 이마트(베이지색)와 달리 와인색으로 꾸며져 있었다. 매장 면적도 5500평 규모로 기존 매장 평균(3000평)의 1.8배에 달했다.

독일산 최신 조명과 고급 마감재를 사용한 실내는 백화점을 연상시켰다. 진열대와 천장 높이도 높아졌고, 일부 매장에는 카펫이 깔려 있는가 하면 야외 테라스까지 마련됐다.

매장 구성도 완전히 달라졌다. 카테고리 킬러형 전문매장인 '스포츠 빅텐'.

국내외 유명 브랜드의 등산용품 인라인스케이트 자전거 피트니스 골프 등은 물론 암벽장비 카약 무술용품 등 전문가 수준 스포츠용품까지 총망라돼 있다. 아동복 신발 문구 완구 게임 등 아동 관련 상품만 모아놓은 '키즈파크', 인테리어와 가구·생활용품 전문매장인 '홈퍼니싱', 300평 규모 가전 전문매장 '디지털월드', 친환경 농산물·생활용품 PB 매장 '자연주의 인 더 리빙' 등 대형 전문매장들이 매장의 주역이었다.

패션 전문매장에는 리바이스 등 유명 브랜드 진과 앙드레김, 장광효 등 디자이너 브랜드 언더웨어까지 입점했다. 와인 전문숍, 수입식품 숍 등의 코너도 마련됐다. 아웃백스테이크하우스, 스타벅스, 스무디킹과 이탈리아 수제 아이스크림 '지올리티' 등 유명 외식업체들도 대거 입점했다.

이경상 이마트 대표는 "죽전점은 앞으로 신규 오픈하는 이마트 점포들의 새로운 모델이 될 차세대 할인점"이라며 "생필품 등 가격지향형 상품은 최저가를 유지하되 비가격경쟁 상품은 프리미엄급을 대폭 강화했다"고 설명했다.

8일 문을 연 롯데마트 안산점도 만만찮다. 안산점은 총 판매면적 6800평의 매머드급 규모를 자랑한다. 국내 할인점 최초로 8개관 규모 멀티플렉스 영화관을 입점시켰다. 피에르가르뎅 파코라반 지오다노 등 60여 개 유명 브랜드를 갖춘 1000평 규모의 패션 아웃렛을 유치했고 패밀리레스토랑, 문화센터, 각종 전문매장도 들어섰다.

같은 날 오픈한 홈플러스 강서점 역시 판매면적 5700평 규모의 대형 점포로 각종 전문매장과 임대매장을 차별화 요소로 내세웠다.

40여 개의 패션 브랜드로 구성된 패넌트몰, 대형 푸드코트, 300평 규모 카테고리 킬러형 가전매장이 자리를 잡았고 또 할인점 최초로 갤러리를 마련하는 한편 200평 규모 피트니스센터와 결혼식 등을 치를 수 있는 스테이지까지 마련했다.

일부에서는 대형화·고급화 경쟁으로 할인점들이 생필품을 서민들에게 저렴하게 공급한다는 업태 본래의 취지에서 벗어나고 있다는 비판도 나오고 있다. 한 중소 유통업체 관계자는 "저 정도로 고급스럽게 꾸미면 결국 그 비용이 다 판매가격에 전가되는 것 아니냐"면서 "할인점이 아니라 사실상 백화점이라고 불러야 하는 것 아니냐"고 꼬집었다. 이호승 기자

생필품을 저렴하게 공급한다는 본래의 취지에서 벗어나고 있는 할인점들. 『매일경제』 2005년 9월 9일.

할을 하고 올라왔던 고객들이 내려가면서 매출이 늘 것이라는 계산을 내놓았다. 이젠 할인점이 단순히 저가 물건을 파는 곳이 아니라 가족들의 나들이 공간으로 바뀌어야 한다는 주장도 내놓았다.[32]

『매일경제』 2005년 9월 9일자는 "할인점들의 대형화·고급화 경쟁이 갈수록 점입가경이다. 5,000평이 훨씬 넘는 대형 점포에 백화점에나 들어설 법한 편집 매장이나 명품 아웃렛 매장이 들어서는가 하면 멀티플렉스 영화관·패밀리레스토랑·피트니스센터·갤러리 등 편의시설을 대거 유치하고 있는 것. …… 일부에서는 대형화·고급화 경쟁으로 할인점들이 생필품을 서민들에게 저렴하게 공급한다는 업태 본래의 취지에서 벗어나고 있다는 비판도 나오고 있다"고 꼬집

---

32) 염태정, 「할인점에도 갤러리 등장」, 『중앙일보』, 2005년 9월 3일, 12면.

었다.[33]

할인점들은 2005년 평균 구매액이 감소세로 돌아서자 다양한 판촉 아이디어도 총동원하고 있다. 롯데마트는 승용차 30대를 경품으로 내놓았으며, 홈플러스는 매장 내 현금지급기에서 홈플러스 제휴카드로 현금을 찾으면 인출금액보다 1,000원씩 더 주는 서비스까지 동원했다. 홈플러스 측은 "하루 10회 사용할 수 있으므로 조금씩 찾으면 1만 원을 벌 수도 있다"며, "이것도 고객의 방문 횟수를 늘리기 위한 아이디어"라고 말했다.[34]

대형 할인점과의 전쟁 선포

모든 이들이 다 대형 할인점을 반기는 건 아니다. 할인점 물건이 싸다는 건 대형 유통 업체가 그만큼 중소기업이나 농어민들을 찍어 눌러 싼값에 납품을 받는다는 것 아니냐, 겨우 할인점 쇼핑이 한국인들의 대표적 가족 나들이라니 말이 되느냐, 오죽 갈 곳이 없고 함께 즐길 일이 없으면 그 복작대는 데서 돈 쓰고 부대끼느냐 등등 반론도 만만치 않다.[35]

일부 대형 할인점의 무노조 정책을 비판하는 목소리도 높다. 『한겨레』 2005년 5월 17일자 기사 「법 위의 E·MART?」는 "신세계 이마트가 '무노조 경영 이념'을 비난했다는 이유로 노조원들을 모두 정직시킨 뒤, 정직이 풀리자마자 '정직 기간 중의 노조활동'을 이유로 모두

---

33) 이호승, 「할인점 고급화 경쟁 '점입가경'」, 『매일경제』, 2005년 9월 9일, A31면.
34) 나성엽, 「할인점 '고객 지갑 열기' 묘수 짜내기」, 『동아일보』, 2005년 9월 8일, B4면.
35) 이나리, 「"우리 가족은 할인점으로 나들이 간다": 할인점 패밀리」, 『주간동아』, 2005년 6월 21일, 16~20면.

'징계해고'를 했다. 이에 따라 지난해 말 사상 처음으로 노조가 생겼던 신세계 이마트는 다시 사실상 '무노조 상태'가 됐다"고 보도했다.

대형 할인점으로 인한 가장 큰 문제는 중소 업체들의 몰락일 것이다. 한 안티 할인점 사이트는 "대형 할인점의 부도덕한 기업윤리와의 총성 없는 전쟁을 선포한다. 대한민국 금수강산 방방곡곡에서 오천만 겨레의 신음과 한숨 소리가 메아리치고 있다"고 주장했다.[36]

2005년 5월 9일 서울 여의도 중소기업협동조합중앙회 2층 회의실에 모인 전국 100여 명의 중소 유통 업체 상인들은 이마트 등 대형 유통 업체에 대한 정부의 출점 규제완화 방침에 맞서 대형 유통점 확산 저지 비상대책위원회를 발족하기로 했다. 이들은 대형 업체들이 대도시에 점포를 개설하는 데 한계를 느끼자 인구 10만 명 이하 중소도시에까지 파고드는가 하면 700~1,000평 규모의 슈퍼 슈퍼마켓 형태로 틈새시장까지 싹쓸이하고 있다고 비난했다. 이에 대해 대형 유통 업체들은 '주민 이익론'으로 맞섰다.

한국유통학회 회장 변명식은 "약육강식의 논리로 가다간 서민경제의 기반이 무너질 수도 있는 문제"라며, "지자체에서 조례를 제정해서라도 대형 업체의 입점을 제한해야 한다"고 말했다. 반면 중앙대 교수 이정희는 "미국의 경우 중소 상인들이 힘을 모아 대형 마트를 운영하거나 유기농 매장·신선식품 전문매장 등으로 차별화하고 있다"며, "유통 업체의 대형화는 세계적 추세인 만큼 특화된 제품과 서비스로 무장해 스스로 살길을 모색해야 한다"고 말했다.[37]

2005년 7월 이마트가 롯데마트 기획행사에 대한 맞대응 전략으로

---

36) 최영철, 「"난 할인점이 너무너무 싫다": 할인점 패밀리」, 『주간동아』, 2005년 6월 21일, 32면.
37) 이경선, 「지역 상인 아우성: 대형 유통점 확산 저지 비대위 발족」, 『국민일보』, 2005년 5월 10일, 1면.

납품가의 절반에 가깝게 매장 판매가를 낮춰 기획행사를 진행하고 있는 데 대해 납품 업체들이 납품거부와 거래중단 등 반발 움직임을 보였다.[38]

할인점 규제 시도

할인점의 영업시간도 쟁점으로 떠올랐다. 홈플러스·이마트·롯데마트 등 대형할인점들이 24시간 종일 영업 및 새벽 연장 영업에 잇달아 나서자 24시 편의점과 슈퍼마켓 업계는 "또 다른 상권침탈"이라며 강하게 반발하고 나섰다. 과열경쟁에 따른 수익률 악화와 에너지 낭비, 과로에 따른 종업원 건강훼손 등의 각종 부작용을 이유로 대형할인점들의 자제를 요구하는 주장도 제기되었다.[39]

2005년 8월 한나라당 의원 주성영과 열린우리당 의원 이상만이 대형 할인점의 폐점시간을 오후 9시 이전으로 정하거나 각 광역자치단체가 오후 8~10시 사이에 정하도록 하는 유통산업발전법 개정을 추진하면서 뜨거운 찬반논쟁이 일었다.

대형 할인점들은 오후 9시 이후 매출은 20%대로 이를 포기할 경우 가뜩이나 침체돼 있는 소비 경기에 찬물을 끼얹는 결과를 가져올 것이며, 2001년 시행된 '백화점 셔틀버스 금지법'의 역효과와 비슷한 문제점을 낳을 것이라고 주장했다. 반면 한국슈퍼마켓협동조합연합회 회장 김경배는 "할인점 1개가 생기면 주변 재래시장 7개가 고사한다"며, "영업시간 규제는 물론 출점 자체를 제한해야 한다"고 주장했다.[40]

38) 채경옥 외, 「일부 업체 이마트 납품거부 움직임」, 『매일경제』, 2005년 7월 5일, A31면.
39) 김기환, 「대형 할인점 24시간 영업 논란」, 『세계일보』, 2005년 5월 30일, A19면.

시사평론가 김영호는 유통재벌들은 이제 소도시 침투에도 나섰고 할인점은 구멍가게에서 파는 생활용품뿐만 아니라 정육 · 생선 · 떡 · 철물 · 꽃 · 쌀에다 세탁소 · 미장원 · 수족관까지 갖췄다며 다음과 같이 주장했다.

"뉴욕 맨해튼에는 월마트가 없다. 파리 도심에도 까르푸가 없다. 교통체증을 유발한다는 이유이다. 또 영세 상인을 보호하기 위한 것이다. 그런데 이 나라에서는 교통 요지에 마구 허가하여 그 일대가 늘 교통지옥이다. 미국도 구멍가게와의 이익을 조정하고 경쟁을 규제한다. 영국은 일요일 영업시간을 오전 10시~오후 8시로 제한한다. 프랑스나 독일에서는 일정 면적 이상은 허가를 받아야 한다. 그런데 이 나라에서는 물가 관리에 성과가 크다며 경제관료들이 만세를 부른다. …… 소비자들도 단기적으로는 저가이득을 보지만 장기적으로는 독점적 횡포를 부른다는 사실을 깨달아야 한다."[41]

일본 도쿄 도심에도 대형 할인점은 없다. 일본 정부는 '대규모소매점포입지법'을 통해 대형 할인점의 시내 진입을 까다롭게 규제하고 있기 때문이다. 대형 할인점을 이용하려는 고객은 주말에 자가용으로 외곽으로 나가 쇼핑을 해야만 한다. 일본 정부는 그런 보호책을 쓰는 대신 중소 자영업자들에 대한 세금 징수를 엄격하게 실시하고 있다.[42]

2005년 8월 24일 광주시장 박광태는 남구 주월동 '삼성홈플러스 주

---

40) 문성현, 「여야 '할인점 밤 9시 이후 영업 금지' 추진 … 시간제한 또 찬반 논란」, 『경향신문』, 2005년 8월 3일, 15면.
41) 김영호, 「할인점에 삶의 터전 잃는 영세 상인」, 『내일신문』, 2005년 8월 8일, 23면.
42) 전예현, 「'도쿄 도심에는 대형 할인점이 없다'」, 『내일신문』, 2005년 9월 13일, 17면.

월점' 예정부지와 인접한 무등시장을 방문해 "재래시장이 큰 어려움을 겪고 있는데 할인점이 절대 들어와서는 안 된다"며 "나를 믿어달라"고 했다. 그는 즉석 주민간담회에서 "백운고가 일대는 지금도 교통량 처리가 어려운 곳인데 이런 상태에서 대형 할인점까지 세워진다면 아마도 교통전쟁이 날 것이다. 시민에게 엄청난 교통부담을 안겨줄 행정은 상상할 수 없다"고 말했다.[43]

할인점의 문화공연과 봉사활동

『경향신문』 2005년 9월 9일자 1면 머리기사 「가격파괴로 시장파괴 산매상 잡아먹는 '공룡' : 유통 개방 10년, 대형 할인점의 그늘」은 1996년 유통 시장 개방 당시 28개이던 대형 할인점 수가 2005년 8월 말 현재 283개로 10배가량 늘어난 반면, 종업원 4인 이상 영세 산매상(일본식 표기인 영세 소매상을 순화한 말) 70만 6,000개 중 8만 개가 사라졌다고 보도했다.

"산매상들이 문을 닫으면서 일부 지역과 계층의 주민들은 쇼핑·장보기가 오히려 어려워지는 현상도 나타나고 있다. 특히 농촌지역의 경우 면·리 단위 마을 가게가 문을 닫으면서 생필품을 사기 위해 읍 단위 이상 지역으로 나가야 하는 실정이다. 구멍가게에 의존할 수밖에 없는 영세서민들은 여전히 비싼 값에 물품 구입을 하고 있다. '가난한 사람이 더 비싸게 지불(The poor pay more)' 하는 구조가 고착

---

43) 김권, 「"대형 할인점 허가 있을 수 없다"」, 『동아일보』, 2005년 8월 26일, A14면.

되고 있는 것. 또 이마트 · 월마트 · 까르푸 · 홈플러스 · 롯데마트 등 대형 할인점의 초고속 성장과 가격파괴 · 할인 및 최저가 경쟁의 이면에서 중소 제조 · 납품 업체들이 신음하고 있다. 대형 제조업체들조차 대형 할인점의 눈치를 볼 수밖에 없는 제조 · 납품 업체의 종속 현상도 심해지고 있다.”

아주대 강사 윤진은 “거대자본 위에 선 대형 할인매장들이 구축해 낸 가격의 신화에는 분명 폭력이 어른거린다. 이 물건을 우리보다 더 싸게 파는 곳이 있다면 몇 배를 보상해 주겠다는 자신만만한 태도는 과연 납품업자들에게 똑같은 물건을 다른 회사에 더 싼 가격으로 납품하지 않겠다는 약속을 강요하지 않고서도 가능한 것일까?”라는 의문을 제기했다.

“대형 할인마트가 어떤 물건을 지나치게(!) 싸게 파는 깜짝 이벤트를 벌일 때 그로 인한 이윤의 감소는 과연 누가 감당하는 것일까? 굳이 주변 상권의 몰락을 언급하지 않더라도 거대자본에 눌려 울며 겨자를 먹는 사람들의 눈물이 곳곳에 흘러내린다. 대형 할인매장의 가격의 신화는 자본주의의 폭력을 가리는 가면이다.”[44]

그러나 그런 비판이 나오는 이상으로 대형 할인점들은 고객 유치를 위해 경쟁적으로 문화공연과 봉사활동 등을 벌이는 등 지역 민심 얻기 경쟁을 벌이고 있다. 세이브존은 주부가요제, 독거노인 · 소년소녀 가

---

44) 윤진, 「나는 소비한다 고로 존재한다」, 『인물과 사상』, 2005년 11월, 172~173쪽.

장·장애인 돕기, 월마트는 주변거리 청소, 지역보육원 봉사활동, 이마트는 독거노인·지체장애인 돕기, '사랑의 새집 만들기' 봉사활동, 홈플러스는 불우이웃 돕기 바자회 등을 열고 있다.[45]

『서울신문』 2005년 10월 12일자는 "할인점들이 금융상품 판매에 앞다퉈 나서고 있다. 보험상품을 파는가 하면, 아파트를 담보로 하는 모기지론까지 내놓고 있다. 할인점이 '단순한 가게' 차원을 넘어 고객의 모든 요구사항을 제공하는 공간으로 변신하고 있다는 방증이다. 보험 업계도 연간 1억 명이 찾는 할인점이 구매력 있는 고객과의 중요한 접점으로 여기고 있다"고 보도했다.[46]

백화점과 할인점 사이의 경쟁에 편의점도 가세했다. 이런 치열한 경쟁 구도에 편의점은 어떻게 대응하고 있는가?

24시간 빛나는 편의점의 불빛

70여 년 전 미국에서 생겨나 1989년 서울 올림픽선수촌 아파트 단지에 세븐일레븐이 처음 문을 열어 한국에 선을 보인 24시간 편의점(Convenience store)은 16년 만인 2005년 8월 현재 8,800여 곳이며, 2005년 예상 매출액은 4조 6,000억 원이다.[47]

편의점은 판매와 재고를 실시간으로 파악할 수 있는 이른바 판매정보통합관리(POS) 시스템 덕분에 큰 창고가 없는데도 1,200~2,000여 종류의 물건을 구비해 놓고 있다. 서점 기능의 일부까지 빼앗아 가고

---

45) 김혁, 「할인점 "지역 민심 잡자"」, 『한국일보』, 2005년 9월 23일, A16면.
46) 이기철, 「할인점들 "보험 사세요"」, 『서울신문』, 2005년 10월 12일, 1면.
47) 신재연, 「편의점 8,000개 넘어」, 『한국일보』, 2004년 11월 23일, 17면; 염태정, 「'할인점과 전쟁' 편의점 뭉쳤다」, 『중앙일보』, 2005년 9월 30일, E3면.

있다. 일본에선 편의점에서의 잡지 판매가 증가하고 있는데 1997년 잡지와 서적의 전체 유통량의 18%를 편의점이 차지했다고 한다.[48]

2005년에 만 30년의 역사를 자랑하게 된 일본의 편의점은 4만 7,000여 개로 포화상태에 이르자 전체 고객의 70%를 차지하는 남성 위주의 영업전략에서 탈피해 여성·고령자·10대로 눈을 돌리고 있다. 우정공사와 제휴해 편의점에 우편함을 설치하는 등 서비스 차별화를 시도하는 편의점도 등장했다. 앞으로 10년 후 비용절감 등을 위해 아예 점원이 없는 무인편의점이 등장할 것이라는 예상도 나오고 있다.[49]

한국의 편의점도 결코 일본에 뒤지지 않는다. 휴대전화 배터리 충전 서비스, 사진인화 서비스, 현금출금 서비스, 우체국 택배 대행 서비스, 민원서류 발급 서비스 등에 이어 2005년 7월 17일부터 음악 파일 다운로드 서비스가 편의점에서 제공되었다. 편의점에서 자판기를 통해 음악을 다운받거나 들을 수 있는 것은 세계에서 처음 있는 일이다.[50]

2005년 8월 2일 국내에서 가장 많은 점포를 갖고 있는 훼미리마트가 3,000호점인 '서울대공원점'을 열었다. 1990년 1호점을 낸 뒤 15년 만의 일이다. 2005년 6월 말 현재 업체별 점포수는 ① 훼미리마트 2,945개, ② GS25 1,958개, ③ 세븐일레븐 1,194개, ④ 바이더웨이 926개, ⑤ 미니스톱 902개 등이다. 1989년 14억 원에 불과했던 편의점 시장은 1995년 8,684억 원·2000년 1조 3,638억 원·2004년 4조 1,622억 원으로 확대됐다. 1989년 편의점 수는 7개였지만 2004년 말에는 8,247

---

48) 구니야스 도쿠마루, 김재봉 역, 『디지털 혁명과 매스디미어』, 나남, 2000년, 139쪽.
49) 김대영, 「일(日) 편의점 살아남기 안간힘」, 『매일경제』, 2005년 6월 13일, A9면.
50) 이명희, 「편의점서 음악 파일 다운로드: LG텔레콤 '뮤직온 자판기' 설치 … 뮤직비디오 시청도」, 『국민일보』, 2005년 7월 20일, 18면.

개로 늘어났다.[51]

　편의점들은 할인점과의 상품 차별화를 위해 군밤·군고구마·어묵 등 겨울철 길거리 음식을 끌어들이는가 하면, 공동으로 편의점 전용 상품을 개발해 판매하고 있다. 훼미리마트 기획실장 이건준은 "할인점과 날리 소량 구매 중심인 편의점 고객의 특성상 소용량 포장제품의 필요성이 오래전부터 제기됐으나 전용제품 개발이 쉽지 않았다"며, "이번 전용품 판매를 계기로 편의점 판매제품의 10%인 200여 종을 전용 상품으로 공동 개발해 판매할 예정"이라고 말했다.[52]

　한양대 교수 김찬호는 편의점의 강점 중의 하나로 매장의 환한 조명에 주목했다. 밝기를 높이는 것은 소비욕구를 자극하는 고전적인 수법으로서 백화점에서 절정에 달하지만, 편의점은 그 화려함을 일상 가까이에 끌어들였다는 것이다.

　"밝은 실내 분위기는 고객을 안심시키는 효과도 갖는다. 여성들도 밤중에 망설임 없이 편의점에 들어갈 수 있고, 낯선 손님들이 옆에 있어도 신경을 쓰지 않는 것은 구석구석을 환하게 비추는 불빛 덕분이다. 그리고 투명 유리를 통해 바깥에서 내부를 훤히 들여다볼 수 있어 더욱 안심이 된다. 편의점은 도시문화의 산물로서 젊은이들의 감각에 잘 어울린다. 구멍가게 주인과 달리 편의점의 점원은 출입할 때 간단한 인사만 건넨다. 그 '무관심'의 배려가 손님의 기분을 홀가분하게 만들어 준다."

---

51) 김교만, 「편의점 경쟁 가속화」, 『문화일보』, 2005년 8월 2일, 14면.
52) 「편의점에서 군고구마 판다」, 『매일경제』, 2005년 9월 27일, A31면; 염태정, 「'할인점과 전쟁' 편의점 뭉쳤다」, 『중앙일보』, 2005년 9월 30일, E3면.

김찬호는 "점원이 물품을 계산할 때마다 함께 입력하는 구매자의 성별과 연령대에 관한 정보는 곧바로 본사로 송출된다. 정교한 그물망으로 모니터링된 생활세계에 상품들이 촘촘하게 스며드는 것이다. 24시간 거리를 밝혀주는 편의점의 불빛은 도시인의 외로운 욕망들을 검색한다. 사람과 사람 사이에서 마음의 편의를 찾으려 늦은 밤 온라인을 깜빡이는 이들의 눈빛과 함께 고달픈 세상을 물끄러미 응시한다"고 말했다.[53]

지방의 영세 상인들은 어찌하나

백화점 · 할인점 · 편의점들의 치열한 경쟁의 와중에서 죽어나는 건 지방의 영세 상인들이다. 이들에겐 특히 할인점이 가장 큰 위협이 되고 있다. 물론 가격 때문이다. 이들은 어찌해야 할 것인가? 대형 할인점에 대한 비판의 열기를 보면 지방의 중소 유통 업체 상인들이 한시름 놓을 만한 일이 벌어질 것도 같은데 사정은 전혀 그렇지 못하다. 열악한 지방경제를 죽이는 주범 중의 하나로까지 지목되는 대형 할인점의 인기는 식을 줄 모른다. 문제는 어디에 있는가?

거시적으로 보자면 지방도 이미 공동체문화가 쇠퇴하고 소비자본주의가 심화되었다고 진단할 수 있을 것이다. 좀더 구체적으로 보자면 할인점이 파는 것은 단지 상품만이 아니라는 데에 있다. 라이프스타일을 팔고 있는 것이다. 앞서 지적한 바와 같이 가족 나들이 문화의 전형을 팔고 있는 것이다.

---

53) 김찬호, 「도시문명의 속살, 편의점」, 『한겨레』, 2005년 5월 27일, '책 · 지성 섹션' 7면.

이를 가리켜 딜레마라고 하는가? 작은 슈퍼마켓을 하거나 재래시장에서 장사하는 이웃이 할인점 때문에 한숨짓는 걸 보면서 가슴 아파하면서도 막상 쇼핑의 발길은 할인점을 향하더라는 것이 많은 사람들의 한결같은 증언이다.

이 딜레마를 해결하기 위한 대안으로 제시된 것이 바로 '시민기업' 모델이다. 지방의 영세 상인들이 힘을 합해 공동으로 규모의 경제를 누릴 수 있는 최신식 유통 업체를 세워 중앙의 대자본과 선의의 경쟁을 해보자는 것이다. 실제로 일부 지역에서는 시도되기도 했다. 최근에도 전북 정읍시와 농·축·임협, 시민, 출향 인사들이 '시민기업'으로 '정읍시농산물유통주식회사'를 차리기로 했다고 보도되었다.[54]

그러나 시민기업은 그간 별 재미를 보지 못했다. 왜 그런가? 크게 보아 이유는 두 가지다. 사공이 많다 보니 의사결정의 난맥상이 드러나고, 자체 경영을 시도하다보니 경영 노하우에서 한참 밀린다.

최근 들어 어느 지역에 '시민기업'이 떴다는 소식은 자주 나오는데 경영자를 스카우트했다는 이야기는 전혀 들리지 않는다. 걱정부터 앞선다. 시민기업을 구성한 다양한 주체들이 각자 큰 감투 하나씩을 맡는 재미 때문에 그러는 것일까? 스카우트 비용을 절약하느라 그러는 걸까? 아니면 경영을 만만하게 보는 걸까? 돈이 없어서 그렇지 일단 큰돈만 모으면 경영은 누구든지 할 수 있다고 생각하는 걸까? 누가 더 고향에서 오랫동안 인맥을 많이 쌓았느냐가 경영의 성패를 좌우한다고 보는 걸까?

만약 그렇게 생각한다면 그 시민기업은 실패하기 십상이다. 시민기

---

54) 김창곤, 「농산물유통 '시민기업' 만든다」, 『조선일보』, 2005년 9월 4일, A14면.

업은 시민운동과는 다르며 달라야 한다. '시민'이 아니라 '기업'에 무게를 둬야 한다. 소비자는 냉정하다. 비슷한 조건에서 시민기업으로 기울 망정 향토애만으론 시민기업을 지지해 주지 않는다. 경영 아이디어와 서비스로 승부를 걸어야지 토착 경력과 인맥으론 역부족이다.

지방언론이 그런 경제 · 경영 문제에 신경을 써주면 좋겠다. 지역에 따라 다르긴 하겠지만, 지방신문들이 지역 출신 국회의원들에 관한 이야기로 신문에 도배질 하는 건 그만두면 좋겠다. 어차피 '소비자본주의 타도'를 위해 투쟁할 게 아니라면 '지방 살리기' 차원에서 그 문법에 적응하는 건 불가피하다. 구조 · 제도 개혁을 외면하라는 게 아니라 동시 병행을 해보자는 것이다. 지방 출신으로 서울에 가서 전문경영인으로 성공한 사람들 중에 고향을 위해 봉사할 사람이 그렇게도 없는 건지 그것도 궁금하다.

한국 소설계의 곤궁한 처지

2004년 11월 22일 소설가 장정일의 『삼국지』(전 10권 · 김영사)가 출간되었다. 이문열의 평역 『삼국지』(전 10권 · 민음사)와 황석영의 정역 『삼국지』(전 10권 · 창비)가 양분한 삼국지 시장이 3파전으로 재편되었다.

장정일은 여러 번역본들을 종합해 창조적으로 다시 썼다며, "기존 번역본들은 삼국지의 다양한 해석 가능성을 막는 심각한 장애를 안고 있다"고 지적했다. 그는 중화주의를 걷어내고 여성적 서사 등 소외됐던 걸 살려내며 영웅중심주의를 극복하고 이분법적 선악구도를 고집하는 '춘추필법'에서 벗어나는 데 주력했다고 밝혔다. 또 그는 별도로 준비한 「나의 삼국지 이야기」에서 "이문열 삼국지는 유일하게 중국 역사와 현재간의 대화를 시도했지만 1980년대 민중의식과 대립하는 보수성과 고답성이 녹아 있고, 황석영 삼국지는 민족 · 민중문화 좌장

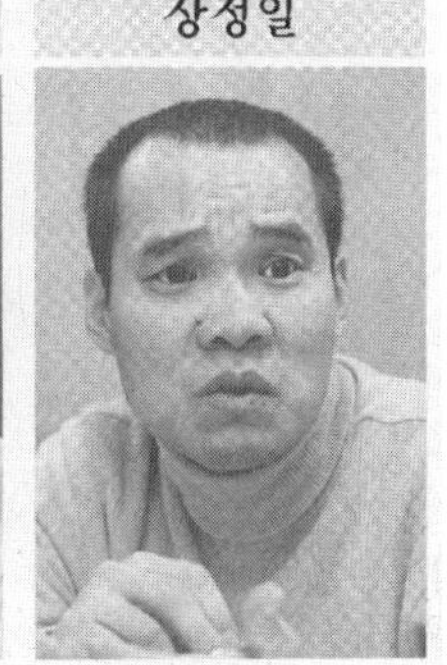

지난 2002년 겨울부터 한해동안 문화일보에 연재됐던 소설가 장정일씨의 '장정일 삼국지'(전10권·김영사)가 출간됐다. 장정일씨가 국내에서 널리 읽혀온 판본인 나관중의 '삼국지연의' 등은 성리학, 중화주의, 춘추사관(春秋史觀)아래 쓰여진 왜곡된 텍스트라는 판단아래 '새롭게 해석된 삼국지'를 내걸고 삼국지 시장에 뛰어들면서 시장에 나와있는 이문열의 '삼국지'(민음사), 황석영의 '삼국지'(창비)와 함께 뜨거운 삼국지 3파전이 예상된다. 약 300억원 규모로 추정되는 삼국지 시장은 새로운 '삼국지'가 나올 때마다 기존의 책 판매가 줄어드는 것이 아니라 오히려 시장 자체가 확대되는 독특한 현상을 보여왔다. 실제로 지난해 6월에 출간된 황석영씨의 '삼국지'는 곧 100만부 돌파를 앞두고 있으며 매년 100만부 정도 판매돼온 이문열의 '삼국지' 역시 황석영씨의 '삼국지' 출간이후 오히려 판매가 늘어났다. 이에 따라 '장정일 삼국지' 출간이 이같은 삼국지 시장 판도에 어떤 영향을 미칠지 관심이 쏠린다.

소설 삼국지의 '출판 삼국지'

▮ 이제까지 삼국지 시장을 평정해온 것은 지난 1988년에 출간된 이문열씨의 '삼국지'로 단순한 번역이 아니라 작가의 의견이 들어간 평역이라는 점이 특징이다. 조조를 상대적으로 높게 평가하는 등 새로운 해석을 시도했고 작가 특유의 문체로 인한 글읽는 재미, 처세술, 임기응변에 대한 조언 등이 강점으로 팔려왔다. 황석영씨의 '삼국지'는 원본에 충실한 삼국지를 내세우고 있다. 전체적으로는 건조하다고 느껴질 정도로 간결, 담백하지만 전투장면은 대단히 생생하고 실감나게 풀어냈다.

치열한 생존경쟁, 권모술수가 판치는 세상에서 삼국지를 통해 무엇을 배울 수 있을까? 무엇보다도 삶은 전쟁이요, 처세술과 임기응변이 절대적으로 중요한 무기라는 걸 알 수 있을 게다. 물론 그 무기를 다루는 법도 배우게 될 것이다. 처세술을 배우는 게 나쁜 건 아니다. 하지만, 그것이 초등학생 때부터 배우거나 범국민적으로 열풍을 일으켜야 할 학습 대상은 아니다. 『문화일보』 2004년 11월 23일.

의 작품으로는 실망스러웠다"고 꼬집기도 했다.[55]

만화와 어린이책까지 포함하면 시중에 나와 있는 '삼국지'는 70종이 넘으며, 그중 37종이 성인용 완역본 또는 평역본이다. 1988년 출간된 이문열의 평역 『삼국지』는 지금까지 1,500만 부 이상 판매되었으며, 2003년 6월 말 출간된 황석영의 『삼국지』는 1년여 만에 100만 부

---

55) 구본준, 「"중화주의 벗기고 상상력 더했죠": 새 소설 '삼국지'로 돌아온 장정일씨」, 『한겨레』, 2004년 11월 23일, 21면; 신준봉, 「새 시각으로 『삼국지』 낸 소설가 장정일」, 『중앙일보』, 2004년 11월 23일, 20면; 최윤필, 「"중화주의 걷어내니 삼국지가 보이더라": 소설 '삼국지 10권 출간 장정일」, 『한국일보』, 2004년 11월 23일, 27면.

가 판매되었다.[56]

『서울신문』 2003년 11월 25일자 기사 「지금 출판가는 '삼국지 전쟁'」은 2003년 삼국지 출판 시장 규모가 200만 부였다고 보도했다. 이 기사에서 한 출판사 대표는 "유명 작가 몇몇의 삼국지가 국내 양대 메이서 출판사를 먹여 살리다시피 하는 현실 아니냐?" 며 꼬집었다.

삼국지를 둘러싼 논란은 짧지 않은 역사를 갖고 있다. 서울대 교수 최명은 『조선일보』 1997년 11월 16일자에서 "삼국지는 난세에 대권을 잡기 위해 못된 지혜를 짜내서 싸우는 전쟁이야기"라며, "감수성 예민한 청소년들이 읽는 것이 과연 옳은가"라는 우려를 나타낸 바 있다. 이에 이문열은 1997년 11월 22일자에 반론을 썼는데, "삼국지는 대가 없이 성공하는 악(惡)은 없다는 걸 보여준다"라며, '삼국지의 잘못' 과 '삼국지를 잘못 읽는 것' 을 구분할 것을 요청했다.[57]

서강대 중국문화과 교수 이욱연은 "한국을 대표한다는 작가들이 '삼국지' 다시 쓰기에나 몰두하고, 많은 작가들이 자기 이야깃거리를 찾아내지 못한 채 헤매고 있는 한국 소설계의 곤궁한 처지"를 개탄했다.[58]

논술과 처세술을 위하여

『한국일보』 2004년 1월 3일자에 실린 「 '찜찜한' 삼국지 열풍」이라는 제목의 기사에 따르면, 이문열의 삼국지를 낸 출판사 측에선 "미안할 정도로 잘 팔린다"고 말했다. 왜 그렇게 잘 팔리는 걸까? 삼국지 자

56) 황수정, 「지금 출판가는 '삼국지 전쟁'」, 『서울신문』, 2004년 11월 25일, 26면.
57) 이은혜, 「삼국지를 둘러싼 여러 가지 논쟁들」, 『교수신문』, 2005년 9월 12일, 11면.
58) 이욱연, 「소설, 죽음에 이르는 병에 걸리다」, 『시사저널』, 2005년 9월 13일, 104면.

체의 뛰어난 재미와 작가의 탁월한 역량을 빼놓을 순 없겠지만, 아무래도 삼국지를 읽는 것이 '논술 공부'에 도움이 된다는 속설 탓이 제일 큰 것 같다. 어느 명문대 수석 합격자는 "삼국지를 읽은 게 논술시험에 도움이 됐다"고 말한 바 있으며, 출판사들도 바로 그 점을 광고로 집중 부각시켜 왔다. 그래서 초등학생들까지 삼국지 읽기에 뛰어들었을 것이다.

삼국지가 논술 공부에 과연 얼마나 도움이 되는지 의문이긴 하지만, 설사 그렇다 하더라도 그것만으론 모든 의문이 다 풀리지 않는다. '삼국지 열풍'엔 또 다른 이유가 있는 것 같다. 혹 그건 바로 한국인들의 자녀 교육관은 아닐까?

소설가 박민규는 "왜들 그렇게 삼국지를 좋아하는지 모르겠어요. 지금 직장생활하며 살아가는 어지간한 젊은이들의 전투력이나 지략은 제갈공명이나 조조보다 수준이 높아요. 삼국지를 읽을 이유도, 읽어서 얻을 감흥도 없죠"라고 주장했다.[59]

동아일보 편집국 부국장 고승철은 "삼국지가 잘 팔리니 배가 아파 딴죽을 걸려는 게 아니다"고 전제하면서, 삼국지를 "냉정히 살펴보면 난세(亂世)에서 살아남고 이전투구(泥田闘狗)판에서 이기기 위한 마키아벨리즘이 더 짙게 깔려 있다. 권모술수가 삶의 지혜라면 너무 살벌하지 않은가"라고 말했다. 그는 이어 "오늘날 한국 사회를 잘 이해하기 위해서는 몇천 년 전 중국을 무대로 한 삼국지를 읽기보다는 몇십 년 전 중국에서 일어난 문화대혁명의 체험을 고백한 '홍위병'이란 책을 권하고 싶다. 그 책엔 권력자의 행동대인 홍위병에 의해 국민의 자

---

59) 이지은, 「"진짜 인생은 잘 나가다 빠진 삼천포에 있어요" : 첫 소설집 『카스테라』 펴낸 문단의 아웃사이더 박민규」, 『신동아』, 2005년 8월, 439쪽.

유가 유린당하는 생생한 사례들이 수없이 나온다. 혁명이란 미명 아래 펼쳐진 '역사의 후퇴'를 확인할 수 있을 것이다. 설마 이 책을 금서 목록에 포함시켜 판매금지하지야 않겠지"라고 말했다.[60]

둘 다 일리 있는 주장이지만 자녀를 둔 부모 마음이야 어디 그렇겠는가. '삼국지 열풍'이 처세술 교육과 무관치 않다는 건 설득력이 높다. 이는 주변에서 삼국지를 권하는 사람들의 주된 논거를 뜯어보면 쉽게 이해할 수 있는 것이다. 처세술을 배우는 게 나쁜가? 아니다. 문제는 그것이 초등학생 때부터 배워야 할 건 아니며 불타는 향학열로 범국민적인 '열풍'까지 불러일으켜야 할 학습 대상은 아니라는 점일 것이다. "삼국지가 베스트셀러가 되고 있는 나라는 불행한 나라다." 삼국지를 쓴 어느 작가는 그렇게 말했다지만, 그건 나라 차원의 이야기일 것이고 개인 차원에선 그렇기 때문에 더욱 삼국지를 읽어야만 하는 건지도 모르겠다. 그런 점에서 삼국지 열풍은 스쳐 지나가는 에피소드가 아니다. 그건 한국적 삶의 진실의 한 단면을 웅변해 주는 것인지도 모른다.

삼국지는 삼독지(三毒志)

동양대 교수 김운회는 2004년 12월에 출간한 『삼국지 바로 읽기』(삼인)라는 책에서 삼국지는 삼독지(三毒志)라고 비판했다. 이 책은 그가 지난해 소설가 장정일과 함께 펴냈던 『삼국지해제』(김영사)에 이은 후속작으로 "삼국지는 위험하다"는 메시지를 담고 있다. 삼국지는 그

---

60) 고승철, 「'삼국지' 만으론 부족하다」, 『동아일보』, 2004년 12월 1일, 7면.

럴듯한 이야기로 중화주의를 주변 국가에 전파하는 첨병이 되어 "중국은 주변 나라와는 차원이 다른 위대한 국가"라는 인식을 심어주고 있다는 것이다. 예컨대, 제갈량의 신화는 중국이 국민적 통합을 만들기 위해 의도적으로 만들어 낸 것이며, 삼국지에서 '비열한 악당'의 대명사로 그려진 동탁(서량 출신)과 여포(흉노 출신)는 그들이 정통 한족이 아니었기 때문에 필요 이상으로 매도되었다는 것이다.

김운회는 "삼국지가 한국에서 교양인의 필독서로 받아들여지고 우리들의 무의식까지 지배하는 것은 참으로 통탄할 일"이라며 다음과 같이 주장했다.

"한국 무속신앙 중 해외에서 수입된 신령은 관우와 유비는 물론 오호대장 · 김부인 · 미부인 · 손부인까지 전부 삼국지의 인물들뿐입니다. 또 중국의 영웅을 우리 영웅으로 동일시하고 중국을 친근하게 여기면서 우리와 같은 처지인 몽골 · 여진 · 거란을 오랑캐라 멀리 하게 만들죠. 삼국지야말로 1500년 된 동북공정이고, 요즘 '한류(韓流)' 뺨치게 흥행에 성공한 '한류(漢流)'라는 점을 잊지 말아야 합니다."

김운회는 "흔히 어른들이 삼국지를 읽지 않은 사람과는 인생을 논하지 말라고 하지만 실은 '나관중의 삼국지'를 읽고 흉내내는 정치가들이야말로 자기도 망치고 나라까지 망칠 수도 있다. 삼국지는 읽을 가치조차 없다"고 말했다.

김운회의 이런 주장에 대해 장정일은 "'삼국지를 읽지 말자'는 김 선생의 말은 역설적으로 들어야 한다. 다시 말해 '바로 읽자'는 거다. 그런 의미에서 계몽적 해악론이 많아서 나쁠 것은 없다. 그러나 그 가운데 가장 좋은 것은 누군가 바로 써야 독자가 바로 읽는다는 생각으로 삼국지를 새로 쓰는 일이다"고 말했다.[61]

삼국지 번역 논란도 일어났다. 연변 작가 리동혁은 2003년 『삼국지가 울고 있네』(금토)라는 책을 통해 이문열의 오역을 지적했으며, 『신동아』 2003년 10월호에서도 황석영 본에 대해 비판을 제기하고 논쟁을 했다.[62]

『교수신문』이 학계의 삼국지 전문가 10명을 대상으로 실시한 설문조사에 따르면, 삼국지 번역본 가운데 가장 잘된 번역으로 김구용 역과 황석영 역이 각각 4표를 받았다. 이문열 역은 원문을 지나치게 훼손한 점과 오역과 누락이 많다는 이유로 가장 많은 비판을 받았다. 다만 장점이라면 이문열의 한국어 구사가 뛰어나다는 점이었다.[63]

출판평론가 표정훈은 삼국지는 "일종의 금녀 구역이자 남성 전용이나 마찬가지인 게 현실"이라면서, 그렇게 된 이유로 ① 등장인물 가운데 여성 인물의 숫자 자체가 극히 적다, ② 오늘날 신문의 정치면 기사와 비슷한 정략의 드라마다, ③ 전쟁 이야기다, ④ 의리의 드라마다, ⑤ 완독하고 났을 때 느끼는 어떤 허무감 같은 것이 역설적으로 남성들을 매료시키는 특징일 수 있다 등을 들었다.

이 다섯 번째 이유는 삼국지 열풍의 한 주요 이유일 수도 있겠다. 표정훈에 따르면, "무수한 영웅호걸들이 쟁패하며 벌인 대단원의 드

---

61) 구본준, 「'야금야금' 삼국지 '자근자근' 씹어라」, 『한겨레』, 2004년 12월 11일, 16면; 권재현, 「"삼국지는 삼독지(三毒志) … 필독서라니 통탄할 일입니다": 『삼국지 바로 읽기』 펴낸 김운회 교수」, 『동아일보』, 2004년 12월 11일, B1면; 송민섭, 「"삼국지의 중화주의를 경계하자": 『삼국지 바로 읽기』 펴낸 김운회 교수 주장」, 『세계일보』, 2004년 12월 13일, 36면; 안철홍, 「제대로 알고나 읽어야지…」, 『시사저널』, 2005년 1월 11일, 84~85면.

62) 이은혜, 「삼국지를 둘러싼 여러 가지 논쟁들」, 『교수신문』, 2005년 9월 12일, 11면.

63) 이은혜, 「고전 번역 비평-최고 번역본을 찾아서 ⑩ 나관중의 『삼국지연의』: 김구용 역 가장 신뢰 … 황석영 역, 재미있고 정확해」, 『교수신문』, 2005년 9월 12일, 10면.

라마가 끝났을 때 밀려드는 역사와 삶에 대한 허무의 심연! 그 심연을 맛보고 나면 '그래, 인간의 삶과 역사란 본래 그런 거지' 라는 일종의 대오(大悟)와 함께 '삶과 역사가 본래 그렇다 해도 나 역시 또한 그렇게 살아가리라!' 는 각오에 가슴 저리게 된다."[64]

그런가하면 김진애는 마키아벨리의 『군주론』을 읽으면 학계나 종교나 문화영역에서 얘기되는 그 좋은 이상적인 말을 들을 때 드는 공허함과는 다른 절실함을 파악하게 된다며, "그래, 이게 인간 아냐?", "그래, 이런 현실적 선택 없이 어떻게 이 복잡한 사회가 굴러가겠어?" 라는 생각이 든다고 말했다.[65] 삼국지를 읽는 이유도 이와 비슷하지 않을까?

사람들이 삼국지를 읽는 이유를 한두 가지로 압축할 수는 없을 것이다. 다양한 이유들이 있을 것이다. 나는 어떤 이유와 재미로 삼국지를 읽었는지 각자 생각해 보기로 하자. 논술 공부 · 처세술 공부 · 허무감의 역설적 매력 · 내키지 않는 현실적 선택에 대한 정당화 등 이외에도 여러 다른 이유들이 있을 것이다. 어떤 텍스트를 누가 어떤 의도로 썼건 독해(讀解)는 각자의 자유다.

---

64) 표정훈, 「삼국지 열풍」, 김성곤 외, 『21세기 문화 키워드 100』, 한국출판마케팅연구소, 2003년, 173~178쪽.
65) 김진애, 『파트너일까, 라이벌일까?: 김진애의 남녀열전』, 샘터, 2004년, 98쪽.

식탐 사회 · 식탐 시대

한국인의 식탐(食貪)이 바야흐로 전성시대를 구가하고 있다.

문화연대가 2003년 11월~2004년 10월까지 조사한 것을 보면, 국내에서 1년 동안 771개의 지역축제가 열리는 것으로 나타났다. 충남 85개 · 경기도 81개 · 강원도 72개 · 전북 64개 · 충북 62개 · 부산 62개 · 경북 55개 · 전남 53개 · 서울 46개 · 제주 41개 · 인천 21개 · 울산 13개 · 대전 10개 · 대구 9개 · 광주 7개 등이었다.[66] 2005년 4월 현재 지역축제의 수는 1,200여 개로 증가했다. 문화관광부가 지역축제에 매년 100억 원을 지원하는 것이 증가의 한 이유로 지목되었다. 거의 모든 지역축제는 반드시 '먹거리 잔치' 를 포함하고 있다. 이와 관련, 한림대 교수 전상인은 '식탐 사회 · 식탐 시대' 라는 화두를 던졌다.

---

66) 안철홍,「그곳에 가면 신명이 절로 난다」,『시사저널』, 2005년 1월 18일, 82~84면.

"꽃 피는 봄을 맞이하여 경향 각지는 축제 준비로 부산하다. 향토 축제의 만발이야말로 본격적인 지방자치 시행 10년의 최대 보람이 아닐까 한다. 하지만 대부분의 지역축제는 점차 '먹자판'으로 수렴되고 있다. 음식이 곧 경제이고 문화인 셈이다. 게다가 '팔도장터'란 것이 전국을 순회하는 통에 '지역' 축제라는 이름마저 무색해졌다. 먹는 것을 밝히기로 말하자면 사실상 텔레비전이 앞잡이다. 요리전문 케이블 채널 하나쯤 있는 정도야 문제될 것이 없다. 하지만 공·민영 가릴 것 없이 공중파 방송조차 시청자들의 원초적 미각을 자극하느라 맛 자랑·맛 기행·맛 대결 따위를 시도 때도 없이 벌이는 행태는 쉽게 인내하기 어렵다. 세상의 모든 일미(逸味)와 별미(別味)를 뒤지고 다니는 신문과 잡지도 면책은 아니다. 덕분에 그저 온 나라가 '음식천국'이고 온 국민이 '음식남녀'다."

이어 전상인은 "이처럼 미식으로 도피하고 포만에게 위로받는 경향은 우리 사회의 각박한 인정, 표피적 유대 혹은 정신적 허기의 부재와 결코 무관해 보이지 않는다. 먹기 위해 사는 것과 살기 위해 먹는 것 사이에 균형이 실종한 것이다. 따라서 지금은 식탐이 초래한 '지독한 위(胃) 주머니'가 로마제국의 최후를 앞당겼다는 프랑스 철학자 르벨의 진단을 한번쯤 성찰할 때다"고 주장했다.[67]

---

67) 전상인, 「식탐(食貪) 사회, 식탐시대」, 『조선일보』, 2005년 4월 22일, 35면.

텔레비전이 주도하는 식탐 문화

한국인의 식탐 문화엔 텔레비전이 큰 역할을 하고 있다. 대표적인 음식 프로그램인 SBS《맛대맛》과 MBC《찾아라 맛있는 TV》엔 한 주에 40~60개 맛집이 출연하고, 그 외 아침저녁 교양 정보 프로그램들과 《VJ 특공대》등에서 쏟아내는 맛집 프로그램들까지 포함하면 일주일 동안 맛집으로 지정되는 음식점들이 100개 안팎에 이른다. 또 '불닭' 류의 닭요리집이 맛집 출연을 계기로 '대박이 터져' 프랜차이즈 음식 점이 되기도 하고, 프랜차이즈 중 한 집이 출연하면 전 지점에 'TV 출 연' 현수막이 설리기도 한다. 그러나 TV에 나가면 손님 수가 최소 2배 로 폭증해 단골손님을 소홀히 대하게 되는 등의 부작용이 속출해 요즘 은 10곳 중 2곳은 출연을 거부할 정도라고 한다. 음식점 주인들이 부 작용을 두려워 할 만큼 TV 맛집 프로그램들의 영향력이 엄청나다는 것이다.[68]

조선일보 수석논설위원 오태진은 음식·음식점 전문 TV 프로그램 만 대여섯에, 음식점 소개가 감초처럼 끼는 아침 프로와 연성 다큐까 지 합쳐 줄잡아 20개 가까운 음식 프로가 공중파 채널에 넘쳐난다며 다음과 같이 말했다.

"TV의 '맛집' 양산은 도를 넘은 것 같다. 영향력이 큰 만큼 시청자 의 실망과 분노도 크고, 결국 제 발밑을 무너뜨리는 자멸로 갈 수 있 다. 웬만한 먹자골목에 가면 한 곳도 아니고 서너 채널에 나왔다고 써

---

68) 김민경, 「"우리 집? TV 안 나가도 맛있어"」, 『주간동아』, 2005년 5월 31일, 64~65면.

"우리 집? TV 안 나가도 맛있어"

'맛집' 10곳 중 2곳 방송 출연 거부 … 반짝 매출 긴 후유증 때문에 단골로만 승부

김민경 기자 holden@donga.com

음식점을 장식하고 있는 '맛집' 출연 홍보물들. 어디나 똑같은 현수막에 똑같은 입간판이라 오히려 맛집의 개성은 실종되고 있다.

서울 중구의 한 '먹자' 골목. 닭칼국수, 설렁탕, 매운탕, 회, 불닭 등 온갖 음식점들이 모여 있고, KBS MBC SBS 등 방송사 로고와 방송인들의 얼굴이 인쇄된 현수막이 먼저 손님을 맞는다. 이른바 'TV 출연 맛집'임을 알리는 홍보간판들이다. 이곳뿐 아니다. 불닭 골목, 곱창 골목, 순대 골목, 파전 골목 등 어디든 특정한 음식점들이 몰려 있는 지역에 가면 'TV 출연 맛집' 현수막이 휘날리고 있는 것을 더 쉽게 찾을 수 있다. 이런 곳에서 경쟁은 음식 맛이 아니라 현수막에 쓰인 방송과 신문 출연 횟수로 결정된다.

대표적인 음식 프로그램인 SBS '맛대맛'과 MBC '찾아라 맛있는 TV'에 한 주에 40~60개 맛집이 출연하고, 그외 아침 저녁 교양 정보 프로그램들과 'VJ 특공대' 등에서 쏟아내는 맛집 프로그램들까지 포함하면 일주일 동안 맛집으로 지정받는 음식점들이 100개 안팎에 이른다. 또 '불닭' 류의 닭요릿집이 맛집 출연을 계기로 '대박이 터져' 프랜차이즈 음식점이 되기도 하고, 프랜차이즈 중 한 집이 출연하면 전 지점에 'TV 출연' 현수막이 걸린다. 그러니 '맛집'의 수는 기하급수적으로 늘어난다. TV 맛집 프로그램의 기본 원칙 중 하나가 '프랜차이즈 식당은 제외한다'는 것이지만, "맛집이 외식 '산업'이 되는 것이 대세라 원칙을 지키기가 쉽지 않다"는 것이 제작진들의 고백이다. 요즘은 '똑같은 맛이라 TV 출연 맛집 현수막을 붙였다'고 당당하게 말하는 가짜 맛집 주인들도 많다.

유동인구가 많은 서울 관철동에는 거의 매일 새로운 '맛집'들이 생기고 사라진다. 이곳에서 21년 동안 영업해온 한 공인중개사는 "일본식 우동, 와인 삼겹살, 찜닭, 불닭 등으로 맛집들이 생겼다 사라지는 데 점점 그 기간이 짧아진다. 특히 이곳은 안테나숍이 많아 TV 맛집 프로그램이 큰 영향을 미친다"고 말했다. 이 모든 것이 맛집이 워낙 많아서 생겨난 일들이다.

그러다 보니 '맛집'의 부작용을 호소하는 음식점들도 늘어나고, 아예 출연을 거부하는 맛집들도 적지 않다. MBC '찾아라 맛있는 TV'에서 5년 동안 집필해온 김영주 작가는 "섭외가 점점 어려워진다. 요즘은 10곳 중 2곳은 출연을 거부할 정도"라고 말한다.

"수십 년 동안 장사해서 이미 언론을 많이 탄 곳, 확실한 단골들이 있는 곳은 출연을 꺼린다. 속초 가자미회 국숫집을 섭외했는데 주인 부부가 '단골로 충분하다. 얼마나 돈을 벌겠다고 서울 방송국까지 가나'고 사양했다." (홍수연, SBS '맛대맛' 대표작가)

외식산업 유행 6개월이 평균

언론 노출을 위해 막대한 홍보비를 쓰는 음식점들이 있는가 하면, 냉정하게 출연 제의를 거절하는 맛집들이 생겨나는 가장 큰 이유는 역설적으로 방송 출연의 효과가 너무나 크기 때문'이다. TV 맛집 프로그램의 영향력은 막강해서 출연 직후에는 손님 수가 최소 2배 이상 늘어난다고 한다. 아무리 맛이 있어도 '넉넉한 인심'과 '친절한 서비스'를 기대하긴 어렵다. 맛집 프로 인터넷 게시판에 가장 자주 등장하는 불평도 이런 지적이다.

방송이 나간 당일 출연한 집에 가면 줄을 서야 하는 것은 물론이고, 같은 음식을 파는 다른 음식점들에까지도 손님들이 몰린다. 이처럼 손님들이 몰리면 음식 맛이 떨어지고, 서비스가 부실해져 결국 단골들이 떨어져 나간다는 것이 맛집 주인들의 철학이다. 한 복요리

TV에 소개됐다는 '맛집'들이 넘쳐나면서 'TV에 안 나온 집'을 내세우는 음식점이 곳곳에 등장하고 있다. 『주간동아』 2005년 5월 31일.

붙인 집들이 흔하다. 요즘엔 거꾸로 'TV에 안 나온 집'이라고 '자랑스럽게' 내건 음식점이 곳곳에 등장하고 있다. 거기 어린 불신과 조소를 방송사들은 무섭게 받아들일 일이다."[69]

그런 불신과 조소와 관련된 재미있는 이야기가 있다. 소설가 하성란에 따르면, "골목의 음식점 모두 원조 간판을 단 곳을 지날 때면 눈을 뜬 채 속고 있는 느낌이다. 그렇다보니 '진짜 원조', '원조 중의 원조'라는 말도 생기고 어느 집은 허름한 가게를 그냥 두어 원조임을 알린다. 요즘 간판에서 눈에 띄는 것은 '무슨무슨 방송 출연'이다. 가뜩이나 커다란 간판 아래 방송에 출연했다는 현수막이 덧붙여진다. 창밖을 바라보고 있던 아이가 자지러지게 웃는다. '엄마, 저기 봐! 방송에 출연할 뻔한 집이라고 씌어 있어!'"[70]

TV 드라마도 음식 홍보의 주요 채널이 되고 있다. MBC의 《대장금》·《아줌마》·《내 이름은 김삼순》, SBS의 《불량주부》·《온리유》, KBS의 《러브홀릭》 등 인기 드라마들의 주인공이 모두 요리사로 등장하면서 자연스럽게 풍성한 음식을 보여주었다. 드라마에서 주인공이 요리사로 등장하는 이유는 드라마의 리얼리티를 살리는 데 유리하고, 여자 주인공의 자수성가하는 모습을 보여주는 데엔 요리라는 소재가 적합하며, PPL(간접광고) 효과로 제작비를 절감할 수 있다 등이다.[71]

한국인의 무의식에 각인된 '먹다'

영신대 교수 배병삼은 우리의 식탐 문화에 대해 "우리는 왜, 아직도, 이렇게, 이다지도 배가 고픈 것일까. 5~6월이면 먹을 게 없어 애들 얼굴에 노랑꽃이 피던 보릿고개의 원혼이 되살아나는 것일까. 그

69) 오태진, 「"우리 식당은 TV에 안 나왔어요"」, 『조선일보』, 2005년 9월 29일, A31면.
70) 하성란, 「간판들 아래에서 길을 잃다」, 『국민일보』, 2005년 8월 30일, 23면.
71) 고재열, 「왜 '주인공 = 요리사'일까」, 『시사저널』, 2005년 6월 21일, 97면.

걸신들이 우리의 무의식에서 솟아나 저리도 게걸스레 먹어대는 모습을 온 세상 사람들이 보도록 비추고 또 비추는 것인가"라고 개탄했다.[72]

좋건 나쁘건 식탐 문화는 한국인들의 무의식의 세계와 연계돼 있는 것임에 틀림없다. 한양대 문화인류학과 강의교수 김찬호는 한국말에서 '먹다'라는 동사의 의미는 엄청나게 다양하다는 점에 주목하면서 음식 이외에 그 목적어로 들어올 수 있는 명사들을 다음과 같이 나열했다.

"나이 · 욕 · 마음 · 뇌물 · 감동 · 챔피언 · 우승 · 골(Goal) · 화장 · (도화지에) 물감 …… 그 외에도 '시간을 잡아먹다', '말이 잘 먹힌다', '잊어먹다', '좀먹다', '물먹었다' 등의 용례가 있고, '여자를 따먹다'라는 '빌어먹을' 표현도 있다. 이쯤 되면 '먹다'에 상응하는 외국어는 그 어디에도 없을 것이 분명하다. 또한 사물을 식사 행위에 빗대어서 '시계에 밥을 준다'느니 '라디오에 약이 떨어졌다'느니 한다. …… 한국인에게 먹는다는 것은 각별히 중요한가 보다. 한국에 사는 외국인들은 '식사했느냐?'는 인사에 익숙해지기까지 꽤 시간이 걸린다."[73]

사실 한국의 식탐 문화를 온전히 이해하기 위해선 보릿고개의 오랜 역사에 대한 음미가 필요할 것이다. 오랜 세월 쌀은 한국인의 열망의 대상, 아니 신앙과 같은 것이었다. 북한은 1960년대 초 "쌀은 곧 사회

---

72) 배병삼, 「낯뜨거운 '맛집 탐방'」, 『경향신문』, 2005년 5월 19일, 31면.
73) 김찬호, 「오늘 점심 원조로 갈까, 진짜 원조로 갈까」, 『한겨레』, 2005년 7월 22일, 책 · 지성 섹션, 7면.

주의다"라는 기치를 내걸었으며,[74] 김일성은 1962년 신년사에서 "머지않아 모든 인민들이 이팝(쌀밥)을 먹게 해주겠다"고 말했다는 걸 상기할 필요가 있겠다.[75]

또 한 가지 주목할 점은 한국이 자영업 과잉이며, 자영업의 핵심이자 상징은 단연 음식업이라는 사실이다. "먹는 장사는 안 밑진다"는 속설과 더불어 소위 '주류'에 속하지 못한 사람들이 시작하기가 가장 용이하다는 점 때문에 그 수가 가장 많다보니 경쟁이 치열해지고 언론 매체들도 그런 현실을 반영하다보니 식탐 문화를 부추기지 않았겠느냐는 것이다. 지방축제들이 이렇다 할 콘텐츠가 없어 먹거리에만 매달리는 문제 그리고 중앙 미디어들이 지방을 다루는 전형적인 방식이 먹거리 위주인지라 식탐 문화가 부풀려진 점도 있을 것이다. 음식을 다루는 게 제작비가 싸게 먹힌다는 점도 작용했을 것이다.

---

74) 김창희, 『북한정치사회의 이해』, 법문사, 2000년, 69쪽.
75) 김학준, 『북한 50년사: 우리가 떠안아야 할 반쪽의 우리 역사』, 동아출판사, 1995년, 216쪽.

열풍을 넘어선 광풍

이종격투기 열풍이 불고 있다. 1920년대 브라질에서 유래돼 1970년대부터 미국으로 확산되었고, 1990년대 일본에서 인기 스포츠로 부상한 이종격투기는 서로 다른 종목이 한 무대에서 최강자를 가리는 실전 무술 격투다. 영국의 원시 축구가 현대의 럭비와 축구로 갈라졌듯 이종격투기도 입식타격기와 종합격투기로 분화됐다.

입식타격기는 선 자세로 때리고 치는 기술로만 구성된 것이고 종합격투기는 입식타격과 넘어지더라도 그래플링(Grappling: 엉켜 싸우기)을 통해 승부를 가리는 것이다. 입식타격계의 대표격인 K-1과 그래플링계의 프라이드FC · UFC(Ultimate Fighting Championship)가 세계 3대 이종격투기 대회로 불린다. K-1의 K는 Karate · Kickboxing · Kung-Fu의 알파벳 첫 글자를 의미하고, 1은 최고라는 의미와 투기의 통합을 뜻한다.

지난달 17일 K-1 경기에서 중국의 장친춘(左)이 일본의 아케보노를 공격하고 있다. 아래 사진은 1만300여 관중 틈에서 열광하고 있는 한 젊은 여성팬. 김상선 기자

해방감 맛보는 '막싸움'

송월주 스님(左)이 잠실체육관에서 경기를 관전하고 있다.

송월주 스님도 격투기 보시네~

송월주 스님의 이종격투기 관전은 격투기의 열풍을 보여주는 한 장면이다. 지난 3일 관전 소감 등을 물었다.
-어떤 연유로 가셨습니까. 이전에도 본 적이 있나요.

"승부욕과 투쟁심을 대신 배설하고 승화시킬 수 있잖아요."
큰 현안이 있을 때 단골로 집단적인 목소리를 내는 이른바 '사회원로그룹'의 한 사람 송월주 스님(전 조계종 총무원장). 그를 거기서 만난 건 뜻밖이었다. 이종격투기장에 송월주 스님이라….
제헌절 공휴일인 지난달 17일. 오후 3시부터 서울 잠실체육관에서 열린 K-1 경기는 대성공이었다. 다른 세 스님과 함께 1등석에 앉은 송월주 스님은 "다른 경기와 다를 바 없다"면서 대리 만족 효과에 의미를 뒀다.
링 위에선 맨몸의 피 뷔기는 사투. 링 주변은 울긋불긋 어지러운 조명 아래 관중의 환호. 1만300여 관객들 속엔 낯익은 유명 연예인도 많았다. 탤런트 허준

도 마찬가지예요. 규정을 바꿔가며 서로에게 피해가 없도록 위험을 줄여왔지요. 권투 하다가 죽는 일도 있었잖아요. 운동은 승부욕에만 치우치면 안 돼요. 이종격투기도 건전하게 순

데…." 김 사장은 예상 밖의 대박에 감격했다.
'막싸움'으로 통하는 이종격투기가 대중을 붙잡고 있다. 한국에 상륙한 지 겨우 1년 남짓. 워낙 거칠어 처음부터 폭력성 논란이 계속됐다. 그러면서도 이미 화끈한 볼거리로 문화의 한 귀퉁이를 차고 앉았다.
더 진한 자극을 찾기 위함일까, 대리 만족의 쾌감일까, 아니면 그냥 스포츠 즐기기일까. 분명한 건 나이·직업·성별에 관계없이 꽤 많은 사람이 즐기고 있다는 것이다. 삼성서울병원 정신과 윤

110만원 티켓도 없어 못 팔아
"공격 본능 표출 … 부작용 우려"

세창 교수는 '이종격투기 신드롬'이라고 표현한다.

모의 이종격투기 퓨전 레스토랑이 성업 중이다. 경기도 성남의 한 나이트 클럽에서는 스테이지 중간 중간 격투기 경기를 한다. 춤 추다 싸움 구경을 하

2004년 7월 잠실체육관에서 열린 K-1 경기에 남녀노소 모두가 열광했다. 스님들의 관전은 격투기의 열풍을 보여주는 한 장면이다. 『중앙일보』 2004년 8월 7일.

일본은 오래 전부터 한국 시장 공략을 위해 심혈을 기울여 왔다. 『뉴스위크 한국판』 2005년 1월 12일자는 일본이 한국 시장에 매달리는 것은 중국 시장 공략을 위한 장기적인 포석이라고 보는 이들도 있다고 보도했다.

"이종격투기를 일본의 스포츠가 아니라 한국에서도 성행하는 동아시아의 스포츠로 격상시켜 일본에 대한 적개심을 희석시키고 중국 시장에 들어가려 한다는 얘기다. 그래서 업계에서는 일본 이종격투기의 한국 시장 진출은 과거 일본이 명나라를 치기 위해 조선에 길을 비켜달라며 침략한 일종의 정명가도(征明假道)라고 해석하는 시각도 있다."[76]

그러나 그런 해석을 무색하게 할 만큼 한국에서의 이종격투기 바람은 금새 달아올라 '열풍(熱風)'을 넘어 '광풍(狂風)'이라는 주장까지 나오고 있다. 한국에서 일본과 미국의 이종격투기를 열렬히 시청하는 인구가 200만 명이 넘는다. 인터넷 카페 관련 사이트만도 700개가 넘고, 다음 카페 수십만 개 중 '이종격투기'란 이름의 카페 회원 수는 46만 명으로 9위를 차지하고 있다.

이런 광풍을 몰랐던 열린우리당 의원 이경숙은 된통 혼이 나기도 했다. 2005년 1월 이경숙이 국정감사에서 "KBS 스카이 채널이 격투기(K-1) 프로그램을 국내에 처음으로 도입했는데 굉장히 폭력적"이라며 KBS 사장 정연주를 비판한 이후, KBS 스카이 스포츠가 1월 24일부터 이종격투기 중계를 중단하겠다고 발표하자 이경숙의 홈페이지에 수백 건, 열린우리당 홈페이지에도 수천 건의 비난이 쏟아진 것이다.[77]

---

76) 성호준, 「한국 선수들 일본 이종격투기 스타 될까」, 『뉴스위크 한국판』, 2005년 1월 12일, 68~69면.
77) 김용출, 「"격투기 중계 지적 그게 아닌데…": 이경숙의원 팬들 중계중단 항의에 곤욕」, 『세계일보』, 2005년 1월 20일, 4면.

피에 굶주린 관객

이종격투기는 나이트클럽과 레스토랑으로까지 진출했다. 2004년 3월 서울 삼성동 오쿠우드호텔 지하 1층에 120억 원을 들여 개관한 '김미파이브'는 1,100평 규모로 900여 명을 수용할 수 있는데 대성황을 누리고 있다. 피가 튀기는 격투기와 더불어 술과 음악이 곁들여진다. 보통 여성관객이 40%를 차지한다. 이 열풍은 지방 나이트클럽까지 파고들어 갔다. 『뉴스위크 한국판』 2005년 1월 12일자에 따르면, "대전 리베라호텔 나이트클럽에서는 스테이지 중간 중간에 이종격투기 경기를 열기도 했다. 춤을 추다 싸움 구경을 하고, 싸움이 끝나면 다시 춤을 춘다. '소돔과 고모라 같다'는 반응과 '재미있다'는 반응이 엇갈린다."[78]

『주간조선』 2005년 2월 14일자는 "이종격투기는 순도 99%의 '진짜 겨루기'다. 올림픽처럼 급소를 맞히면 점수가 올라가는 식이 아니라 한쪽이 거꾸러지는 걸로 승부를 본다. 불붙은 싸움판에 걸핏하면 제동을 걸던 '룰'이란 이름의 장애물도 대폭 치워버렸다. 강한 무도인일수록 최강을 꿈꾼다. 이종격투기에 나서는 선수들은 대개 10분 안에 피범벅이 되고 때론 관절이 부러져 나가기도 하지만, 바로 그런 무한 자유 결투를 원한다. 관중들 역시 그것을 원한다"고 말했다.

이 기사에 따르면, 1주일에 한 번씩 '김미파이브'를 찾는 한 32세 남성 회사원은 "진짜 싸움이니까 흥분되잖아요. 잽 날리고 뜸들이는 게 아니라 바로 자빠뜨려서 묵사발 만드는 거잖아요. 이거 보고 나면

---

78) 성호준, 「한국 선수들 일본 이종격투기 스타 될까」, 『뉴스위크 한국판』, 2005년 1월 12일, 68~69면.

권투나 태권도는 시시해요. 프로레슬링 그거 다 짜고 하는 거잖아요. 이건 아녜요. 진짜 내가 올라가서 싸우는 것 같아요"라고 말했다.[79]

영화감독 마틴 스코시즈는 할리우드 영화에 피 튀기는 폭력이 난무하는 것에 대해 "우리는 옛날 로마인들이 그랬던 것처럼 피를 뿜는 싸움이나 참수형 등을 지켜보는 카타르시스를 해야 할 필요를 느낀다"고 말한 바 있다.[80] 이제 관객은 영화로는 만족 못해 진짜 피를 보겠다는 것일까?

그런 '피 구경'을 스포츠라고 말할 수 있는 건지 모르겠다. 2005년 5월 12일 서울의 한 레스토랑에서 벌어진 이종격투기 시합에서 출전 선수가 숨지는 사고가 발생했다. 주최 측은 경기 전 건강점검을 제대로 하지 않은 것으로 밝혀졌다. 사고가 난 레스토랑에서는 거의 매일 경기가 치러졌는데, 대전료는 이겼을 때 40만 원, 졌을 때 10만 원이었다고 한다.[81]

최홍만 신드롬

2005년 3월 19일 서울 올림픽공원 체조경기장에서 벌어진 '2005 K-1 월드그랑프리 서울대회'에서 한국의 씨름 천하장사 출신인 최홍만이 이종격투기 전업 3개월 만에 우승을 차지해 국내 이종격투기 열풍을 더욱 뜨겁게 달구었다.

---

79) 허만갑, 「"화끈해서 좋다" 이종격투기 '광풍'」, 『주간조선』, 2005년 2월 14일, 82~85면.
80) 「뉴스위크」, 91년 4월 1일; 문화방송, 「세계방송정보」, 91년 6월 25일치에서 재인용.
81) 이연재, 「이종격투기 사망」, 『경향신문』, 2005년 5월 16일, 30면. 이 글의 기타 참고 자료는 성호준·강혜란, 「이종격투기 허와 실」, 『중앙일보』, 2005년 3월 26일, 1, 5면; 주진우, 「피 보며 환호하는 '필살기 리그'」, 『시사저널』, 2005년 1월 6일, 60~63면 등이다.

최홍만, 무릎차기로 '야수 사냥'

2m, 155kg의 밥 샙에 2대0 판정승
11월 K-1 월드그랑프리 파이널 8강 진출

'동양의 골리앗' 최홍만(25)이 '서양의 야수' 밥 샙(31·미국)을 꺾고 K-1 최고의 거인으로 우뚝 섰다. 23일 일본 오사카돔에서 열린 K-1그랑프리대회에서 '배블 골리앗' 최홍만은 '야수' 밥 샙을 2대0 판정으로 제압하고 오는 11월 19일 도쿄 돔에서 K-1 최강자를 가리는 대회인 월드그랑프리 파이널 8강전 진출 자격을 얻었다.

지난 3월 데뷔전인 K-1 서울대회에서 우승한 최홍만은 6전 전승을 기록, K-1 최고의 거인으로 확실하게 자리매김했다. 동서양 거인의 대결로 관심을 모은 이날 경기는 좀처럼 보기 드문 접전이었다. 전문가들은 대부분 밥 샙의 우세를 점쳤다. 밥 샙은 미식축구와 프로레슬링을 거쳐 입식타격기인 K-1 스타로 자리잡은 거인. 이전까지 15전10승4패(6KO)를 기록했고, 월드그랑프리 챔피언 출신인 어네스트 후스트(네덜란드)를 KO로 물리치기도 했다.

하지만 2m, 155kg의 밥 샙도 2m 18, 160kg의 최홍만 앞에서는 작아 보였다. 경기 시작부터 무지막지한 타격전이 벌어졌다. 밥 샙은 저돌적인 펀치와 로킥(Low Kick·상대 다리를 공격하기 위해 낮게 치는 기술)으로 파고들었지만, 최홍만은 효과적인 잽으로 거리를 유지하며 막아냈다. 최홍만은 밥 샙의 주먹에 맞고 뒤로 밀리면서도 웃어보이는 '심리전'까지 펼쳤다.

2라운드도 난타전으로 시작됐다. 최홍만은 씨름 선수 시절 습관 때문인지 쓸데없이 고개를 자주 숙이는 바람에 상대에게 펀치를 허용했다. 하지만 최홍만은 흔들리지 않았다. 반면 거친 숨을 몰아쉬는 밥 샙의 왼쪽 눈썹 위는 찢어져 있었다.

막상막하의 승부는 3라운드에서 갈렸다. 시작과 함께 주먹을 주고 받던 최홍만은 17초 만에 밥 샙의 머리는 잡고 왼쪽 니킥(Knee Kick·무릎으로 차는 기술)을 정확하게 얼굴에 꽂았다. 주심이 다운을 선언했고, 밥 샙은 입과 코에서 피를 흘렸다.

오사카 현지 팬들은 경기 마판 "밥 샙"을 연호하며 '약자'를 응원했지만, 이미 승부는 갈려있었다. 최홍만은 승리가 확정된 뒤 "월드그랑프리 개막진에 처음 출전했는데 승리해 너무 만족스럽다"며 "부족하지만 더 열심히 하는 선수가 되겠다"고 말했다.

조정훈기자 (블로그 donjuan.chosun.com)

최홍만이 밥 샙을 제압하고 K-1 월드그랑프리 파이널에 진출하자 최홍만은 스타를 넘어 영웅이 되었다. 『조선일보』 2005년 9월 24일.

K-1을 주최하는 일본의 FEG(Fighting & Entertainment Group)는 서울대회를 통해 30억 원 수익에 20억 원 지출로 10억 원 정도를 벌어갔다. 격투기 평론가 조용직은 "서울대회 대진은 최홍만을 우승시키기 위한 대진이라는 냄새가 난다. 그러다 보니 경기 수준이 낮았고 많은 팬을 실망시켰다"고 평했다.

2005년 9월 23일 저녁 한국의 최홍만이 일본 오사카 돔에서 미국의 밥 샙을 제압하는 순간 서울 동대문 두산타워 정문의 대형스크린 앞에 모인 1,000여 명의 응원단은 환호성을 질렀다. 이날 경기를 문자방송으로 중계한 K-1 한국공식 홈페이지에는 총 70만 명 이상이 방문해 서

버가 다운됐고, 포털사이트 '다음'과 '네이버' 검색어도 최홍만 관련 단어로 도배됐다. 경기를 생중계한 MBC ESPN의 순간 최고 시청률은 15.7%로 케이블 방송으로선 경이적인 기록이었다.

이 기록은 '최홍만 신드롬'을 불러일으켰다. 이런 인기에 대해 고려대 사회학과 교수 장용석은 "우리 사회가 새로운 문화를 받아들이는 속도가 빨라진 것과 더불어 사회가 무섭게 변화하면서 느끼는 개인적 소외감을 스포츠로 해소하려는 심리가 작용했다"고 분석했다.[82]

2005년 9월 28일 귀국한 최홍만은 "일본에서 인터넷을 통해 기대하지 못했던 많은 팬들의 성원을 알게 됐다. 밥 샙과의 경기 뒤 이틀 동안 메일이 1만 통이나 들어왔다. 다 읽지 못해 죄송하다는 말을 전하고 싶다. 싸이월드에도 25만 명이나 방문을 해 1촌을 맺자고 했다"며 감격했다.[83]

이종격투기는 퓨전 현상

왜 사람들은 이종격투기에 열광하는 걸까? 우선 어떤 무술이 가장 강한가라는 의문이 호기심으로 작용했을 수 있겠다. 사실 이건 많은 사람들이 어린 시절 늘 가장 궁금했던 것 중의 하나다. 개인적 소외감 해소 욕구와 피에 대한 굶주림도 작용했을지도 모르겠다. 또 어떤 이유가 있을까?

대중문화 평론가 변희재는 "이종격투기는 하나의 열풍을 넘어 스

---

82) 장재선 · 윤두현, 「K-1 열풍」, 『문화일보』, 2005년 9월 24일, 1면.
83) 박정욱, 「1만 통 메일 25만 명 홈피 방문 '감동 먹었다': 최홍만 금의환향 "본야스키 격파 올인"」, 『스포츠서울』, 2005년 9월 29일, 1면.

포츠의 한 장르로 자리 잡았다. 억압구조가 지배하는 한국 사회에서 룰을 최대한 단순하게 만들고, 약자가 강자를 잡는 경우가 빈번한 이종격투기에서 쾌감을 느끼는 것 같다"고 말했다.

정신과 전문의 정혜신은 여성 팬이 많은 것과 관련, "일상적으로 접할 수 없던 싸움이라는 격한 상황이 라이브로 펼쳐진다는 점이 젊은 여성들에게는 강한 호기심으로 작용한 것으로 보인다"고 분석했다. 정혜신은 사람들이 이종격투기에 열광하는 가장 큰 이유를 '파괴력'에서 찾았다.

"파괴력은 어떤 대상을 깨뜨려 헐어버리고 기능을 잃게 하는 힘이다. 이종격투기 현장에 몰린 수천 명의 관중과 케이블 TV를 통해 당시의 실황중계 방송을 시청하는 수많은 사람들은 극단적 파괴력의 실체를 직접 확인하면서 흥분과 함께 경외심 비슷한 감정을 느꼈다고 토로한다. 서로 다른 취향과 가치관을 가진 사람들과 '심리적 이종격투기'를 치러야 하는 우리네 일상에서 '파괴력'에 대한 호기심은 당연한 것인지도 모른다."[84]

문화평론가 정윤수는 "건강한 육체가 빚어내는 탄력과 매혹은 남녀를 구분할 필요가 없는 아름다움이며, '육체적 퍼포먼스'에 의한 감수성의 혁명은 지금 이 시대의 유일무이한 신화가 되어 화장과 헬스를 넘어서 성형수술과 이종격투기라는 극한으로 번지고 있다"고 분석했다. 그는 대중문화의 대표적 아이콘인 전지현이 포털 검색 회사의 광고에서 '강남구 격투기'라고 외친 것에 주목했다.

---

84) 정혜신, 『사람 vs 사람: 정혜신의 심리 평전 II』, 개마고원, 2005년, 93~94쪽.

　　"실제로 국내의 이종격투기는 강남구에서 자주 열리는데, 그것은 장충체육관에서 벌어졌던 민속씨름이나 권투와는 다른 분위기다. 화려한 실내장식, 댄스파티, 랩뮤직, 근사한 식사, 와인, 늘씬한 미녀 등으로 이루어진 곳에서 전사들이 격렬한 파이팅을 하는 것이다. 핏빛이 감도는 스테이크를 썰면서, 그리고 역시 핏빛과 흡사한 와인을 마시면서 '혈전'이나 다름없는 이종격투기의 링을 구경하는 것은 좀더 자극적인 밤의 향연을 추구한 끝에 찾아낸 이 시대의 독특한 구경거리가 되고 있다."[85]

　　이종격투기 열풍은 지금 우리 시대를 휩쓸고 있는 퓨전 또는 융합 현상과 무관치 않을 것이다. 퓨전의 장점은 따로 존재하던 것들을 하나로 묶어 새로운 시장을 창출할 수 있다는 데에 있다. 이종격투기의 경우, 과거엔 서로 만날 길이 없었던 무술들을 한곳에 모이게 만들어 승부를 겨루게 하니 그 재미가 더할 것이라는 건 짐작하기 어렵지 않다. 그 와중에서 막 싸움에 더 가까운 현실감을 만끽할 수 있다는 게 매력으로 작용한다고 보아야 할 것이다. 권투만 해도 막 싸우는 것 같지만 이종격투기에 비해선 꽤 전문적인 스포츠다. 이것이 바로 여성의 접근이 어려웠던 이유였다. 그러나 이종격투기는 그런 장벽을 일거에 무너뜨린 것이다.

　　이종격투기와 관련된 또 하나의 퓨전은 구경방식에 있다. 나이트클럽과 레스토랑은 권투의 무대론 적합하지 않았다. 그런 공간의 분위기에선 10라운드 전후의 게임이 지루하게 여겨질 수 있다. 반면 이종

---

85) 정윤수, 「왜 흥분하냐고? 재미있잖아」, 『주간동아』, 2005년 10월 11일, 32면.

격투기는 나이트클럽과 레스토랑에도 잘 어울린다. 3라운드도 길다. 잠시 고개를 돌리는 순식간에 승부가 난다. 피가 튀긴다. 박진감이 넘친다. 화끈하다. 정혜신의 지적대로 '파괴력'에 대한 호기심을 한껏 충족시켜 주는 것이다. 또 이른바 '속도의 경제' 시대에 걸맞은 속전속결의 미학을 적나라하게 보여주는 것이다. 그러나 마냥 반길 일은 아니다. 카타르시스에 굶주린 사회는 그만큼 문제가 많은 사회라는 걸 말해주는 것일 수 있기 때문이다.

---

86) 이석무, 「본야스키는 류, 밥 샙은 블랑카?」, 『마이데일리』, 2005년 11월 25일.